普通高等教育"十一五"国家级规划教材

应 用 统 计 学

——数理统计方法、数据获取与SPSS应用

（精要版）

马庆国　编著

科 学 出 版 社

北 京

内 容 简 介

本书是《管理统计》(马庆国著,科学出版社 2002 版)的精要版。它依托社会科学领域使用最为广泛的 SPSS 统计软件为基本工具,结合实际案例讲述了社会科学特别是经济管理学科中常用的统计学原理、方法与技术。本书突破了注重数学推理与公式证明的传统统计学教材的框架,真正把讲述的重点放在如何应用统计学原理、方法来解决科学研究与社会生活中的实际问题上,在强调透彻理解统计学原理和方法的基础上,着重论述了如何从解决实际问题的需要出发,进行数据收集,设计统计调查方案,并利用 SPSS 软件的强大功能,分析数据并解释分析结果,从而构建起一个贯通统计学原理、SPSS 软件使用技巧与统计学应用研究方法的应用型统计学知识体系,可迅速、有效地提高学生分析和解决问题的综合能力。

本书配备多媒体教学课件、教学录像以及习题案例集等多种立体化教学支持,可作为经济管理类专业以及其他社会科学领域的统计学教材,也可供其他对应用统计学和 SPSS 软件有兴趣的实际工作者参考。

图书在版编目(CIP)数据

应用统计学:数理统计方法、数据获取与 SPSS 应用(精要版)/马庆国编著.—北京:科学出版社,2005

普通高等教育"十一五"国家级规划教材

ISBN 978-7-03-016143-7

Ⅰ.应… Ⅱ.马… Ⅲ.应用统计学-教材 Ⅳ.C8

中国版本图书馆 CIP 数据核字(2005)第 091925 号

责任编辑:方小丽/责任校对:宋玲玲

责任印制:张 伟/封面设计:耕者设计工作室

科学出版社出版

北京东黄城根北街 16 号

邮政编码: 100717

http://www.sciencep.com

北京九州迅驰传媒文化有限公司印刷

科学出版社发行 各地新华书店经销

*

2005 年 11 月第 一 版 开本:720×1000 1/16

2025 年 8 月第十八次印刷 印张:21 1/4

字数:402 000

定价:42.00 元

精要版序言

长期以来，我国非数学专业的《应用统计》课程都是以数学证明和手工计算为主要内容的。本来，在大学非数学专业设置数理统计类课程的初衷，是为非数学专业的学生提供研究本专业问题、处理本专业的数据、挖掘深层信息的工具，但是以数学证明为主要内容的课程安排，显然与这个初衷不协调。非数学专业的学生在学习时，用了大量的时间和精力，学会了统计问题的数学证明，但在毕业后需要用数理统计处理本专业数据时，却发现根本不需要证明什么数理统计的结论，需要的是对数理统计原理和方法的正确理解，以及正确地处理数据（计算）。而解决本专业实际问题所需要的知识和能力，恰恰是以往数理统计类课程没有关注的。手工计算根本不能面对实际中涌现的大量数据。因此，这类课程的内容设置，必须根本变革，以适应非数学专业的研究和处理实际问题的需要。

如果说，在 20 世纪 80 年代中期，受限于计算工具的不发达（计算机不普及，几乎没有专门的应用统计软件），我们为非数学专业设置的数理统计类课程，以数学证明和手工计算为主要内容，多少有一些无奈的话，那么，到了今天，PC 机是如此的普及，任何一所大学的本科生上机练习，都不是一件困难的事，而且相当多的学生都有自己的手提电脑，同时，专用的各类应用统计软件是如此发达，在这种情形下，我们还是固守 20 世纪 80 年代中期的构思，为非数学专业的学生讲授统计学，就太保守了。这类课程的设置思路和内容的变革，不仅是必须的，而且有了广泛的物质手段和计算工具的基础。

基于现代信息技术和工具，非数学专业的数理统计类的课程变革，是必然的、不可逆转的历史发展。

本教材，就是依据这样的判断设计的。

本教材删去了数理统计学中的几乎所有的数学证明，给出了得出相应定理和方法的思路，以及相应统计方法的实质和特点，以利于学生“从总体上把握”和“从应用角度把握”相应的统计方法和原理，避免“只见树木，不见森林”的弊端。

在从总体上把握某一统计原理和方法之后，紧接着给出运用这一统计方法处理数据的相应软件的应用，以便学生能够针对本专业的问题，应用统计方法，处理数据，挖掘信息。

考虑到本教材主要是针对社会科学专业的，所以选用了更适用于社会科学的SPSS软件，作为处理数据的软件工具。

虽然SPSS软件是从解决社会科学问题的统计分析起家的（Statistics Package for Social Science），但同样可以解决非社会科学的统计分析问题。一方面，从数学角度看，统计分析方法本来就是针对问题结构的，只要具有同样的问题结构，不论是社会科学的问题，还是非社会科学的问题，都可以用同样的方法解决，所以，也就可以用执行同样统计分析任务的程序来计算，而不论这段程序包含在哪个软件包中。另一方面，SPSS公司从市场角度出发，也已经注意到了该软件的更宽的适用性问题，所以在功能延伸后，SPSS已经被解释为：统计产品和服务解决方案（Statistical Product and Service Solutions）。

当然，学习者可以用其他任何恰当的软件来处理数据，做统计分析。一般来说，有了使用一个统计软件的基础，再学习其他统计分析软件是不困难的。

在实际应用中，不论什么专业，数据都不是从天上掉下来的。因此，在以应用为中心的统计课程中，增加数据收集的基本概念、理论和方法，是有意义的。本教材的第2章，就是为此目的设置的。

第5～9章的统计分析方法，都是基于概率论的。为了正确理解这些统计处理方法，把握概率论的基础知识是必要的，因此，本教材的第1章对概率论的基础知识做了一个高度浓缩和深入浅出的介绍。对于学过概率论的读者而言，这有利于他们从更高的角度，概括性地理解概率论，通过对基础知识的透彻理解，产生对概率论认识的升华。对于没有学过概率论的读者而言，依照如此扼要的版本，为着应用的目的，来学习概率论的主脉络，也不失为一个较好的选择。

本教材是在科学出版社出版的专著《管理统计：数据获取、统计原理、SPSS工具与应用研究》的基础上缩编、增补而成的。

本教材的各章结构如下：

第1章“概率论基础知识”。对概率论基础知识作概要回顾和复习。

第2章“数据与数据的获取”。重点介绍了获取数据的问卷方法和实验方法，介绍信度和效度问题，讨论了这一领域的常见错误和必须注意的关键问题。

第 3 章“样本数据特征的初步分析”，是对样本数据集合有关特征的初步认识，基本上不用概率论的基础知识。

第 4 章“SPSS 的简单应用”，主要目的是初步介绍 SPSS 软件，为第 5～9 章（在介绍有关统计知识后）应用这个软件来处理数据奠定基础。

第 5 章“总体分布、样本分布与参数估计”。从本章以后，所有统计学的知识都建立在概率论的基础上了。本章的主要目的是介绍统计学的基本定理、常用的统计量和有关性质，同时对参数估计和估计效果的优劣判别准则，做了一个简单介绍。

第 6 章“参数假设检验”，介绍了用样本数据检验母体分布的参数假设和检验两个母体参数的比较问题。重点纠正了不做参数检验、直接用样本估计值代替母体参数的错误做法。

第 7 章“方差分析”，介绍了单因素和双因素方差分析问题。这是处理数据，特别是实验数据，寻找关键因素的、应用面十分广泛的方法。

第 8 章“相关分析”，介绍了常用的 Pearson 积矩相关、基于曲线变换的非线性相关、基于顺序级数据的 Spearman 等级相关、偏相关、基于一个二值名义级变量的点双列相关和两个二值名义级变量的 ϕ 相关系数。

第 9 章“线性回归分析”，介绍了多元线性回归分析的基本概念、有关参数的估计方法、几何解释，逐步回归和名义级解释变量的处理方法。

第 5～9 章中，在介绍了相应的统计原理和方法之后，都介绍了 SPSS 中相应模块的应用，以便学生在学习相应数理统计方法后，能够直接借助软件处理数据，解决本专业的实际问题。

总之，本书的主要特点可以简单地概括为十六个字：略去证明，讲清原理，依托软件，突出实用。

目的只有一个：学以致用。使学生掌握研究群体现象的基本方法，获得处理实际问题的本领。

马庆国

2005 年 7 月

于浙江大学求是园

目录

第 1 章　概率论基础知识

1.1　随机实验、样本空间、概率与条件概率

1.1.1　一些基本概念

1. 随机实验(Random Trial, or Random Experiment)

“抛硬币"就是一个简单的随机实验,可用此例子来理解、记忆如下概念:①在同一条件下可无限次重复的实验;②实验结果有多个,且不确定;③事前不知实验结果(Outcome)。

2. 基本事件(Elementary Event)

一次随机实验的可能结果,称为基本事件或基本随机事件。

若随机实验 E 是“抛 2 次(或先后 2 枚)硬币",其基本事件就是“正、反”,“正、正”,“反、正”,“反、反”。

3. 样本空间(Sample Space)

所有基本事件所组成的集合,称为样本空间或基本空间。

例如,随机实验 E 是“抛 2 次(或先后 2 枚)硬币”,其样本空间就是集合:{“正、反”,“正、正”,“反、正”,“反、反”}。

4. 随机事件(Random Event)

随机事件简称事件,指一些基本事件所组成的集合。

例如,随机实验 E 是“抛 2 次(或先后 2 枚)硬币”,事件“两枚出现相同面”,就由两个基本事件组成:“正、正”、“反、反”。事件“至少出现 1 个正面”,就由 3 个基本事件“正、正”、“正、反”、“反、正”组成。

5. 相容事件(Mutually Inclusive Events)**与不相容事件**(Mutually Exclusive Events)

在随机实验中,不能同时发生或其交集为空集的几个事件,称为不相容事件,

反之就称为相容事件。

例如，随机实验 E 为“先后投 2 枚硬币”，A 事件“两枚出现相同面”（由事件“正、正”和事件“反、反”构成）与 B 事件“两枚出现不同的面”（由事件“正、反”和“反、正”构成），就是两个不相容的事件。C 事件“至少出现 1 枚正面”（由“正、正”、“正、反”、“反、正”组成）与 D 事件“至少出现 1 枚反面”（由“反、反”、“正、反”、“反、正”组成），就是两个相容的事件。

若形象地把事件看成平面上的点集，那么，若 A 与 B 没有共同的点，则 A 与 B 就是不相容事件；若 A 与 B 有共同的点，则 A 与 B 就是相容事件。

6. 概率(Probability)

用通俗的语言说，概率指在随机实验中，对事件出现的可能性大小的一种严格的度量。所谓严格，是指从无限次重复的角度看，度量结果具有惟一性。

随机实验 E“抛 1 枚均匀的骰子”，做 60 次实验，1 点（俗称大点）朝上的次数，可能是 9，10 或 11，那么 1 点朝上的频率分别是 9/60，1/6，11/60。所以，频率不是随机实验中事件出现的可能性的严格度量，不是概率。但是，随着实验的次数的增加，频率约等于概率。所以，可以通俗地将频率理解为“概率的模糊的影子”。

概率的定义：设 E 是随机实验，S 是其样本空间，给 E 的每一个事件 A 赋一个实数 $P(A)$，若 $P(A)$ 满足如下条件(Postulate)，就称为 A 的概率：①对每一个事件 A，都有 $0 \leqslant P(A) \leqslant 1$；② $P(S)=1$；③对于两两互不相容的事件 $A_k(k=1,2,\cdots)$，有：$A_k(k=1,2,\cdots)$ 的并集的概率等于各个 A_k 的概率之和：

$$P\{\bigcup_k A_k\} = P\{A_1 \cup A_2 \cup \cdots\} = P(A_1) + P(A_2) + \cdots = \sum_k P(A_k)$$

7. 概率运算的主要性质(Properties of Probability)

(1)设 $\overline{A}$ 是 A 的对立事件（若把事件看成平面上的点集，则 $\overline{A}$ 是样本空间 S 中除 A 以外的所有的点），则 $P(A) = 1 - P(\overline{A})$。当 $\overline{A}$ 为样本空间 S 时，A 为空集 $\varnothing$，从而可以得出空集 $\varnothing$ 的概率为 0：

$$P(A) = 1 - P(\overline{A}) = 1 - P(S) = 0$$

(2)对任意两个事件 A 与 B，有

$$P\{A \cup B\} = P(A) + P(B) - P(AB)$$

其中，AB 是 A 与 B 的交集 $A \cap B$ 的缩写。为了便于理解上式，可参见图 1.1.1。

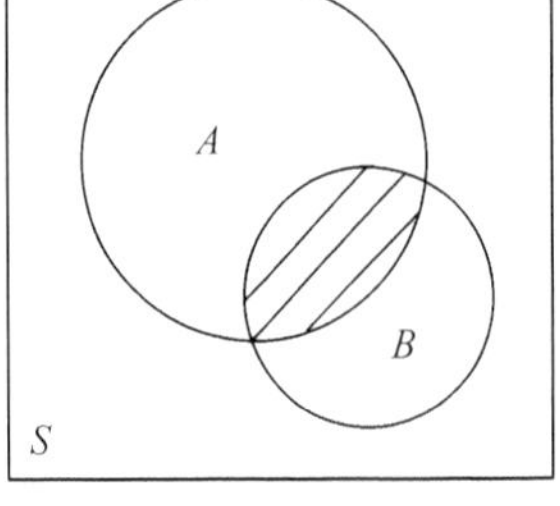

图 1.1.1 事件并集的概率计算

关于交集概率 $P\{A \cap B\}$ 的计算公式，我们将在下一节的“概率的乘法定理"中给出。

若 A 与 B 的交集 $A \cap B$ 为空集（即 A 与 B 不

相容或不相交)，则 A 与 B 的并集 $A\cup B$ 的概率，就是 A、B 两个事件的概率之和：

$$P\{A\cup B\}=P(A)+P(B)$$

(3)若事件 $A\subset B$，则 $P(A)\leqslant P(B)$ 。

8. 等概率随机实验(Equally Likely Outcomes)

若一个随机实验的基本事件的个数有限，且基本事件出现的概率相等，则该随机实验称为等概率随机实验或等可能概型。抛均匀的硬币、抛均匀的骰子，都是等概率随机实验的例子。

在等概率随机实验中，事件 A 的概率计算公式是：

$$P(A)=\frac{A\text{ 包含的基本事件个数}}{\text{该实验中基本事件的总个数}}$$

例如，随机实验 E"先后抛 2 枚均匀的硬币"，共有 4 个基本事件："正、正"、"正、反"、"反、正"、"反、反"。若我们要考察的事件 A 是"至少有 1 枚正面朝上"，那么，事件 A 包括 3 个基本事件"正、正"、"正、反"、"反、正"，所以 $P(A)=3/4$。

1.1.2 条件概率与概率乘法定理

1. 条件概率(*Conditional Probability*)

我们用以下实例来介绍条件概率。

例 1.1.1 一个包装箱里有 6 个产品。假设其中 4 个为一级品，2 个为二级品。若随机实验 E 是"从该包装箱中抽取 1 个产品"，那么，显然每次抽取到二级品的概率是 1/3。

设事件 A 是"第一次抽取并抽到二级品"，事件 B 是"第二次抽取并抽到二级品"，那么，在事件 A 发生的条件下，再从剩余的 5 个产品中抽出 1 个产品，事件 B"第二次抽到二级品"发生的概率就是 1/5。我们称这样的概率为"事件 A 发生条件下，事件 B 发生的概率"，简称为"事件 B 的条件概率"，记为 $P\{B|A\}$。

在例 1.1.1 中，$P\{B|A\}=1/5$。

为对比条件概率与非条件概率的区别，我们看 $P(B)$等于多少。首先，事件 B 可以表达为不相容的 2 个事件 AB 与 $\overline{A}B$ 之和，即 $B=AB+\overline{A}B$(若将 B 看成 S 平面上的点集，相当于用 A 与 $\overline{A}$ 把 B 分成不相交的两块)，于是，由不相交事件的概率的性质，有

$$P(B)=P(AB)+P(\overline{A}B)=\frac{2}{6}\times\frac{1}{5}+\frac{4}{6}\times\frac{2}{5}=\frac{1}{3}$$

其实，对于原来的随机实验(也是原来的样本空间)而言，很显然，无论是事件 A(第一次抽取且抽到二级品)，还是事件 B(第二次抽取且抽到二级品)，出现的概率都

是 1/3，即 $P(A)=P(B)=1/3$。

由上例，不难理解如下公式：

$$P\{B \mid A\}=\frac{P(AB)}{P(A)}=\frac{1/15}{1/3}=\frac{1}{5}, \qquad P(A)>0$$

一般都把这个式子，作为条件概率的定义式。

条件概率的定义

对样本空间 S 中的两个事件 A、B，若 $P(A)>0$，则条件概率 $P\{B|A\}$ 由如下定义式给出：

$$P\{B|A\}=\frac{P(AB)}{P(A)}$$

2. 概率的乘法公式(定理)(Multiplication Theorem)

由条件概率定义式，易得

$$P(AB)=P\{B \mid A\}\times P(A)=P\{A \mid B\}\times P(B)$$

这就是所谓概率的乘法公式或乘法定理。

概率的乘法公式

对样本空间中任意两个事件 A、B，有

$$P(AB)=P\{B|A\}\times P(A)=P\{A|B\}\times P(B)$$

条件概率的本质是，事件 A 的出现，改变了产生事件 B 的范围条件，即改变了样本空间，也就是改变了随机实验(注意：产品的个数不是样本空间)。事件 A、B 之间也不一定要有特定的时间先后的关系。

3. 条件概率计算表

我们可以把上述数据列成表 1.1.1：

表 1.1.1 条件概率计算表

	B：第二次抽且二级品	$\overline{B}$：第二次抽且一级品	总计
A：首次抽且二级品	$\frac{1}{3}\times\frac{1}{5}$	$\frac{1}{3}\times\frac{4}{5}$	$\frac{1}{3}$
$\overline{A}$：首次抽且一级品	$\frac{2}{3}\times\frac{2}{5}$	$\frac{2}{3}\times\frac{3}{5}$	$\frac{2}{3}$
总计	$\frac{1}{3}$	$\frac{2}{3}$	1

中间 4 个方格中的数据，是相应行、列两个事件同时发生的概率(注意：完全可以是其他的数量描述；而不是两两事件联合发生的概率，见下例)。

这个表格对于理解和计算条件概率非常有用，我们称之为“条件概率计算表”，简称“条件概率表”。

在该表中，若以最初的随机实验为基础，考虑 A 与 B 发生的概率问题，应当分别看“总计”列与“总计”行。

对 $P(A)$ 而言，应看“总计”列。“总计”列的最后一个数据，即整个表格的右下角数据(在本例中是“1”)，应当作随机实验的样本空间概率 1，所以应当用它去除其他相应的数据，从而求得相应事件的概率。因此，有

$$P(A)=\frac{1/3}{1}=\frac{1}{3}$$

对 $P(B)$ 而言，应看“总计”行，有

$$P(B)=\frac{1/3}{1}=\frac{1}{3}$$

在发生事件 A 的条件下，考虑事件 B 的发生概率相当于考虑一个新的随机实验，应看事件 A 所在的行，以该行的“总计”数 1/3 为子(新)样本空间的概率 1，用 1/3 去除该行的每个数据，以求得相应的概率。于是，有

$$P\{B\mid A\}=\frac{P(AB)}{P(A)}=\frac{1/15}{1/3}=\frac{1}{5},$$

$$P\{\overline{B}\mid A\}=\frac{P(A\overline{B})}{P(A)}=\frac{4/15}{1/3}=\frac{4}{5}$$

同样，可以用类似的方法考虑并求出事件 $\overline{A}$ 条件下事件 B 与事件 $\overline{B}$ 概率：

$$P\{B\mid\overline{A}\}=\frac{P(\overline{A}B)}{P(\overline{A})}=\frac{4/15}{2/3}=\frac{2}{5},$$

$$P\{\overline{B}\mid\overline{A}\}=\frac{P(\overline{AB})}{P(\overline{A})}=\frac{6/15}{2/3}=\frac{3}{5}$$

如前所述，特定时间并不是条件概率中的必要概念。由概率的乘法公式，我们完全可以有

$$P\{A\mid B\}=\frac{P(AB)}{P(B)}，其中\ P(B)>0$$

由表 1.1.1 中的数据，也可以直接求出上式的条件概率：

$$P\{A\mid B\}=\frac{1/15}{1/3}=\frac{1}{5}$$

在例 1.1.1 中，由于事件 A、B 分别被冠以“第一次”、“第二次”的字样，使得我们对于条件概率的实质难以有比较深刻的理解，为此，我们再来看例 1.1.2。

例 1.1.2　某城市市民的肝炎患病率只有 0.01%，但是在某验血指标为阳性的人群中，得肝炎的概率是 90%。那么，在该城市中任意碰到一个人，该人是肝炎

患者的概率就是 0.0001。若碰到的这个人的验血指标是阳性，则该人为肝炎患者的概率是 0.9。若我们规定事件 A 为“碰到的是验血指标为阳性的人”，事件 B 为“碰到的是肝炎患者”，那么，$P(B)=0.0001$，$P\{B|A\}=0.9$。事件 A 改变了产生事件 B 的范围条件，本质上是改变了样本空间，也就改变了随机实验。

设 R 为验血指标为阳性的人口占城市人口的比例，根据以上数据，由“总人口 $\times R\times 0.9=0.0001\times$ 总人口”，我们容易得出：$R=0.0001/0.9=1/9000$ 。我们可以把上述数据列成条件概率计算表 1.1.2：

表 1.1.2 条件概率计算表

	B:肝炎	$\overline{B}$:非肝炎	总　计
A:阳性	0.9①	0.1①	1①
$\overline{A}$:非阳性	0④	8999⑤	8999③
总计	0.9⑥	8999.1⑦	9000②

注：表中的顺序号①、②、…，表示表中数据填入的顺序。例如，A 行的数据是第①步填入的。它表示：在该城市中碰到 1 个单位的验血为阳性的人，其中有 0.9 个单位的人为肝炎患者，0.1 个单位的人为非肝炎患者，A 行的总计是 1 个单位的人。第②步是依据 $R=1/9000$ 来填写的。如果城市中验血为阳性的人是 1 个单位，那么该城市的总人口就是 9000 个单位。第③步……。

由表 1.1.2 的“总计"行，易验证：$P(B)=0.9/9000=0.0001$ 。为计算发生事件 A 条件下的 B 事件的概率，应当看事件 A 所在行，易得 $P\{B\mid A\}=0.9/1=0.9$ 。进而，可以计算 $P\{A|B\}$(碰到该城市的一个肝炎患者，其验血指标是阳性的概率)。看条件事件 B 所在列，有 $P\{A|B\}=0.9/0.9=1$，就是说，在该城市碰到一个肝炎患者，其验血指标必定是阳性。

这是两个事件没有特定的时间先后，可以分别互为条件的例子。

4. 全概率公式(Law of Total Probability)

若随机实验 E 中的一组事件 $A_1,A_2,\cdots,A_n$，满足：① $A_i\cap A_k=\varnothing$，$i\neq k$，即这些事件之间互不相容(互不相交)，② $A_1\cup A_2\cup\cdots\cup A_n=S$，即这些事件覆盖了整个样本空间 S；那么，就称这组事件是样本空间 S 的一个划分。

这样，任意事件 B，也就可以被 $A_1,A_2,\cdots,A_n$ 划分成了互不相交(互不相容)的子事件：$BA_1,BA_2,\cdots,BA_n$。于是，由概率的性质，有

$$\begin{aligned}P(B)&=P(BA_1)+P(BA_2)+\cdots+P(BA_n)\\&=P\{B\mid A_1\}P(A_1)+P\{B\mid A_2\}P(A_2)+\cdots+P\{B\mid A_n\}P(A_n)\end{aligned}$$

$$= \sum_{k=1}^{n} P(B \mid A_k) P(A_k)$$

这就是所谓全概率公式。

为了便于理解全概率公式，可参看图 1.1.2。

显然，A 与 $\overline{A}$ 是 S 的一个最简单的划分，于是，对 S 中的任意事件 B，有

$$P(B) = P(AB) + P(\overline{A}B)$$

$$= P\{B \mid A\}P(A) + P\{B \mid \overline{A}\}P(\overline{A})$$

其实，在例 1.1.1 中我们已经用过这个公式。

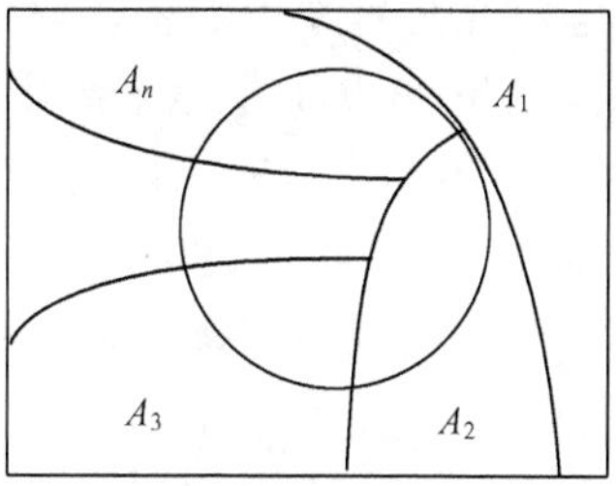

图 1.1.2　样本空间 S 的一个划分与全概率公式示意

> **全概率公式**
>
> 若 $A_1, A_2, \cdots, A_n$ 是对样本空间 S 的一个划分，则对 S 中的任意事件 B，有全概率公式如下：
>
> $$P(B) = \sum_{k=1}^{n} P(BA_k) = \sum_{k=1}^{n} P(B \mid A_k) P(A_k)$$
>
> 公式的第一个等号的两端，在条件概率计算表中，就是 B 所在的列（或行）所有非“总计”数据之和（也就是 B 所在列或行的“总计”数据），除以表格的右下角数据。

5. 条件概率表的一般表达

设一组事件 $A_1, A_2, \cdots, A_n$ 是样本空间 S 的一个划分，另一组事件 $B_1, B_2, \cdots, B_m$ 也是样本空间 S 的一个划分，那么条件概率计算表的一般格式如表 1.1.3 所示。

表 1.1.3　条件概率计算表的一般格式

	B_1	B_2	…	B_m	总　计
A_1	$F(A_1B_1)$	$F(A_1B_2)$	…	$F(A_1B_m)$	ΣA_1 行
A_2	$F(A_2B_1)$	$F(A_2B_2)$	…	$F(A_2B_m)$	ΣA_2 行
⋮	⋮	⋮		⋮	⋮
A_n	$F(A_nB_1)$	$F(A_nB_2)$	…	$F(A_nB_m)$	ΣA_n 行
总计	ΣB_1 列	ΣB_2 列	…	ΣB_m 列	$\Sigma\Sigma$

要点 1：表头的事件（无论在上表头还是左表头）都必须是样本空间 S 的一个划分。

要点 2：表中的 $F(A_iB_j)$ 表示对事件 A_i 与事件 B_j 同时发生的数量描述。该数量描述既可以是概率描述，也可以不是概率描述，还可以部分是概率描述，但必

须遵守条件概率表的构造规则。

当 $F(A_iB_j)$ 是概率描述时，应把表中的所有 F 换成 P。此时，表格右下角的 $\Sigma\Sigma$ 是表中所有 $F(A_iB_j)$ 之和，既等于总计列的和，又等于总计行的和，且其值必然为 1。前面我们提到的表 1.1.1 的数据就是概率描述。

当 $F(A_iB_j)$ 完全不是概率描述而是某种具体的有量纲的数量时，我们可以按照要点 3(见下文)归纳的条件概率表计算规则，很容易地得到表中各事件的所有条件概率与非条件概率。例如，例 1.1.2 中，若明确知道该城市的总人口数是 90000 人，那么，肝炎患者人数(按 0.01%计)就是 9 人，验血指标为阳性的人数(按 1/9000 计)就是 10 人。于是，条件概率计算表就成了表 1.1.4：

表 1.1.4 非概率描述的条件概率计算表

	B:肝炎	$\overline{B}$:非肝炎	总 计
A:阳性	9	1	10
$\overline{A}$:非阳性	0	89 990	89 990
总计	9	89 991	90 000

当 $F(A_iB_j)$，部分是概率描述(如子样本空间上的概率描述)、部分不是概率描述时(如表 1.1.2)，其数值必然遵守**比例原则**(即大家都是概率描述的某个倍数)。

要点 3:不同样本空间的计算规则：

(1)在总样本空间上时，应视表格右下角的 $\Sigma\Sigma$ 为 1，用 $\Sigma\Sigma$ 去除相应数据：

$$P(A_iB_j) = F(A_iB_j) / \Sigma\Sigma$$
$$P(A_i) = \Sigma A_i \text{ 行 } / \Sigma\Sigma$$
$$P(B_j) = \Sigma B_j \text{ 列 } / \Sigma\Sigma$$

(2)在子样本空间上时，应视相应的行和或列和为 1，用相应行的和或相应列的和去除相应数据：

$$P(A_i \mid B_j) = F(A_iB_j) / \Sigma B_j \text{ 列}$$
$$P(B_j \mid A_i) = F(A_iB_j) / \Sigma A_i \text{ 行}$$

当我们视 $\Sigma\Sigma$ 为 1，做求行和(或求列和)的运算时，实际上就是在做全概率的运算。

下面还要提到，这个表格还可以用来做贝叶斯公式的运算。

要点 4:在许多问题(如下面将提及的贝叶斯问题)中，在构造概率描述的“条件概率计算表”时，$P(A_iB_j)$ 常常不是事先给定的，而要用乘法公式 $P(A_i \mid B_j) P(B_j)$ 或 $P(B_j \mid A_i) P(A_i)$ 算出。在构造表 1.1.1 时，就是这样做的。

1.1.3　贝叶斯公式

1. 贝叶斯公式(Bayes' Rule)

把条件概率的定义式扩展一下，就可以得到贝叶斯公式：

$$P\{A \mid B\} = \frac{P(AB)}{P(B)} = \frac{P(B \mid A)P(A)}{P(B \mid A)P(A) + P(B \mid \overline{A})P(\overline{A})}, \quad \text{其中 } P(B) > 0$$

这里的关键扩展，是在分母处。贝叶斯公式用样本空间 S 的一个划分 A 与 $\overline{A}$，把事件 B 划分为互不相交的 BA 与 $B\overline{A}$。然后，由概率性质，把 $P(B)$ 展开成了 $P(BA)+P(B\overline{A})$。

显然，只要把样本空间 S 的划分扩展到一般形态，就可以把以上公式扩展到一般形态：

设 $A_1, A_2, \cdots, A_n$ 是样本空间 S 的一个划分，那么，任一个 A_k 在事件 B 条件下发生的概率为

$$P\{A_k \mid B\} = \frac{P(A_kB)}{P(B)} = \frac{P(B \mid A_k)P(A_k)}{\sum_{j=1}^{n} P(B \mid A_j)P(A_j)}, \quad \text{其中 } P(B) > 0$$

这就是贝叶斯公式的一般形态。

其中，事件 A_k 的概率 $P(A_k)$ 是事先给出的，通常称为先验概率。而在事件 B 出现后(出现的条件下)事件 A_k 的概率 $P(A_k \mid B)$，就称为后验概率，或者说，是因事件 B 的出现而“矫正”了的事件 A_k 的概率。

2. 用“条件概率表”处理贝叶斯问题

由于在构造表格时，填入各个方格中的数据是用乘法公式 $P(B \mid A_j)\ P(A_j)$ 算出来的($j = 1, 2, \cdots, n$)，所以，贝叶斯公式的最右端分式的分子，在填表格中的数据时，就已经计算出来了。而在构造表格总计行或总计列时，相应的求和运算已经完成了，即贝叶斯公式的最右端分式的分母，在填表格的总计行或总计列时，也已经计算完成了。

因此，在用“条件概率表”来处理贝叶斯问题时，所需要的运算仅仅是除法：在表中 A_k 与 B 的交叉的方格中找到 $P(A_kB)$，然后找到 B 行(或 B 列)的“总计”位置上的数据 $P(B)$，最后两者相除：$P(A_kB)\ /\ P(B)$，就得到后验概率 $P(A_k|B)$。

例 1.1.3　物流管理问题。某企业的产品配件全部委托甲、乙两家快递公司递送，两家公司都承诺在第二天中午 12 时之前送到。在以往的委托中，甲公司承担了该企业 60%的快递任务，其中 90%的业务是在承诺时间之内完成的；乙公司承担了该企业 40%的快递任务，其中 80%的业务是在承诺时间之内完成的。现在，某顾客反映他的配件没有按时抵达，试计算该配件由甲公司递送和由乙公司递

送的概率分别是多少？

设事件甲：由甲公司递送，事件乙：由乙公司递送，事件 A：按时递送到，事件 $\overline{A}$：未按时递送到。由已知条件，$P(甲)=0.6$，$P(乙)=0.4$，$P(A|甲)=0.9$，$P(A|乙)=0.8$。现在要求解的概率是 $P(甲|\overline{A})$，$P(乙|\overline{A})$。

若按照贝叶斯公式来求解本问题，要先求 $P(\overline{A}|甲)$，$P(\overline{A}|乙)$，然后按照如下公式，分别求出 $P(甲|\overline{A})$，$P(乙|\overline{A})$：

$$P(甲 \mid \overline{A}) = \frac{P(\overline{A} \mid 甲)P(甲)}{P(\overline{A} \mid 甲)P(甲) + P(\overline{A} \mid 乙)P(乙)}, \quad 要求\ P(\overline{A}) > 0$$

$$P(乙 \mid \overline{A}) = \frac{P(\overline{A} \mid 乙)P(乙)}{P(\overline{A} \mid 甲)P(甲) + P(\overline{A} \mid 乙)P(乙)}, \quad 要求\ P(\overline{A}) > 0$$

现在，我们用条件概率计算表来解决这个问题。

首先，依据已知条件，可计算出 $P(A\ 甲)= P(A|甲)\ P(甲)=0.9\times0.6=0.54$，$P(A\ 乙)= P(A|乙)\ P(乙)=0.8\times0.4=0.32$。于是，可把 $P(A\ 甲)$，$P(A\ 乙)$，$P(甲)$，$P(乙)$填入表 1.1.5 中：

表 1.1.5 填写条件概率表(过程 1)

	A：按时	$\overline{A}$：未按时	总　计
甲公司递送	0.54		0.6
乙公司递送	0.32		0.4
总　计			

根据表中数据行之和与列之和的关系（$0.54+0.32=0.86$，$0.6-0.54=0.06$，$0.4-0.32=0.08$，$0.6+0.4=1$），可填进如下数据(见表 1.1.6)：

表 1.1.6 填写条件概率表(过程 2)

	A：按时	$\overline{A}$：未按时	总　计
甲公司递送	0.54	0.06	0.6
乙公司递送	0.32	0.08	0.4
总　计	0.86		1

进而填入（$0.06+0.08=0.14$），见表 1.1.7。

于是，按照计算规则，欲求 $P(甲|\overline{A})$，$P(乙|\overline{A})$，就应当以 $\overline{A}$ 所在列的“总计”0.14 为子样本空间，所以很快求出：

$$P(甲 \mid \overline{A}) = 0.06/0.14 = 0.4286, \qquad P(乙 \mid \overline{A}) = 0.08/0.14 = 0.5714$$

表 1.1.7　填写条件概率表(结果)

	A:按时	$\overline{A}$:未按时	总　计
甲公司递送	0.54	0.06	0.6
乙公司递送	0.32	0.08	0.4
总　计	0.86	0.14	1

即这个未按时抵达的配件，由甲、乙公司递送的概率分别是 0.4286 和 0.5714。

1.1.4　相互独立的随机事件的概率公式

1. 相互独立的定义

对任意两个事件 A、B，且 $P(B)>0$，若 $P(A|B)=P(A)$，则称事件 A 与 B 是相互独立的。其直观意义也比较明确：若事件 B 无论发生与否对事件 A 的概率都没有影响，那么，事件 A 相对于事件 B 是独立的。

由于可以从"A 相对于 B 独立"，推导出"B 相对于 A 独立"。所以，只要 $P(A|B)=P(A)$成立，我们就说，A 与 B 是相互独立的。

事实上，若事件 A 相对于事件 B 是独立的，即 $P(A|B)=P(A)$，那么，当 $P(A)>0$ 时，有

$$P(B \mid A)=\frac{P(AB)}{P(A)}=\frac{P(A \mid B)P(B)}{P(A)}=\frac{P(A)P(B)}{P(A)}=P(B)$$

即事件 B 相对于事件 A 也是独立的。

> **相互独立的随机事件的定义**
>
> 任意两个事件 A、B，且 $P(B)>0$，称为相互独立的随机事件，如果
>
> $$P(A|B)=P(A)$$
>
> 或者，当 $P(A)>0$ 时，有

2. 相互独立事件的概率乘法公式

对任意两个相互独立的事件 A、B，有

$$P(AB)=P(A \mid B)P(B)=P(A)P(B)$$

> **随机事件 A、B 交集的概率 $P(A\cap B)$ 乘法公式**
>
> $$P(AB)=P(A\cap B)=P(A|B)P(B)$$
>
> 当 A、B 相互独立时
>
> $$P(AB)=P(A\cap B)=P(A)P(B)$$

1.2 随机变量与概率分布的基本概念

1.2.1 离散型随机变量

1. 随机变量(Random Variable)

通俗地说,随机变量是表征一个随机实验的实验结果的变量,其数值是由一次随机实验的结果(Outcome)所决定的,但在实验之前是不确知的。随机变量的所有可能取值,就是所有基本事件所对应的值(这里的"值"不一定是数值,可以是字符串)。

在大多数有关概率论的书籍中,对随机变量的定义都采纳如下写法:

对随机实验 E,样本空间 $S=\{e\}$,对 S 中的每一个元素 e(或每一个基本事件 e),都有一个实数 $X(e)$和它对应,$X(e)$就称为随机变量。

这种定义限定了随机变量的取值为实数。

2. 离散型随机变量(Discrete Random Variable)

该随机变量的取值域,由有限个或可列个数字或符号组成。

3. 离散型随机变量的概率

离散型随机变量的概率是指:离散型随机变量取一个具体数值(对应于一个实验结果 x)的概率,即 $P(X=x)$。例如,抛骰子,对于出现的任一个点数 $k(k=1,2,\cdots,6)$都有 $P(X=k)=1/6$ 。

1/6 就是表示随机变量 X 取数值 k 时的概率。

4. 离散型随机变量的概率分布(Probability Distribution)

离散型随机变量的概率分布指:离散型随机变量取遍每一个实验结果 x(用数字表示结果)的概率的分布情况。

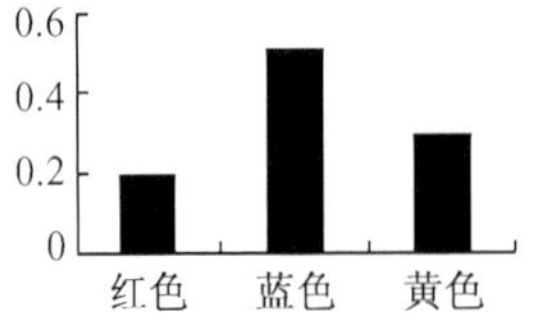

图 1.2.1 离散型随机变量的概率分布

例 1.2.1 一个箱子里有 10 只大小、材质都一样的小球,其中红色的有 2 只,蓝色的有 5 只,黄色的有 3 只。随机地从箱子里摸取小球,摸取到红色小球的概率是 0.2,摸取到蓝色的是 0.5,黄色的是 0.3。这就是这一问题的随机变量 X(从箱子里摸取不同颜色的小球)的概率分布。

用表格和图表方式表达这一随机变量的概率分布，我们有表 1.2.1 和图 1.2.1。

表 1.2.1　离散型随机变量的概率分布

X 的取值 x	1=红色	2=蓝色	3=黄色
X 的概率 $P(X=x)$	0.2	0.5	0.3

5. 离散随机变量的累积概率(Cumulative Probability)

概率 $P(X\leqslant x)$称为随机变量 X(小于等于 x)的累积概率。在例 1.2.1 中，随机变量 $X\leqslant 2$ 时的累积概率(即，红、蓝两种颜色的概率和)为 $P(X\leqslant 2)=0.7$。

6. 离散随机变量的累积概率分布(Cumulative Probability Distribution)

离散型随机变量的累积概率分布是指：离散型随机变量小于等于每一个可能的实验结果 x(用数字表示结果)的概率 $P(X\leqslant x)$的分布情况。

$$P(X\leqslant 1)=0.2$$
$$P(X\leqslant 2)=0.7$$
$$P(X\leqslant 3)=1.0$$

这个结果同样可以用表格表示(见表 1.2.2)：

表 1.2.2　离散随机变量累积概率分布

X 的取值 x	1=红色	2=蓝色	3=黄色
X 的概率 $P(X\leqslant x)$	0.2	0.7	1

同样，也可以用柱状图、折线图来表示累积概率分布(见图 1.2.2 与图 1.2.3)。

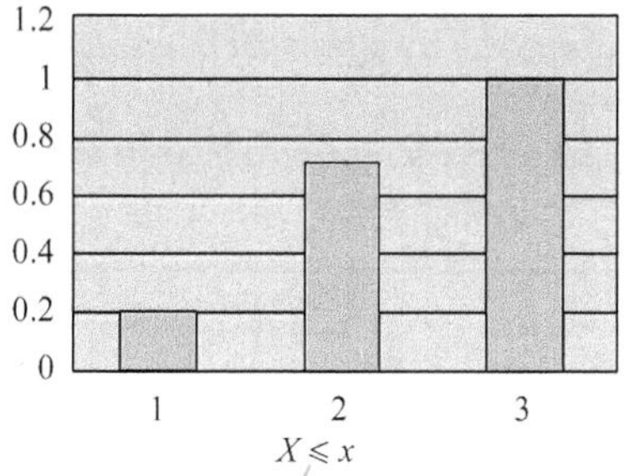

图 1.2.2　离散型随机变量的累积概率分布柱状图

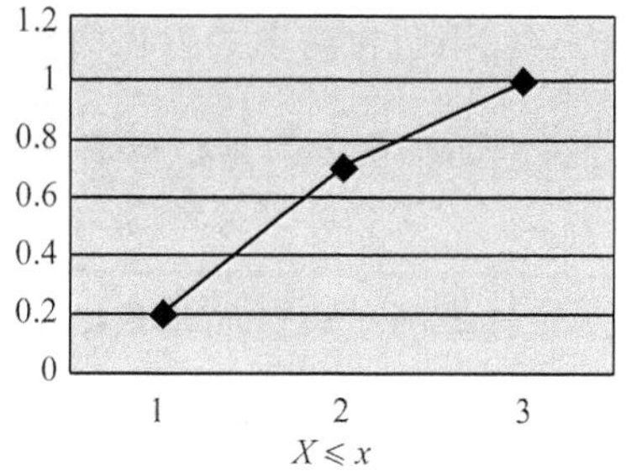

图 1.2.3　离散型随机变量的累积概率分布折线图

1.2.2 连续型随机变量

1. 连续型随机变量(*Continuous Random Variable*)**的取值特点**

该随机变量的取值域,为一个连续区间。

2. 连续型随机变量的概率

连续型随机变量只有在(连续)区间上取值,其概率值才可能为正值,即,才可能有下式成立:

$$0 < P(x_1 \leqslant X \leqslant x_2) \leqslant 1, \text{式中 } x_1 < x_2$$

在连续型随机变量的任何取值点(离散点)上,其概率值都为零。

3. 连续型随机变量的累积概率(Cumulative Probability)

概率 $P(X \leqslant x)$ 称为随机变量 X(小于等于某个 x)的累积概率。

☆注意☆ 连续型随机变量累积概率的表述方式与离散型随机变量累积概率的表述方式完全相同。

随机变量 $X \leqslant x_0$ 时,累积概率 $P(X \leqslant x_0) = p$ 的示意图是

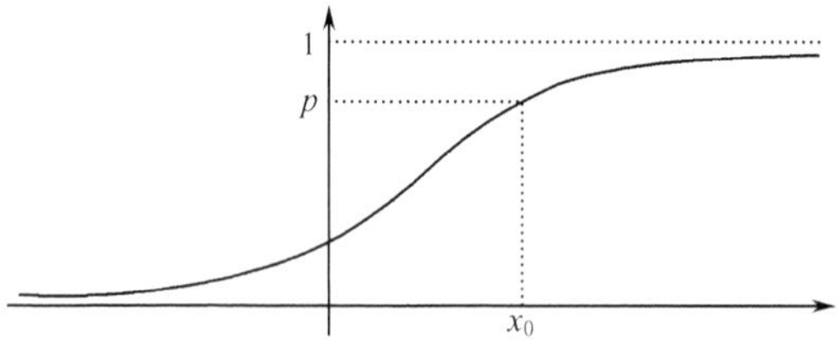

图 1.2.4 连续型随机变量 $X \leqslant x_0$ 时累积概率为 p

4. 连续型随机变量的累积概率分布(Cumulative Probability Distribution)

连续型随机变量的累积概率分布是指:连续型随机变量小于等于每一个可能的实验结果 x(用数字表示结果)的概率 $P(X \leqslant x)$ 的分布情况。

5. 连续型随机变量的累积概率分布函数(Cumulative Probability Function)

连续型随机变量的累积概率分布函数是指:连续型随机变量小于等于每一个可能的实验结果 x(用数字表示结果)的概率,函数表达为

$$F(X) = P(X \leqslant x)$$

图 1.2.5 中的曲线就是(累积)概率分布函数 $F(X)$的示例。

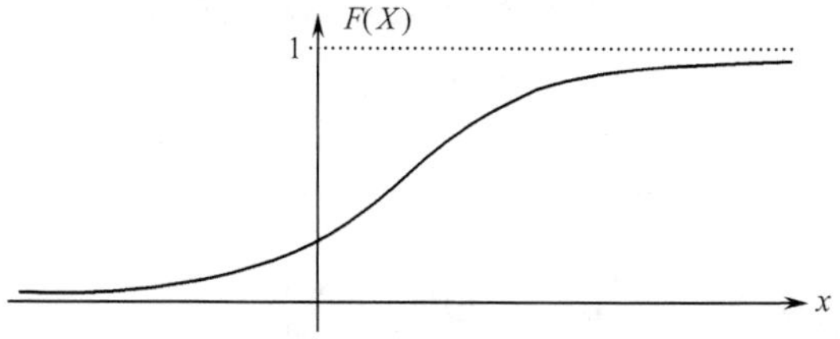

图 1.2.5　$F(X)=P(X\leqslant x)$的示意图

对应于离散型随机变量概率分布,我们还应当讨论“连续型随机变量的概率密度分布"问题。

6. 连续型随机变量的概率密度函数(Probability Density Function)

连续型随机变量的概率密度函数,是这样一个数学函数式:在该曲线下面、横轴上方任何一个区间的面积,等于随机变量 X 在该区间上取值的概率。概率密度函数记为$y=f(x)$,$f(x)$是概率密度函数在 x 处的取值,$f(x)\geqslant 0$。图 1.2.6 给出了连续型随机变量的概率密度函数示意。

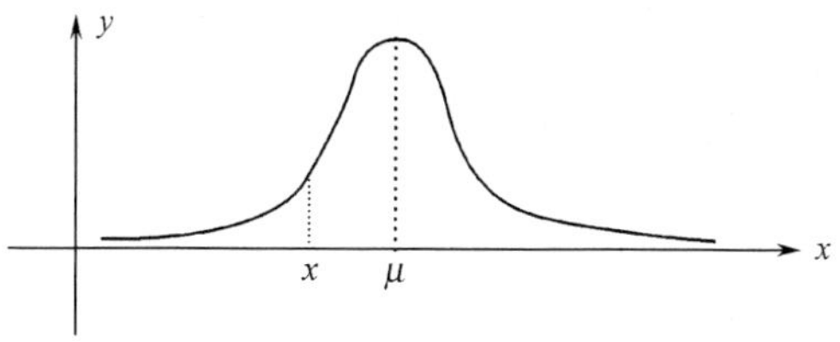

图 1.2.6　连续型随机变量的概率密度函数示意图

多数常用的连续型随机变量的密度函数可以表达为具体的解析式,比如正态分布的密度函数可以表达为

$$f(x)=\frac{1}{\sqrt{2\pi}\sigma}\mathrm{e}^{-\frac{(x-\mu)^2}{2\sigma^2}},-\infty<x<+\infty$$

☆注意☆　①连续型随机变量的概率密度分布与离散型随机变量的概率分布相对应;②连续型随机变量的(累积)概率分布与离散型随机变量的累积概率分布相对应。

在离散型随机变量的问题中,累积概率是概率的求和关系。在连续型随机变量问题中,(累积)概率就应当是概率密度的积分关系。于是,连续型随机变量的(累积)概率分布函数 $F(x)$与其概率密度函数 $f(x)$的关系如下:

$$F(x)=\int_{-\infty}^{x}f(u)\mathrm{d}u\quad 或者\quad F'(x)=f(x)$$

式中 $f(x)$为非负连续函数。

7. 均值

随机变量 X 的均值μ 由下面的式子定义:

对于离散型随机变量有

$$\mu = E(X) = \sum_{i=1}^{\infty} x_i p_i$$

其中,x_i 是随机变量 X 的所有可能取值中的第 i 个值,$p_i = P(X = x_i)$,$i = 1, 2, \cdots$。

对于连续型随机变量有

$$\mu = E(X) = \int_{-\infty}^{\infty} x f(x) \mathrm{d}x$$

其中 $f(x)$是随机变量 X 的概率密度函数。

随机变量的均值 μ 的定义

对于离散型随机变量:$\mu = E(X) = \sum_{i=1}^{\infty} x_i p_i$

对于连续型随机变量:$\mu = E(X) = \int_{-\infty}^{\infty} x f(x) \mathrm{d}x$

8. 方差

随机变量 X 的方差σ^2 由下面的式子定义:

对于离散型随机变量有

$$\sigma^2 = \mathrm{Var}(X) = \sum_{i=1}^{\infty} (x_i - \mu)^2 p_i$$

对于连续型随机变量有

$$\sigma^2 = \mathrm{Var}(X) = \int_{-\infty}^{\infty} (x - \mu)^2 f(x) \mathrm{d}x$$

随机变量的方差的定义

对于离散型随机变量:$\sigma^2 = \mathrm{Var}(X) = \sum_{i=1}^{\infty} (x_i - \mu)^2 p_i$

对于连续型随机变量:$\sigma^2 = \mathrm{Var}(X) = \int_{-\infty}^{\infty} (x - \mu)^2 f(x) \mathrm{d}x$

由均值与方差的定义,不难看出"连续型随机变量的概率密度分布,与离散型随机变量的概率分布"的对应关系。

9. 小结:离散分布与连续分布的区别与对应关系

(1) 离散分布的随机变量在离散点取值(可以是有穷多个,也可以是无穷多个离散点),并在这些点上存在概率值;

(2) 连续分布的随机变量在(连续)区间上取值,且只有在这些区间上其概率值才可能为正值,在连续型随机变量的任何取值点(离散点)上,其概率值均为零;

(3) 连续型随机变量的概率密度分布,与离散型随机变量的概率分布相对应;

(4) 连续型随机变量的(累积)概率分布,与离散型随机变量的累积概率分布相对应。

这种对应关系,可如图 1.2.7 所示。

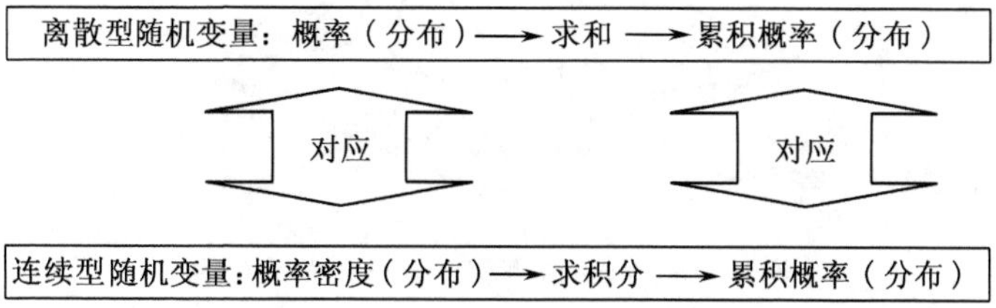

图 1.2.7　离散型随机变量与连续型随机变量的对应关系

1.2.3　对随机变量的概率分布的进一步讨论

1. 两个随机变量的联合概率分布

1) 两个离散型随机变量的联合概率分布

在表 1.1.3 中,把 $F(A_iB_j)$改为 $P(A_iB_j)$,也就是用概率形式来表达"条件概率计算表",我们本质上就得到了二维的离散型随机变量的联合概率分布。

具体地说,令 $P(X=i)=P(A_i)$,$i=1,2,\cdots,n$;$P(Y=j)=P(B_j)$,$j=1,2,\cdots,m$;用概率形式来表达表 1.1.3,就是离散型随机变量 X 与 Y 的联合分布表(或者说,是概率分布函数的表格表达)。

此时,联合概率的一般表达式为

$$P(X=i,Y=j)=P(A_i\,B_j)$$

也就是表格中,A_i 与 B_j 交叉位置上的概率数据。

对表 1.1.1,只要令 $P(X=1)=P(A)$,$P(X=2)=P(\overline{A})$,$P(Y=1)=P(B)$,$P(Y=2)=P(\overline{B})$,它就是一个具体的两个离散型随机变量的联合分布的例子。

从随机向量的角度看,通常我们称上述表格是随机向量(X,Y)的概率分布表。

2）两个连续型随机变量的联合概率密度分布

注意我们前面概括出来的规则：连续型随机变量的概率密度分布与离散型随机变量的概率分布相对应。所以，与第 1）点对应，我们先讨论两个连续型随机变量的联合概率密度分布问题。

两个连续型随机变量的联合概率密度分布，可能用图形表达。例如，若随机变量 X、Y 服从相同的正态分布，那么，X 与 Y 的联合概率密度函数的图形，就可如图 1.2.8 所示。

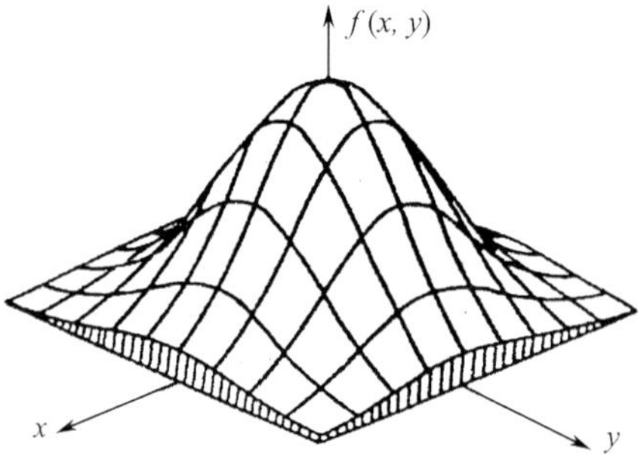

图 1.2.8　联合概率密度分布曲面示意图

当然，若服从正态分布的随机变量 X 与 Y 的参数不同，图形就会随着参数的差异而"被拉扯"变形。

两个连续型随机变量的联合概率密度曲面，也称为随机向量(X,Y)的概率密度曲面。两个连续型随机变量的联合概率密度分布，或称连续型随机向量(X,Y)的概率密度分布，通常用函数形式表达。例如，服从二维正态分布的随机向量(X,Y)的概率密度函数，可以表达如下（这类公式是不必记忆的，看一看，留个印象，就行了）：

$$f(x,y)=\frac{1}{2\pi\sigma_1\sigma_2\sqrt{1-\rho^2}}\exp\left\{-\frac{1}{2(1-\rho^2)}\left[\frac{(x-\mu_1)^2}{\sigma_1^2}-2\rho\frac{(x-\mu_1)(y-\mu_2)}{\sigma_1\sigma_2}+\frac{(y-\mu_2)^2}{\sigma_2^2}\right]\right\}$$

$$-\infty<x<+\infty,\ -\infty<y<+\infty$$

☆注意☆　连续型随机变量的（累积）概率分布，与离散型随机变量的累积概率分布相对应。在离散型随机变量的问题中，累积概率是概率的求和关系；而在连续型随机变量问题中，（累积）概率是概率密度的积分关系。

于是，连续型二维随机向量(X,Y)的概率分布函数，可用下式表达：

$$P(X\leqslant x,Y\leqslant y)=F(X,Y)=\int_{-\infty}^{y}\int_{-\infty}^{x}f(u,v)\,\mathrm{d}u\mathrm{d}v$$

有了对二维随机向量的概率分布或概率密度函数的理解，就不难想像更高维数的随机向量的概率分布问题。

2. 边缘分布(Marginal Distribution)

1) 离散型二维随机向量(X,Y)的边缘分布

在离散型随机变量 X 与 Y 的联合概率分布表格中，"总计"列与"总计"行中的数据就是相应随机变量 X 与 Y 的概率分布，又称联合分布的边缘分布，或随机向量(X,Y)的边缘分布。例如，在表 1.1.1 中，最后一列(即"总计"列)中的对应于随机变量 X 的不同取值就是联合分布 $P(X=i, Y=j)$的边缘分布 $P(X=i)$，其中 $i=1,2; j=1,2$。为方便阅读，特将表 1.1.1 重列于下：

表 1.1.1　条件概率计算表(联合分布表)

	$Y=1,B$ 事件发生 B:第二次抽且二级品	$Y=2,\overline{B}$ 事件发生 $\overline{B}$:第二次抽且一级品	总　计 $X=i$ 的概率
$X=1,A$ 发生， A:首次抽且二级品	$\frac{1}{3}\times\frac{1}{5}$	$\frac{1}{3}\times\frac{4}{5}$	$\frac{1}{3}$
$X=2,\overline{A}$ 发生， $\overline{A}$:首次抽且一级品	$\frac{2}{3}\times\frac{2}{5}$	$\frac{2}{3}\times\frac{3}{5}$	$\frac{2}{3}$
总计 $Y=j$ 的概率	$\frac{1}{3}$	$\frac{2}{3}$	1

若我们记 $p_{ij}=P(X=i, Y=j)$，边缘分布与联合分布的关系可用公式表示如下：

$$P(X=i)=\sum_{j=1} P(X=i,Y=j)=p_{i\cdot}$$

即：联合分布关于 X 的边缘分布，是联合概率对 Y 的所有取值的求和结果。

对应地，表 1.1.1 中的最后一行(即"总计"行)中对应于随机变量 Y 的不同取值就是联合分布 $P(X=i, Y=j)$的边缘分布 $P(Y=j)$，其中 $i=1,2; j=1,2$。边缘分布与联合分布的关系可以用公式表达如下：

$$P(Y=j)=\sum_{i=1} P(X=i,Y=j)=p_{\cdot j}$$

即：联合分布关于 Y 的边缘分布，是联合概率对 X 的所有取值的求和结果。

2)连续二维随机向量(X,Y)的边缘分布

如前所述，与离散型随机变量的概率分布相对应的是连续型随机变量的概率密度分布。所以，我们在概率密度的层面上来研究二维连续型随机向量(X,Y)的边缘分布问题，即 $f(x,y)$的边缘分布问题。

由连续型随机变量的概率密度与离散型随机变量的概率相对应的关系，可知，

联合分布关于 X 的边缘分布(记为 $f_X(x)$),应当是联合概率密度 $f(x,y)$ 对 Y 的所有取值域的求积分的结果。即

$$f_X(x)=\int_{-\infty}^{\infty}f(x,y)\mathrm{d}y$$

同样,联合分布关于 Y 的边缘分布(记为 $f_Y(y)$),应当是联合概率密度 $f(x,y)$ 对 X 的所有取值域的求积分的结果。即

$$f_Y(y)=\int_{-\infty}^{\infty}f(x,y)\mathrm{d}x$$

3. 条件分布

1) 离散型随机变量的条件概率分布

条件概率分布当然是从条件概率引申而来的。由条件概率的公式

$$P\{A\mid B\}=\frac{P(AB)}{P(B)},\quad 其中\ P(B)>0$$

可得离散型条件概率分布为

若对某个固定的 j,$P(Y=j)>0$,有

$$P(X=i\mid Y=j)=\frac{P(X=i,Y=j)}{P(Y=j)},i=1,2,\cdots$$

则称 $P(X=i\mid Y=j)$为"$Y=j$ 的条件下,随机变量 X 的条件概率分布"。

只要把 X 与 Y 的地位互换,就有

若对某个固定的 i,$P(X=i)>0$,下式成立:

$$P(Y=j\mid X=i)=\frac{P(X=i,Y=j)}{P(X=i)},\ j=1,2,\cdots$$

则称 $P(Y=j\mid X=i)$为"$X=i$ 的条件下,随机变量 Y 的条件概率分布"。

离散型随机变量的条件分布的定义

若对某个固定的 j,$P(Y=j)>0$,则称

$$P(X=i\mid Y=j)=\frac{P(X=i,Y=j)}{P(Y=j)},i=1,2,\cdots$$

为"$Y=j$ 的条件下,随机变量 X 的条件概率分布"。

同样,若对某个固定的 i,$P(X=i)>0$,则称

$$P(Y=j\mid X=i)=\frac{P(X=i,Y=j)}{P(X=i)},\ j=1,2,\cdots$$

为"$X=i$ 的条件下,随机变量 Y 的条件概率分布"。

不难看出,实际上离散型随机变量的条件概率分布被定义为:联合概率分布与某个边缘分布的比值。

由此可以得出有关随机变量概率的乘法公式:

$$P(X=i, Y=j)=P(X=i \mid Y=j)\times P(Y=j)$$
$$=P(Y=j \mid X=i)\times P(X=i)$$

2）连续型随机变量的条件概率分布

同样，鉴于连续型随机变量的概率密度与离散型随机变量的概率相对应的关系，我们在概率密度的层面上来研究连续型随机变量的条件分布问题。

仿照离散型随机变量的条件概率分布的定义（联合概率分布与某个边缘分布的比值），我们容易得出：

连续型随机变量的条件概率分布的定义为：联合概率密度分布与某个边缘密度分布的比值，即条件概率密度分布 $f_{X|Y}(x|y)$ 为

$$f_{X|Y}(x \mid y)=\frac{f(x,y)}{f_Y(y)}$$

称为“在 $Y=y$ 的条件下，随机变量 X 的条件概率密度分布”。

> **连续型随机变量的条件概率密度分布的定义**
>
> 在 $Y=y$ 的条件下，随机变量 X 的条件概率密度分布为
>
> $$f_{X|Y}(x \mid y)=\frac{f(x,y)}{f_Y(y)}$$
>
> 同样，在 $X=x$ 的条件下，随机变量 X 的条件概率密度分布为
>
> $$f_{Y|X}(y|x)=\frac{f(x,y)}{f_X(x)}$$

类似地，我们有乘法公式：

$$f(x,y)=f_{X|Y}(x \mid y)f_Y(y)=f_{Y|X}(y \mid x)f_X(x)$$

4. 相互独立的随机变量

与相互独立的随机事件的定义类似，我们可以定义相互独立的随机变量。

1）相互独立的离散型随机变量

若对于所有的 i,j，有 $P(X=i| Y=j)=P(X=i)$，则称随机变量 X 与 Y 是相互独立的。于是，由

$$P(X=i \mid Y=j)=\frac{P(X=i,Y=j)}{P(Y=j)}$$

可得

$$P(X=i, Y=j)=P(X=i \mid Y=j)P(Y=j)$$
$$=P(X=i)P(Y=j)$$

这样，我们就可以从两个角度来定义相互独立的离散型随机变量了。

相互独立的离散型随机变量定义 1

若对于所有的 i,j，有

$P(X=i \mid Y=j)=P(X=i)$

则称随机变量 X 与 Y 是相互独立的。

相互独立的离散型随机变量定义 2

若对于所有的 i,j，有

$P(X=i, Y=j)=P(X=i)P(Y=j)$

则称随机变量 X 与 Y 是相互独立的。

第二个定义式，其实就是乘法公式 $P(X=i, Y=j)=P(X=i \mid Y=j)P(Y=j)$ 的特殊情况。

2）相互独立的连续型随机变量

依据连续型随机变量的概率密度与离散型随机变量的概率相对应的关系，可对相互独立的连续型随机变量定义如下：

若连续型随机变量 X 与 Y 的条件密度分布满足 $f_{X|Y}(x \mid y)=f_X(x)$，则称 X 与 Y 是相互独立的随机变量，即 X 的条件密度与作为条件的 Y 的边缘密度无关。

由于 X 与 Y 的对称关系，X 与 Y 相互独立的条件也可以写成 $f_{Y|X}(y \mid x)=f_Y(y)$，即 Y 的条件密度与作为条件的 X 的边缘密度无关。从而，在相互独立的情况下，乘法公式 $f(x,y)=f_{X|Y}(x|y)f_Y(y)=f_{Y|X}(y|x)f_X(x)$，可以简化为

$$f(x,y)=f_X(x)f_Y(y)$$

后一个式子也可以作为连续型随机变量 X 与 Y 相互独立的第二种定义。

相互独立的连续型随机变量定义 1

若连续型随机变量 X 与 Y 的条件密度分布满足：$f_{X|Y}(x \mid y)=f_X(x)$ 或 $f_{Y|X}(y \mid x)=f_Y(y)$，则称 X 与 Y 是相互独立的随机变量。

相互独立的连续型随机变量定义 2

若连续型随机变量 X 与 Y 的条件密度分布满足：$f(x,y)=f_X(x)f_Y(y)$，则称 X 与 Y 是相互独立的随机变量。

离散型与连续型的相互独立的随机变量的定义式的统一表达

离散型和连续型的随机变量相互独立的条件或定义，可用累积概率统一表达为

$$P(X\leqslant x,Y\leqslant y)=P(X\leqslant x)P(Y\leqslant y)$$

1.3　几个典型的概率分布

1. 两点分布(0—1 分布)

例如，抛(不均匀的)硬币，出现正面的概率是 p，出现反面的概率就是 $1-p$。设：出现正面时随机变量 X 的取值为 $X=1$，出现反面时随机变量 X 的取值为 $X=0$，则两点分布可表述为

$$P(X=1)=p$$
$$P(X=0)=1-p$$

若 X 服从两点分布，则记为 $X \sim B(1,p)$。两点分布的均值是 p，即 $E(X)=p$；方差是 $p(1-p)$，即 $D(X)=p(1-p)$。

2. 二项分布(Binomial Distribution)

例如，抛 n 次(不均匀)的硬币(又称贝努利(Bernoulli)实验)，正面出现 k 次($0 \leqslant k \leqslant n$)的概率为

$$P(X=k)=P_n(k)=\binom{n}{k}p^k(1-p)^{n-k}$$

其中系数 $\binom{n}{k}$ 也可写为：$n(n-1)\cdots(n-k+1)/k!$。

二项分布的均值是 np，方差是 $np(1-p)$。二项分布记为 $X \sim B(n,p)$。

3. 泊松分布(Poisson Distribution)

设随机变量 X 的取值为 $1,2,\cdots$，若 $X=k$ 的概率为

$$P(X=k)=\frac{\lambda^k}{k!}e^{-\lambda}$$

则称 X 服从泊松分布。随机变量 X 的均值为 λ，即 $E(X)=\lambda$，方差也是 λ，即 $\mathrm{Var}(X)=\lambda$。

在具体的问题中，均值 λ 有特殊的含义。例如，在 $[0,t)$ 的区间内，电话对交换机的呼叫次数、高速公路上车辆通过的辆数、来窗口买票的人数等，均服从如下泊松分布：

$$P(X=k)=\frac{(\lambda t)^k}{k!}e^{-\lambda t}$$

式中，λt 是在时间区间 $[0,t)$ 内，呼叫(通过，到达)的平均次数。

☆注意☆　当 n 很大(例如，$n \geqslant 10$)，且 p 很小(例如，$p \leqslant 0.1$)时，有

$$\binom{n}{k}p^k(1-p)^{n-k}\approx\frac{(\lambda)^k}{k!}e^{-\lambda}\text{,其中 }\lambda=np$$

4. 均匀分布(Uniform Distribution)

例如飞机灭蝗,可以假设撒药是均匀的,那么每块土地上农药的含量,只与其面积有关,而与其位置无关。这就是均匀分布。上例中,"农药含量"X 是一个连续型随机变量。而"面积"是个二维问题。若我们所考察的是一块条田(宽度相等的长条),"农药含量"就只与条田的长度有关。

概率分布函数可以写为

$$F(x)=\begin{cases}0, & \text{当 } x<a \text{ 时}\\ \dfrac{x-a}{b-a}, & \text{当 } a\leqslant x<b \text{ 时}\\ 1, & \text{当 } b\leqslant x \text{ 时}\end{cases}$$

概率密度函数可以写为

$$F'(x)=f(x)=\frac{1}{b-a}$$

均匀分布的均值为

$$E(X)=\frac{a+b}{2}$$

均匀分布的方差是

$$\mathrm{Var}(X)=\frac{(b-a)^2}{12}$$

相应的图形见图 1.3.1。

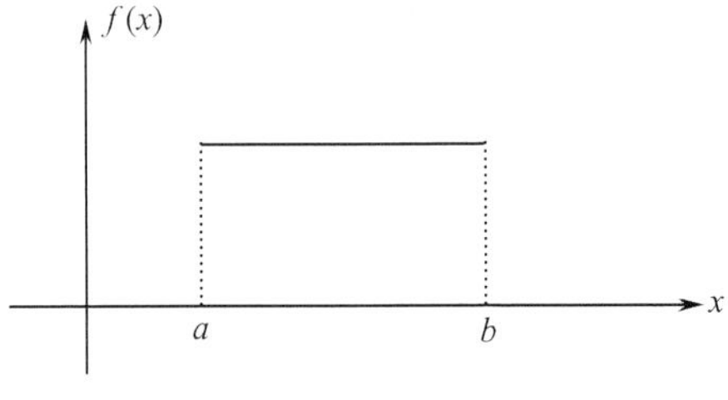

图 1.3.1 均匀分布示意图

5. 正态分布(Normal Distribution)

例如一个地区(或一个民族)的人的身高(或收入)、机器生产的某种零件的长度等(设其为随机变量 X)都服从正态分布。

概率密度函数为

$$f(x) = \frac{1}{\sqrt{2\pi}\sigma} e^{-\frac{(x-\mu)^2}{2\sigma^2}}$$

式中，x 的取值为$(-\infty, +\infty)$，μ 为均值，σ^2 为方差。相应的图形见图 1.3.2。

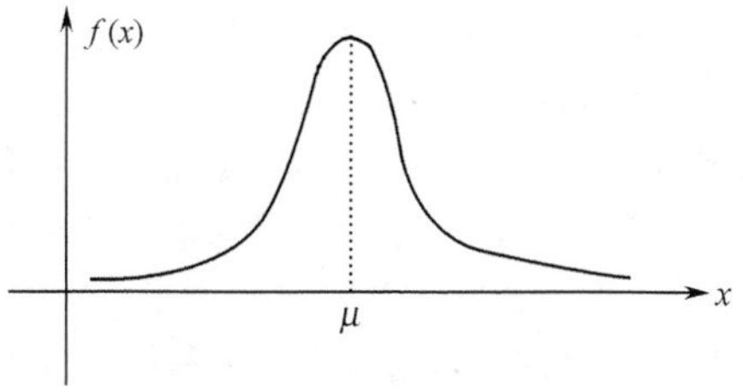

图 1.3.2　正态分布的概率密度函数示意图

图 1.3.2 中，曲线和 x 轴之间的面积表示概率。当然，不论图中曲线如何陡或者如何平，只要是概率密度函数曲线，它与 x 轴之间的面积就总是 1。

相应的（累积）概率分布函数为

$$F(x) = \frac{1}{\sqrt{2\pi}\sigma}\int_{-\infty}^{x} e^{-\frac{(t-\mu)^2}{2\sigma^2}} dt$$

其中，μ 为均值，σ^2 为方差。相应的图形见图 1.3.3。

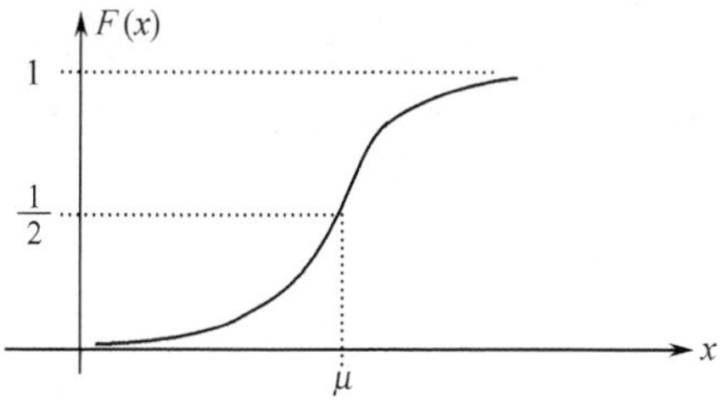

图 1.3.3　连续型累积概率示意图

正态分布的数学符号是 $N(\mu,\sigma^2)$。符号中的 μ 表示均值，σ^2 表示方差。这两个参数确定了，正态分布的图形形状也就随之确定了。方差 σ^2 越大，正态分布的概率密度函数图（图 1.3.2）就越扁平。反之，方差 σ^2 越小，正态分布的概率密度函数图（图 1.3.2）就越陡，峰值就越高。这是由于概率密度函数曲线与 x 轴之间面积必须为 1 的缘故。

当 $\mu=0,\sigma^2=1$ 时，正态分布 $N(0,1)$ 称为标准正态分布。

对任何一个正态分布 $N(\mu,\sigma^2)$ 而言，只要做一个变换，令：$z=\frac{x-\mu}{\sigma}$，相应的随机变量 Z 就服从标准正态分布 $N(0,1)$。

思考与练习题

1. 试述以下基本概念：

①随机实验 ②基本事件 ③样本空间 ④随机事件 ⑤相容事件与不相容事件 ⑥独立事件 ⑦概率 ⑧概率运算的主要性质 ⑨条件概率 ⑩乘法定理与全概率公式 ⑪贝叶斯公式 ⑫相互独立的随机事件的概率公式 ⑬离散型随机变量的概率 ⑭离散型随机变量的累积概率 ⑮连续型随机变量的概率 ⑯连续型随机变量的累积概率 ⑰连续型随机变量的概率密度 ⑱离散分布与连续分布的区别与对应关系 ⑲两个随机变量的联合概率分布 ⑳边缘分布 ㉑条件分布 ㉒均匀分布

2. 某大公司有南方、北方两大生产基地。2004 年某产品的产量为20 万件，其中 60%是由南方基地生产的，南方基地的非正品率为 0.1%，北方基地的正品率为 99.6%。

问：在市场中抽查到 1 件次品，是北方基地生产的概率是多少，是南方基地生产的概率是多少？试用条件概率表来计算。

3. 检查下面的函数以决定它是否是一个概率函数，并画出它的直方图。

$$P(x)=(x^2+5)/50, x=1,2,3,4$$

4. 随机变量 X 有下面的概率分布，求 X 的均值和标准差。

X	1	2	3	4	5
$P(X)$	0.5	0.2	0.1	0.1	0.1

5. 两点分布(0—1 分布)与二项分布的关系是什么？

6. 某超市经理保证，他的一打一盒的蛋中，不会有多于一个坏的蛋。如果有多于一个坏的蛋，他将赔一整盒(一打)的鸡蛋，并允许顾客保有原来的那盒蛋。如果一个蛋是坏的概率是 0.01，那么经理必须赔送鸡蛋的概率是什么？

7. 某篮球运动员在比赛时罚球得分的概率是 0.8，他在下 5 个罚球中将失去 3 个的概率是多少？

8. 在任意指定的一天，某港口的到船数 X 是一个随机变量。X 的概率分布如下表，求在指定的一天中：①恰有 14 艘船到达的概率；②至少 12 艘船达到的概率；③至少 11 艘船达到的概率。

x	10	11	12	13	14
$P(X=x)$	0.4	0.2	0.2	0.1	0.1

9. 某公司的决策都由一个 3 人委员会做出，问：①如果每个成员独立做决策的正确的概率为 p，委员会按照简单多数的原则正确作出决策的概率是多少？

②若 $p=0.1$，委员会作出正确决策的概率是什么？

③若 $p=0.8$，委员会作出正确决策的概率是什么？

④当 p 取什么值时，委员会按照简单多数规则决策，比总经理一人决策(假设其正确决策的概率也是 p)的正确率高？

10. 举出实际生活中服从泊松分布的例子。

11. 正态分布是最常见的分布之一，试画出正态分布的密度函数的示意图。

第 2 章 数据与数据的获得

2.1 总体、个体、特征与数据

1. 总体(*Population or Universe*)

所研究对象的全体,称为总体(或母体)。例如,某专业同一年的考生可以构成一个总体,一条生产线上生产出来的某零件也可以构成一个总体。另外,所有的中国工人、所有的中国农民、所有 18 岁的人等等都可以分别构成一个总体。这类总体是有量纲的,称为实际世界的总体。

2. 个体(Individual or Case)**或成分**(Elements)

组成总体的元素(Element),称为个体。

在一个总体中,若个体的数目是有限的(Finite),则该总体称为有限总体。如某专业的同一年考生、所有的中国工人等都分别是有限总体的例子。在一个总体中,若个体的数目是无限的(Infinite),则该总体称为无限总体。如一条生产线上生产出来的零件就是无限总体的例子。

3. 指标或变量(Variable)

我们研究任何总体,必然要对其个体的某些特征(当然也是总体的特征)感兴趣。例如,对"中国农民"这个总体(或"东部农民"这个总体),我们会有兴趣于研究农民的年收入、农民对有关政策的态度、农民的受教育程度等。这些"附着于"农民(个体)的信息,就是我们所说的个体特征(Characteristics)。我们对任何总体感兴趣,其实就是对总体中的个体的这些特征(信息)感兴趣。我们决不会研究没有任何特征信息的空洞的个体。当然,反过来,我们也不会研究没有任何特征信息的空洞的总体。

表征个体特征(信息)的量,称为指标或变量。

有时,我们想要联合考察总体或个体的若干个特征,这时我们所面对的就是指标向量,或称变量向量。例如,当我们考察"学生"这个总体时,我们可能会对"学生的考分"、"学生的身高"等特征感兴趣。当我们要想联合考察这两个特征时,我们所要面对的就是指标向量,或变量向量:(学生考分,学生身高)。此外,如零件的直径、零件的长度、零件的耐磨损度等可以作为“零件”这个个体的指标或者变量。某药品的疗效、副作用,可以作为该药品个体的指标或变量。企业的年销售额、年利润、资金周转率等等,都可以作为“企业”这个个体的变量。消费者对某商品的包装式样的偏爱、对该产品色彩的偏爱等,可以作为消费者个体的变量或指标。

4. 指标值(变量值)或数据(Data)

在研究一个总体时,所要研究的每个特征(指标或变量),在每个个体上,都有一个反映该特征的具体描述(可以是数字,也可以是文字),这些特征的具体描述被称为指标值(变量值)或数据。

例如,80 分、90 分等是变量“考生考分”的变量值;男或女是变量“考生性别”的变量值;10 毫米、9 毫米等是变量“零件直径”的变量值;25 年、30 年等是变量“工人工龄”的变量值;3500 元、5000 元等是变量“农民年收入”的变量值等。这些具体的数值,也称为数据(Data)。

显然,数据可以是定量型的(Quantitative),例如农民的年收入;也可以是定性型的(Qualitative),例如考生的性别;也可以是半定量的(Semi-quantitative),例如某单位职工的受教育程度。

定性型的数据和半定量的数据,通常是对个体分组(分类)的依据。

每一个个体的所有特征(变量)的数据,被称为一条记录或一个数据向量。

本节关键概念

总体(或母体):所研究对象的全体。

个体(或成分):组成总体的元素。

变量(或指标):表征个体特征(信息)的量。

变量值(或指标值、数据):对个体特征的具体的描述(可以是数字,也可以是文字),或者说有关个体的具体信息。

2.2 数据类型

2.2.1 数据测度的分类

定量型数据和定性型数据其实是对数据的一种分类。现在我们做更细一些的分类。

1. 比率级(Ratio Level)数据

比率级的数据,是数据最高级的测度等级。它是具有一定单位的实际测量值,例如尺、丈、米、斤、公斤、元等。这类数据可以做加减乘除运算以及基于加减乘除的运算。此时,要求其 0 值不是人为制定的。例如,长度的 0 米,K 温度中的 0 度,资金的 0 元,重量的 0 斤等。只有当变量的 0 值不是人为制定时,其任意两个取值的比率(分母不为 0)才能有确定的意义。

在统计分析中,比率级的数据只能用数字来表示。

比率级的数据,也常被称为“定比级”数据。

2. 间距级(Interval Level)的数据

间距级的数据,是只能做加减运算,不能做乘除运算的数据。其根本特征是,数据中的 0 不是物理世界客观存在的,是人为设定的。例如,摄氏温度,我们可以计算室内室外的温差,例如,室内的 10℃,室外是 5℃,室内外的温差就是 5℃。但是,我们不能说 10℃是 5℃的 2 倍,因为把 10℃和 5℃转化为华氏温度后,就不是两倍的关系,转化为 K 温度(绝对温度)后,这两个温度也不是 2 倍关系。

除了这个摄氏温度的例子以外,在管理科学中经常用到的评分值,例如,消费者对某一品版商品的满意度,也是间距级的数据,因为其 0 值也是人为设定的。例如,可以把满意度设定为 0～10,也可以设定为 0～100,还可以设定－5～＋5,它们是等效的。

在统计分析中,间距级的数据也只能用数字来表示。

间距级的数据,也常被称为“定距级”数据。

定比级与定距级的数据,又统称刻度级的数据。

3. 序次级(Ordinal Level)数据

序次级的数据是只能够比较大小,而不能够做加减运算,更不能做乘除运算的数据。比如,受教育程度就是序次测度级的数据。可以采用数字编码表示不同类别,比如:1＝“文盲半文盲”,2＝“小学”,3＝“初中”,4＝“高中”,5＝“大学”,6＝“硕士研究生”,7＝“博士研究生”。当然,也可以用 7～1 的顺序来表示不同的等级。信息一点也没有损失。各编码的序值,代表了受教育程度的高低差异。尽管这个差异,不能准确描述这一差别的大小,但是可以确定其顺序。也就是说,可以对这些编码值作不等式运算。比如,从受教育程度而言,如果已知“大学”＞“中学”,“中学”＞“小学”,便可以肯定有“大学”＞“小学”,但不能做加减运算。

序次级的数据常被称为“定序级”的数据。

该级别的数据可以用数字来表示,也可以用字母来表示。

4. 名义级(Nominal Level)数据

名义级的数据是数据的最低级。它仅仅是一种标志,用以区分变量的不同值,但没有序次关系,例如,顾客所喜爱的颜色或者顾客所喜欢的包装。又比如,性别就是一个名义等级的变量,可以用数码1表示男性,数码2表示女性;或者反过来编码,用数码1表示女性,数码2表示男性;也可以用其他任意两个不同的数码或者文字代表类别。不论上述哪一种编码,变量所包含的信息都没有任何损失。

名义级的数据常被称为“定类级”数据。

该级别的变量值,可以用数字来表示,也可以用字母来表示。

数据的上述级别,也就是数据的测度级别(Measurement Level)。

为了应用方便,我们把变量值(数据)的级别称呼延伸到变量本身。例如,比率级变量(定比变量)、间距级变量(定距变量)、序次级变量(定序变量)、名义级变量(定类变量)等。

数据测度的分类

1. 比率级(Ratio Level)数据,可进行加减乘除及其延伸运算。其根本特征是数据0是物理世界的客观存在。

2. 间距级(Interval Level)数据,可进行加减运算。其根本特征是数据0是人为设定的。这两个级别的数据又统称刻度级的数据,都只能用数字来表示。

3. 序次级(Ordinal Level)数据,只能比较大小,不能进行加减运算的数据,更不能做乘除运算。

该级别的数据,可以用数字来表示,也可以用字母来表示。

4. 名义级(Nominal Level)数据,仅仅是一种标志,用来区分变量的不同值,数据之间没有序次关系。

该级别的数据,可以用数字来表示,也可以用文字来表示。

2.2.2 不同测度类型的数据的用途特点

数据的不同类型,其实也是变量的不同类型。不同测度类型的数据在统计分析中,可以扮演不同的角色。

首先,不同测度类型的数据都可以作为被统计对象直接进入统计处理。例如,有的(如刻度级中的比率级数据)可以用来做回归分析,可以计算普通相关系数;有的(如区间级以上的数据)可以用来计算均值、方差;有的(如顺序级数据)可以用来计算等级相关系数;有的(如名义级数据)可以用来做相应变量的独立性分析。例如,当我们获得不同文化程度的顾客对不同包装的偏爱数据后,我们可以用统计方法来分析两个变量(文化程度、喜爱的包装类型)是否相关(也就是是否相互独立)。

这里“文化程度”是顺序型变量,“包装类型”是名义级变量。

在不同的统计处理中,对数据的测度类型的最低要求是不同的。我们将在分析不同的统计方法时,给出这些最低要求。

其次,名义级变量的数据,通常是样本分类(分组)的依据,即名义级变量通常作为分类变量(Categorical Variable)来使用。例如,“性别”把被调查的数据分为男女两组,在获得某单位的职工的工资数据后,要看男职工的平均工资与女职工的平均工资有无显著差别,就要用性别变量对职工分组(分类),以便统计不同组的平均工资值。

当然,顺序级变量也可当作分类变量使用。例如,“受教育程度”就可以作为分类的依据,如小学以下文化程度组、中学文化程度组、大学文化程度组等。

甚至,刻度级的数据也可以用来分类。例如,把被调查男生的身高分为若干段,1.5 米以下(含 1.5 米),1.5 米至 1.6 米之间(含 1.6 米),1.6 米至 1.7 米之间(含 1.7 米),1.7 米至 1.8 米之间(含 1.8 米),1.8 米以上(大于 1.8 米)。这样,就把被调查男生按照身高所处于的不同区间分成了 5 组。

一般说来,数据的等级越高,应用范围越广泛;等级越低,应用范围越受限。

不同测度级别的数据的用途特点

不同测度级别的数据,应用范围不同。等级越高,应用范围越广泛;等级越低,应用范围越受限。

一般说来,等级高的数据,可以兼有等级低的数据的功能;而等级低的数据,不能兼有等级高的数据的功能。

名义级的数据,通常是样本分类(分组)的依据。

2.2.3　观察数据与实验数据

这实际上是从数据获得角度对数据进行分类。

凡是在获得数据的过程中,不对被调查对象数据产生的条件施加任何控制所得到的数据,称为观察数据。观察数据通常是(但不一定是)众多因素共同作用的结果。例如,调查农民年收入情况、农业技术来源情况、受教育情况、计划生育情况的数据,都只能是观察数据。其中,农民年收入情况、计划生育情况等数据,显然是众多因素复合作用的结果。例如,天气、虫害、市场、品种等都会影响农民的年收入。

凡是在获得数据的过程中,对数据产生的条件实施了控制而得到的数据,称为实验数据。实验数据通常是(但不一定是)单一因素作用的结果。例如,要想得到不同汽油添加剂对增加汽车行程的影响,除了在一升汽油中要使用同样剂量的不同汽油添加剂外,还应当对如下实验条件实施控制:①不同汽油添加剂都用同一辆汽车做实验，以排除不同（型号）的汽车对行程的影响；②在同一条道路上行驶，以排除不同道路对汽车行程的影响；③选择没有风的天气做实验，以排除不同风向与风速对汽车行程的影响。此时，影响“汽车行程”的因素，就比较单一了，基本上是由添加剂本身的因素造成的。

关于实验数据的进一步研究将放在2.6节讲述。

> **观察数据与实验数据**
>
> 观察数据：在获得数据的过程中，不对被调查对象数据产生的条件施加任何控制所得到的数据。观察数据通常是（但不一定是）众多因素共同作用的结果。
>
> 实验数据：在获得数据的过程中，对数据产生的条件实施了控制而得到的数据。实验数据通常是（但不一定是）单一因素作用的结果。

2.3 获得数据的抽样调查方法

获得数据的方法，可以分为两大类：一是观察（调查）方法，二是实验方法。观察（调查）方法，又可以分成两大类：一是普查方法，二是抽样调查方法。本节重点讨论数据的抽样调查方法，获得数据的实验方法放到2.6节讲述。

2.3.1 普查与抽样

1. 普查（Census）

普查是针对有限总体而言的。普查，就是收集有限总体中每个个体的有关指标的指标值（或变量值）。

2. 抽样调查（Sampling）**与样本**（Sample）

抽样调查（即部分调查）是在总体中选择一部分个体进行调查，从所了解的局部数据来了解总体情况。总体中，部分个体所组成的集合称为样本（Sample）集合。

与部分调查密切相关的是，如何选择部分个体（样本个体）的问题。从总体中，恰当地选取部分个体进行调查，是统计学中最重要的问题之一，也是“获得数据方法”所要研究的中心内容。

抽样调查有两层含义：一是抽样（抽取部分个体）；二是调查（调查那些反映在个体上的、所要研究的特征的数据）。调查样本个体（抽样所得到的个体）所得到的数据，称为样本数据。

3. 抽样调查的意义

对所有的总体都可以使用抽样调查的方式来获得数据。抽样调查的主要意义是,相对于普查而言:①抽样调查的成本要低得多;②抽样调查所用的时间要少得多;③在收集个体信息方面,抽样调查可以更为详尽;④获得的个体信息,可以更为准确。

普查与抽样调查
普查:调查有限总体中每个个体的有关指标值。
抽样调查:在总体中抽取部分个体进行调查,从所了解的局部数据来了解总体情况。
样本集合:总体中的部分个体所组成的集合。

2.3.2 抽样方法

从总体中抽取个体的方法(Methods of Sampling)可以分为两大类:一是非概率抽样,二是概率抽样。

1. 非概率抽样(Nonprobability Sampling)

按照非概率的原则,或者依据对个体和总体特征的判断,从总体中抽取个体的做法,称为非概率抽样。

常用的非概率抽样有典型抽样(又称判断抽样)、便利抽样(又称随遇抽样)和滚雪球抽样。

(1) 典型抽样是指在分析总体特征的基础上,有意识地选择具有代表性的典型个体,做深入细致的调查。这里的"代表性",是主观判断得到的,所以这种抽样方法又称为判断抽样(Judgmental Sampling)。例如,为调查贫困地区学龄儿童受教育的情况,依据人均收入的数据或者有关介绍经济发展的资料,主观选定某个乡或村进行调查,就是典型抽样调查。

(2) 便利抽样(Convenience Sampling)是调查人按照最方便的方式获得被调查人的抽样。例如,街上行人访谈、商场拦截调查等都属于这种抽样方式。便利抽样又称可获得抽样(Availability Sampling),只要容易获得,就可以抽取为样本对象。

(3) 滚雪球抽样(Snowball Sampling)是指在获得第一批被调查对象(通常数量较少)后,在调查中请每位被调查对象推荐合适的被调查对象,接着开展第二批调查,这样,就像滚雪球那样,调查对象的数量很快达到预定的数量。如果一开始手中没有第一批被调查者,还可以用登报的方式获得。

2. 概率抽样(Probability Sampling)

概率抽样是随机抽样,它按一定随机规则(一定概率分布),从总体中抽取部分个体，所以，称为概率抽样或随机抽样（Random Sampling）。例如，从 300 个贫困乡中，按照等概率（1/300）的原则，从中抽取 10 个乡进行调查，就是随机抽样。当然，在特殊情况下，也可以按照特定的概率分布抽取个体。

3. 简单随机抽样（Simple Random Sampling）

在随机抽样的过程中，如果每个个体被抽取到的机会（概率）均等，则称此随机抽样为简单随机抽样。当然，简单随机抽样也可以表述为：按照“每个个体被抽到的机会均等”的规则，从总体中抽取部分个体。

抽样类别

非概率抽样：依据非概率的原则或者对个体和总体特征的判断，从总体中抽取个体。常用的非概率抽样主要有：典型抽样、便利抽样和滚雪球抽样。

概率抽样：按一定随机规则（一定概率分配），从总体中抽取部分个体。概率抽样又称为随机抽样。

简单随机抽样：在随机抽样的过程中，每个个体被抽取到的机会（概率）均等。

概率抽样的样本数目问题，我们将放到 5.5.4 小节回答。

2.3.3 常用的综合抽样方法

1. 分层（分类）抽样（Stratified Sampling）

分层（分类）抽样是指按照总体中个体的某特征，把总体中的个体分为若干群（类）。然后，对各个群内的个体进行简单随机抽样。例如，调查某地区居民消费状况，应事先把该地区居民分为城市居民、城镇居民、农村居民等几类，然后对每一类的个体用简单随机抽样的方法进行抽样。这样分类抽样调查，才能比较准确地反映居民消费状况。

分层抽样要求群内的差距要小一些。一般分层抽样的层间差距大于群内差距。

不同群体所抽取的个体个数，一般有三种方法确定：

(1) 等数分配法，即对每一类都分配同样的个体数。

(2) 等比分配法，即让每一类抽得的个体数与该类总体的个体数之比，都相同；或者说，按照同一个比例，从各个类别中抽取样本。例如，把总体分成了 3 个类别，这 3 个类别的个体总数分别为 100，300，1000。若抽样比例为 5%，则从各个类别中抽取的个体数依次为 5，15，50。

(3) 最优分配法（即方差分配法），即从各类抽得的样本数 n_i 与所要抽得的总样本数 n 之比，等于该类的方差 σ_i^2 与各类方差之和 $\sum\sigma_i^2$ 之比，即

$$\frac{n_i}{n} = \frac{\sigma_i^2}{\sum \sigma_i^2}$$

这一方法的困难在于，在抽样之前很难知道各类的方差。

常用的方法是先主观地决定各类的样本数（小样本），得到少量的样本数据后，计算各类的样本方差，然后用样本方差计算各类的样本数。当然，必要时可以逐级放大，逐次用样本方差来计算各类所需要的样本数。

2. 整群抽样(Cluster Sampling)

整群抽样是指：将总体中的各个个体按照某一标志量分为若干群，然后以群为单位，对群进行（简单）随机抽样，接着对抽出来的群进行普查。

一般，整群抽样应使群体之间的差异尽量小一些。而群体内部有较大差异并无妨碍，因为在群体内实施的是普查。例如，要调查某工业区中的国有企业的工人的计划生育情况，就可以按照企业分群，对被抽到企业的每个工人家庭进行调查。这就是整群抽样的调查方法。这一点与分层（类）抽样正好相反。

采用哪种抽样方法，是由被调查总体的实际情况与调查目的所决定的。例如，要调查新生对大学的印象，可以以班级为群，对群进行简单随机抽样，然后对调查到的班级中的学生（群中的个体）进行普查。再如，要调查新生对课程难易程度的反映，就应当按照新生的入学成绩分层（类），然后在每一层中对学生（个体）进行抽样，对抽到的个体进行调查。

3. 系统抽样(Systematic Sampling)

系统抽样又称等距抽样，是按照某一标志量把总体中的个体排序，然后用随机方法确定第一个被调查的个体（把这个个体前面的个体移到最后），再按照一定间隔抽取个体。

例如，要调查某年级的中学生对流行歌曲的态度，就可以按照学生的身高，把这个年级的学生排列起来，在随机地确定第一个学生后，每隔 5 个人抽一个学生调查。这就是等距抽样的调查方法。

几个常用的综合抽样方法

分层抽样（分类抽样）：按照总体中个体的某特征，把总体中的个体分为若干群（类）；然后，对各个群内的个体进行简单随机抽样。分层抽样要求层之间的差异大于层的内部的个体的差异。

整群抽样：将总体中的各个个体，按照某一标志量分为若干群，然后以群为单位，对群进行（简单）随机抽样（然后，对抽出来的群，进行普查）。整群抽样要求群体之间具有相似的特征，群内的差异较大并无妨碍。

系统抽样（等距抽样）：按照某一标志量把总体中的个体排序，然后按照一定间隔抽取个体。

2.3.4 常用的调查方法

在得到所要调查的(样本)对象后，接下来要做的事就是测量所需要的数据。对于“人”这类调查对象而言，测量可以分为两种形态：一是需要被调查对象自己把有关数据陈述出来(或者说把心理感受量化出来)，二是调查者观察(可以借助仪器观察)被调查对象，并把有关数据记录下来。前一种方式称为(狭义的)调查(Survey)，后一种称为观测或观察(Observation)。

1. 调查与观察个体的确定

调查与观察个体的确定，通常有如下几种方式：

(1)依据研究问题和研究目的，确定所要抽样的群体，依据设计的抽样方法，抽样确定所要调查的个体。当抽样确定的调查对象为企业一类的单位时，还需要进一步确定调查与观察的人员。例如，依据所要获得信息的内容，确定以 CEO 为对象，或以部门经理为对象，或以操作工人为对象。

(2)采用以前确定的抽样方法和待抽样群体，重新抽样，确定所要调查的个体。这样，有利于做深入的对比分析。例如，不同年龄段对某类快速消费品的消费特征的演变研究。

(3)采用以前研究时确定的样本个体，重新调查，获得原来样本在新时期的数据。这种方法，又称为固定样本方法。这种方法对有些问题的研究非常重要。例如，居民消费演变研究、居民生活演变研究等。

究竟采用哪种方式，完全取决于研究的目的、内容和对象。

2. 调查方法(Survey Methods)的主要类别

按照调查人与被调查对象的接触方式来划分，调查方法主要有如下几类：

(1) 电话访谈法(Telephone Interview)。电话访谈就是用电话与样本中的被调查对象沟通，应先取得被调查对象的认可，然后按照事先设计好的问题向被调查对象提问，记录好被调查对象的回答。在计算机普及的今天，通常使用电脑辅助电话访谈的方法(Computer-Assisted Telephone Interview, CATI)。通过计算机拨号，接通被调查对象，用插在计算机上的耳机和话筒，通过恰当的对话，取得对方的认可后，再按照计算机中的问题(及备选答案)向被调查者提问，并在计算机上记录答案。

(2) 邮件访谈法(Mail Interview)。邮件访谈就是通过邮寄书面的问题(问卷)，取得被调查者的答案。邮件访谈既可以用于新样本客户，也可以用于老样本客户的访谈。通常，用于老的固定样本客户的访谈，更为有效，返回率高。

(3) 人员访谈法(Personal Interview)。人员访谈就是调查者与被调查对象面对面(Face to Face)的访谈。这种访谈可以在被调查者办公室或在被调查者家里进行(当然要取得被调查者的认可),也可以请被调查者到研究者的办公室或第三方的房间面谈。这些都称为室内访谈(In-house Interview)。如果要做商场顾客的调查,就可以在商场拦截调查(Mall-intercept Personal Interview)。如果调查者有手提电脑,也可以借助电脑做人员访谈(Computer-assisted Personal Interview)。

(4) 电子邮件访谈(E-mail Interview)。电子邮件访谈就是以电子邮件的方式与被调查人沟通，获得相应的调查结果。用电子邮件访谈，科学设计的问卷是非常重要的数据获取工具。电子邮件的地址可以事先通过某种方式获得，也可以用软件试拼电子邮件地址，自动试发电子邮件。后者的效率是高的，通常可以找到有兴趣的被调查人。但同时，对于没有兴趣的人而言，这种试发的方式对他们造成了骚扰，除非没有兴趣的人设置了过滤软件。如果国家的有关法规限制试拼群发电子邮件的行为，就必须守法，不使用这种方式。

(5) 其他电子方式的访谈。从目前的电子沟通方式来看，还有如下访谈方式是值得注意的：①借助网站设置调查问卷，用各种可能的合法方式，促使有兴趣者或自愿者，到相应网站完成应答；②借用 BBS 等聊天室方式，进行访谈。

☆注意 1☆　不同的访谈方法,对于不同的问题、不同的性质的样本,效果是很不相同的。要注意结合实际问题,采用不同的调查方法或者组合调查方法。

☆注意 2☆　不论哪种访谈,都要取得被访谈者的认可。被访谈者愿意接受访谈的主要原因是:① 对所调查研究的问题有兴趣;② 想获得调查的全部或部分结果(调查者需事先承诺,给出相应的结果);③ 可以获得一定的补偿,例如:某些礼品、某些优惠(如果调查研究的项目是由生产公司资助的话);④ 由于上司行政要求等原因,是作为一项任务来完成的;⑤ 其他原因,如亲友的要求等。

3. 观察法(Observation Methods)

观察法大致可以分为两类：一是借助某些仪器、设备来观察的方法；二是直接凭借调查人自己的感官来观察的方法。

1) 借助仪器的观察方法

这种方法可进一步分成两类：①不需要被调查者配合参与的观察方法。例如，通过摄像设备观察被调查者行为。②需要被调查人参与的观察方法。这类方法已经和实验方法接近了，有的设置就是实验的观察方法。例如，给被调查人装上某种仪器，然后给被调查人提出某个问题，或者给被调查人观看某个广告片或者某个品牌的产品或某个图片，通过仪器观察被调查人的血压、心跳、心电、脑电、瞳孔直径、眼球移动、声调等变化，由此来分析被调查人的真实反映。

2) 不借助仪器的直接观察法

这种方法相对简单一些，但是也容易由于观察者的偏好，带来较大误差。例如，观察者估计被调查人看到某种观点的宣传片后的反应，就可能有一定的主观成分。观察者估计被调查人看到一则广告后的兴奋程度，也有较大的主观性。

常用调查法

① 电话访谈；② 邮件访谈；③ 人员访谈；④ 电子邮件访谈；⑤ 网站问卷和BBS等其他电子方式的访谈。

常用观察法

① 借助仪器的观察；② 不借助仪器的直接观察。

被访谈者愿意接受访谈的主要原因

① 对所调查研究的问题有兴趣；② 想获得调查的全部或部分结果(调查者需事先承诺，给出相应的结果)；③ 可以获得一定的补偿，例如某些礼品或优惠(如果调查研究的项目是由生产公司资助的话)；④ 由于上司行政要求等原因，是作为一项任务来完成的；⑤ 其他原因，如亲友的要求等。

2.4 问卷与问卷设计

2.4.1 问卷的组成

1. 问卷与问卷设计的重要地位

问卷，是管理学科调查收集一手数据的最重要的工具之一。一项以一手数据为基础的研究项目，其研究深度本质上由问卷的深度决定了。问卷所具有的思想深度，就是研究者阅读、思考的深度。

问卷设计时没有想到的问题，在问卷调查完成后再想研究，就不大可能了。没有数据，就无法深入研究。而要重新设计问卷、重新收集数据，无论是时间还是资金的损失，往往都是难以承受的。因此，按照所要研究的问题设计好问卷，是科学研究中一项非常重要的工作。

2. 构成问卷的问题类型

问卷是由问题构成的。问题，是研究者从被调查者那里获得数据、资料的一种请求。我们可以从不同角度，对构成问卷的问题进行分类。

1) 开放型问题与封闭型问题

从是否事先准备了可供选择的答案，可以把问题划分为“开放型问题”与“封闭型问题”。开放型问题，是没有事先准备答案的，通常在问卷形成阶段使用，在最终问卷中，要慎用。封闭型问题，是事先准备了答案的，应答者只能在事先准备好的答案中选择。封闭型问题的数据转化的工作量，大为减少。

2）回忆型问题与非回忆型问题

回忆型问题是要求应答者把自己的有关记忆表达出来。它可以是开放型的，没有备选答案，也可以是封闭型的。有些回忆型问题需要查记录回答，例如：贵企业去年的税后利润是多少？但是，如果把它转化为封闭型问题：贵企业去年的利润属于以下哪个区间段？（然后，列出利润的区间划分，供应答者打勾选择）就相对容易了。非回忆型的问题包括建议型问题、观点型问题、感受型问题等。

在多数情况下，要尽量用封闭型问题形成问卷。

3）封闭型问题中的单选问题与多选问题

单选问题是指应答者只能在备选答案中选择一个答案的问题。单选问题的备选答案之间必须具有互斥性，选择了其中的一个，就不可能选择另一个。多选问题是指应答者能够在备选答案中选择多个答案的问题。多选问题的备选答案之间是相容的，选择其中一个，与选择另一个并不矛盾。

4）单选问题中的排序型与非排序型

单选问题又可以分为排序型与非排序型两类。

（1）排序问题。排序型问题本质上是单选问题，要求对两个以上的对象排序。例如，对重要性排序：

你认为在企业合并中如下三个要素，哪一个更重要？

A. 企业文化的近似性　　B. 企业技术的互补性　　C. 市场的互补性

显然，要求被排序的对象越多，排序的难度越大。难度随被排序对象的个数，成阶乘级的增大。

从形式上看，排序问题是开放性问题，实际上是封闭型问题，不论应答者给出什么排序，其实都是“可以确切列出的各种可能排序”中的一种。因此，称这类问题为“隐性封闭问题”。另外，排序问题的所有潜在的备选答案都是互斥的，所以，它不可能被多选。

（2）单选中的非排序问题。显然，单选问题不一定是排序问题。但是排序问题可以转化为某类非排序的单选问题。例如，上一个排序问题就可以转化为如下非排序的单选问题：

请对企业合并中企业文化的近似性、技术的互补性、市场的互补性三个要素的重要地位打分：

要素	非常重要（5 分）	重要（4 分）	一般（3 分）	不重要（2 分）	几乎无影响（1 分）
企业文化的近似性					
技术的互补性					
市场的互补性					

依据众多应答者对上述问题的评分，计算出每个要素的平均分之后，就可以依据平均分值的大小，对三个要素的重要性排序。需要注意的是：这样做的前提是平均分值之间要有显著性差异，详见第6章。

构成问卷的问题类别一览

开放非回忆型	**建议型**	转化为封闭型的难度大
	观点型	可转化为封闭型，有难度
	感受型	可转化为封闭型，相对容易
开放回忆型	过去的事实	可以转化为封闭型
封闭型： 选择建议、观点、感受或过去的事实	**单选型**： 同一维度的答案空间	**排序型**(可转化为非排序型)
		非排序型
	多选型： 含不同维度的答案空间	至少有一个备选答案分布在不同维度上

附注：单选与多选问题的数据处理

对于单选问题，要把每个单选问题视为一个变量。变量值是应答者所选择答案的所代表的分值。对于多选问题，要把每个备选答案作为一个变量。变量值是1（选择了这个备选答案）或0（没有选择这个备选答案）。

3. 问卷中量表的主要类型

1）量表的概念

量表是测量应答者对某个问题（特别是复合型问题）的反映强度（或态度、看法）的工具。它是构成问卷的最主要的成分之一。

把单选问题的备选答案量化，就得到单问题量表。例如：

你认为企业文化差异对企业合并的影响是：

非常大	大	一般	不大	几乎无影响
5	4	3	2	1

这就是一个简单的单项量表。“单项”是指该量表仅仅反映了应答者对一个问题的态度。

2）连续评分量表

上述量表的刻度仅从1到5，如果采用0到100的刻度，则称为“连续评分量表”。

3）分项评分量表：Likert 量表

上述量表只涉及一个单选问题，如果量表涉及多个关联的单选问题，就称为分项评分量表(Itemized Rating Scale)。分项评分量表中的多个单选问题必须有关联的，是某个总项(上一层的变量)的一个分解。表 2.4.1 就是一个分项量表的例子。

表 2.4.1　高校合并问题的一个分项评分量表

	很赞同	赞同	中立	不赞同	很不赞同
合并重组对我国创一流大学起到了很大的作用	5	4	3	2	1
合并组建多科综合性大学，迅速提高了办学实力	5	4	3	2	1
合并重组有效提高了我国高校办学的规模效益	5	4	3	2	1
合并重组有力地促进了高校内部体制的改革	5	4	3	2	1

这种分项评分量表又称为 Likert 量表，是由美国社会心理学家 Rensis A. Likert 于 1932 年提出。Likert 量表的度量级别，通常是 5 级，但不一定是 5 级，在应用中 7 级、9 级均可，但通常不少于 5 级，不高于 9 级。这与感觉的辨析能力有关。

在 Likert 量表中，陈述也可以是反向的。在上例中，"提高了办学实力"是正向的陈述，"降低了办学实力"就是反向陈述。如果陈述是反向的，那么记分也应当是反向的。

Likert 量表的关键特点是，所有的"分项"的共同组成一个总项，分项的得分加总后，就得到总项的得分，所以 Likert 量表又称为加总量表（或求和量表）。

4）比较型量表与排序量表

量表分为比较型与非比较型两类。表 2.4.1 是非比较型量表的例子，表 2.4.2 是一个比较型的量表的例子。

表 2.4.2　影响学校文化差异的主要因素的一个两两比较量表

请两两对比，如果 i 比 j 重要，则在 (i,j) 位置填入数字 1，否则在该位置填入数字 0。

j / i	1. 历史传统	2. 物质环境	3. 学科特点	4. 办学理念	5. 校领导的能力
1. 历史传统					
2. 物质环境					
3. 学科特点					
4. 办学理念					
5. 校领导的能力					

由于这个量表是要求被比较对象(5 个)依次两两对比,因此,这个比较型的量表称为“两两比较量表”或“配对比较量表”(Paired Comparison Scaling)。

以表 2.4.2 为例,如果不明显地列出两两依次对比的表格,仅仅要求对 5 个被比较对象(历史传统、物资环境、学科特点、办学理念、校领导的能力)对形成学校文化差异的重要性排序,就称为等级顺序量表(Rank-order Scaling)了。等级顺序量表的形式如表 2.4.3 所示。

表 2.4.3 等级顺序量表的一个示例

请给出如下 5 个要素对形成学校文化差异的重要性顺序:

被比较要素	重要性等级
学校历史传统	
学校物资环境	
学校学科特点	
学校办学理念	
学校领导的能力	

问卷由如下类型的问题和量表构成

<table>
<tr><td rowspan="2">开放型问题</td><td>回忆型问题</td><td colspan="3">例如:上周你上网时间总共是多少?该类问题大多可以转化为封闭型问题</td></tr>
<tr><td>非回忆型问题</td><td colspan="3">1. 建议型问题:答案的可预见性差,难以转化为封闭型问题;
2. 观点型问题:答案有一定可预见性,可以转化为封闭型问题;
3. 感受型问题:答案有较强可预见性,容易转化为封闭型问题。</td></tr>
<tr><td rowspan="3">封闭型问题</td><td>多选问题
(备选答案互不排斥)</td><td>备选答案分布在多个维度上</td><td></td><td>每个答案是一个变量</td></tr>
<tr><td rowspan="2">单选问题
(备选答案互相排斥)</td><td>1. 非排序型单选问题:
备选答案分布在同一维度上</td><td>1. 非排序型量表:
(1)单项量表:连续分量表
(2)分项量表:由多个子问题组成,
可分为:Likert 量表;
语义差异量表;
Stapel 量表;
Guttman 量表</td><td>Guttman 量表是一表一变量。
除此之外,每个问题是一个变量。</td></tr>
<tr><td>2. 排序型单选问题:
(1)直接排序:
备选答案是隐性的
(2)两两比较排序:
备选答案是半显性的</td><td>2. 排序型量表:
(1)等级顺序量表

(2)两两比较量表</td><td>每个被比较对象是一个变量</td></tr>
</table>

注:本表中的一些量表(如 Stapel 量表、Guttman 量表),本书未予介绍,读者可直接参考有关书目。

2.4.2　问卷设计中的若干重要问题

1. 问卷问题的设立(问卷问题的来源)

1) 从研究的目标出发,设定问卷中的问题

问卷问题的设立,通常是从对研究目标的分析开始的。依据研究的目标,确定需要收集哪些数据,从而确定设置哪些问题。

例如,要研究中国电子商务的发展策略,就必须了解中国支撑电子商务发展的基础设施情况、生活工作中利用网络的普及情况,必须了解妨碍电子商务发展的因素,以及相关人员对这些障碍因素的重要性的判断。再如,对我国信用环境现状和阻碍作用大小的判断,对法制环境的现状和阻碍作用大小的判断。于是就确定了问卷问题的方面,进一步分解,就可以得到一串构成问卷的问题。

2) 基于对变量关系的猜想,设定问卷中的问题

在问卷问题的设立中,一个非常重要的方面是对变量(特征)之间的相互关系的猜想。只有当你猜想到某些变量(特征)可能与另外一些变量(特征)有某种关系时,你才可能会把相关变量设置在问卷中。猜想来源于对现实世界的观察、分析与思考。对问题的思考深度决定了问卷的深度,所以,问卷不是产生于研究的开始,而是产生于研究的中途。问卷是思考的结晶。

例如,要研究企业对开展电子商务的政策要求,一个直观的做法是:在分析的基础上把有关政策列出来,请企业对有关政策的重要性表态。但是,当你猜想到企业的态度可能与其开展电子商务的状况相关时,你就会把企业开展电子商务的有关情况(如其在电子商务上的投资、开展电子商务的收入等)纳入问卷。

3) 从文献阅读中产生问题

例如,在研究农村土地的转让问题时,通过文献阅读,发现有著名专家认为:农户的恩格尔系数(食品消费支出占家庭整个消费支出的比例)达到某某值时,农村土地转让就会发生。此时,应当在问卷中设置相应的回忆性问题,以便计算恩格尔系数和土地转让的关系,证实或证伪这位专家的判断。如果在问卷中没有设置这样的问题,在调查完成后,就不可能再做这样的分析研究,也无从与这名专家对话。所以说,问卷也是文献阅读的结晶。

4) 从数据处理的角度考虑问题的设立

设立问卷问题的另一个关键思考角度是,从数据处理方法的角度来判断需要设立哪些问题。不考虑数据处理的方法,常常导致许多数据难以得到有效的利用。不过,数据处理方法是一个相对复杂的问题,只有在学习完这门统计学课程后,才能从这个角度思考,所以,在此不再举例。

问卷问题设立的4个角度

1. 从研究的目的出发，分解目标，产生问卷问题；

2. 基于对研究问题的思考、猜想，设立问卷问题；

3. 通过文献阅读，从专家学者的观点中发现需要证实/证伪的问题，设立相应问卷问题，收集数据，做实证研究；

4. 从数据处理的角度，考虑问题的设立。

总之，问卷是阅读的结晶，是思考的结晶。问卷的深度，决定了研究的深度。

2. 问卷问题设立的第一原则："能够获得诚实的回答"的原则

设置在问卷中的问题，必须是能够获得诚实回答的。

1）凡是不能获得诚实回答的问题，都不应当设置在问卷中

例如，某大学想了解夜大考生情商，就增加了商情试题：

当你受挫折后，你的反应是

A. 非常沮丧，长时间不能恢复正常情绪

B. 很沮丧，较长时间不能恢复正常情绪

C. 很沮丧，但很快能恢复正常情绪

D. 无明显情绪变化，放弃就是了

E. 越失败，越受挫折，越想再干

结果，绝大多数考生都选择了最后一种。这就是一个显然不能获得诚实回答的问题。哪个考生不想被录取呢？既然想被录取，多数都不愿意暴露自己的弱点。

凡答案与应答者利益密切相关的问题，都是有可能得不到诚实回答的。

2）对怀疑得不到诚实回答的问题，应当在不同位置，设置相同、相近、相反的问题，以求相互验证

例如，在调查社会各个阶层对官本位的态度时，可以设置以下问题：

你最尊重的人是(选一)

A. 有知识的人　　B. 有钱的人　　C. 有权的人

依据我国的舆论情况，估计相当多数人会选择第一个答案。但是，这个选择不一定是真实的。为了验证对这个问题回答的可靠性(诚实性)，可以在问卷的其他位置设置如下问题：

假如你正在忙于一件对于你个人而言非常重要的事情，这时你的同事告诉你，你的顶头上司找你有事，你会(单选)：

A. 立即放下手头的事情，与顶头上司见面

B. 请同事转告顶头上司稍等一会儿，把手头的事情处理到一个小段落后，再去见顶头上司

C. 请同事转告顶头上司，现在很忙，办完手头的事情就去。

然后，再在问卷的其他位置设置如下问题：

假如你正在忙于一件对于你个人而言非常重要的事情，这时你的同事告诉你，有位著名教授来访问，希望你去介绍情况，你会（单选）：

A. 立即放下手头的事情，与这位教授见面

B. 请同事转告教授稍等一会儿，把手头的事情处理到一个小段落后，再去见他

C. 请同事转告教授，现在很忙，办完手头的事情，再去

进而不妨，再在问卷的其他位置设置以下问题：

假如你正在忙于一件对于你个人而言非常重要的事情，这时你的同事告诉你，市长来访问，希望你去介绍情况，你会（单选）：

A. 立即放下手头的事情，与市长见面

B. 请同事转告市长稍等一会儿，把手头的事情处理到一个小段落后，再去

C. 请同事转告市长，现在很忙，办完手头的事情，再去

这样，你就可以得到很有意思的回答，对于分析问题、了解真实情况非常有帮助。

如果你担心这样做，还是得不到真实回答，你不妨分两次去调查同一个人，一次的问卷里包含有关教授的问题，而不包含有关官员的问题，在另一次的问卷里反过来，包含有关官员的问题，而不包含有关教授的问题。这样，你就会得到更可靠的回答。

3. 单选问题的备选答案应当是对一个答案空间的完整划分

单选问题的备选答案必须分布在同一个维度上，是同一个答案空间的完整分割。完整划分的含义是：备选答案之间不能有交集，也不能有遗漏。例如，如下问题的 5 个备选答案，就是一个答案空间的完整分割。

在所有行业（包括科、教、文、体、卫、宗教、群众组织）设立行政等级制，是（单选）：

A. 有益无害的　　B. 利大弊小的　　C. 利弊相当的

D. 利小弊大的　　E. 有害无益的

这 5 个答案都是利弊大小的问题（都分布在“利弊”这个维度上），而且把利弊大小的困难答案都分割完毕了，所有有关利弊大小的答案都可以在这 5 个备选答案中找到自己的位置，即：没有交集，也没有遗漏。

如果备选答案之间有交集，就会使一些应答者无法回答。例如，年收入的备选答案如果写成“A. 5000 元以下　B. 5000 元至 10000 元　C. 10000 元至 20000 元……”，那么，年收入为 10000 元的人就不知道应当选择 B 还是 C 了。

如果备选答案有遗漏，也会使一些应答者无法回答。例如，上述年收入问题中，如果没有“5000元以下(不含5000元)”的备选答案，就会使这一收入段的应答者无法回答。

4. 多选题的备选答案必须是互不排斥的

多选问题的备选答案对于选择而言必须是互不排斥的。例如，答案分布在两个以上的维度上，或者一个备选答案同时跨在两个以上的维度上，这样，被多选的答案就可以互不排斥。例如，对于一个项目的成功原因，备选答案可以是资金维度上、质量维度上的、技术维度上的、人才维度上的等。选择不同维度上的答案是互不排斥的。

5. 问题的陈述及备选答案不能有多重含义

无论是多选还是单选题(特别是单选题)，任何一个备选答案以及问题的陈述都不能有多重含义。例如，在调查农民对土地使用权转让的态度时，设置问题：

你家耕作土地，是因为：

A. 收入稳定，自己喜欢　　B. 没有别的收入途径　　C. ……

对于上述问题不论单选还是多选，备选答案A都是不妥当的。因为备选答案A自身就包含了两层含义(两个答案空间的点)：收入稳定与喜欢耕田。选择答案A的人，可能因为收入稳定，也可能因为喜欢(而喜欢不一定收入稳定，哪怕收入不太好，喜欢的人还是喜欢)。当你统计出选择答案A的人数比例时，你也无法分析到底有多大比例的人是因为收入稳定而耕作土地，有多大比例的人是因为喜欢而耕作土地。所以，不论多选题还是单选题(特别是单选题)，任何一个备选答案都不能有多重含义。

下例的毛病出现在问题的陈述中。

你认为某品牌矿泉水是可口、清甜、富含微量元素的吗？　A. 是　B. 不是

选择了“是”的人是因为可口，还是因为清甜，还是因为富含微量元素，还是其中两者或三者都是？选择了“不是”的人，是因为不可口，还是因为不清甜，还是不富含微量元素，还是其中两者或三者都不是？这样的问题使你无法清楚地分析顾客的偏好。

6. 问题设计的用语要含义明确

在问卷问题的陈述或备选答案中，凡是用到的概念都必须含义明确，否则由于不同的人对一个用语(术语)有不同理解，即使每个应答者认真回答了，所得到的数据也是没有意义的。因此，对问卷问题中用到的术语，一般都要给一个明确的界定。例如，如下问题：

您是网民吗？　　A. 是　　B. 不是

如果不对“网民”做一个界定，回答的结果就很难应用。回答“不是”的应答者，可能包括偶尔上网的人，也可能包括一周上网不超过 3 次的人，也可能包括一周上网不超过 5 次的人。同样，回答“是”的应答者也可能一周只上网一两次的人。因此，在设定这个问题时，必须对“网民”有一个明确的界定，否则应答者难以回答。

对于这一问题的一个较好的问法，是对上网的频次做一个分割，请应答者选择，从而了解被调查对象的上网频次的分布情况。

还有，如果你要调查一个地区的犯罪情况，就应当界定何谓犯罪，抢劫是犯罪，街头打架是不是？打架到何种程度是犯罪？已经破案了犯罪事件可以包括在内，没有破案的算不算？如何算？

7. 在问题的陈述中，要对所询问行为的时间、方式、目的做必要的限定

在问卷问题的陈述中，对已经发生或即将发生的某种行为的询问要限定时间范围。例如，如下问题就让人难以回答：

如果您没有电脑的话，您准备购买吗？

A. 肯定会　　B. 可能会　　C. 不会　　D. 不确定

没有时间范围的限定（例如一年内），应答者的理解不同，答案也将不同。

总的说来，不仅要从研究目的的角度，还要从应答者的角度来审核问卷问题设置的合理性。

8. 在问卷问题中，凡是能够限定数量范围的要尽量限定

在问卷问题中，要尽量少用模糊语言来表示数量（频率）问题，而要用数量范围表示。例如：

你在日常生活中，一个月在餐馆（包括大小餐馆、大排档等）吃饭的频率是

A. 从不　　B. 偶尔　　C. 有时　　D. 经常

这种表述，就容易使应答者由于对模糊语言的不同理解而给出不同的回答。比如，在日常生活中一个月去餐馆吃饭 3 次，有的人可能选“偶尔”，有的可能选“有时”，有的可能选“经常”，差异太大。

正确的表述应当是：

你在日常生活中，一个月在餐馆（包括大小餐馆、大排档等）吃饭的频率（平均）是

A. 不到 1 次　　B. 1～2 次　　C. 3～4 次　　D. 5 次以上

这就是说，在设立问题时，应当加一个 H（how many, how much）表示数量，只要能够用确切数量范围表示的，都要用数量范围来表示，尽量不用模糊语言来表示数量问题。

9. 问题的不同提法，可能导致不同的回答结果

最著名的例子就是郝兹伯格在数千个案例研究基础上发现的双因素理论的过程：当你问某个被访问者对某个问题满意程度时，被访问者可能回答满意程度是70%。在多数看来，这个被访问者对这个问题的不满意程度是30%。但当你用同一个问题问同一个被访问者不满意程度时，郝兹伯格发现，绝大多情况下的回答都不是30%，而是40%、50%甚至更多，从而产生了“双轨道”论，即：对同意某个问题的满意与不满意的感觉是两个平行的轨道，每个轨道的（满意或不满意的）刻度范围都是0%～100%。这种理论被称之为双因素理论，引起轩然大波，许多专家纷纷做实验来验证其正确性。

这里给我们的一个重要启示是，问题的提法不同可能导致不同的结果。处理这个问题的基本办法是（只有在需要较为精确的结果时，才使用这个办法）：在问卷中的一个地方从正面提出问题后，再在问卷的另一个地方从反面提出这一问题。然后，在做统计结果处理时，用求平均值的办法确定响应的人数或比例。

10. 对于得不到诚实回答而又必须了解的数据的处理办法

在问卷设计的过程中，对于得不到诚实回答而又必须了解的数据，可以采用如下几类方法来处理。

1）变换问题的提法，而获得相应的数据

例如，想要调查企业的逃税情况，可以按照如下方式设置问题。

你对同行业中逃税情况的判断是（单选）：

A. 逃税企业的比例低于5%　　B. 逃税企业的比例在5%与10%之间

C. 逃税企业的比例在10%与20%之间　　D. ……

如果被调查对象是国有企业，还可以设置如下问题：

你对同行业中民营企业逃税情况的判断是（单选）：

A. 逃税企业的比例低于5%　　B. 逃税企业的比例在5%与10%之间

C. 逃税企业的比例在10%与20%之间　　D. ……

如果被调查对象是民有企业，可以设置如下问题：

你对同行业中国有企业的逃税情况的判断是（单选）：

A. 逃税企业的比例低于5%　　B. 逃税企业的比例在5%与10%之间

C. 逃税企业的比例在10%与20%之间　　D. ……

总之，基于企业之间对彼此逃税信息的大致了解，可以通过问他人的逃税情况，最后判断总体的大致情况。

2）通过了解相对数据，判断总体的情况

当调查不到企业的真实数据时，可以通过了解相对数据（如该企业在行业中的排序或者市场占有率的百分比等)来推算企业的大致情况。例如,你要了解某企业的产品成本状况,你可以请被调查者与你已知成本状况的业内某企业比较,获得你所需要的数据。例如,可设置如下问题:

与本行业的×企业相比,贵企业的产品成本(选一)

A. 是×企业产品成本的 80%以下

B. 是×企业产品成本的 80%至 85%之间

C. 是×企业产品成本的 85%至 90%之间

D. 是×企业产品成本的 90%至 95%之间

E. 与×企业的产品成本大致相当

F. 比×企业产品成本高出 5%

G. ……

当然,也可以通过让被调查者做相对评分来了解大致的状况。

11. 问卷的长度

一般说来,问卷不能太长。太长了,应答者在回答后面的问题时,会非常草率或者不回答,或者由于后面的问题没有回答而不返回问卷,从而降低问卷的回收率。

一般说来,问卷的长度应使应答时间在 20 分钟左右为宜,最好不要超过 30 分钟。如果是商场拦截类的问卷,一般在 3 分钟以内为宜,最好不要超过 5 分钟,否则被拦截者容易拒绝回答。

12. 合理安排不同难度的问题的前后顺序

把相对容易回答的问题、有趣的问题放到问卷的前面,把相对难回答的问题,放到问卷的后面。这样,应答者容易进入回答过程。应答者在回答了前面问题后,在后面遇到难一些的问题(问卷不能太长)通常也愿意思考和回答。

如果反过来,把难回答的问题放在问卷的前面,应答者一看问卷就产生了拒绝回答的情绪,问卷的回收率就会受到影响。

13. 问卷设计一定要通过小规模访谈来修改

任何人都不可能把自己关在房子里,通过思考,一次设计好问卷。通过小规模访谈来修改问卷,是问卷设计的必经之路。在小规模访谈时,可以多设置一些开放性问题,以便预知可能的答案,尽量让正式问卷中的问题成为封闭型的。

问卷设计中的若干重要问题

1. 问卷问题设立的第一原则："能够获得诚实的回答"的原则。

(1)凡不能获得诚实回答的问题，都不应设置在问卷中。

(2)对怀疑得不到诚实回答的问题，应当在问卷的不同位置，设置相同、相近、相反的问题，以求相互验证。

2. 单选问题的备选答案应当是一个答案空间的完整划分并且互相排斥。

3. 多选题的备选答案必须分布在两个以上的维度上。多选问题的备选答案，至少有一部分不是互相排斥的。

4. 问题的陈述和备选答案都不能有多重含义。

5. 问题设计的用语(术语)要含义明确，不能让应答者产生不同的理解。

6. 在问题的陈述中，要对所询问行为的时间、方式、目的做必要的限定。

7. 在问卷问题中，凡是能够限定数量范围的要尽量限定。不仅要从研究目的，还要从应答者的角度来审核问卷问题设置的合理性。

8. 问题的不同提法可能导致不同的回答结果。

9. 对于得不到诚实回答而又必须了解的数据，可以通过变换问题的提法来获得相应的数据，或者通过了解相对数据来判断总体的情况。

10. 问卷不能太长，以 20～30 分钟为宜。商场拦截类的问卷，以 3～5 分钟为宜。

11. 把相对容易回答的问题、有趣的问题放到问卷的前面，难的放在后面。

12. 问卷设计一定要通过小规模访谈来修改。

2.5 获得数据的信度与效度的基本概念

问卷是获取数据的工具。进一步说，问卷是用来测量被研究对象的有关特征(变量)处于什么数值状态的。无论是用问卷来测量变量值(由被研究对象自己来表述)，还是由研究者来观测变量值，都可能会出现误差。

误差，通常是由系统误差(系统偏误)和随机误差构成的。其中，系统偏误表现为测量工具的偏误(如射击准星有误就会造成系统偏误)。评价者的偏向(或松与或严的偏向)、应答者自己的偏向等，都会造成系统偏误。随机误差通常是由诸多的随机因素构成的(如射击中的风向、风力)。评价者或应答者的情绪等都可能造成随机误差。如果我们记测量到的变量值为 X，变量的真值(真实值)为 T，系统偏误为 S，随机偏误为 R，那么就有

$$X=T+S+R$$

2.5.1 测量的信度

1. 测量的信度(Reliability)**的定义**

测量的信度是指测量的结果的稳定性或一致性。当然,这是指对一个变量重复测量时表现出来的性质(一致性、稳定性或者不变性)。

显然,在组成测量值 X 的三个要素(真值 T、系统偏误 S、随机偏误 R)中,只有随机误差 R 会影响测量的一致性,如果 $R=0$,多次测量一个结果都是不变的,那么,这个测量结果就是完全可信的。反之,如果第一次测量的结果和第二次测量的结果不一样,你就会感到对这个变量的测量是不可靠的,也就是可信度低。

2. 重测信度(Test-retest Reliability)

既然信度是测量的可靠性(重复测量的稳定性或一致性),检查信度的一个简单办法就是重新测量一次,看看两次测量之间的关系。重测信度,就是在尽可能相同的条件下测量两次,用两次测量的相关程度来表示信度。

如果测量涉及心理判断过程(问卷测量多数问题涉及这一过程),那么,使用重测信度来检验测量的可靠性时,有一个前提:第一次测量应当对第二次测量没有影响。所以,一般要间隔 20～30 天做第二次测量,才能基本消除第一次测量的影响。计算测量的重测信度才相对可靠一些。当然,间隔时间过长也不好,一些外在的因素可能会影响测量结果。

3. 复本信度(Alternate-form Reliability or Equivalent Form Reliability)

复本信度的基本含义是制作两套量表(或两套问卷),这两套测量工具必须具有相似性,就像学生考试时的 A、B 卷那样,考题虽然不同,但是考题的类型、性质、难度都应当大体相同(具有较高的相似性),这样两套测量工具的测量结果才具有可比性,才能计算它们的相似程度,并通过这个相似程度来反映测量的稳定性、一致性,也就是信度。复本信度的优点是,在用“A 卷”测量之后,不用等 20～30 天,就可以用“B 卷”做第二次测量。缺点是复本(B 卷)的制定比较麻烦。同时,两套问题如果太接近,先测的行为可能会对后测的结果产生影响。

复本(B 卷)的制作的基本方法:对原问卷问题做少量的改动,形成复本问卷。例如,改变备选答案的顺序或者问卷问题陈述的用语,就可以产生复本。如果应答者对两套问卷的应答差异不大,那么原测量工具(量表或问卷)就具有较好的复本信度。

4. 内部一致信度(Internal Consistent Reliability or Inter-item Reliability)

如果研究者用多重子问题(分项)去测量同一个概念(总项、总问题),那么他们就会关心“这个总问题的内部一致性”的问题,即各个子问题之间的一致性问题。这就是内部一致信度。

例如,要测量“情绪低沉”的指标值,可以通过如下有关“情绪低沉的表现”的子问题来测量:

表 2.5.1 测量同一变量的子问题

在过去一周中,你的反映是:(在每行的恰当等级上画一个圈)	从不	有时会	大多数时间会
✚ 你的胃口差到不想吃东西了吗?	1	2	3
✚ 你是否感到很疲劳,没有兴趣参加娱乐活动?	1	2	3
✚ 你是否感到沮丧?	1	2	3
✚ 你是否对你未来的生活很悲观?	1	2	3
✚ 你是否很气馁,对未来充满焦虑?	1	2	3
✚ 你是否感到孤独?	1	2	3

对这些问题的回答,应当是高度关联的。所包含的子问题的答案的一致性越强,那么测量这个总项(情绪低沉)的内部一致性信度就越高。

测量内容信度的方法之一是折半信度(Split-halves Reliability)。折半信度把问卷中测量同一个大问题中的众多小问题,分成奇数问题、偶数问题两类,或者随机地分成两类,然后求这两类问题答案的相关程度。如果相关程度高,那么折半信度就高。折半信度是“内部一致性信度”的一种。测量该信度,还有其他系数。

5. 评分者信度(Inter-observer Reliability)

这是在通过专家(即评价人,Observer)对某些人、事、物进行评价时,衡量评价人的稳定性(可靠性)的指标。这一信度的基本思想是:如果测量工具本身较为规范,则(水平高的、没有偏见的)不同评价人的评价结果不应相差很大,就像体操裁判给体操运动员打分一样。当评价非常复杂时,评估评价者信度是非常重要的。

如果两位评价者同样对 n 个问题打分(测量 n 个变量的值),得到了配对的两组测量值:$(x_1, x_2, \cdots, x_n)$和$(y_1, y_2, \cdots, y_n)$,那么,就可以用两组测量值的相关程度来表达两位评价者的信度。

事实上,如果一个评价者严,另一个评价者松,只要两位评价者各自对所有的问题(变量)的评价的松严程度都各自保持一致,就对评价者信度 r 并没有影响。

测量工具(量表)越复杂,越要用到多方面的知识,评价越复杂,就越难恰当评价，那么评价者信度就很重要了。

<u>**信度基本概念和主要类型**</u>

设：测量到的变量值为 X，变量的真值（真实值）为 T，系统偏误为 S，随机偏误为 R，那么，$X=T+S+R$。

测量的信度是指多次测量的结果的稳定性或一致性。

如果极端情况 $R=0$，多次测量的结果都不变，那么，信度也是最高的极端情况。

重测信度，就是在尽可能相同的条件下测量两次，用两次测量的相关程度来表示信度。

复本信度的基本概念是制作两套量表且这两套测量工具必须具有相似性，就像学生考试时用的 A、B 卷。如果这两套测量工具的测量结果的相似程度高，则称前套测量工具具有复本信度。

内部一致信度指用多重子问题（分项）去测量同一个概念（总问题），如果各个子问题之间的一致性高，则称测量这个总问题的量表具有好的内部一致性。

测量内容信度的方法之一，是折半信度。它把量表中各个子问题，分成奇、偶两类，如果这两类问题的答案的相关程度高，那么折半信度就高。

评分者信度：如果测量工具本身规范，则没有偏见的不同评价人的评价结果就会相差很小，评分者的信度就高。评价越复杂，评价者信度就越重要。

2.5.2　测量的效度

1. 测量的效度（Validity）

测量的效度是指：测量的结果接近所要测量的变量的内涵的程度，或者说，测量到真值的程度。测量的效度，实际上反映了测量误差（系统误差 S 与随机误差 R）的小的程度。

由于测量值 X 的构成是 $X=T+S+R$，式中，T 是变量 X 的真值，S 是系统偏误，R 是随机误差。显然 $S=0$，$R=0$ 时，效度最高。

评估测量效度的具体方法，主要有如下几个种：表面效度（Face Validity）、内容效度（Content Validity）、准则效度（Criterion Validity）和构建效度（Construct Vali-dity）。

2. 表面效度（Face Validity）

表面效度，是研究者通过对所要测量的变量或者概念的审视，判断问卷问题在表面上（on its face）是否能够反映出所要测量的概念。

例如，当要测量学生饮酒状况时，问卷问题：你上一周喝了多少酒？就是一个表面效度很高的问题（回答误差可能不大）。但是，它有明显的缺陷。即便是在“说实话”的社会环境下，当应答人(Respondents)喝醉了时，上述问题的实际效度可能会很低(回答误差可能很大)。应答者已经记不清上周自己喝了多少酒了。因此，它只是表面效度高。

3. 内容效度(Content Validity)

内容效度反映的是：问卷问题(或量表)是否覆盖了被测量概念的所有方面。其做法是：在量表完成后，请另外一批专家对两表中问题的陈述做一个评估，看看这个量表中的问题是否覆盖了所要测量概念的所有方面。如果覆盖了，就说这个量表的内容效度是高的。

4. 准则效度(Criterion Validity)

当从用一个量表测量一个变量所得到的分值(变量值)能够与一个仪器测量值比较，或者与一个已经被证明是有效的、测量同一个变量的量表的测量结果对应比较，并且比较结果是一致时，就称这个测量所得到的变量值是准则有效的或具有准则效度。这个仪器测量的项目(指标)或者那个已经被证明是有效的量表就称为准则或效标。

例如，利用尿检可以测得若干与体内酒精含量对应的指标或与禁用药品的含量对应的指标，这些指标就是效标。在同一有效时间段内，被检验者对研究者的问题的回答，就可以与这些效标对照，分析结果是否具有一致性。当被检测者的自述值（被检测者在问卷测量中对所设问题的回答）与生理检测结果（或者亲友观察结果）一致时，就称这个心理测量是具有准则效度的。否则，就不具有准则效度的。

(1) 预测效度(Predictive Validity)。当效标是未来值时，如果一个量表测量的结果与将来所测量准则值(效标值)是一致的，那么，这个量表测量就具有预测效度。

例如，对销售新手的销售能力的评估值(既可以是专家评估，也可以是新手按照研究者的问卷自评)，如果与这个新手的今后的销售业绩是一致的，那么，对新手的销售能力的评估，就具有预测效度。

(2) 并行效度(Concurrent Validity)。当效标是当前值，量表测量的结果与同时测量的效标密切相关时，就称这个量表测量具有并行效度。

还是销售的例子：如果不知道对新手销售能力的测量工具是不是有效时，可以先对销售老手做测量，把测量结果与老手的销售业绩比较。如果是一致的，那么这个测量工具就是并行有效的。老手的销售业绩就是并行效标。我们就可以用这个测量工具来测量新手的销售能力。

5. 内在效度与外在效度

对于被测量对象而言,如果某测量的内容效度、准则效度、结构效度都是好的,则称这个测量的内在效度是好的。当一个内在效度高的测量工具,测量另外的对象,效度也高时,则称这个测量工具的外部效度是高的。否则,虽然内在效度是高的,但外在效度是不高的。

测量的效度的基本概念

测量的效度:反映了测量误差(系统误差 S 与随机误差 R)的小的程度。如果 $S=0$,$R=0$,则效度最高,这是极端的情况。

表面效度:是研究者审视所要测量的变量(或概念),判断问卷问题在表面上(直观上)是否能够反映出所要测量的概念。如果能够反映,就是有表面效度的。

内容效度:反映的是量表中的问题是否覆盖了被测量概念的所有方面。

准则效度:把一个测量工具 A(如量表)与另外一个测量准则 B(可以是仪器测量准则,也可以是被证明是有效的、测量同一概念的量表)比较,如果两者测量的结果具有一致性,则称这个测量工具 A 是有准则效度的。测量工具 B 就称为效标。

预测效度:在上述情况中,如果效标是未来值,则称测量工具 A 具有预测效度。

并行效度:在上述准则效度中,如果效标是当前,则称测量工具 A 具有并行效度。

内在效度:对于被测量对象而言,如果某测量的内容效度、准则效度、结构效度都是好的,则称这个测量的内在效度是好的。

外在效度:如果一个内在效度高的测量工具在测量另外的对象时,效度也高,则称这个测量工具的外部效度是高的。否则,内在效度是高的,外在效度是不高的。

2.5.3 测量的信度与效度关系及信度与效度的改进

1. 信度与效度的关系

信度与效度的关系,可以用一个简单的例子来说明。如果你第一次隔着黑幕用问卷测量一个在喝矿泉水的人,他回答说:"没有喝水";第二次你又用同样的问卷测量这个在喝矿泉水的人,他的回答还是"没有喝水";那么这个测量就是有信度而没有效度的。要想建立一个测量的效度,就要先评估这个测量的信度。

由于评估信度通常比评估效度容易,所以,在研究报告中,评估测量的信度的要比评估测量效度的多。正如"喝矿泉水"的例子所示,有信度的测量并不一定都是有效度的。通常,基于自报告的指标是有信度却没有效度的。

2. 信度与效度的改进问题

在任何一项研究中,测量的信度和效度必须被检验,以评估所获得的信息的质量。如果测量的信度或效度不高,就应当设法改进测量工具。但是,这个改进是一个艰难的过程,几乎还没有一个通用的有效的改进方法。所以,在一开始就选择有望具有信度和效度的指标,是非常重要的。在大多数情况下,最好的办法是采用以前用过的、具有信度和效度的测量工具。即使选择了以前用过的、具有信度和效度的测量工具,也不能省略对测量信度和效度的检验。

当被研究对象的总体(群体)或者测量的内容与先前研究的不相同时,测量工具的信度和效度,也会受到影响。所以,研究者必须在研究设计中再度分析信度与效度问题。如果研究聚焦在以前未被测量过的概念,那么就必须设计新的测量方法。研究人员有 3 种办法可以选用,来改进旧的测量并使构造的新的测量具有信度与效度:

(1) 在小组讨论将在调查中使用的问卷问题时,请潜在的应答者参加。这一策略可以使研究者判断对术语理解的一致性,及应答者将报告的事件和经历的范围。

(2) 要求访谈调查人员审视将在调查中使用的问题,然后,探索清楚如何理解这些问题,以及它们的含义。

(3) 在调查的准备阶段,用录音来检验访谈问题。研究者重听磁带,并系统地编码,以利于辨识需要在面谈中斟酌用词的问题。

虽然这些策略是为了优化调查问题而开发的,当然也可以用于对观察过程的提炼,以便改进信度和效度。

信度与效度的关系

例如,隔着黑幕两次测量一个在喝矿泉水的人,如果两次都回答说,没有喝水,那么这个测量就是有信度而没有效度的。

在任何一项研究中,测量的信度和效度必须被检验。

应尽量采用以前用过的、具有信度和效度的测量工具。

信度与效度的改进

如果研究以前未被测量过的概念,可以选用 3 种办法来构造新的具有信度与效度的测量:

1. 在设计问卷问题时,请潜在的应答者参加。

2. 要求访谈调查人员审查将在调查中使用的问题。

3. 在调查的准备阶段,用录音来检验访谈问题。研究者重听磁带,系统地辨识需要在面谈中斟酌的用词。

2.6　获得数据的实验方法

2.6.1　获得数据的实验方法的概念

所谓获得数据的实验方法，是指为了获得特定数据，通过对参与者类型的恰当限定、对数据产生条件的恰当限定、对数据产生过程的合理设计而获得数据的方法。

这个定义中有 4 个要点：

1)目的：为了获得特定数据

所谓特定数据，是指在被考察对象的自然状态下，用普通的观察(调查)方法难以获得的数据。

例如，不同汽油添加剂对增加汽车行程的作用，在被考察对象的自然状况下是难以准确获得的。因为使用汽油添加剂的汽车型号不同、行驶的道路不同、路上的交通状况不同，诸如此类的因素都会影响观察汽油添加剂的效果。或者说，在被考察对象的自然状况下，观察到的数据是诸多因素共同作用的结果。要想得到较为“单纯”的因素的作用结果，就必须改变数据产生的条件，排除我们不关心的因素对数据的影响，获得较为“单纯”的数据。

较为“单纯”的数据，是特定数据的第一种类型。

特定数据的第二种类型是在真实状况下无法获得的数据。例如，我们要观察税率在较大幅度变化条件下企业的诚实报税率，就是在真实状况下无法获得的数据。因为我们无法真实地、大幅度地改变税率(税率是国家的严肃的规定，岂可随意改变?)。出路只能是设计一个恰当的实验过程，观察不同税率条件下“企业”的诚实报税率的变化情况。这里的“企业”，放在引号中，是因为这里的企业不是真实的。

特定数据的第三种类型是在问卷调查中难以获得诚实回答的数据。例如，前面讲到的个人所得税的起征点过低是否会引发逃税的问题，直接询问纳税人是难以获得诚实回答的。这也就是某机构得出错误结论(“个人所得税的起征点与逃税无关”)的原因所在。

用实验方法解决这一问题，需要巧妙地设计实验过程。我们在后面讨论这一问题。

需要通过实验来获取的特定数据的类型

1. 较为“单纯”的数据(在较为“单纯”的因素作用下的数据);
2. 在真实状况下,无法获得的数据;
3. 难以获得诚实回答的数据。

2) 手段之一:恰当限定数据产生条件

限定数据产生条件,是获得数据的实验方法的本质特征,也是一个方法能够称为实验方法的必要条件。

可以看到,在上面讲到的所有实验的例子中,都对数据产生的条件实施了恰当的限定。缺少这一条,就不是实验方法。

3) 手段之二:恰当限定参与者类型

限定实验的参与者类型不是实验方法的必要条件,但却是许多实验方法的重要方面。

例如,税率在较大幅度变化条件下的企业的诚实报税的比率问题,不可能是真正的企业法人参与实验,也难以做到都由企业的法人代表参加实验。但也切不可随便从行人中抽出一些人参加实验。一个较好的处理办法,是从来自于企业的MBA学生中抽取实验的参加者。

4) 手段之三:合理设计数据的产生过程

设计数据的产生过程是每一个实验设计都必须完成的工作。但其复杂程度和巧妙程度,在不同的实验中,差异很大。有的非常容易设计,例如汽油添加剂对汽车形成影响的实验。有的却可能相当复杂。例如,为了获得在问卷调查中难以获得诚实回答的数据,就必须巧妙地设计实验过程,使参与者能够给出基本诚实的数据。具体例子见2.6.3小节(关于个人所得税起征点过低是否会引发逃税的问题的实验)。

获得数据的实验方法的4个要点

1. 目的:为了获得特定数据(在较为“单纯”的因素作用下的数据,在真实状况下无法获得的数据,难以获得诚实回答的数据)
2. 手段之一:恰当限定数据产生条件
3. 手段之二:恰当限定参与者类型
4. 手段之三:合理设计数据的产生过程

2.6.2 用实验方法获得数据的优越性

用实验方法所获得的数据,称为实验数据。用实验方法来获得数据,主要有如下优越性：

1）可以获得在真实状况下用观察(调查)法无法获得的某些数据

由于观察(调查)法不对数据产生的条件实施控制，因而只要某些条件在现实世界中尚未出现，那么，用观察(调查)法就无法得到这些条件下出现的数据。而用实验方法，就可能得到这些数据。

2）可以在一定程度上直接观察到某些变量之间的相关关系，甚至因果关系

由于实验方法直接对数据产生的条件实施控制，因而可以直接观察到被改变的控制条件(通常是实验所关心的一个变量)与所要获得的数据之间的相关关系，甚至是因果关系。例如，前面例子里的不同的汽油添加剂，就是实验中被控制改变的一个变量，另一个变量是我们所关注的汽车的行程。我们可以直接观察到这两个变量之间的因果关系(不同的汽油添加剂对汽车行程的影响)。类似地，我们还可以改变实验条件的控制方式，观察不同汽油添加剂最适用于哪些汽车型号(对于增加汽车行程的效果最好)。

3）可以获得在问卷调查中难以获得诚实回答的数据

例如，在个人所得税的起征点过低是否会引发逃税的问题中，就可以通过巧妙地设计实验过程，使参与者能够给出基本诚实的数据，请参见下一小节。

2.6.3　获得数据的实验方法示例与若干重要概念的补充

1. 教室温度与学生学习效果关系的实验

实验研究的目的，是教室温度对学生学习效果的影响。假设本阶段要研究的是 23℃室温下的教学效果好，还是 33℃室温下的学生学习效果好？我们不能简单地安排两个教室(一个 23℃，一个 33℃)来做实验。

首先要分析影响教学效果的因素。显然，影响学生学习效果的因素，除了温度以外，还有：①教学的内容(哪一门学科，哪一段内容？)；②教材；③教室的光线、通风与布局(是纵向长条形，还是横向圆弧形？)；④教学的时间(是在上午、下午，还是晚上？)；⑤教师(是 A 教授，还是 B 教授？)；⑥学生(不同的学生显然对不同的学科有不同的接受能力)等等。显然，这些都是对学生学习效果(可以用小测验的成绩来表示)有影响的而我们又不感兴趣的因素。这样的因素，我们称之为实验的外部因素。

容易理解，凡是对实验结果影响、同时又是我们感兴趣的因素，我们称之为实验的内部因素。例如，在本实验中教室的温度。凡是内部因素，在实验中，我们都让它有控制地改变，或者说让它被控制地取不同的值。例如，本实验中，温度被控制为两个值：23℃与 33℃。

外部因素是我们在实验中要极力排除的因素(或极力控制它们,不使其对实验结果产生影响)。无疑,在上述诸多外部因素中,有一些外部因素是比较容易排除(控制)的。例如:教学内容,只要规定两个班都学习同一门课程、同一段内容,就行了;教材,只要规定两个班都使用同一本教材就行了;教室的光线、通风与布局,只要两个班都使用同样条件的教室就行了;教学的时间,只要两个班都在同一时间(或者都是上午,或者都是下午,或者都是晚上)上课就行了。

而有一些外部因素的排除(控制)就较为困难。例如,教师的因素。我们不能简单地设计"请同一个教授来上课",由此排除不同教授对学生学习效果的影响。因为"请同一个教授来上课"的同时,我们可以做到用同一本教材,学习同一门课程、同一段内容,使用同样条件的教室,都在上午上课(单日给甲班上午上课,双日给乙班上午上课),但"教授"因素却无法与温度(一个23℃,一个33℃)这个因素分离,只要轮流给甲、乙两个班上课,就必然会处于两个不同的温度(一个23℃,一个33℃)环境中。而不同的温度(一个23℃,一个33℃)不仅对学生的学习效果有影响,同样对教师授课的效果也有影响。因此,这两个因素(在上述实验设计中)是不能分离的。

在实验中,凡是不能分离的两个条件因素,我们称之为混合因素。

处理混合因素的基本方法,是对两个因素"交叉打包"。例如,把所限定的教学内容分为均等的两段;A教授给甲班(在23℃环境中)讲授前段,给乙班(33℃环境中)讲授后段,同时,B教授给乙班(33℃环境中)讲授前段,给甲班(在23℃环境中)讲授后段。这样,就解决了教授的授课效果与温度的混合问题。

注意,在两个因素的交叉打包中,我们并没有要求教授A与教授B的教授水平相同。比方说,教授A是一级教授的授课水平,教授B是三级教授的授课水平。按照上述方式交叉打包之后,施加给甲班与乙班的教课水平,都是一半一级,一半三级。甲乙两班所受到的外部条件因素还是均等的,因而可以观察到不同温度对教学效果的影响(见表2.6.1)。

表 2.6.1 混合因素"温度与教授"交叉

	时段 1	时段 2
甲班 23℃	A 教授,讲授前半内容	B 教授,讲授后半内容
乙班 33℃	B 教授,讲授前半内容	A 教授,讲授后半内容

但需注意,这里事实上还有一个隐含的假设:每位教授对于所要讲授的内容的前段与后段的熟练程度是相同的。显然,在大多数情况下,这一假设是成立的。如果所聘请的两位教授中,有一位教授对前段与后段的教学内容的熟练程度不同,那么,甲乙两班所受到的授课水平就是不均等的了,这样的实验设计就存在缺陷。

另外，如果实验所选用的教学内容有较大的特殊性，例如选择了一段数学课程，那么，前段学习好对后段学习好有较大影响，反过来，后段学习好却对前段学习的影响较小。因此，甲乙两班所受到的外部条件因素还是不均等的。所以，前后两段内容的相对独立性也是上述实验成立的重要条件。

要想彻底地解决这类细节方面的问题，只能依靠新的技术手段。例如，采用互动式的多媒体技术，请一位教授在授课室（把温度等条件调节到教授认为最合适的状况）同时给两个班授课。这时，甲乙两班所受到的外部条件因素就完全相同了。

至此，我们还没有排除不同学生的不同素质（不同的接受能力）对学生学习效果的不同影响。这显然是实验中的一个不能直接控制的因素，我们无法做到两个班的学生的水平完全一致。处理此类问题（实验对象的差异）的方法，通常有两种：一是通过随机组合的方法。例如，把两个班的学生名单充分打乱、混合，然后等概率地抽取名单，把学生分为甲乙两班，以此来“消除”学生因素对实验结果的影响。从理论上来说，随机组合的方法，只有在反复实验时才真正有效。任何一次性的随机组合都可能会有“样本误差”。因此更有效的是方法二，即把两个班的学生混合后，按照以往的成绩排序，然后按照如下“交错交替规则”（S 型规则）分班：

表 2.6.2 交错交替分班方法

成绩名次	1	2	2	2	5	6	7	8	9	10	…
班级名称	A	B	B	A	A	B	B	A	A	B	…

这样分班的结果，会使两个班的学生的学习能力非常接近（这个陈述有效的隐含前提是学习成绩与学习能力高度相关）。

实验设计中的几个重要概念

1. 实验的外部因素：对实验结果有影响的而实验者又不感兴趣的因素。这类因素，在实验设计中，都是要设法排除（控制）的。

2. 实验的内部因素：对实验结果影响、同时又是我们感兴趣的因素。在实验中，总让这类因素被控制地取不同的值。

3. 排除（控制）外部因素的难易程度，因具体问题而异，会有较大差异。混合因素，就是排除难度较大的因素。

4. 混合因素：在实验中，不能分离的两个以上的条件因素。

5. 处理混合因素的基本方法，是对混合因素“交叉打包”。

6. 依靠新的技术手段来解决混合因素问题，是必须注意的新的趋势。

7. 通常是用两种方法对实验对象分组：①随机组合的方法，它适用于重复实验；②在测量实验对象的相应能力的差异后，用“交错交替”的方法分组。

2. 个人所得税的起征点过低是否引发逃税问题的实验

现在有太多的文章议论到“个人所得税的起征点过低引发逃税”的问题。但是，这仅仅是一个主观判断，不足以作为决策的依据。要想成为决策的依据，就必须用科学的方法证明它。

于是，就有了某机构的调查问卷，设置不同的个人所得税的起征点，让纳税人表态，他们是否逃税。由于这种问法得不到诚实的回答，就导致了该机构的错误结论：“个人所得税的不同起征点，对逃税问题没有显著影响。”

我们在 2.6.1 小节中讲到，可以通过合理地设计实验过程，获得基本诚实的数据。现在我们就给出这一实验方法。

实验参加人为任何月收入超过 800 元的居民。

把实验过程设计为比赛游戏。每一位参赛者都有惟一的一个参赛号码。比赛游戏一场一场地进行。假设每一场参与者的年薪不同。从第一场开始，可以依次假设参与者的年薪是 1 万元、2 万元、5 万元、10 万元、20 万元和 50 万元。每一场比赛由若干局组成。为每一局比赛设置不同的个人所得税的起征点。从第一局开始，可以依次假设个人所得税的起征点是 800 元、1500 元、2000 元、2500 元。

每一局比赛由若干节组成。为每一节比赛规定不同的惩罚比例（检查出逃税后，不仅要补缴税款，而且要罚款，罚款额度是逃税额度的一个百分比。例如，是逃税额度的 50%、80%、100%、200%等）。从第一节比赛开始，可以依次把罚款比例设置为 20%、50%、80%、100%、150%、200%、300%。以上信息对所有参赛者公开。

每一节比赛由若干小节组成。在不同小节的比赛中，税务稽查概率（检查是否逃税的概率）不同。从第一节开始，可以把税务稽查的概率随机地设置为 10%、20%、30%等。但需注意，稽查概率的信息，不对参与者公开（目的是，让比赛的情景与实际社会生活更接近）。每一小节的比赛，一步一步地进行。每一步都让参赛者决定是否诚实纳税。然后，测试的主持人按照稽查的概率和伪随机数，确定哪一位被测试者被检查到。被检查到的参赛者如果选择了逃税，就要被罚款（按照公布的罚款比例罚款）。没有被检查到的逃税人，就算捡了便宜。最后看哪位参赛者的财富最多。

不难看出，在本实验中，参与者的年收入、个人所得税的起征点、对逃税的罚款比例以及稽查概率，都是实验的内部因素（都是对实验结果有影响的、我们所关注的因素），因而也都是被控制取不同值的因素。

通过这个实验，我们可以看到不同的年收入对诚实纳税的影响，不同起征点对诚实纳税的影响（不同起征点下，哪些收入阶层的人更容易不诚实纳税），不同罚款比率对诚实纳税的影响，不同稽查概率对诚实纳税的影响，以及这些因素之间的交互影响。显然，这些研究结果对于税务决策而言，是非常有帮助的。

我们说，这样的实验可以获得基本真实的数据，其依据是：①这本身是游戏，是比赛，参与者已经没有了“暴露不诚实纳税”的顾虑。②比赛规则所暗藏的理念是“经济人”假设，是“有限理性”假设。这符合社会经济体系运行的主流规则。所以说，这样的实验结果是基本真实的、可信的，可以作为决策参考。

这个实验也可以用到对企业逃税问题的博弈研究上。

思考与练习题

1. 试述以下基本概念：

   ①总体(或母体)　②个体　③变量(或指标)　④变量值(指标值)　⑤数据　⑥便利抽样　⑦滚雪球抽样　⑧简单随机抽样　⑨量表　⑩连续量表　⑪分项量表　⑫Likert 量表　⑬测量信度　⑭复本信度　⑮测量效度　⑯表面效度　⑰内容效度

2. 数据测度分为几个类别？试举例说明。
3. 不同测度的数据的应用范围的主要区别是什么？
4. 企业质量管理员在生产线上某环节随机地抽取被加工的部件，并检验记录所抽取的部件的下列信息：①有缺陷还是无缺陷；②加工此部件工人的工号；③部件的重量。

   问：①被研究对象的总体是什么？②此总体是有限总体还是无限总体？③样本是什么？④上述三个变量是属性变量还是数值变量？

5. 学生上学时所带书本的重量，是什么测度类型的变量？
6. 研究用某群体中个体的网瘾严重程度时，把严重程度的测度标准设为：无、轻度、中度、严重、非常严重。试：①给所关心的变量命名。②判别这个变量的测度类型。
7. 在刚入学的某专业的新生中随机地抽取 10 名学生，并收集如下三个变量的数据：X：选课课程的门数；Y：课本总费用；Z：被抽取学生的性别。

   问：①总体是什么？②此总体是有限总体还是无限总体？③样本是什么？④这三个变量的测度类型是什么？

8. 观察数据与实验数据的主要区别是什么？
9. 普查与抽样调查的区别是什么？
10. 试述概率抽样与非概率抽样的区别。
11. 某研究者从四位数的随机数字表上，按照顺序取出 500 个数字，凡是电话号码后 4 位的数字在那 500 个数字范围内的，都是被调查对象。

    问：这位研究者所得到的是不是一个随机样本？为什么？

12. 分层抽样(分类抽样)的做法和适用条件是什么？
13. 如何确定分层抽样(分类抽样)各层的样本个数？
14. 在分层抽样中，决定各层样本数的方差分配法(最优分配法)的方差如何合理地获得？
15. 整群抽样的做法和适用条件是什么？
16. 试述系统抽样(等距抽样)的做法。
17. 某研究组在某网站上发了一个调查问题，“在您的开销中，通过网络购买的比例是多少？”请问:①这是何种抽样方法？②其结果能够代表消费者网上消费的比例吗？为什么？

18. 在基于问卷的研究中,为什么说问卷的深度决定了研究的深度？
19. 构成问卷的问题的主要类型有哪些？
20. 如下问卷问题是否恰当？如不恰当,存在什么问题？

(1) 您多久上一次网？

A. 1 个月　B. 2～3 个月　C. 半年　D. 半年以上

(2) 国家对政府官员以权谋私打击,是(选一)：

A. 非常坚决的　B. 有一定效果　C. 效果甚微　D. ……

(3)领导干部的家属经商,与领导干部的关系是(选一)：

A. 无关　B. 领导自律不严　C. 领导纵容包庇　D. 权钱交易　E. ……

(4)您是烟民吗？

A. 是　B. 不是

(5)如果您没有手机的话,您准备购买吗？

A. 肯定会　B. 可能会　C. 不会　D. 不确定

(6)您每月上西餐馆的状况是

A. 从不　B. 偶尔　C. 有时　D. 经常

21. 试述设立问卷问题的 4 个思考角度。
22. 对变量(特征)之间的相互关系的猜想,对设计问卷的影响是什么？
23. 为什么说文献阅读是设立问卷问题的最重要的来源之一？
24. 事先考虑数据处理方法对设计问卷的影响是什么？
25. 如何判断一个问题可能得到诚实回答(或不诚实回答)？
26. 应当如何处置"不能获得诚实回答"的问题和"怀疑得不到诚实回答"的问题？
27. 单选问题的备选答案应当满足什么条件？
28. 多选题的备选答案如果有交集,会带来什么后果？
29. 备选答案的多重含义会对问题的分析产生什么影响？
30. 试判断如下陈述的正误：

(1) 备选答案如果分布在一个维度(例如资金维度)上,可以多选

(2) 备选答案必须分布在两个或两个以上的维度(例如资金维度、时间维度)上,才可以多选

(3) 备选答案只要是互斥的,就可以作为单选问题

(4) 备选答案只要分布在一个维度上,就可以作为单选问题

(5) 多选问题的备选答案是必须是互斥的(即不能有交集)

(6) 多选问题的备选答案必须是相容的(即可以有交集)

(7) 设置被排序的对象,不必考虑对象的个数

(8) 问卷长一些好,可以获得较多的信息

31. 为什么说问卷设计一定要通过小规模访谈来修改？
32. 测量"重测信度"的要点是什么？
33. 折半信度的适用条件是什么？
34. 有内在效度的测量工具,就一定有外在效度吗？

35. 有信度就一定有效度吗？
36. 如何改进信度与效度？
37. 获得数据的实验方法主要适用于哪三种特殊类型的数据？
38. 获得数据的实验方法主要有哪三类手段？
39. 什么是获得数据的实验的外部因素？在实验设计中，应当如何处理外部因素？
40. 什么是获得数据的实验的内部因素？在实验设计中，应当如何处理内部因素？
41. 什么是获得数据的实验的混合因素？应当如何处理混合因素？
42. 在什么情况下随机分组较为恰当？什么情况下交替交错分组较为恰当？

第3章 样本数据特征的初步分析

3.1 样本数据结构的基本特征:频次与频率

在通过调查(主要是抽样调查),获得样本数据(又称样本值)之后,本节讨论这些数据集合的最基本的结构特征(频次与频率),以及直观观察这些基本特征的主要方法(表格方法、条形图与饼图方法)。

3.1.1 频次与频率的基本概念

不论样本数据的测度处于刻度级、顺序级,还是名义级,在有限的样本数据集合中,我们面临的第一个直观的简单问题,就是同样的数据值(样本值)出现的次数问题。我们称这个次数为该样本值出现的频次(Frequency)。

在相当多数人头脑中隐藏着的、条件反射式的观念,即"一讲数据,就聚焦于数据值变化特性"的观念,从今以后,必须改变。从现在开始,我们所关心的就不再仅仅是样本值本身的差异和变化问题,而且还关心不同样本值出现的频次。

> **两个紧密相关的不同概念**
>
> 1. 样本数据自身的值(不论什么测度级的数据);
> 2. 同一个数据值(样本值)出现的次数(频次)。

如果样本数据集合中的数据总个数是 n,那么,某个样本值出现的频率(Percentage,或 Relative Frequency),就由下式计算:

$$\text{某样本值的频率} = \frac{\text{该样本值出现的频次}}{n}$$

> **与频次紧密相连的概念——频率**
>
> $$\text{某样本值的频率} = \frac{\text{该样本值出现的频次}}{\text{该数据集合的数据总数}}$$

例 3.1.1 从某城市抽出来的 30 个商店中,查出某商品的价格数据,如表 3.1.1 所示。

表 3.1.1　某商品在抽样商店的单价(单位:元)

9.98	10.02	10.00	10.04	10.01	9.99	10.05	10.04	10.06	10.01
10.03	9.99	9.97	9.93	10.01	10.03	10.03	10.02	10.05	9.99
9.95	9.96	9.98	10.00	9.97	10.01	10.00	9.99	9.98	10.00

显然,这是刻度级的数据。这样排列的数据,看起来杂乱。为了把这一样本数据集合的特征看得清楚一些,我们先按照样本值的大小排序。

对于数据个数不太多的样本数据集合而言,手工排序是一项简单的工作。但当数据个数非常多时,用手工也是难以完成这样一个简单工作的,需要依靠统计软件来做。下一章将介绍用 SPSS 软件来完成这类工作的方法。

现将表 3.1.1 的数据的排序结果列于表 3.1.2 中。

表 3.1.2　某商品在不同商店价格的排序结果

9.93	9.95	9.96	9.97	9.97	9.98	9.98	9.98	9.99	9.99
9.99	9.99	10.00	10.00	10.00	10.00	10.01	10.01	10.01	10.01
10.02	10.02	10.03	10.03	10.03	10.04	10.04	10.05	10.05	10.06

现在我们能够就比较容易地统计各个样本值出现的次数(频次)了。统计结果列于表 3.1.3 的第二行。

进而,可以计算出各个样本值数据出现的频率(频次除以样本数据的个数 30)。计算结果列于表 3.1.3 的第三行。

表 3.1.3　某商品价格出现的频次、频率统计表

价格(元)	9.93	**9.94**	9.95	9.96	9.97	9.98	9.99	10.00	10.01	10.02	10.03	10.04	10.05	10.06
频次	1	**0**	1	1	2	3	4	4	4	2	3	2	2	1
频率(%)	3.33	**0**	3.33	3.33	6.67	10.0	13.33	13.33	13.33	6.67	10.0	6.67	6.67	3.33

这样,我们就对该样本数据集合的结构特征,有了一个基本的了解。

注意,在表中列出价格数据时,我们故意增加了“9.94 元”这个刻度,使列出来的价格数据,可以看得更清楚一些。

例 3.1.2　抽样调查某单位 16 人的受教育程度的数据如表 3.1.4 所示。

表 3.1.4　某单位 16 人受教育程度

小学,大学,大学,初中,高中,硕士研究生,大学,大学
大学,高中,大学,大学,初中,大学,硕士研究生,大学

显然,本例中的数据是顺序级的,它们可以依照受教育的程度(自身)比较大小,但不能做四则运算。依据表 3.1.4 中的数据,我们不难按照受教育程度排序,统计出各个样本值(受教育程度)出现的频次和频率,见表 3.1.5。

从表 3.1.5 所示的频次与频率,我们可以较为清楚地看到"受教育程度"这个样本数据集合的结构特征。

表 3.1.5 某单位职工受教育程度的结构

受教育程度	小学	初中	高中	大学	硕士研究生	合计
各个受教育程度出现的频次	1	2	2	9	2	16
各个受教育程度出现的频率(%)	6.25	12.5	12.5	56.25	12.5	100

例 3.1.3 在对某小区的家庭家具的抽样调查后,得到客户家具的基色调的数据如表 3.1.6 所示。

表 3.1.6 家庭家具的基色调的抽样调查结果

R、Y、R、G、Y、Y、W、Y、G、G、R、Y、Y、R、W、
G、Y、R、W、Y、G、G、B、R、Y、Y、W、R、R、W

表中,R、Y、G、W、B 分别表示暗红色、淡黄褐色、浅绿色、白色和黑色。

显然,本例中的数据是名义级的。它们自身不存在大小排序的问题。由表中数据不难统计出,在这个样本数据集合中各个基色调出现的频次与频率,见表 3.1.7。

表 3.1.7 家具基色调出现的频次

家具的基色调	B	G	R	W	Y	合计
各个基色调出现的频次	1	6	8	5	10	30
各个基色调出现的频率(%)	3.33	20.00	26.67	16.67	33.33	100

由表中的数据,我们也可以大致看清楚样本数据(家具基色调)结构的特点。

☆注意☆ 我们把数据集合中所有取值不同的数据出现的频率称为该数据集合的频率分布。

3.1.2 观察样本数据基本特征(频次与频率)的图形方法

其实,在 3.1.1 小节中,我们是通过表格方式来观察样本数据集合的结构特征

(频率特征)的。但从直观的视觉角度来看,图形方式更好一些。本小节就介绍表达频次与频率结构的图形方法。

1. 表示频次与频率的饼图(Pie Chart)

用饼图来表示频次与频率适用于所有测度等级的数据。但是,要求不同的样本值的个数(指不重复的样本值的个数)不能很多。否则,难以在有限的纸张上,把不同样本值的频次和频率表示清楚。

表示频次与频率的饼图的绘制方法是:①画一个大小适当的圆圈,给每一个不同的样本值一个与其频次(或频率)相当的圆心角,就像切割了的一块饼。②每个不同的样本值所占据的圆心角的大小由下式计算:

$$\text{某样本值对应的圆心角} = \text{该样本值的频率} \times 360°$$

按照上述规则,画出上面三个例题的饼图,见图 3.1.1～图 3.1.3。

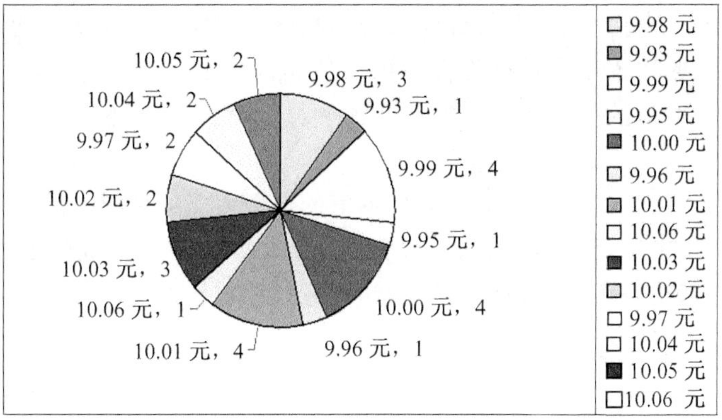

图 3.1.1　某商品标不同价格的商店数(频次)

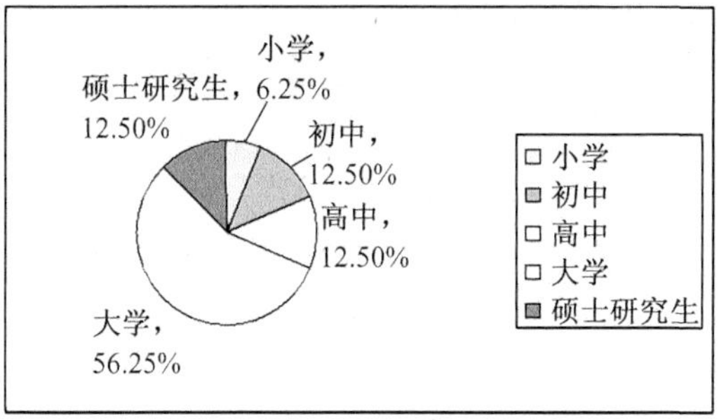

图 3.1.2　某单位职工受教育程度的比例(频率)

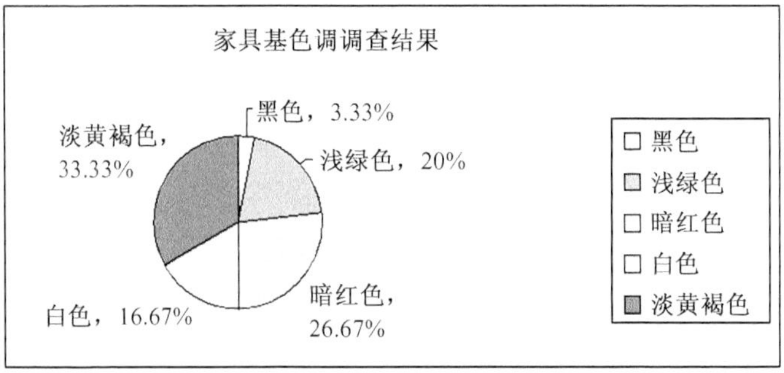

图 3.1.3 家具基色调使用比例(频率)

从这三个饼图,可以直观清楚地看出各个样本值的频次或频率结构。对应于例 3.1.2 和例 3.1.3 的饼图,形象地展示了各个样本值(不论是名义级的样本值,还是顺序级的样本值)在数据集合中出现的频率。对应于例 3.1.1 的饼图,形象地展示了刻度级的样本值在数据集合中出现的频次。之所以只标频次,是因为作为分类变量的样本值的个数太多,饼被切割得太小,没有地方标注足够的文字予以说明。

这表明,饼图不适用于不重复的样本值的个数太多的情况。所以,有的著作认为,饼图只适用于表示分类变量的(频次或频率)结构。其实,如果分类变量的不重复的取值太多,也是不宜用饼图来表示频次或频率结构的。

2. 表示频次与频率的条形图

表示频次和频率的条形图的构成是:①横坐标表示样本数据的不同取值。如果样本数据的测度是顺序级以上的,横坐标上的样本数据,就应当从小到大排列。如果是刻度级的数据,在从小到大的排列中,还要注意长度的刻度,保持一致的比例。②纵坐标表示相应样本值出现的频次或频率。按照上述规则,绘出上述前两个例题的条形图见图 3.1.4、图 3.1.5。这两个图又称为相应数据集合的频率分布图。

从本意上来说,条形图只适用于顺序级以上的数据集合,因为其横坐标的原本概念是具有顺序关系的。因此,对以上两个图,应当按照从左到右的顺序,从竖条的高低来理解样本数据集合的数据结构。

但是,人们也可以"强行"抹去横坐标的从左到右的顺序概念,"规定"横坐标没有大小之分。这样,我们也可以用条形图来表示名义级数据集合的频次或频率结构。于是,表 3.1.3 的不同数据的频率结构,可如条形图 3.1.6 表示。图中,横坐标轴上的不同的点,仅仅表示"基色调"变量的取值是不同的。因此,不能按照横坐

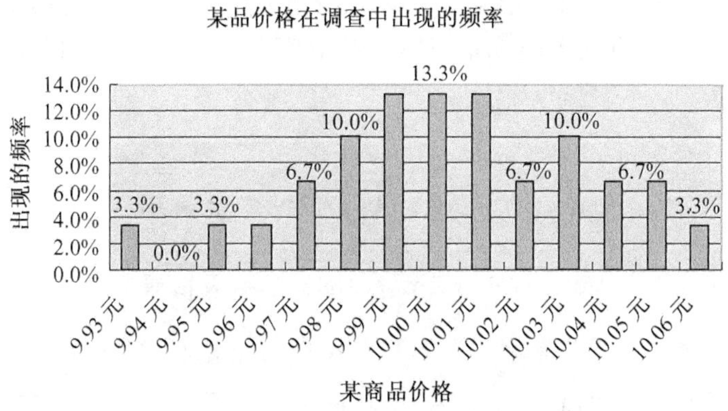

图 3.1.4　不同商店对某商品标价的频率

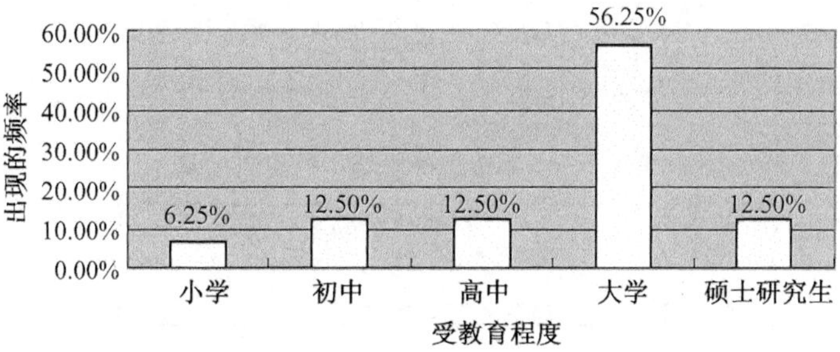

图 3.1.5　调查中不同受教育程度出现的频率

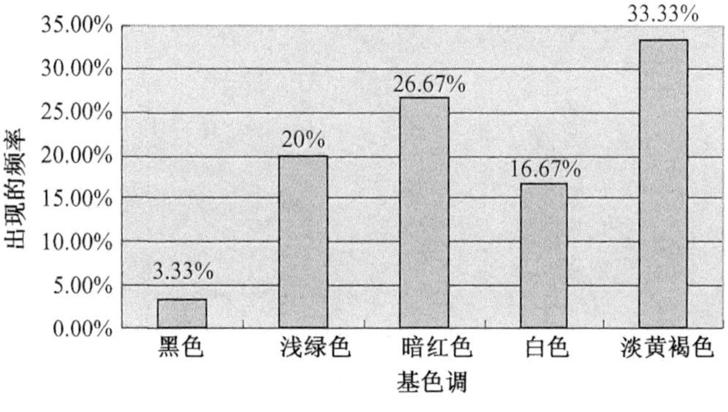

图 3.1.6　调查中家具基色调出现的频率

标的从左到右的顺序，来理解样本数据集合的数据结构特征，只能从竖条的高低个数来理解数据结构。

当然，条形图也不适用于不重复的样本值的个数太多的情况。太多了，会使它们在横坐标轴上的排列有困难。所以，有的著作认为，条形图只适用于分类变量的数据集合。其实，如果分类变量的不重复的取值太多，也是不宜用条形图来表示频次或频率结构的。

3.1.3 样本数据集合的基本特征的延伸：累积频率

1. 累积频率(Cumulative Percentage)的概念与表格表示

设 $x_1 < x_2 < \cdots < x_m$，是样本数据集合中的不重复的样本值。$m \leqslant n$，n 是样本数据集合中的样本值的总个数。若把样本值小于等于某个样本数据 x_i（如，例 3.1.1 中的价格 $\leqslant x_i$）的频率(Percentage)都累加起来，就得到“小于等于 x_i”的累积频率(Cumulative Percentage)。

例如，以例 3.1.1 为分析对象，按照上述原则，可以计算出小于等于各个（不重复的）x_i 的累积频率，见表 3.1.8 的第 3 行。

表 3.1.8 某商品价格 $\leqslant x_i$ 的累积频率

价格 x_i(元)	9.93	9.94	9.95	9.96	9.97	9.98	9.99	10.00	10.01	10.02	10.03	10.04	10.05	10.06
频率(%)	3.33	0	3.33	3.33	6.67	10.0	13.33	13.33	13.33	6.67	10.0	6.67	6.67	3.33
累积频率(%)	3.33	3.33	6.67	10.00	16.67	26.67	40.00	53.33	66.67	73.33	83.33	90.00	96.67	100.00

显然，只有样本数据的测度在顺序级以上，才存在累积频率的问题。因为累积频率的前提，是不重复的样本值的排序：$x_1 < x_2 < \cdots < x_m$，而名义级的样本值不存在大小排序问题，所以就不存在累积频率的概念。

> **累积频率**
>
> 当样本数据的测度在顺序级以上时，设 $x_1 < x_2 < \cdots < x_m$，是样本数据集合中的不重复的样本值。把样本值小于等于某个样本数据 x_i 的频率值，都累加起来，就得到“小于等于 x_i”的累积频率(Cumulative Percentage)。
>
> 当然，名义级的样本数据集合不存在累积频率问题。

例 3.1.2 的样本数据集合的累积频率的计算结果如表 3.1.9 所示。

表 3.1.9 某单位职工受教育程度 $\leqslant x_i$ 的累积频率

受教育程度 x_i	小学	初中	高中	大学	硕士研究生	合计
各个受教育程度出现的频率(%)	6.25	12.5	12.5	56.25	12.5	100
教育程度 $\leqslant x_i$ 的累积频率(%)	6.25	18.75	31.25	87.5	100	

2. 累积频率的条形图表示

累积频率的条形图的构成是：①横坐标表示样本数据的不同取值（从小到大排列，不适用于名义级的数据）。如果是刻度级的数据，在从小到大的排列中，还要注意长度的刻度，保持一致的比例。②纵坐标表示“样本值$\leqslant x_i$”的累积频率。按照上述规则，绘出例 3.1.1 与例 3.1.2 的条形图见图 3.1.7 和图 3.1.8。

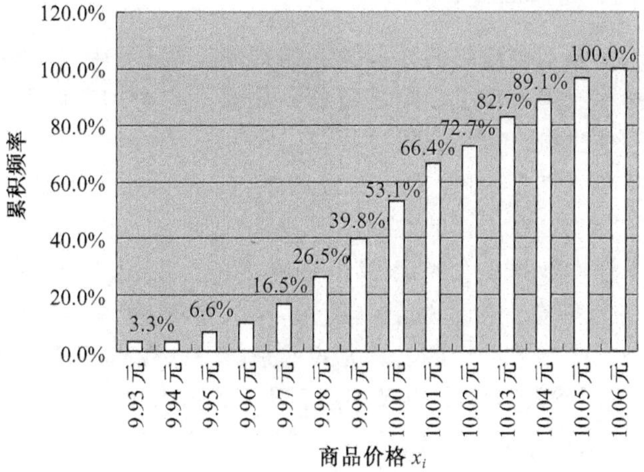

图 3.1.7　商品价格$\leqslant x_i$ 的累积频率

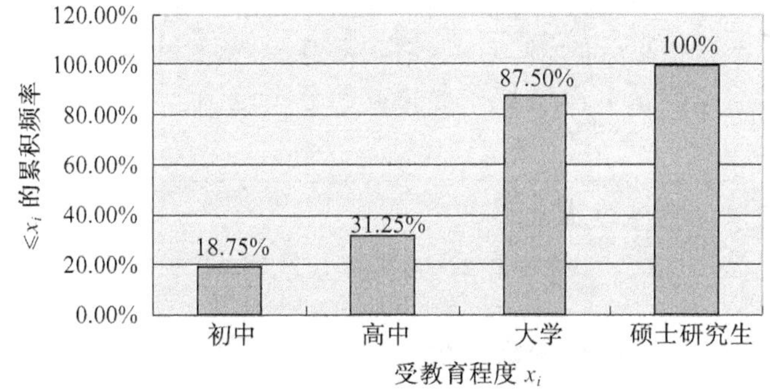

图 3.1.8　受教育程度$\leqslant x_i$ 的累积频率

样本的累积频率反映了：变量在样本数据集合中从小到大变化时，所“经历”的样本个数占总样本个数的比例的变化情况。

图 3.1.7 与图 3.1.8 又称为相应数据集合的累积频率分布图。

3.2 观察刻度级样本数据结构的茎叶图与直方图方法

3.2.1 茎叶图(*Stem-and-Leaf Plot*)的概念与作法

1. 茎叶图的基本概念与适用范围

茎叶图适用于展示刻度级的样本数据的频率结构,不适用于名义级的样本数据。顺序级的样本数据本质上是半定量的。如果一定要用茎叶图来表示,也是可以的。不过,没有提供比条形图更多的信息。

茎—叶的基本含义是,按照某个一致的规则,把所有的样本值分成"茎节"和"叶"两个部分。"茎节"在左,"叶"在右。"茎节"、"叶"之间,用小数点隔开。

如果对某个样本数据集合规定,所有的样本值的百位数为"茎节"(这时称"茎节"的宽度为 100),所有十位数和个位数为"叶",这样,样本数据 123 的"茎节"就是 1,"叶"就是 23。"茎节.叶"的表达方式就是:1.23(应当同时注明"茎节"的宽度为 100)。这样,我们就很容易从"茎节.叶"表达方式的 1.23,推出该样本值是 123。

当然,也可以规定所有的百位数和十位数为"茎节"(此时称"茎节"的宽度为 10,意思是"茎节"的末位上的数字 1,表示 10),所有的个位数为"叶",这样,样本数据 123 的"茎节"就是 12,"叶"就是 3,表达方式是 12.3(应当同时注明"茎节"的宽度为 10)。

把样本数据集合中的所有不相同的"茎节",按照从小到大的顺序连接起来,就构成了这个样本数据集合的 "茎"。显然,"茎节"的宽度就是"茎"的宽度。

确定"茎"的位数基本依据是样本数据的分布范围。"茎"的位数不论如何确

样本值的"茎节.叶"表达方式

"茎节"的宽度,是指"茎节"的末位上的数字 1,所代表的实际数字(10^k 或 10^{-k},k 是整数)。

"茎节"确定后,"叶"便随之确定。例如,规定 "茎节"的宽度为 100,则十位数和其后的位数就都为"叶"。样本数据 123 的"茎节.叶"表达方式就是:1.23。

若规定"茎节"的宽度为 10,则个位数和其后的位数就都为"叶"。样本数据 123 的"茎节.叶"表达方式就是:12.3。

样本值="茎节.叶"表达×"茎节"的宽度

一个样本数据集合中的所有不重复的茎节,从小到大连接起来,就是茎。

茎节的宽度就是茎的宽度。

确定"茎节"的宽度的原则:样本数据集合中的"茎节"必须是有变化的。

定,都必须让样本数据集合中的“茎节”是有变化的。不应当让一个样本集合中的所有数据的“茎节”都相同,否则很难绘制茎叶图。

2. 茎叶图的基本作法

茎叶图的基本作法是:①依据样本数据集合中数字的大小范围,确定“茎”的数字位和“叶”的数字位;②把样本数据集合中的所有的样本数据,分成“茎节”、“叶”两部分;③把样本数据集合中的所有的“茎节”,从小到大,从上到下纵向排列,并在“茎节”后标出小数点,小数点要纵向对齐;④按照“茎节”的从小到大的顺序,依次把样本数据集合中的所有“茎节”相同的数据取出来,把这些数据的“叶”,按照从小到大的顺序,写在这个“茎节”后小数点的右边,从左到右横向排列,直至把样本数据集合中的所有数据处理完。这样,我们就得到了这个样本数据集合的茎叶图。

我们通过一个简单的例子来说明茎叶图的作法。

例 3.2.1　表 3.2.1 中是某班级男生的身高数据。

表 3.2.1　某班级男生的身高数据(单位:厘米)

171	182	175	177	178	181	185	168	170	175	177
180	176	172	165	160	178	186	190	176	163	183

按照“样本数据集合中的‘茎节’必须是有变化”的原则,显然,在本例中,我们不能以百位数为“茎(节)”(如果这样,“茎节”都是“1”,就没有变化了),而应以百位数和十位数为“茎(节)”,也就是说,“茎(节)”的宽度是 10(厘米)。这样,“叶”就只能是个位数了。于是,按照上述制作规则,我们可以得到茎叶图(图 3.2.1)。

从该图我们可以清楚地看到,这个样本数据集合中的数据结构:在这个班的男生中,身高在 170 厘米至 179 厘米段(即茎节 17)的人数最多(11 个);其次是 180 厘米至 189 厘米段(茎节 18)的(6 人);再次是 160 厘米至 169 厘米段(茎节 16)的(4 人);190 厘米至 199 厘米段(茎节 19)的最少,仅 1 人。

为了清楚地看出各个身高段的人数,可以在茎叶图的最左边增加一列,表示各个茎节右边的样本个数(各茎节的数据频次)的数字。同时,只要每片“叶”是由一个数字组成的,就可以把小数点右边的逗号去掉,使得茎叶图的表达更紧凑一些。于是,图 3.2.1 就变成了图 3.2.2。

茎		叶
16	.	0,3,5,8
17	.	0,1,2,5,5,6,6,7,7,8,8
18	.	0,1,2,3,5,6
19	.	0

图 3.2.1　身高茎叶图

频次	茎		叶
4	16	.	0358
11	17	.	01255667788
6	18	.	012356
1	19	.	0

图 3.2.2　身高茎叶图

频次	茎		叶
2	16L	.	03
2	16H	.	58
3	17L	.	012
8	17H	.	55667788
4	18L	.	0123
2	18H	.	56
1	19L	.	0

图 3.2.3 身高茎叶图

当同一个茎节右侧所表示的样本值过多时，该茎节的“叶”就会很长，说明这个“茎节”（数字段）过于大了，需要细分。细分可以使茎叶图更清楚地表示样本数据集合的结构。

常见的细分茎节的方法之一，是把茎节分成两个子茎节，也就是把该“茎节”右侧的“叶”，处于0～4的，归为“L”子茎节（低段子茎节）；“叶”的数字处于5～9的，归为“H”子茎节（高段子茎节）。于是，图3.2.2变成如图3.2.3的所示茎叶图。

比较图3.2.2与图3.2.3，不难发现，两个图的茎（节）的宽度是相同的，每个茎节的末位数都表示10厘米。但是每个“茎节”所覆盖的“叶”的范围是不同的。图3.2.2中的每个“茎节”可以覆盖的“叶”的范围是数字0～9，而图3.2.3中的每个“茎节”可以覆盖的“叶”的范围是5个数字，或者0～4，或者5～9。

从这个差异，我们引出“茎节长度”的概念。所谓“茎节的长度”是指茎叶图中，每个“茎节”所允许覆盖的“叶”的数字范围的“最大值－最小值＋1”。

由此算来，图3.2.2中的“茎节的长度”是：9－0＋1＝10（厘米）。图3.2.3中的“茎节的长度”是：4－0＋1＝9－5＋1＝5（厘米）。后者茎节长度，是前者的茎节长度的一半。

当一个茎叶图中，每个数据的“叶”是由两位及两位以上的数字组成时，“茎节的长度”的计算仍然是“允许的最大叶值－允许的最小叶值＋1”。例如，某茎节允许的最大叶值是99，最小叶值是50，则该茎节的长度是99－50＋1 ＝ 50。

☆注意☆ 我们在细分茎节时，要把握“每个茎节长度都要相等”的原则。

还需要进一步说明的是，图3.2.3中标在每个“子茎节”后面的大写字母“L”与“H”，是可以省略的。因为每个“子茎节”右边的数字已经可以清楚地提示出，该“子茎节”是低段（L）的，还是高段（H）的。

如果茎叶图中，“茎节”右边的“叶”特别多，把每个“茎节”分为相等的两个“子茎节”仍然不能解决问题，这时，可以把茎节分得更细一些，例如，把每个“茎节”分解为相等的5个“子茎节”，即每个“子茎节”所覆盖的“叶”的依次为：0～1，2～3，4～5，6～7，8～9。这样，每个子茎节的长度就是原来每个茎节长度的1/5。

本书将在下一章介绍SPSS的应用时，给出这类茎叶图的例子。

如果把每个“茎节”所覆盖的数据视为一个数据组的话，上面所介绍的细分“茎节”的问题，其实就是细分数据组的问题。我们将在后面对直方图的介绍中进一步讨论数据分组问题。

茎节长度的概念

茎节长度是指:茎叶图中,每个"茎节"所允许覆盖的"叶"的数字范围。其计算公式是

茎节长度 = 允许覆盖最大值－允许覆盖最小值 + 1

3.2.2 直方图(Histogram)的概念与作法

1. 直方图的基本概念与适用范围

条形图用矩形条的高度,来表示横坐标相应位置上的样本值的出现的频次或频率,能够形象地看到样本数据集合的数据结构。但它也有一个弱点,对于刻度级的数据而言,当数据的精度(相对)高,使得不重复的数据量非常大时,或使得重复数据相对少(即同一数据的频次或频率小)时,反而让人看不清数据集合的结构。例 3.2.1 的条形图(图 3.2.5)反映出条形图的弱点。因此,需要一种类似的但却适用于大量不重复样本值的图示方法,这就是直方图(Histogram)图示法。

直方图的初步概念,可以从如下直方图的基本作法中反映出来:①按照样本值的大小,选择恰当的区间长度(通常要求区间是等长度的),对所有的样本值分组;②统计所有组(区间)内的样本值的个数(频次),或各个组内的样本值的个数占全部样本值总个数的比例(频率);③用横坐标,按照顺序表示不同的区间(组),用竖立于区间上的矩形条的高度,表示相应区间的样本值的频次或频率。这就是直方图。

不难看出,直方图与条形图的本质差异在于:直方图要对数据分组(或者说,按照一定刻度范围,把相邻的数据并为一组);而条形图不对数据分组,直接统计不同样本值的重复次数(或者,也可以理解为只把相同的数据作为一组)。

这就是说,只要区间足够小,使得每个不重复的样本值处于不同的区间中,这时的直方图,就是条形图。也就是说,可以把条形图作为直方图的特例。

不考虑特例情形,由于直方图要按照合适的(一般是等长的)区间对数据分组,因此,它只适用于刻度级的样本数据(不论是刻度级中的区间级还是比例级,都可以)。

当然,如果有特殊需要(例如,顺序级的不重复的数据太多),也是可以"强行"把相邻的顺序级的数据划为一组,然后按组来统计频次与频率。但这时的组不是区间的概念,也不存在"等长"的组的概念,仅仅是集合的概念。

直方图的使用范围

当刻度级样本数据很多或者精度相对高,使得数据集合中重复出现的样本值过少时,就需要对数据分组,用直方图观察不同组数据的频次与频率。

2. 数据分组

数据分组一般采取等区间长度的原则，即各组数据的上下界之差是相等的。

1) 数据分组的思路

数据分组有两条思路：一是先确定区间长度，然后用下式来确定组的个数：

$$\text{组的个数} = R\left(\frac{\text{数据集合中的最大值} - \text{数据集合中的最小值}}{\text{区间长度}}\right) + 1$$

式中，R 表示用四舍五入法，把括号中的数据表达为整数。例如，$R(16.25)=16$，$R(16.8)=17$。

二是先确定组的个数，然后用下式来确定区间长度：

$$\text{区间长度} = \frac{\text{数据集合中的最大值} - \text{数据集合中的最小值}}{\text{组的个数}}$$

第二条思路的缺点是：决定组的个数难以有确定的依据，一旦确定了组的个数，所计算出来的区间长度就可能是个小数点的位数很长又很怪的数字，为作图带来很大的不方便。因此，通常采取第一条思路（先确定区间长度的思路）进行数据分组。

数据分组

数据分组，一般采取等区间长度的原则和区间个数相结合的方法。

数据分组，一般先确定区间长度，然后用下式来确定组的个数：

$$\text{组的个数} = R\left(\frac{\text{数据集合中的最大值} - \text{数据集合中的最小值}}{\text{区间长度}}\right) + 1$$

式中，R 表示用四舍五入法，把括号中的数据表达为整数。

如果依据这个长度计算出的区间个数少，就减少区间长度。反之，就增加区间长度。

拿对例 3.2.1 的数据分组来说，首先，我们不能把区间长度的量纲单位定在“米”处（即 100 厘米处），因为这样就把所有的数据并入一个组了；也不能定在“厘米”处，这样等于没有对数据分组。所以，只能把区间长度的量纲定为“分米”（即 10 厘米），也就是说，初始区间长度是 10 厘米。此时，可计算出数据分组的个数为

$$\text{组的个数} = R\left(\frac{190-160}{10}\right) + 1 = 4$$

从视觉角度来看，4 个组太少了。于是，按照前面介绍的方法，区间长度应当减半，即把分组的区间长度定为 5 厘米。由此计算出的数据分组的个数为

$$\text{组的个数} = R\left(\frac{190-160}{5}\right) + 1 = 7$$

对于 22 个数据的问题而言，组数不能再多了，再多就会削弱或丧失分组的意义。于是，我们可以确定，分组的区间长度为 5 厘米，区间个数为 7。

2) 确定分组区间起点位置的方法

在分组的区间长度和区间个数确定之后，要想对样本数据分组，还必须确定第一个区间(最左边的区间)的中心位置在横轴上的坐标 x_1(此时，该区间的左端点的坐标就是"$x_1-0.5\times$所确认的区间长度")。只要最左边的区间的位置确定下来了，再按照所确认的区间长度，所有分组区间的位置也就随之确定了。

最左边区间的中心位置的确定方法是：

(1) 取出样本数据集合中的最小数据。把它表达为在确定区间长度时所选定的量纲单位的形式，记为 y_1。例如，在例 3.2.1 中，所选定的量纲单位是"分米"(分组区间长度是 0.5 分米)，最小样本值是 160 厘米，表达为所选定的量纲单位的形式是 16 分米。

(2) 确定备选的起始区间的中心位置：

按照公式 $x_{1k}=[y_1]+k\times$区间长度，$k=0,1,\cdots$，计算出备选的第一个区间的中心位置。其中，k 的取值满足：$k\times$区间长度<1。

(3) 在备选区间的中心位置中，哪个 x_{1k} 与 y_1 最近，就确定"$x_{1k}\pm0.5\times$所确认的区间长度"为数据分组的起始区间。

例如，例 3.2.1 的身高数据的分组问题，在前面，我们已经选定了分组的区间长度为 0.5 分米，而样本数据集合中的最小数据 y_1 是 16 分米，$[y_1]=[16]=16$，备选的区间中心坐标是：$[y_1]+0=16$ 分米，或者$[y_1]+0.5=16.5$ 分米。显然，第一个中心坐标 16 分米离 y_1(16 分米)最近(距离是 0)，所以，确定第一个区间是(15.75，16.25)。区间边界由 $16\pm\frac{0.5}{2}$得出。基于此，我们可以列出这一串 7 个区间的边界。于是，我们可以把该例题中所有的身高数据分到 7 个区间中。

为了看清楚分组结果，我们用表格形式来表达数据分组。

首先把例 3.2.1 中身高数据按从小到大排序，见表 3.2.2。

表 3.2.2　某班级男生的身高数据排序(单位：分米)

16.0	16.3	16.5	16.8	17.0	17.1	17.2	17.5	17.5	17.6	17.6
17.7	17.7	17.8	17.8	18.0	18.1	18.2	18.3	18.5	18.6	19.0

然后，在表格中列出 7 个分组区间的边界、落入各个区间的数据等。由于受本书幅面所限，7 个组难以横向展开，故这里纵向列表，见表 3.2.3。

结合上述论述，引入如下概念：

组中值：就是区间中心位置的坐标 x，$x=\frac{组上界+组下界}{2}$

组频次：指组内数据出现的次数

组频率：$=\frac{组频次}{样本数据集合中的样本的个数}$

表 3.2.3 某班男生的身高数据分组

组别	组界	身高	频次	组频次
组 1	(15.75, 16.25)	16.0	1	1
组 2	[16.25, 16.75)	16.3, 16.5	1 1	2
组 3	[16.75, 17.25)	16.8, 17.0, 17.1, 17.2	1 1 1 1	4
组 4	[17.25, 17.75)	17.5, 17.6, 17.7	2 2 2	6
组 5	[17.75, 18.25)	17.8, 18.0, 18.1, 18.2	2 1 1 1	5
组 6	[18.25, 18.75)	18.3 18.5, 18.6	1 1 1	3
组 7	[18.75, 19.25)	19.0	1	1

☆注意☆ 上面所介绍的数据分组方法只是常用的方法(并且是便于编写计算机程序的方法)。人们完全可以采用另外的方法对数据分组。但是,不论采用何种方法,一般都采用等区间长度的规则,并且不希望区间(组)的个数太多或太少。

数据分组的一些重要概念

确定最左端分组区间位置的准则:在备选的区间中,哪个区间中心坐标(组中值)与数据集合中最小值之差最小,哪个备选区间就作为数据分组的最左端的区间。

组中值:就是区间中心位置的坐标 x, $x=\dfrac{组上界+组下界}{2}$

组频次:组内数据出现的次数。

组频率:$\dfrac{组频次}{样本数据集合中的样本的个数}$

3. 绘制直方图

(1) 在横轴上,从小到大,依次标出分组区间的边界;

(2) 在纵轴方向,按照各个区间的组频次或组频率的大小,绘制不同高度的矩形。

为了观察直方图相对于条形图的优点(其实就是数据分组相对于不分组的优点),我们先列出例 3.2.1 的条形图(见图 3.2.4),然后列出例 3.2.1 的直方图(见图 3.2.5)。

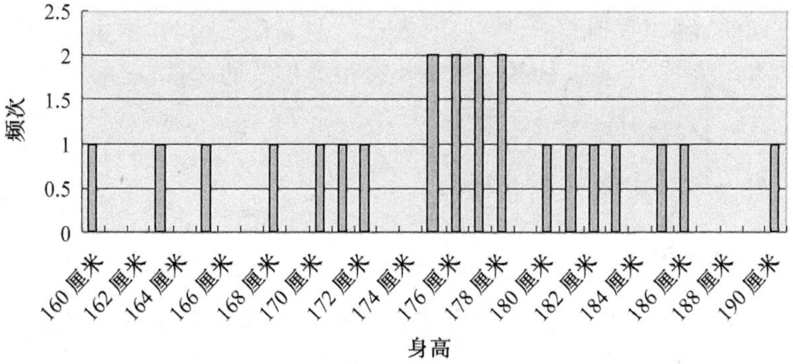

图 3.2.4　男生身高频次条形图

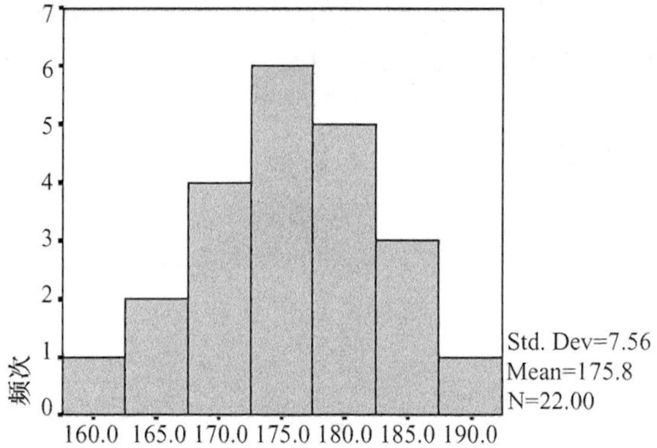

图 3.2.5　男生身高频次直方图

由图 3.2.4 与图 3.2.5 的对比,显然易见,图 3.2.5 更能够表现样本数据的分布结构。

上述所讲到的所有的绘图方法、数据分组方法,都可以用有关统计软件完成。我们将在下一章介绍 SPSS(社会科学统计软件)的使用。

3.3 样本数据的位置特征:对数据中心的描述

样本数据集合的另一个重要的特征,就是样本数据集合中心所处的位置,它在一定程度上反映了样本数据集合的位置。由于样本数据的测度级别的不同,因此需要有不同的表示“数据集合中心”的概念。本节将介绍“样本中位数”、“样本众数”和“样本均值”三个重要的描述数据集合中心位置的基本概念。

3.3.1 样本众数(Sample Mode)

1. 样本众数定义 1

样本众数定义 1:样本数据集合中出现频次最高的那个样本值,称为样本众数。在一般情况下,“样本众数”被简称为“众数”。

在许多情况下,一个样本数据集合中出现频次最高的样本值只有一个,这时的众数是最普通的众数,称为单一众数,简称为该样本数据集合的(样本)众数。但显然,在一个样本数据集合中,也可能出现有多个“出现频次最高的数据”的情况。按照上述定义,这个样本数据集合的众数应当也有多个。此时的众数称为“复众数”。

当然,也可能出现极端情况:在样本数据集合中,所有的不同的样本值出现的频次都相同。按照上述定义,这个样本数据集合中的每一个不同的样本值,都应当是众数。但是如果一个特征(变量),所有的被考察对象都相同,这个特征就不再有特殊性。所以,这时,我们也称这个数据集合没有众数。

2. 样本众数的一些例子

(1) 对于顺序级的样本数据集合而言,众数的确定是很容易的,可以简单地从频次统计表中查出(频次最大的样本值就是该样本数据集合的众数),也可以简单地从条形图上看出(最高竖条所代表的样本值就是该样本数据集合的众数)。并且,这个众数的确可以在一定程度上表示数据集合的“位置”。

例如,在例 3.1.2 中,很容易从表 3.1.5 的频次行(或频率行)看出,该样本数据集合的众数是“大学”。当然,也可以从相应的条形图(图 3.1.5)看出同样的结果。甚至可以从相应的饼图(图 3.1.2)中看出同样的结果。

(2) 对于名义级的样本数据集合而言,按照众数的定义,也可以有众数,但是这里的众数对样本数据集合的“位置”的表示意义,就比较弱了。因为名义级的数据只有相同与否的区别,没有顺序位置的区别(换言之,其不同样本值的位置是可以任意排列的)。

在例 3.1.3 中,在调查中出现频次最高的家具基色调,是淡黄褐色(这很容易从表 3.1.7 中的频次行看出。在表 3.1.7 中,淡黄褐色是用 Y 表示的),所以样本值“淡黄褐色”是这个数据集合的众数。当然,也可以从相应的条形图(图 3.1.6),看出该数据集合的众数。

在上述两例中,样本数据集合是众数,都是普通的单一众数。

(3) 对于刻度级的样本数据集合而言,情况较为复杂。在有的数据集合中,不重复的数据大多数是等距离分开的,并且重复出现的数据较多,就适宜于直接用上述定义来确定众数。有的数据集合的数据精度高,不重复的数据量非常大,就不适宜于直接用上述定义来确定众数。我们将在后面的例子中说明解决这类问题的方法。

我们可以直接用众数的定义 1 来确定例 3.1.1 的数据集合的众数。从表 3.1.3 的频次行(或频率行)可以直接看出,该样本数据集合的众数是 9.99 毫米、10 毫米和 10.01 毫米。显然,这是一个复众数的例子。当然,本例中的复众数也可以从图 3.1.4 中直接看出。

3. 样本众数定义 2 及其例子

不适于直接用众数的定义 1 来确定样本数据集合的众数的例子,是本章的例 3.2.1。从该数据集合中的条形图(图 3.2.4)和直方图(图 3.2.5)的对比中,很容易看出,直接使用众数的定义 1(依据图 3.2.4)来确定样本数据集合的众数,远没有依据图 3.2.5 来确定众数,更能反映数据集合的特征。

这就产生了关于众数的第二种定义。

样本众数定义 2:对于刻度级的样本数据集合而言,在对数据的等区间分组的直方图中,把最高的矩形(即图中的峰,Peak)所表示的数据区间称为该数据集合的众数区间,简称为众数(参见 Peck R et al. 2001. 第 74 页)。

按照众数的定义 2,由图 3.2.5 易知,该数据集合的众数区间是 175 ± 2.5。

当直方图中只有单一峰时,该峰所表示的数据区间称为单一众数;有多个峰时,称为复众数。

当然,对于刻度级的数据而言,还有其他的关于众数的定义方式,有的较为复杂,实用意义不大,本书不再介绍。对于初步了解刻度级的数据集合的位置来说,这里的定义 2 已经够用了。

对于多数的刻度级的数据集合而言,用定义 2 来确定众数是恰当的。

样本众数

定义 1：样本数据集合中出现频次最高的那个样本值，称为样本众数。在一般情况下，"样本众数"被简称为"众数"(Mode，简记为 Mo)。

如果样本数据集合中"频次最高的样本值"只有一个，则称此样本值为单一众数，简称为众数。当样本数据集合中，有多个"频次最高的样本值"时，则这些样本值就都是该数据集合的众数。此时的众数，称为"复众数"。

广义上说，众数的概念适用于所有测度级别的样本数据集合，但对于初步表达样本数据集合的"中心"位置而言，顺序级以上的数据集合的众数，更有效一些。

定义 2：对于刻度级的样本数据集合而言，在对数据的等区间分组的直方图中，最高的矩形(即图中的峰，Peak)所表示的数据区间，称为该数据集合的众数区间，简称为众数。

众数区间，也有单一众数与复众数之分。

3.3.2 样本中位数(Sample Median)

设：对样本数据集合中的所有数据的排序结果为 $x_1 \leqslant x_2 \leqslant \cdots \leqslant x_n$，$n$ 为样本容量，则在上述排序的序列中，把处于"正中间位置"上的数据称为样本中位数(Sample Median)。

这里有两个概念，一是中位数的位置，即所有数据从小到大排序后的"正中间的位置"；二是中位数本身，也就是"正中间位置"上的值。"位置"相当于取值为正整数的横坐标，某"位置上的值"相当于对应于这个位置的纵坐标。这种"位置"与"位置上的值"的概念的区分及横纵坐标的比喻，对于理解后面的 3.4 节的四分点等概念，也是很重要的。

例如，$n=9$ 时，"正中间位置"是第 5 个位置(它的左边有 4 个数据，它的右边也有 4 个数据)，这个位置上的数据 x_5 就是这个样本数据集合的中位数。第 5 个位置的"5"是由下式计算得到的：

$$\text{正中间位置号码}=\frac{n+1}{2}=(n+1)\times 0.5$$

$$\text{样本中位数}=x_{(n+1)/2}$$

当 n 是偶数时，例如，$n=10$ 时，第几个位置算"正中间位置"呢？按照计算正中间位置的公式($(n+1)/2$)，可以算出"正中间位置"是第"5.5"个位置($(n+1)/2=11\times 0.5=5.5$)，也就是说，是第 5 与第 6 个数据正中间的位置。所以，$n=10$ 时的"正中间位置"上的数据，应当是 x_5 与 x_6 的平均值，也就是说，中位数应当是$(x_5+x_6)/2$。这时的计算公式，也可以换成下面的形式：

$$\text{中位数}=x_5+(x_6-x_5)\times 0.5$$

式中的 0.5 是第"5.5"个位置的小数部分。

由上面的定义易知，当样本数据的个数（样本容量）为奇数时，样本中位数适用于顺序级以上的样本数据集合；当样本数据的个数（样本容量）为偶数时，样本中位数仅适用于刻度级以上的样本数据集合（因为顺序级的数据不能做加减运算）。

较为严谨的样本中位数的定义是：

在对样本数据集合中的所有数据排序后，样本中位数 Me 由下式确定：

$$\mathrm{Me}=\begin{cases} x_{\frac{n+1}{2}}, & \text{当 } n \text{ 为奇数时} \\ \dfrac{x_{n/2}+x_{n/2+1}}{2}, & \text{当 } n \text{ 为偶数时} \end{cases}$$

☆注意☆　当 n 为偶数时，正中间位置是第“$\frac{n}{2}+0.5$”个位置（即第“$(n+1)\times 0.5$”个位置）。此时，计算中位数的公式还有第二种表达：

$$\mathrm{Me}=x_{n/2}+(x_{n/2+1}-x_{n/2})\times 0.5$$

式中的 0.5 是第“$\frac{n}{2}+0.5$”个位置的小数部分。

例如，在如下样本集合中（注意：已经对数据排过序）

17.0　17.1　17.2　17.5　17.5　17.6　17.6

中位数是 $\mathrm{Me}=x_4=17.5$。

而在如下样本数据集合中（注意：也已经对数据排过序）

16.8　17.0　17.1　17.2　17.5　17.5　17.6　17.6

中位数 $\mathrm{Me}=\dfrac{x_4+x_5}{2}=\dfrac{17.2+17.5}{2}=17.35$。

样本中位数

设：样本数据集合中的所有数据的排序结果为 $x_1\leqslant x_2\leqslant\cdots\leqslant x_n$，$n$ 为样本容量。样本中位数，就是上述序列中，处于“正中间位置”上的数据。

正中间位置“号码”$=\dfrac{n+1}{2}=(n+1)\times 0.5$

中位数 Me 的公式为

$$\mathrm{Me}=\begin{cases} x_{\frac{n+1}{2}}, & \text{当 } n \text{ 为奇数时} \\ \dfrac{x_{n/2}+x_{n/2+1}}{2}, & \text{当 } n \text{ 为偶数时} \end{cases}$$

当样本容量为奇数时，样本中位数适用于顺序级以上的样本数据集合。

当样本容量为偶数时，样本中位数仅适用于刻度级以上的样本数据集合。

3.3.3　样本均值（*Sample Mean*）

样本均值仅适用于刻度级的数据。

样本数据集合的样本均值 $\overline{x}$（又称为样本平均数），是把样本数据集合中的所有数据加起来，然后再除以样本数据集合中的样本个数（样本容量）所得到的结果。数学定义式为

$$\overline{x}=\frac{1}{n}\sum_{i=1}^{n}x_i$$

式中，x_i，$i=1$，2，…，n，是样本观察值（样本数据），所以 $\overline{x}$ 是一个数字。

在表示例 3.2.1 的身高数据的直方图 3.2.5 中，事实上已经按照上述公式计算出了样本均值“Mean＝175.8”，标在图的右侧。

样本均值

样本均值仅适用于刻度级的数据。

样本数据集合的样本均值 $\overline{x}$ 定义为：$\overline{x}=\frac{1}{n}\sum_{i=1}^{n}x_i$，式中 x_i 为样本观察值。

3.4 样本数据的离散特征

对样本数据集合的离散特征的描述，可以划分为两大类：一是点状描述，如明确样本数据集合中的最小点和最大点等；二是区间描述（也就是基于差值的描述），如样本数据集合中的最大值与最小值之差，数据集合中的每一个样本值与样本均值之差等。

3.4.1 对样本数据离散特征的点状描述：极值、四分点与百分位点

1. 极大值（Maximum）**与极小值**（Minimum）

当把样本数据集合中的所有数据从小到大排序后，位于该序列的第一个数据（样本值），就是该数据集合中的最小值（the Smallest Observation in the Data Set）或者说极小值。该序列中最后一个数据（样本值），就是该数据集合中的最大值（the Largest Observation in the Data Set）或者说极大值。例如，由表 3.1.5 知，例 3.1.2 中的最小值是“小学”，最大值是“硕士研究生”。而由表 3.1.3 知，例 3.1.1 中的最小值是 9.93（元），最大值是 10.06（元）。这就是说，对样本数据集合离散特征的极大值和极小值的点状描述，适用于顺序级以上的数据集合。

极大值与极小值

极大值是数据集合中的最大值。极小值是数据集合中的最小值。

这两个样本值，从一定视角反映了样本数据集合中样本值的离散情况。

在一定程度上反映了样本数据集合离散特征的极大值和极小值，适用于顺序级以上的数据。

2. 下四分点(Lower Quartile)**与上四分点**(Upper Quartile)

1) 下四分点与上四分点的概念

由 3.3.3 小节可知，中位数所在的"正中间位置"，把排序后的样本数据集合分成了左右两部分，使左右两部分包含的样本数据的个数相等，即都包含 50% 的样本总个数(即 $\frac{n}{2}$ 个数据，n 为样本数据的总个数)。

由此，可以给出下四分点的直观概念：下四分点把排序后的样本数据集合，分成了左右两部分，使左边部分包含 25% 的样本总个数，右边部分包含 75% 的样本总个数。

同理，可以给出上四分点的直观概念：上四分点把排序后的样本数据集合，分成了左右两部分，使左边部分包含 75% 的样本总个数，右边部分包含 25% 的样本总个数。

而上(下)四分点就是上(下)四分点位置上的值的简称。

下四分点与上四分点的概念

下四分点把排序后的样本数据集合分成了左右两部分，使左边部分包含 25% 的样本总个数，右边部分包含 75% 的样本总个数。

上四分点把排序后的样本数据集合分成了左右两部分，使左边部分包含 75% 的样本总个数，右边部分包含 25% 的样本总个数。

上、下四分点在一定意义上反映了样本数据的离散情况。

2) 下四分点的位置与上四分点的位置

我们用 Q_1 表示下四分点，Q_3 表示上四分点，Q_2 表示中位数，即 $Q_2 = \mathrm{Me}$。n 表示该数据集合的数据总个数。

在 3.3.2 小节，给出了排序后的"正中间位置"的公式：

$$\text{正中间的位置} = (n+1) \times 0.5$$

该位置的左边，有 $n \times 0.5$ 个数据，占总个数的 50%。相类似，我们可以分别得到下四分点 Q_1 的位置和上四分点 Q_3 位置的计算公式：

$$\text{下四分点 } Q_1 \text{ 的位置} = (n+1) \times 0.25$$

该位置的左边，有 $n\times 0.25$ 个数据，占总个数的 25%。

$$上四分点\ Q_3\ 的位置 = (n+1)\times 0.75$$

该位置的左边，有 $n\times 0.75$ 个数据，占总个数的 75%。

3）下四分点 Q_1 的值与上四分点 Q_3 的值

当下四分点的位置与上四分点的位置为整数时，相应整数位置上的样本值就是 Q_1、Q_3 的值。当下四分点的位置与上四分点的位置不为整数时，下四分点 Q_1 的值与上四分点 Q_3 的值，分别由下面的公式算出：

$$\begin{aligned} Q_1 =& Q_1\ 位置左边的样本值 + (Q_1\ 位置右边的样本值 \\ & - Q_1\ 位置左边的样本值) \times Q_1\ 位置的小数部分 \end{aligned}$$

$$\begin{aligned} Q_3 =& Q_3\ 位置左边的样本值 + (Q_3\ 位置右边的样本值 \\ & - Q_3\ 位置左边的样本值) \times Q_3\ 位置的小数部分 \end{aligned}$$

4）示例

例 3.4.1 样本数据集合（排序后）为：99.8，99.9，100.1，100.2，试计算该数据集合的下上四分点 Q_1、Q_3 的值和中位数 Q_2 的值。

此例 $n=4$，由位置的计算公式，有

下四分点 Q_1 的位置 $=(4+1)\times 0.25=1.25$，该位置左边有 1 个数据（占总数的 25%）；

中位数 Q_2 的位置 $=(4+1)\times 0.5=2.5$，该位置左边有 2 个数据（占总数的 50%）；

上四分点 Q_3 的位置 $=(4+1)\times 0.75=3.75$，该位置左边有 3 个数据（占总数的 75%）。

图 3.4.1 给出了上述 3 个位置对数据个数的分割情况。图中，括号中的数据表示相应排序位置上的样本值。

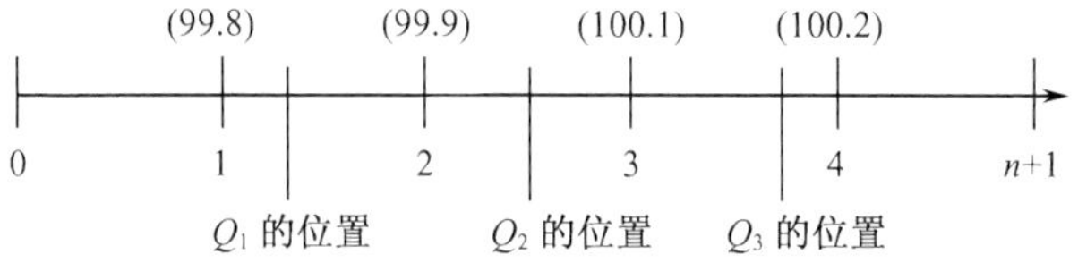

图 3.4.1 四分点的位置示意图

现在，我们计算下上四分点 Q_1、Q_3 的值和中位数 Q_2 的取值。首先，由 3.3.2 小节所给出的对中位数的算法，有

$$Q_2 = Me = 99.9 + (100.1 - 99.9)\times 0.5 = 100.0$$

类似地，由本小节所给出的计算 Q_1、Q_3 的公式，可以算出：

$$Q_1 = 99.8 + (99.9 - 99.8)\times 0.25 = 99.825$$

$$Q_3=100.1+(100.2-100.1)\times 0.75=100.175$$

不难看出，在获得 Q_1、Q_3 和 Q_2 的值时，我们对有关数据做了四则运算，所以，此时用下上四分点 Q_1、Q_3 的值（在一定程度上）来反映样本值的离散情况，也仅适用于刻度级的数据。

例 3.4.2　样本数据集合（排序后）为：3，5，6，8，11，12，18，试计算该数据集合的下上四分点 Q_1、Q_3 的值和中位数 Q_2 的值。

此例 $n=7$，由位置的计算公式，有

下四分点 Q_1 的位置$=(7+1)\times 0.25=2$，该位置左边有 7×0.25 个数据（占总数的 25%）；

中位数 Q_2 的位置$=(7+1)\times 0.5=4$，该位置左边有 7×0.5 个数据（占总数的 50%）；

上四分点 Q_3 的位置$=(7+1)\times 0.75=6$，该位置左边有 7×0.75 个数据（占总数的 75%）。

此时，Q_1、Q_3 和 Q_2 的位置都是整数，所以，相应位置上的样本值就是相应的 Q_1、Q_3 和 Q_2 的值：下四分点 Q_1 的取值为"第 2 个位置"上的值"5"，即 $Q_1=5$；中位数 Q_2 的取值为"第 4 个位置"上的值"8"，即 $Q_2=Me=8$；上四分点 Q_3 的取值为"第 6 个位置"上的值"12"，即 $Q_3=12$。

不难看出，当 Q_1、Q_3 和 Q_2 的位置都是整数时（也就是 $n+1$ 能够被 4 整除时），我们没有对任何数据进行任何四则运算，仅仅对样本数据做了排序，就得出了 Q_1、Q_3 和 Q_2 的值，所以，此时用下上四分点 Q_1、Q_3 的值来（在一定程度上）反映样本值的离散情况，也适用于顺序级的数据。

☆注意☆　上述有关上四分点、下四分点和中位数的手工计算，是不重要的。重要的是上四分点、下四分点和中位数的概念，是明了它在什么样的意义上反映了样本数据集合的离散情况。因为实际的样本数据要比这里列出的多得多，用手工完成大量数据的排序和上述计算，是相当麻烦甚至是相当困难的。我们将在下一章介绍，如何运用 SPSS 软件完成上述计算。

上、下四分点的应用范围

在一般情况下，用下上四分点 Q_1、Q_3 的值（在一定意义上）反映样本数据的离散情况，仅适用于刻度级的数据。只有在 $n+1$ 能够被 4 整除时，才适用于顺序级的数据。

有关上四分点、下四分点和中位数的手工计算，是不很重要的。很重要的是上四分点、下四分点和中位数的概念。计算将由 SPSS 软件完成。

3. 上下百分位点（Percentile）

仿照上、下四分点的概念，我们不难给出上、下十分点的概念：

下十分点(记为 p_{10})把排序后的样本数据集合,分成了左右两部分,使左边部分包含 10%的样本总个数,右边部分包含 90%的样本总个数。

上十分点(记为 p_{90})把排序后的样本数据集合,分成了左右两部分,使左边部分包含 90%的样本总个数,右边部分包含 10% 的样本总个数。

上、下十分点也在一定意义上反映了样本数据的离散情况。对有些样本数据而言,用上、下十分点来反映样本数据的离散情况,更好一些。进而,一般地,我们可以定义任意小于 50 的上下百分点,并借此反映一定意义上的样本数据的离散情况。SPSS 软件提供了这种选择,我们将在下章介绍它。但需注意,上、下四分点与上、下十分点是应用最多的选择。

3.4.2 对样本数据离散特征的区间描述:极差、四分位距与离差

一说到"区间描述",就必然要对一些样本数据做加减运算,因此,区间描述仅适用于刻度级的样本数据。

1. 极差(Range)

极差(R)被定义为样本数据集合中的极大值与极小值之差:

$$R = \text{极大值} - \text{极小值}$$

它反映了样本数据在数轴上的分布范围。

在例 3.4.1 中,样本数据集合的最大值为 100.2,最小值为 99.8,所以 $R=0.4$。在例 3.4.2 中,样本数据集合的最大值为 18,最小值为 3,所以 $R=15$。

2. 四分位距(Interquartile Range)

四分位距(Iqr)样本数据排序后的上四分点值与下四分点值之差:

$$\text{Iqr} = Q_3 - Q_1$$

它反映了样本数据集合中样本值处于中间大小的 1/2 的数据的分布范围。

在例 3.4.1 中,上四分点的值为 100.175,下四分点的值为 99.825,所以 Iqr=100.175−99.825=0.35。在例 3.4.2 中,上四分点值为 12,下四分点值为 5,所以 Iqr=12−5=7。

3. 样本离差(Sample Deviations)与离差平方和(Sum of Squared Deviations)

样本离差被定义为每个样本 x_i 与样本均值 $\overline{x}$ 之差:$x_i-\overline{x}$,$i=1, 2, \cdots, n$。样本离差又称为样本中心化数据。

例 3.4.1 的样本数据为:99.8,99.9,100.1,100.2,易知,均值为 100.0,于是,样本离差(中心化数据)依次为:−0.2,−0.1,0.1,0.2。

所有的样本离差之和，存在正负相互抵消的问题，其和必然为零，不可能反映整个样本数据对样本均值的偏离情况，所以采用离差平方和的方式来反映样本数据对均值的总偏离情况。

离差平方和被定义为

$$\sum_{i=1}^{n}(x_i-\overline{x})^2$$

3.4.3　离散状况的统计值描述 1：样本方差(Sample Variance)

作为样本观察值的样本方差 s^2 被定义为：离差平方和与 $n-1$ 的比值。其基本含义是通过样本个数对"偏离情况"的影响，以便较为客观地反映样本数据对样本均值的平均偏离情况。至于为什么用离差平方和除以 $n-1$，不除以样本个数 n，我们将在后面解释。

样本方差 s^2 的计算公式如下：

$$s^2=\frac{1}{n-1}\sum_{i=1}^{n}(x_i-\overline{x})^2$$

样本标准差(Standard Deviation)s 的定义是

$$s=\sqrt{\frac{1}{n-1}\sum_{i=1}^{n}(x_i-\overline{x})^2}$$

3.4.4　离散状况的统计值描述 2：变异系数

用方差或者标准差来反映数据对平均值的离散状况，固然很好。但是有一个重要的缺点：不同的管理问题有着不同的常用的度量单位，标准差包括了度量单位的影响，只有剔除度量单位的影响后，标准差之间的比较才有意义。例如，5mm 的标准差对于汽车汽缸的直径来说误差太大了，但对于高架引桥的长度而言却是很小的。为了解决这个问题，我们引入变异系数的概念。

变异系数定义为：标准差与均值之比。

样本变异系数定义为：样本标准差与样本均值之比$\frac{s}{\overline{x}}$。

变异系数能够更好地反映了数据对中心离散的情况。

3.5 样本数据特征的综合表达：箱形图

在前两节，我们分别讨论样本数据的中心特征和离散特征，以及讨论了这些特征适用于哪些测度等级的样本数据。本节我们将介绍一种综合表达这两方面特征的图形方法：箱形图法。

该方法简明地表达了样本数据的中心与离散特征，却又没有茎叶图和直方图那么详细，能够扼要地显示样本数据中心、范围、分布的主要特征（如偏斜程度）等。由于该图涉及区间概念（基于差值的长度概念），所以，箱形图仅适用于刻度级的样本数据。

3.5.1 箱形图的基本构造

箱形图由一个矩形和向两侧延伸的细线组成（见图 3.5.1）。

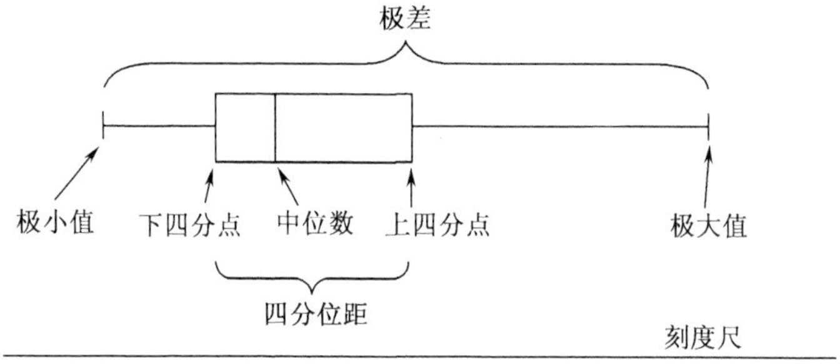

图 3.5.1 箱形图结构示意图

图中配了一条刻度尺，用以表示样本数据值的分布范围。

图中的矩形箱体（Rectangular Box）的左缘表示下四分点的值，右缘表示上四分点的值。矩形的长度是四分位距。样本数据集合中，有 50％的数据从左至右分布在这个矩形箱体内。矩形箱体中间（不一定是正中间）有一条竖线，表示中位数的值。这条竖线把矩形箱体分成了左右两部分，分别称为左箱体和右箱体。

矩形箱体的左右侧各有一条胡须（Whisker）。左侧胡须的左端点，表示样本数据集合中的最小值。样本数据集合中，有 25％的较小的数据分布在这条胡须上。右侧胡须的右端点，表示样本数据集合中的最大值。样本数据集合中，有 25％的较大的数据分布在这条胡须上。

从这种图很容易看出样本数据的分布范围、中位数的值所处的位置、数据集合中数值大小处于中段的 50%的数据的集中程度(矩形箱体越短,这 50%的数据的集中程度越高,反之就分散)。此处,还可以看出较小的 25%的数据和较大的 25%的数据的散布范围。左右胡须的长短分别表示了这两个范围的大小。进而,还可以看出样本数据值分布的偏斜(Skewness)情况。如果左箱体和左胡须都短,则表明数据集聚是左侧,样本数据值的分布向左偏斜。反之,就向右偏斜。

图 3.5.1 是个横卧的箱形图。当然,也可以竖起来摆放。两者的效果是相同的。

3.5.2 修正的箱形图

依据处于胡须上的样本值(数据)离箱体边缘的距离,我们可以把这些处在胡须上的样本值(数据)分成若干类。

我们把处在胡须上的、离箱体的距离大于 1.5 倍的四分位距(1.5 Iqr)的样本值,称为外围值(Outlier)。

把处在胡须上的、离箱体的距离大于 1.5 倍的四分位距(1.5 Iqr)、但小于等于 3 倍的四分位距(3Iqr)的样本值,称为"近外围值"(Mild Outlier)。

而把处在胡须上的、离箱体的距离大于 3 倍的四分位距(3 Iqr)的样本值,称为极端值(Extreme),或"远外围值"(Extreme Outlier)。

修正的箱形图是在原来箱形图的基础上,把两端胡须"剪短"后所得到的箱形图。也就是说修正的箱形图并不改变原来的箱体,仅仅"剪短"了胡须。

修正的箱形图的左胡须的左端点,是"非外围值"范围内的最小值,即箱体左侧 1.5 Iqr 范围内的最小值(注意这个值并不一定落在箱体左侧的 1.5 Iqr 处。在绝大多数情况下,左胡须没有 1.5 Iqr 那么长)。

修正的箱形图的右胡须的右端点,是"非外围值"范围内的最大值,即箱体右侧 1.5Iqr 范围内的最大值(注意这个值并不一定落在箱体右侧的 1.5 Iqr 处。在绝大多数情况下,右胡须没有 1.5 Iqr 那么长)。

修正的箱形图的示意图见图 3.5.2。

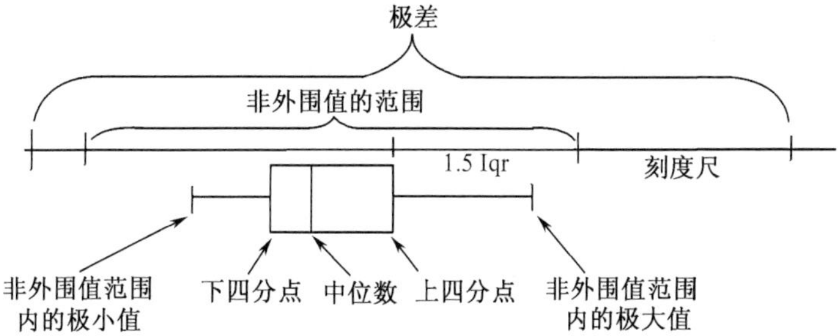

图 3.5.2　修正箱形图结构示意图

当胡须特别长时(外围值的范围分布很大时),特别是由于个别过于大或者过于小的值出现在样本数据集合中时,需要用到修正箱形图,来"剔除"特别大或特别小的数据对箱形图的影响,从而较为恰当地表达样本数据集合的基本特征。

3.5.3 箱形图示例

1. 例 3.2.1 身高数据的箱形图

此例 $n=22$。按照 3.3 节关于中位数、3.4 节关于四分点的算法,可计算中位数与上下四分点如下:

$$\text{中位数的位置} = (n+1)\times 0.5 = 23\times 0.5 = 11.5$$

表明中位数在排序后的第 11 个数据与第 12 个数据之间,参照排序后的表 3.2.2,可计算中位数如下:

$$\mathrm{Me} = Q_2 = 176 + (177-176)\times 0.5 = \frac{176+177}{2} = 176.5(\text{厘米})$$

$$\text{下四分点的位置} = (n+1)\times 0.25 = 23\times 0.25 = 5.75$$

表明下四分点在排序后的第 5 个数据与第 6 个数据之间(不是正中间),参照排序后的表 3.2.2,可计算下四分点的值如下:

$$Q_1 = 170 + (171-170)\times 0.75 = 170.75(\text{厘米})$$

$$\text{上四分点的位置} = (n+1)\times 0.75 = 23\times 0.75 = 17.25$$

表明下四分点在排序后的第 17 个数据与第 18 个数据之间(不是正中间),参照排序后的表 3.2.2,可计算上四分点的值如下:

$$Q_3 = 181 + (182-181)\times 0.25 = 181.25(\text{厘米})$$

而该数据集合的极大值为 190(厘米),极小值为 160(厘米),所以可得该样本数据集合的箱形图如图 3.5.3。

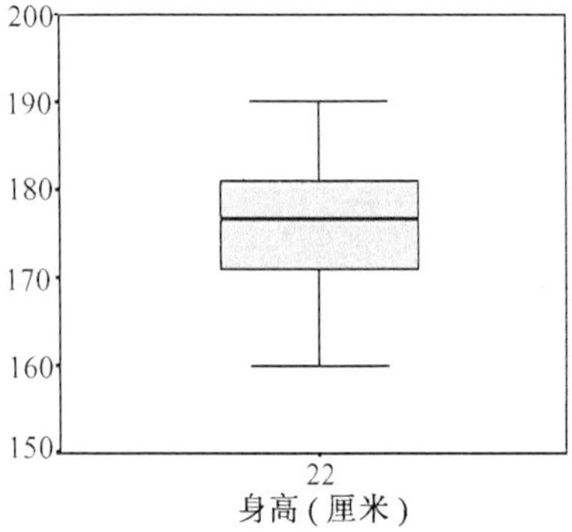

图 3.5.3 男生身高数据箱形图

由图 3.5.3 可以直观地看出，箱形图上箱体短、上胡须短，所以，这个数据集合的数值有一点向高端偏斜（如果横放箱形图，就是数据向右端偏斜）。

2. 例 3.5.1

假设在例 3.2.1 中，该班级转来了 1 名身高 213 厘米的巨人，于是该班级男生的身高数据如表 3.5.1 所示。

表 3.5.1　某班级男生的身高数据（单位：厘米）

171	182	175	177	178	181	185	168	170	175	177	
180	176	172	165	160	178	186	190	176	163	183	213

对该表的数据排序后，得到表 3.5.2。

表 3.5.2　某班级男生的身高数据排序（单位：厘米）

160	163	165	168	170	171	172	175	175	176	176	
177	177	178	178	180	181	182	183	185	186	190	213

此时，$n=23$，按照 3.3 节关于中位数、3.4 节关于四分点的算法，可计算中位数与上下四分点如下：

$$\text{中位数的位置} = (n+1) \times 0.5 = 24 \times 0.5 = 12$$

表明中位数为排序后的第 12 个数据，参照排序后的表 3.5.2，可知中位数为 177（厘米）。

$$\text{下四分点的位置} = (n+1) \times 0.25 = 24 \times 0.25 = 6$$

表明下四分点为排序后的第 6 个数据，参照排序后的表 3.5.2，可知下四分点为 171（厘米）。

$$\text{上四分点的位置} = (n+1) \times 0.75 = 24 \times 0.75 = 18$$

表明上四分点为排序后的第 18 个数据，参照排序后的表 3.5.2，可知上四分点为 182（厘米）。

于是，四分位距 Iqr＝182－171＝11（厘米），

由此可知，“非外围值”的上边界为：182＋11×1.5＝198.5（厘米），“非外围值”的下边界为：171－11×1.5＝154.5（厘米）。

在“非外围值”的上下边界之内，该数据集合的最小值为 160（厘米），最大值为 190（厘米）。于是，可得该样本数据集合的箱形图如图 3.5.4。

从图 3.5.4 也可以直观地看出，除去第 23 个数据（213 厘米）为“外围值”以外，没有其他的外围值。修正箱形图上箱体短、上胡须短，所以，这个数据集合的数

值有一点向高端偏斜(如果横放箱形图,就是数据向右端偏斜)。

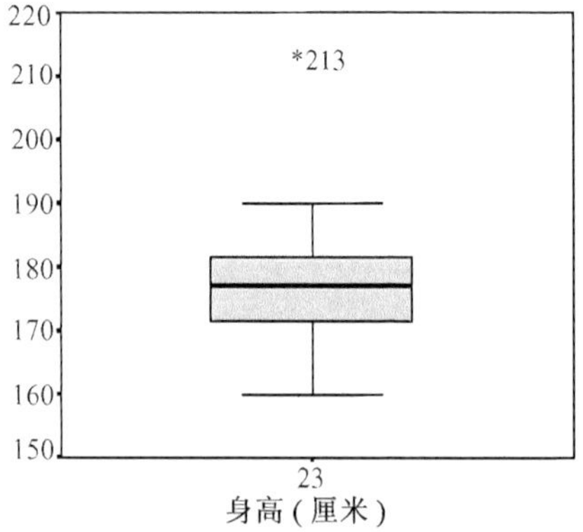

图 3.5.4 男生身高数据修正箱形图

思考与练习题

1. 对于一个数据集合(样本值集合)而言,除了关心样本值本身以外,我们还关心样本值(数据值)出现的________和__________。
2. 对于一个数据集合而言,什么是样本值(变量值)的频次? 什么是样本值(变量值)的频率?
3. 哪些测度等级的数据集合,适合于做频次与频率的饼图?
4. 哪些测度等级的数据集合,适合于做频次与频率的条形图?
5. 频次与频率的饼图有差异吗? 为什么?
6. 频次与频率的条形图有差异吗? 为什么?
7. 对于一个数据集合而言,什么是累积频率?
8. 能够用饼图来表示一个数据集合的累积频率吗?
9. 哪些测度等级的数据集合,才能计算累积频率?
10. 除了表格法以外,还可以用________图来表示一个数据集合的累积频率分布状况?
11. 什么是一个数据集合的茎叶图?
12. 对于一个数据而言,什么是茎节? 什么是茎节的宽度? 什么是叶? 如何依据数据集合来确定茎节和叶?
13. 什么是茎节的长度? 举例说明茎节的宽度和茎节的长度的区别。

N=16	茎宽=0.1	
1	59	7
3	60	148
5	61	02669
4	62	0247
2	63	58
1	64	3

14. 在如右茎叶图中:
    ①茎宽=0.1 是什么意思?
    ②在这张茎叶图上显示了多少个数据?
    ③列出头四个数据值。

15. 以下是某班级男生的体重数据(单位:公斤),请作该数据集合的茎叶图。

72.0	65.8	67.1	68.6	71.1	70.5	68.0	60.8	75.0	67.5
76.0	62.7	55.9	50.2	68.4	76.6	80.5	76.4	63.3	73.9

16. 什么是直方图?
17. 直方图与条形图的区别是什么?
18. 什么测度级别的数据,适宜作直方图?
19. 作直方图时,一般是先确定区间长度,还是先确定区间个数?哪个更好一些?
20. 作直方图时,在区间长度确定后,如何确定区间个数?
21. 作直方图时,如何确定最左端区间的中心位置?
22. 依据如下直方图,判断斜度 Skewness 的正负号。

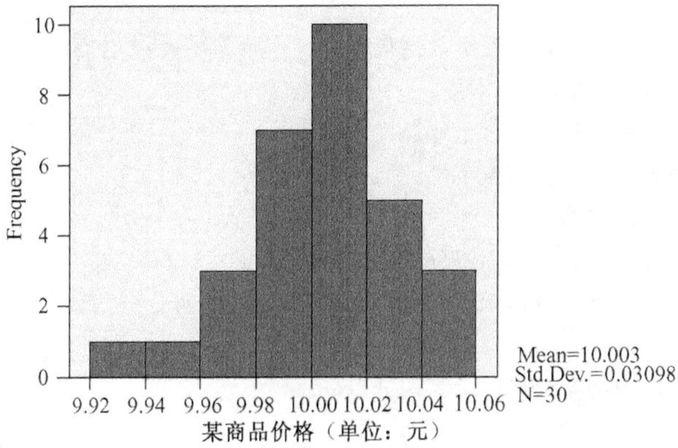

23. 什么是组频次?什么是组频率?
24. 什么是数据集合的众数?
25. 什么是单一众数?什么是复众数?
26. 什么测度级别的数据集合,可以求众数?
27. 某国对该国博士的子女数量做了一项调查,结果如下表,请计算子女数的样本均值、方差和标准差。

博士数目	13	11	18	12	4	1
孩子数目	0	1	2	3	4	6

28. 从学院学生中随机地挑选 15 名学生,问他们昨晚睡眠的小时数。得到的样本数据是:5,6,6,8,7,7,9,5,4,8,11,6,7,8,7。请求出以下各值:①均值,②中位数,③众数,④方差,⑤标准差。
29. 为什么刻度级的数据集合通常依托直方图确定众数(区间)?
30. 什么是数据集合的中位数?如何确定一个数据集合的中位数?
31. 什么测度级别的数据集合适合于确定中位数?

32. 依据下图，判断该数据集合的众数与中位数。

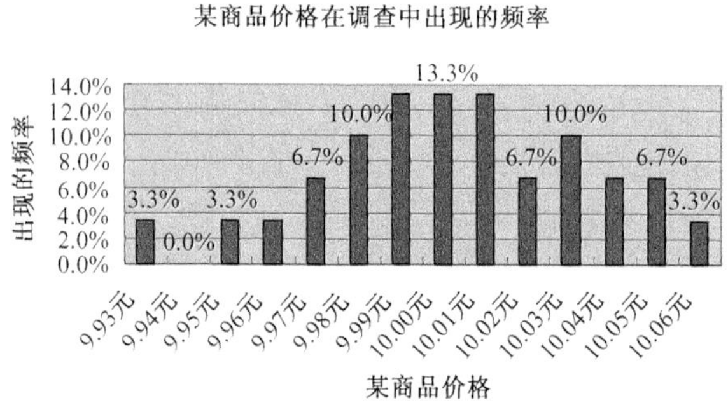

33. 什么是样本均值？如何计算一个数据集合的样本均值？在样本均值的计算公式中，什么量与母体均值公式中的概率 p_k 对应？
34. 什么测度级别的数据集合适合于计算样本均值？
35. 什么是数据集合的极大值与极小值？
36. 什么是数据集合的下四分点与上四分点？
37. 如何计算下四分点(的值)与上四分点(的值)？
38. 如果计算出上四分点在数据 15 与数据 13.6 之间，且上四分点的位置是 12.25，求上四分点的值。
39. 什么测度级别的数据集合可以计算四分点(的值)？
40. 什么是百分位点？举例说明。
41. 什么是极差？什么是四分位距？
42. 什么是样本离差、离差平方和？什么是方差？这三者之间的关系是什么？
43. 什么是变异系数？变异系数的优点是什么？
44. 众数、中位数、样本均值各反映了样本数据集合的什么特征？
45. 极值、四分点、百分位点、极差、四分位距、离差、离差平方和、方差各反映了样本数据集合的什么特征？
46. 以下是一组儿童首次牙科检查的年龄的样本，求：①对这些儿童首次牙科检查年龄的均值；②中位数年龄；③标准差。

首次牙科检查的年龄 x	1	2	3	4	5
儿童的数目 f	9	11	23	16	21

47. 下面的数据是某一天 20 位工人收割麻黄草的数量，求：①收获量的上四分位数和下四分位数；②中位数；③以下的百分位数：P_{15}，P_{33}，P_{90}。

7.0	4.8	5.0	6.8	4.8	3.7	5.8	3.6	4.0	5.9
3.9	3.4	5.1	2.7	4.4	7.0	5.6	2.6	4.8	5.6

48. 某大学某学期某年级的学生选课学时数如下表，试：①用 SPSS 画此数据的直方图；②求集

中趋势的如下度量：众数、中位数、均值；③求 Q_1 和 Q_3；④求 P_{15} 和 P_{12}；⑤求离散趋势的三种度量（极差、标准差、方差）。

学分时数	9	10	11	12	13	14	15	16	17	18	19	20
频数	68	90	130	150	170	300	400	850	650	510	230	120

49. 箱形图给出了一个数据集合的哪几个量？

50. 修正箱形图是如何构造的？它对箱形图的哪个部分作了修正？

第 4 章　SPSS 的简单应用

4.1　使用 SPSS 的基础知识

SPSS 是 Statistics Package for Social Science(社会科学统计软件包)的缩写。SPSS 公司由美国斯坦福大学三位学生于 1968 年在芝加哥成立,经过 30 多年的努力,SPSS 已经由单一的统计软件开发商发展成为集统计分析、数据挖掘、商业智能、客户关系管理等多种产品和咨询服务于一体的跨国公司。SPSS 的含义也延伸为 Statistical Product and Service Solutions(统计产品和服务解决方案)。

SPSS 的应用领域非常宽泛,例如:宏观经济管理的诸多领域(从宏观经济政策、金融政策到产业结构分析、就业分析等),企业经营管理的诸多领域(如市场研究、销售研究、客户行为特征研究、人力资源管理、财务分析等),行业管理与特征分析(如金融产品分析、资本市场分析、货币市场分析、制造业分析、信息服务业分析、农业与农民收入分析等),社会学、民族学、人类学等诸多社会科学领域,以及医学、农学、工学、军事学领域,乃至理学领域,都离不开统计分析的工具,SPSS 都有广阔的用武之地。

SPSS for Windows V13.0 是模块化的统计分析软件,由基本模块、分类模块、趋势模块、回归分析模块、高级模块等十余个模块组成。本书以统计学的知识为主线,介绍 SPSS 工具的使用,主要涉及基本模块的应用。

4.1.1　SPSSWIN 的启动与退出

(1) 启动:鼠标左键双击 SPSSWIN 的图标

机器自动进入 Data Editor(数据编辑器)窗口。

(2) 退出:鼠标左键单击主菜单窗口的 File,出现下拉菜单,单击最后一项 Exit,或,单击窗口右上角的☒。

4.1.2　变量类型与定义变量

定义变量是输入数据的前提。定义变量,不仅要按照规则定义变量名,而且要定义变量的类型,说明变量的实际含义(即写明变量的标签。虽然不写标签,软件系统照样运行,但是从数据积累的角度看,写明标签是非常重要的),定义名义级数据和顺序级数据的“值”的具体含义(例如,m 代表男性,f 代表女性,“1”代表小学文化程度,“2”代表中学文化程度等)等。

(1) 启动后,屏幕显示的是数据编辑器(Data Editor)的数据(Data View)窗口(类似于 Excel 表格,见图 4.1.1),然后自动弹出一个菜单窗口,包括 6 个功能项目,供你选择。初学时,可先不理睬它,关闭这个窗口。按照如下步骤操作,定义变量:

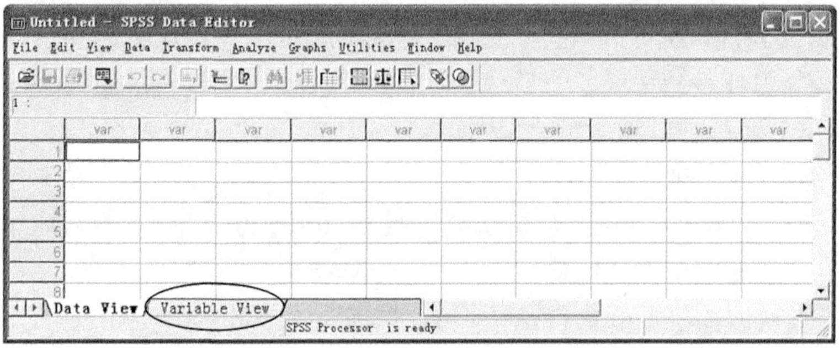

图 4.1.1　数据编辑器窗口

(2) 点击该窗口下方的 Variable View,窗口切换为变量定义窗口(见图 4.1.2)。

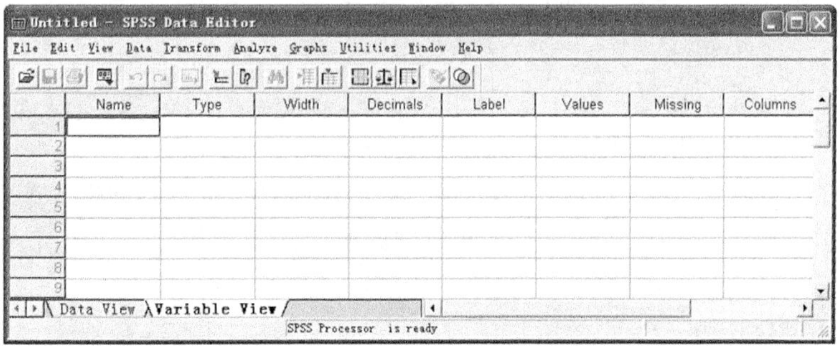

图 4.1.2　定义变量的窗口

这个窗口包括如下栏目:

Name 栏目　要求键入变量名。过去的版本(如 SPSS 11.0)要求变量名不能超过 8 位(即 8 个字母,若输入汉字,则不能超过 4 个字),现在的版本(如 SPSS 13.0)可以突破此限制。

☆注意☆ ①变量名不能与 SPSS 的如下保留字符串重复：ALL，AND，BY，EQ，GE，GT，LE，LT，NE，NOT，OR，TO，WITH。②“(”，“)”，“/”，“?”等符号也不能用于变量名。

Type 栏目 要求定义变量类型。在 SPSS 中变量分为 3 大类：字符串型(String)、日期型(Date)、数值型(Numeric)。

字符串型(String) 变量值的长度是任意的。但在使用时，分为两类：①短字符串变量值，最长 8 位。②长字符串变量值，由 8 位以上的字符串组成，但使用时受到限制。

日期型(Date) 有 dd-mm-yy(两位数的“日－月－年”，如：06-08-02)，mm-dd-yy(两位数的“月－日－年”)，dd-mmmm(英文)-yyyy(如：05-May-2002)，dd-mmmm(英文)-yy(如：05-June-02)，dd/mm/yy(如：06/10/01)，mm/dd/yy(如：10/28/02)等多种表达方式。当你选择“Date”类型后，系统(指 SPSS 软件，下同)会自动显示上述种种日期类型，供你选择。

数值型(Numeric) 包括：

① 标准数值型(Numeric)：默认总长度(Width)为 8 位，小数(Decimal)是两位。你可以修改其位数。

② 带逗号的数值型变量(Comma)：位数同上。整数部分，从右向左，每三位一个逗号。

③ 圆点数值型变量(Dot)：位数同上。整数部分，从右向左，每三位一个圆点，但对小数位的分割，应用逗号表示。

④ 科学计算表示型(Science Notation)：指数部分可以用 E 或 D 开头，后面跟“次方数"，表示乘以 10 的若干次方。“次方数"的前面，可以有“＋"号或“－"号。在“次方数"的前面，有“＋"号或“－"号时，E 或 D 也可以省略。例如，789 可表达为：7.89D2，7.89E＋2，7.89D＋2，7.89＋2 等。

⑤ 带美元符号的数值型变量(Dollar)：在 Comma 型的基础上，增加一个美元符号“$"。美元符号计算在总位数内。

⑥ 自定义型变量(Custom Currency)：选择该项目后，机器自动提示选择方法。

在 SPSSWIN 中，上述类型是并列地排放的。在图 4.1.2 中点击 Type 下方组合框 Numeric ... 中的按钮后，系统弹出的变量类型窗口(图 4.1.3)。

Label 栏目 由于变量名的长度有限，变量名常常不能清楚地表明变量的含义，SPSS 设计了 Label 栏目，在 Label(标签)中，可进一步说明有关变量的详细含义。例如，变量 Expfod，可在 Label 中键入汉字“食品支出额，单位：元”；又如，变量“土流态度”，可在 Label 中键入汉字“对土地使用权流转的态度”。此功能非常有用，可以补充新的时间点上的数据，长期使用。

Value 栏目 对变量值的进一步说明，主要用于对名义级变量和顺序级变量的“值”的说明。例如，“f”＝“女”，“m”＝“男”，“1”＝“不及格”，“5”＝“优秀”等。

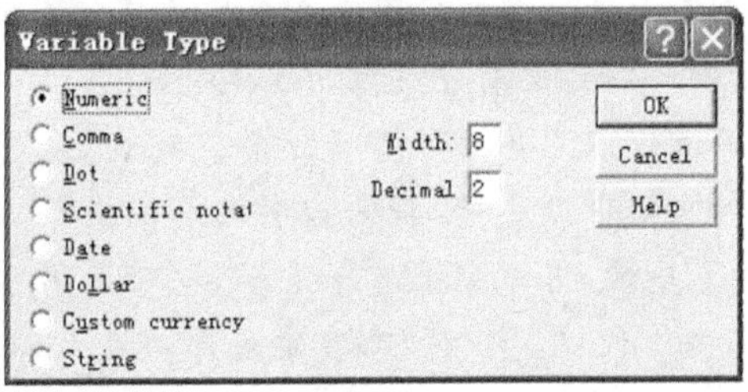

图 4.1.3　变量类型的选择窗口

一般说来，在 SPSS 软件中，在定义顺序级的变量时，采用数字型的数据来代表顺序级数据的不同级别，更方便一些。由于变量值的标签(Value)，已经限定各个数值的含义(级别)，所以不会引起混乱。而且，后面的 Measurement 栏中，还可以限定变量的测量级别，更不会引起混乱，方便了今后的统计应用。

Missing 栏目　缺失值选择。输入数据时可能击错键，资料可能写错数字(出现异常值)，当用户注明这些值之后，在运算时，机器会自动把这些值消去，作为缺少这个值处理。

在变量窗口(Variable View)中，激活(点击)相应变量(相应行)的对应 Missing 列的单元格(Cell)，会出现如下对话框：

默认状态是没有缺失值(No missing values)。

选取 Discrete missing values，用户可以送入缺失的可能的离散值(只留了 3 个空格，最多送入 3 个可能的异常值)。

选取 Range plus one optional discrete miss，可以送入异常值的区间(Range)和一个离散值。例如，当正常值是 1～5 时，异常值的区间可以为 6～9，在离散值方格中，可以送入 0。

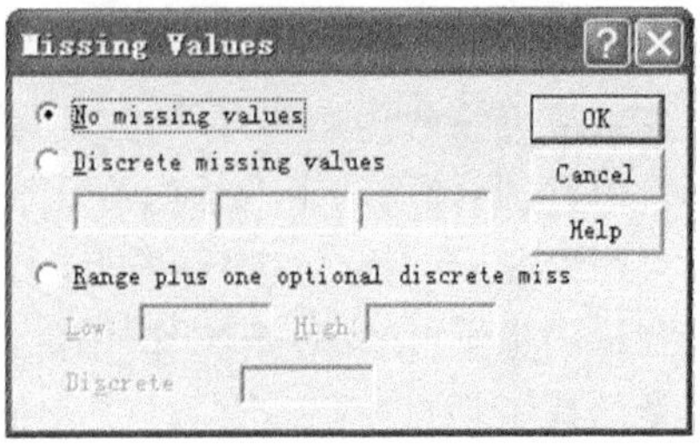

图 4.1.4　指明缺失值的窗口

Columns 栏目　输入“在屏幕上，变量的显示宽度(不是前面定义的内在宽度)”。默认的显示宽度是 8 位。用户可以改变这个宽度，范围是 1～255。

Align(即 Alignment)**栏目**　显示的对齐方式。有左对齐(Left)、右对齐(Right)、居中(Center)三种。

Measure(即 Measurement)**栏目**　选择测度级别。有三种测度级别(在 2.2 节中对此有详尽介绍，此处略写，作为复习)可供选择：

① Scale(刻度级)：这是最高等级。它又分为两个子级别：间距级(Interval)，可做加减运算的；比率级(Ratio)，可做四则运算。

② Ordinal(序次级):比如,受教育程度这个序次测度等级的变量,采用数字编码表示不同等级,比如:文盲半文盲=1,小学=2,初中=3,高中=4,大学=5。这些编码值可以应用于不等式运算。比如,从受教育程度而言,如果已知高中>初中,初中>小学,便可以肯定有高中>小学的数量关系。

该级别的变量值,可以用数字来表示,也可以用字母来表示。

③ Nominal(名义级):仅仅是一种标志,没有序次关系,如顾客所喜爱的颜色。

该级别的变量值,可以用数字来表示,也可以用字母来表示。

图 4.1.5 是一个已经定义了变量的例子。

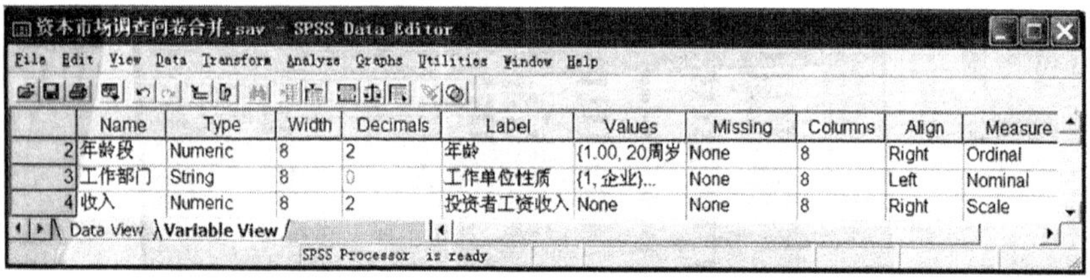

图 4.1.5 变量定义示例

图中显示的第 2 个变量是“年龄段”,它是数字(Numeric)型的变量。该变量定义了变量值的标签(Value),1=“20 周岁以下,含 20”,2=……,等等(上图没有把变量值标签的内容显示完全)。为了在一些统计处理中不会搞错,在 Measure 栏目中,又明确规定了变量的测度级别为顺序级的(Ordinal)。

图中显示的第 3 个变量是“工作部门”,它被定义为字符串(String)型的变量。该变量的标签(Label)是“工作单位性质”,对变量名做了进一步的解释。该变量的变量值标签是:1=“企业”,2=“事业”,3=……,等。在 Measure 栏目自动生成名义级(Nominal)的说明。

图中显示的第 4 个变量是“收入”,它是数字(Numeric)型的。该变量的标签(Label)是“投资者的工资收入”。这个标签准确地说明了这个变量的含义。在 Measure 栏目中,这个变量当然保留了刻度级(Scale)的规定。

4.1.3 输入数据

在输入数据前,需明了 Data View 窗口(数据)的结构。图 4.1.6 是一个数据窗口的示例。数据窗口的第一行是变量名的行。图 4.1.6 中的“年龄段”、“性别”、“现居住地”、“省份”、“年均收入”、“教育程度”、“hy 学生”等,都是变量名。

每个变量所在的列,将录入这个变量的所有数据。

数据窗口最左边的第一列,是机器自动产生的序号。每一个被调查对象的数

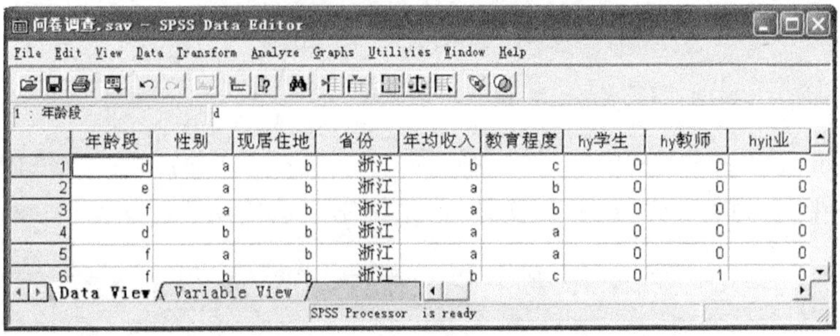

图 4.1.6　数据窗口结构例

据，占一行。

输入数据时，只要在数据编辑器的 Data View 窗口中，把光标指到需要的位置，输入数据即可。如果有多个变量(在实际问题中，变量的个数可多达数百甚至上千个)，最简便的方式是一行一行地输入数据。一行称为一个 case(或一条记录)，从统计学角度看，指一个个体；从调查所得角度看，指一张调查表上的数据。

作为实用技巧，最好在录入数据前对表格编号，并且把表号作为一个变量录入到数据窗口中。这种做法，虽然多了一个变量，但是更可靠，不会因为删掉某些行，使得数据窗口中的一行数据与回收的调查表对应不起来。

4.1.4　保存数据

在数据或变量窗口状态下，点击屏幕左上角的“保存图标”即可。或者，点击主菜单 File，此时系统出现一个下拉菜单，然后选 Save(或 Save as)，再选择所要保存的位置，保存即可。此时，保留的文件名的后缀是“. sav”。

变量定义的实用要求

1. 一定要重视变量标签(Label)的填写。这是在处理数据时，减少翻阅调查表，直接依据 SPSS 的数据文件，处理数据的关键。

2. 也要注意变量值标签(Value)的填写，否则，以后看不懂相关数据的含义。

3. 由于 Value 标签的限定作用，可以把顺序级的变量，定义为数字型的。这样，有时更方便一些。

4. 在调查表的栏目很多(也就是变量个数很多)时，可考虑在变量名中安排编号，以便录入数据时易于正确地把数据送入到相应的变量列。

输入数据的实用要求

对回收的有效调查表编号，把调查表的号码，作为第一个变量，定义在 SPSS 的数据文件中，不仅有利于减少漏送、重送调查表的可能，而且，有利于今后的数据校对。

在确定保存前，要输入文件名。文件名要有较强的提示作用，便于今后调用。

4.1.5 读入 SPSS 格式的数据

(1) 可从启动 SPSSWIN 时，会弹出一个有 6 个选项的小菜单(见图 4.1.7)。这个菜单中显示的 SPSS 的数据文件，是系统不久前使用过的文件。

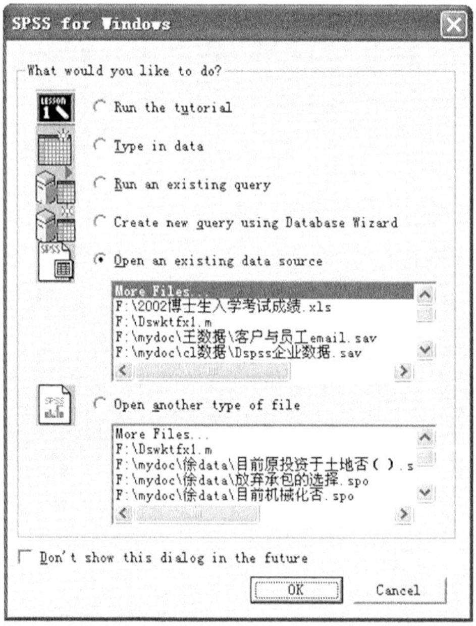

图 4.1.7 启动 SPSSWIN 时从弹出菜单开始读入数据

在图 4.1.7 所示的菜单中，选择第五个选项 Open an exiting data source，在该选项下面的框中，打开一个所需要的数据文件(如“ *.sav”文件)。如果在这个框中，没有所需要的文件，就关闭这个窗口，按照下一个方法，读入 SPSS 格式的数据文件。

(2) 在 Data View(数据)窗口中，点击屏幕左上角的“打开文件”的图标，或者从主菜单开始，点击 File→Open→Data。完成上述选择后，机器弹出一个 Open File 窗口(见图 4.1.8)，通过调节“查找范围”，选择所要读入的“ *.sav”的数据。

4.1.6 读入其他格式的数据

1. 读入 EXCEL 格式的数据

可直接用 SPSS 去读。在 Data View(数据)窗口中，点击屏幕的左上角“打开

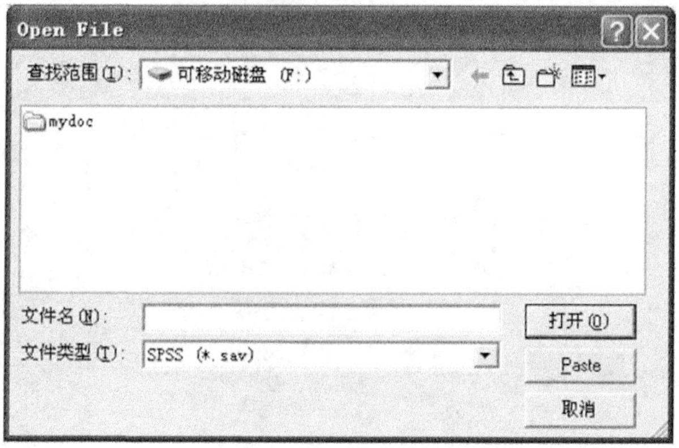

图 4.1.8　打开数据文件的窗口

文件”的图标（或点击 File→Open→Data），系统弹出 Open File 对话框（如图 4.1.8 所示）。

在 Open File 对话框的下方，选“ * . xls”的文件类型，在“查找范围(I)”的路径下的有关 EXCEL 的文件，就会在对话框的大框中显示，图 4.1.9 是一个示例。

改变图 4.1.9 所示的窗口中的上方的“查找范围(I)”，找到所需要的 EXCEL 文件所在的位置，点击 打开(O) ，系统弹出一个 Opening Excel Data Source 窗口（图 4.1.10），选择所需数据所在的工作表（Worksheet），点击 OK 按钮，相应数据

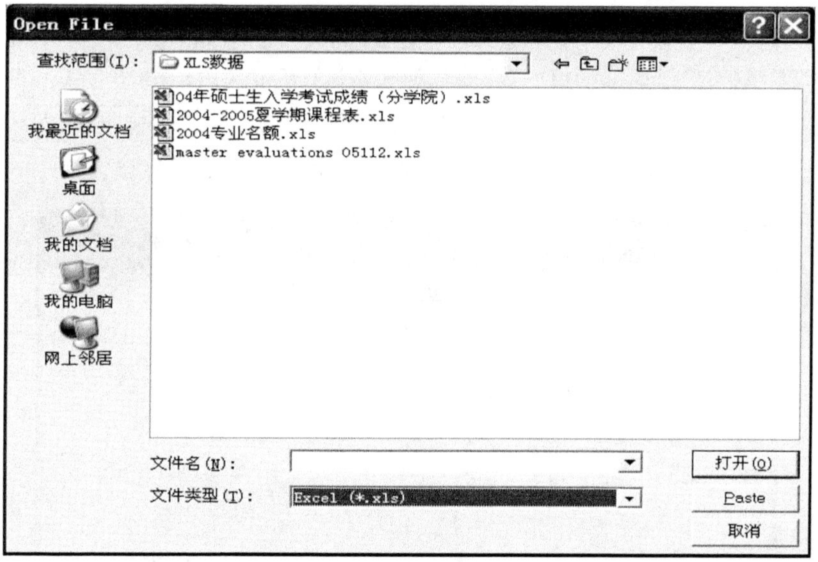

图 4.1.9　查找数据的 Open File 对话框

就转化为 SPSS 数据，读入在 SPSS 的数据窗口中。

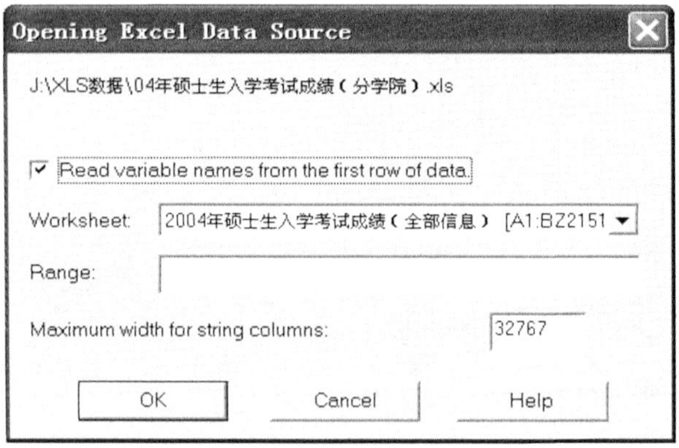

图 4.1.10　选择 EXCEL 工作表的窗口

2. 读入 TXT 格式的数据

直接用 SPSS 去读，系统会自动调用向导程序（Wizard）来一步步地转换数据。

例如，要转换图 4.1.11 所示的 TXT 格式的数据（见本书附盘中的文件"文本格式数据"）。应先点击 SPSS 的图标，启动 SPSS 后，选择 Open an exiting database source，再选择 More file。此时，系统弹出一个 Open File 对话框（与图 4.1.9 结构一样）。

在图 4.1.9 所示窗口的下方，选"All file（*.*）"的文件类型，改变图 4.1.9 所示窗口上方的"查找范围（I）"，选中数据文件"文本格式数据"（图与 4.1.9 相同，只是其中列出了所有类型的数据，包括". TXT"的数据）。点击 打开（O） 按钮，系统弹出（Wizard）向导程序的第一个对话窗口（见图 4.1.12）。在该窗口中，接受系

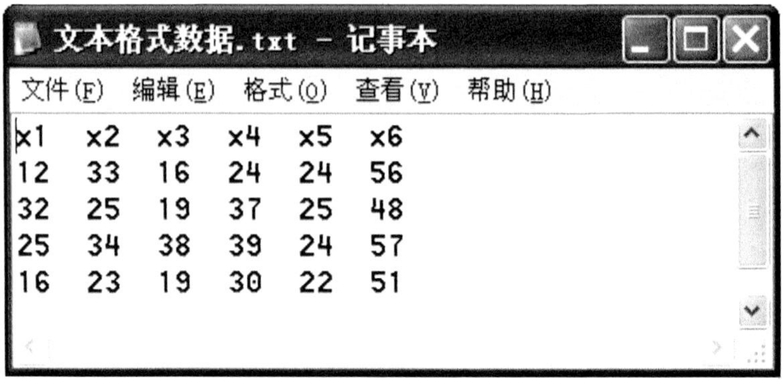

图 4.1.11　TXT 格式数据示例

统的默认值(不需要与一个事先设定的格式对应)。

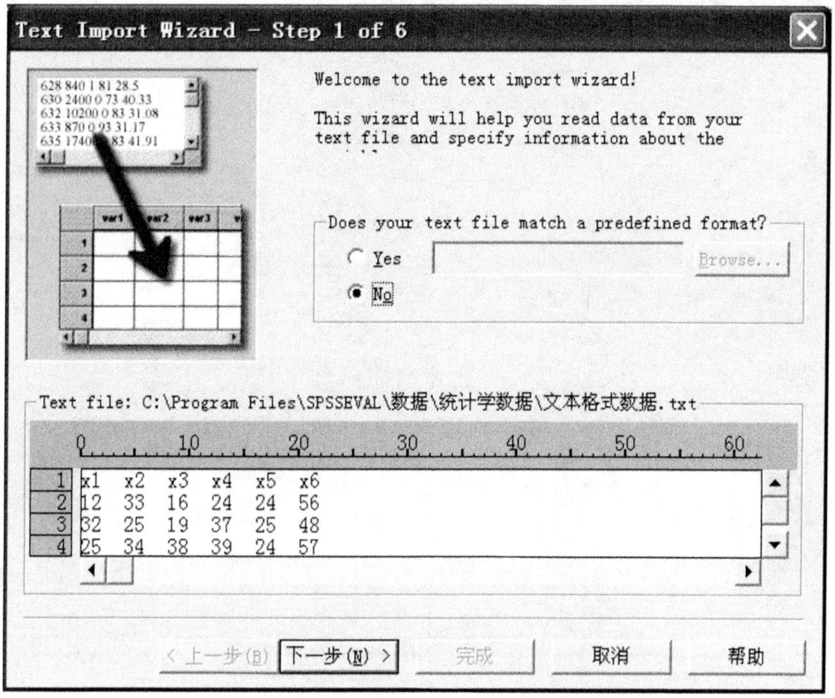

图 4.1.12　读入其他格式的 Wizard 窗口之一

在图 4.1.12 中,点击[下一步(N)],系统切换到图 4.1.13 窗口(Wizard 的第二步)。

在图 4.1.13 所示窗口上部的 How are your variable arranged?(如何安排你的变量)框中,有两个选项:①不限制变量的宽度(由变量自身决定),它是系统的默认值。②固定变量的宽度。我们选择②。

图 4.1.13 中的第二个框询问:Are variable names included at the top of your file?(在你的文件的第一行是否包括变量名?)。系统的默认值是 No。我们选择 Yes。因为在 TXT 文件中,第一行是变量名。然后点击[下一步(N)]按钮。

在切换出的新窗口中,第一行选项是:The first case of data begins on which line?(数据的第 1 条记录从哪一行开始)。系统默认值是 2。我们接受这个默认值。因为 TXT 文件中第 1 行是变量名。在切换出的新窗口中,第二行选项是:How many lines represent a case?(在 TXT 文件中,几行表示一条记录),系统的默认值是 1。我们接受这个默认值。其他均接受默认值。按照提示,一步一步点击[下一步(N)],就可以把 TXT 格式的数据转化为 SPSS 的格式,读到 SPSS 的数

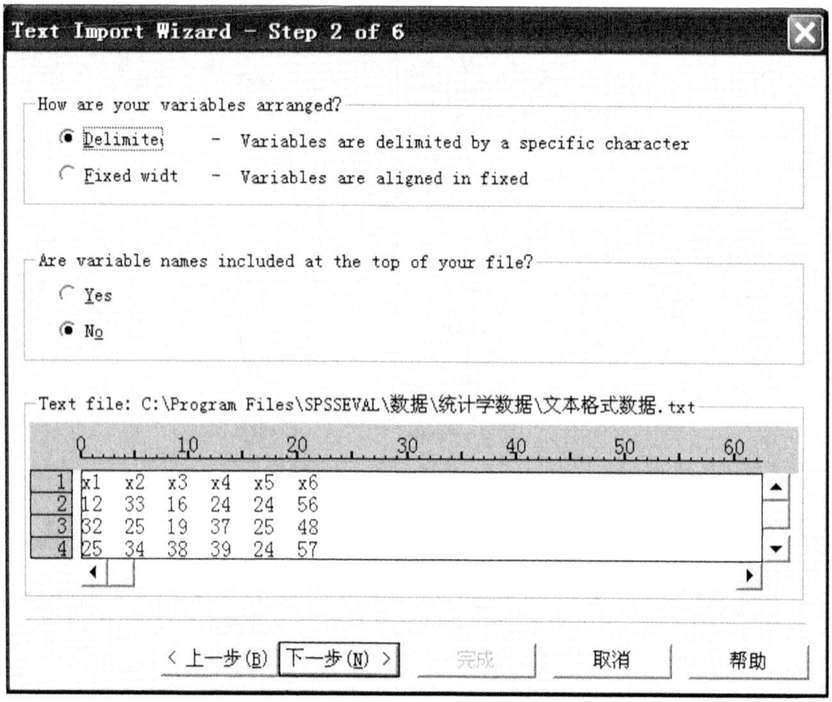

图 4.1.13 Wizard 的第二个窗口

据窗口中。

3. 读已有数据库中的数据

对 Dbase、Foxbase、Foxpro、Oracle 等数据库中的数据:①可在启动 SPSS 时选 Run an exiting query,从一个现存的数据库中读取数据文件;②也可以从主菜单开始点击:File→Open database→Edit query,从弹出的菜单中选择所要读入的数据库中数据文件。

4.1.7 核对录入、读入的数据

除了每录入一张调查表的数据,都需要做检查、核对有无录入错误之外,在所有的表格录入完成后或者读入他人录入的数据后,一般还需要脱开调查表做一次检查,看看有无显著错误。主要的检查方法有两种,一是人工的,二是借助 SPSS 的一些简单计算功能做检查。

人工方法显然不能处理数据记录条数(case 的个数)n 很大的情形,而且容易

出现遗漏。借助SPSS的某些计算功能来检验显然要好得多,但是也很难保证查出所有输入错误。因为有些较为隐蔽的错误,是在应用中分析出来的,而事先(录入时)难以清楚以后要用到什么计算模块。所以,关键是在录入各张调查表时就应仔细、小心。例如两人一组,一个录入,一个监督核对,就是一个比较好的方法。

1)脱表检查方法1:人工检查方法

指按照具体问题的常识,按照Data View窗口(数据)中的列(变量)进行检查。

一份调查表格,通常作为总体中的一个个体(一个case),其所有的变量值都在同一行(也称一条记录)。因此,数据的录入,通常都是一行行(一份份表格)进行的。容易发生的错误是,把 *X* 变量的数据录入在 *Y* 变量列(收回的调查表中有缺失值,即空白项,是常见的)。如果检查也按照行的方向进行,是难以发现错误的。而以具体问题的常识为基础,按照列(变量)的方向检查,就容易发现错误。例如,变量“文化程度”的取值,通常为数字1～5(如1=“大学以上”,2=“高中”,3=“初中”,等等)。在按照“列(变量)的方向”检查时,如果发现数字小于1或大于5,就可以断定这一数字所在行出了问题。而且,通常,出问题的数字所在的行还会有其他错误(如果一个变量值写错了位置,会引起后面录入的一串数字的位置错误)。此时,就要检查这份调查表格的数据的录入问题。由于我们在前面介绍了给调查表编号的作法,所以,从屏幕上的行号找到出错的调查表,是不难的。

为了观察方便,可以把所要检查的列(变量)选中,使之反相显示,这样不容易看错列。

2)脱表检查方法2

做简单的统计分析(例如频次分析),可以从统计结果中发现错误。这些简单的统计分析见4.2.3小节第5点的介绍。

4.1.8 编辑数据

1. 修改数据

只要找到需要修改的数据所在的单元格,以双击激活就可修改。

那么,如何找到需要修改的数据呢?有两个方法:

1) 通过行(行号)与列(变量名)查找

(1) 找到数据所在行(case的序号)。首先,从数据(Data View)窗口的主菜单开始点击:Data→Go to case,系统会弹出一个对话框,要求输入序号。输入序号并确认以后,屏幕数据的第一行就是所输入的序号行。也可以点击工具栏中“横向尺子”的图标,系统同样会弹出一个对话框,要求输入case的序号。

(2) 找到数据所在行后,再查找数据所在列。点击工具栏中“纵向尺子”的图标，系统弹出一个对话框，在左边的变量清单中找到相应的变量名。确认后，在屏幕上框出你要找的单元格。

2）根据变量（variable）查找某个数据值的位置

首先，点击变量名所在列，选中该列。

然后，从数据编辑器（Data Editor）的主菜单开始点击：Edit→Find，系统弹出一个对话框，要求输入数据值。输入数据值并确认后，屏幕就跳到并选中该数据。第二步也可以直接点击工具栏上望远镜状的"查找/定位"图标，系统同样弹出一个对话框，要求输入数据值。

2. 插入或删除一行数据（一个 case）

插入行：点击所要插入的行号，再点击工具栏的 Insert case 插入行的图标（望远镜图标的后面）。系统将在此行前增加一空行，等着你填入数据；同时，把此行后面的数据都后移一行。

删除行：选中要删除的行，按 Delete 。

3. 插入或删除一列（一个变量）

插入列：找到所要插入的列，点击工具栏的"插入列"的图标。系统将在此列前增加一空列，等着你填入变量名与数据；同时，把此行后面的数据都后移一列。

删除列：找到并选中要删除的列，按 Delete 。该列的数据与变量名将一起被删除。

4. 数据的剪切、复制、粘贴

首先，通过点击或拖动（如果是一组相邻数据的话）选中所要操作的数据。

若要删除，按 Delete 或者点击 Edit→Cut。

若要复制，点击 Edit→Copy。

若要粘贴，先通过剪切或复制操作，把要粘贴的数据放到剪贴板上，然后将光标移动到要粘贴的位置，然后点击 Edit→Paste。如果是粘贴一批数据，则先要用光标选中一块与剪贴板上数据大小一样的区域，再粘贴，否则会出现错误提示。

以上粘贴操作也可以在两张表之间进行。这时可能要反复用 File→Open 来切换两张表。

4.1.9 产生一个新变量

例 4.1.1 有 A、B 两套测试问卷，每个人都必须同时回答两套问卷的题目。共有 20 个人参加测试并回答问题。数据见本书所附数据盘中的数据（文件名

"CH4 配对问卷实验差值前")。求每个人回答两套问卷的得分的差值。

读入数据后，在数据窗口中：

(1) 点击 Transform→Compute，系统弹出 Compute Variable(计算变量)窗口(图 4.1.14)。在这个窗口的左上角的 Target Variable(目标变量)框中，输入你想要得到的目标变量的名称。例如，这里输入"差 A 与 B"。

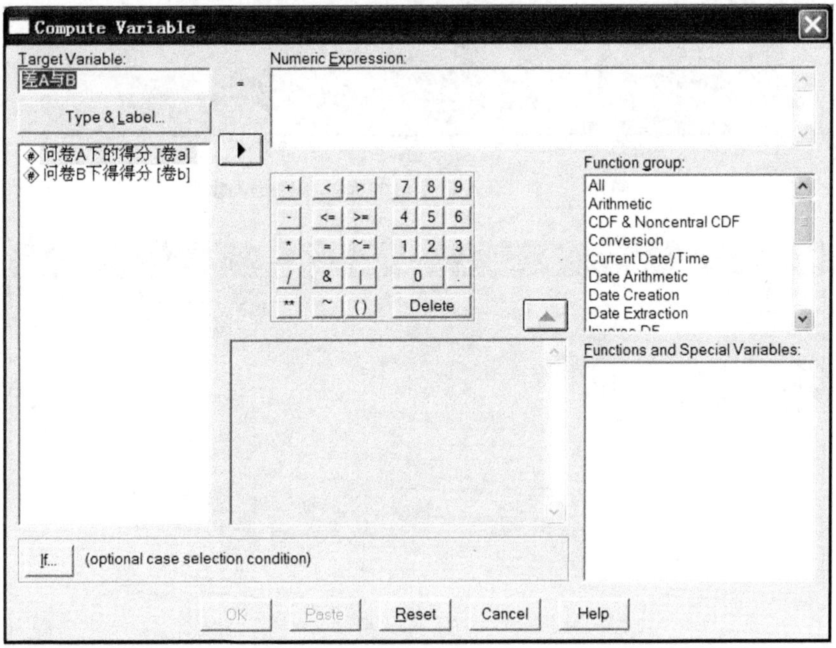

图 4.1.14　产生新变量的计算变量窗口

(2) 点击 Type & Label... 按钮，系统又弹出一个小窗口(图 4.1.15)，要求输入新变量的标签和类型。本例输入标签"两组样本之差"。点击 Continue，返回上一个窗口。

(3) 通过箭头▶，把函数符号、原来的变量、四则运算等符号、系数等组合起来。

本问题十分简单，只需分别把变量"卷 a"、减号、变量"卷 b"，用箭头▶输入到 Numeric Expression(数量表达)框中即可(见图 4.1.16)。　(4) 如果选用 If... 按钮，可以限定哪些变量的哪些范围的值，能够投入运算。

(5) 点击 OK，数据窗口中增加一列新变量的值。

图 4.1.15 输入新变量的标签和数据类型

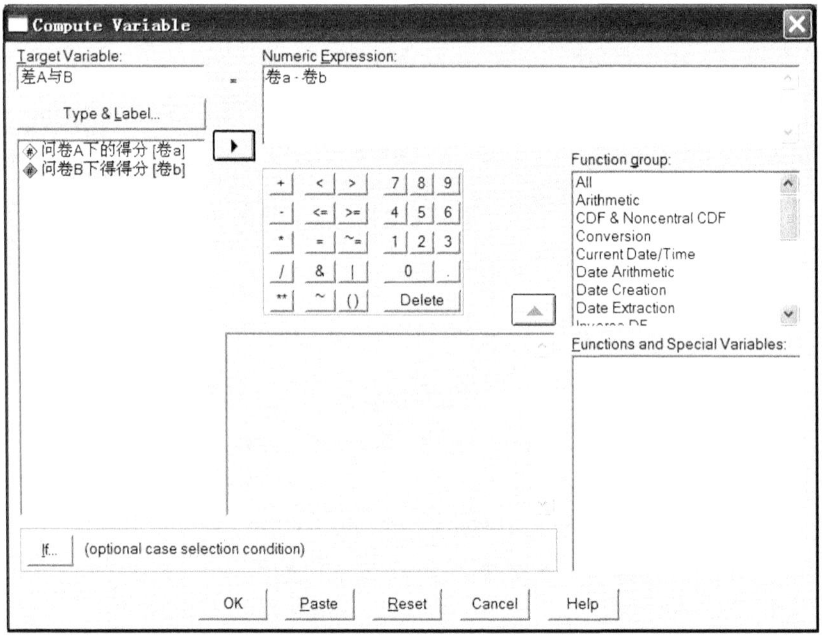

图 4.1.16 输入计算公式

4.1.10 合并数据文件

数据文件的合并非常重要。因为大型调查结果的数据一般是要分头输入的,所以合并数据文件是难以避免的。合并数据文件有两种方法:①在原来的数据文件中,增加其他文件的case(在数据窗口的下端加入新的数据);②在原来的数据文件中,增加其他文件的变量及其数据。第一种方法用得较多,我们主要介绍第一种方法。

1. 增加 case(在数据窗口的下端加入新的数据)

如果两个文件的变量名都相同,把两个文件的记录(cases)合并起来,就很简单。如果变量名不同,就必须做一些操作(改变变量名)来完成文件合并。

在应用中,很容易做到:在分头录入数据时,都使用同样的"表头",也就是说,都使用同样定义的变量的、但尚未录入数据的 SPSS". sav"文件。因此,这里仅仅介绍"表头"相同的两个数据文件的合并案例。

例 4.1.2 在例 4.1.1 中,A、B 两套问卷的测试主持人在用这两套问卷测试了 20 人,并形成了数据文件"CH4 配对问卷实验差值前"后,又找来了 10 个人做补充测试,并把补充测试的数据输入到另一个 SPSS 的数据文件"CH4 配对问卷实验增加数据 10B"中。

现在要求把原来做的 20 个人的测试数据(在"CH4 配对问卷实验差值前"文件中)与这 10 个人的数据(在"CH4 配对问卷实验增加数据 10B"中)合并到一起。

在读入原来 20 个人的数据的文件(称为"working file"(工作文件))后:

(1) 点击 Data→Merge files→Add cases,系统弹出 Add Cases: Read File 对话框(见图 4.1.17)。

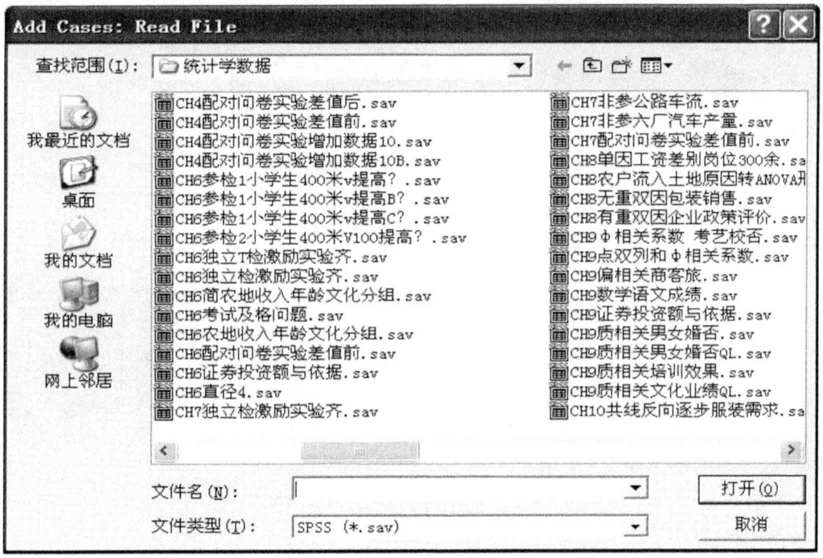

图 4.1.17 增加记录读取外源文件对话框

(2) 在 Add Cases: Read File 对话框中,选出要输出数据的文件(称为外源文件)。本例所要选择的是后来 10 个人的数据文件是"CH4 配对问卷实验增加数据 10B"文件。此时,系统弹出一个新的对话框(见图 4.1.18)。

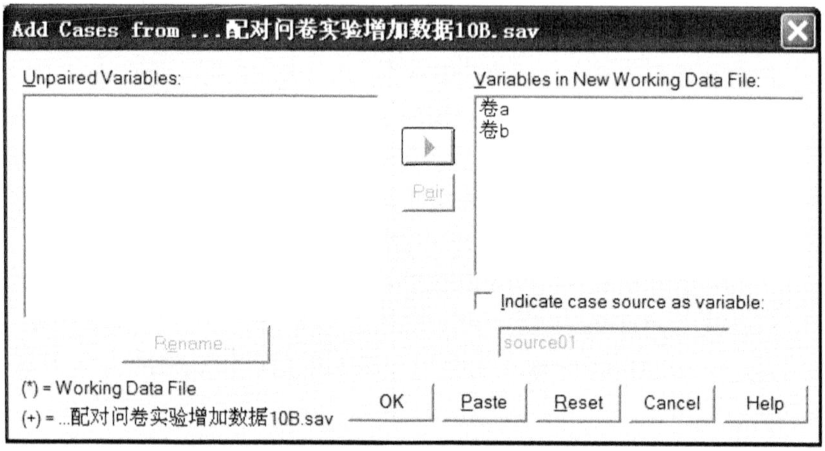

图 4.1.18 增加数据的对话框

在图4.1.18的窗口的右框(Variables in New Working Data File,即新工作数据文件中的变量)中是两个源文件中的同名变量(变量名相同,分别是“卷a”与“卷b”)。注意到在左框(Unpaired Variables,即不同名变量)中是空白,这说明两个源文件的所有变量名都是相同的。

(3) 点击 OK ,系统把第二个文件的数据(记录),都追加到第一个文件尾部,从而完成数据合并。

> **合并数据结构相同的两个SPSS数据文件**
>
> 在回收的有效调查表的数量很多时,由不同的人分别输入数据是常用方法。
>
> 为了并表方便,应在SPSS的数据编辑(Data Editor)窗口中完成变量定义后,在输入任何调查表的数据之前,用“另存为(Save as)”的方式,把同样定义变量的空数据文件(俗称“同样表头”的空文件)多保存几份,然后把同样表头的空文件分给各个数据录入员,录入不同的调查表数据。
>
> 这样,再数据并表就非常简单:只要按照上述三个步骤点击鼠标,就可以完成并表。

2. 增加变量

增加变量时,必须注意,两个文件的case数(个体数)必须是对应,否则,合并后个体(case)的数据的意义就会发生改变。

在读入工作文件后,

(1) 点击Data→Merge files→Add Variable,系统弹出SPSS中数据文件夹;

(2) 选出外源文件,系统弹出一个新的对话框;

(3) 直接点击 OK ,外源文件与工作文件中不同名变量的值就添加到工作文件的右边了。

(4) 其他情况略。

4.1.11　输入分类变量的缩约方式与使用缩约数据的预点击

如果我们所要研究的问题关系到研究对象(个体)的 k 个特征(变量),可以把我们所关注的 k 个变量视为具有 k 个分量的向量变量。向量变量的每一个取值就是在 SPSS 的数据窗口中的一条记录(一行)。

当我们所关注的向量分量的取值都只有少数几个状态时,我们所考察的个体(case)的向量变量的取值(SPSS 数据窗口中的行)就会大量重复。当然,此时录入数据的工作也是大量重复的。为此,SPSS 提供了一种缩约的录入方式,可以免去重复工作。

例 4.1.3　抽样调查到了某年级的 64 名学生的平均成绩(分为“优良”、“中等”、“不通过”三档)和性别,数据见表 4.1.1。

表 4.1.1　64 名学生平均成绩数据

平均成绩	性别	出现次数
优良	男	18.00
优良	女	10.00
中等	男	12.00
中等	女	16.00
不通过	男	6.00
不通过	女	2.00

如果我们采用常规的方式录入数据,那就要录入 64 行数据(表中,“平均成绩”与“性别”取值组合的出现次数之和)。例如,平均成绩为“优良”的男性学生的数据要重复 18 次;平均成绩为“优良”的女性学生的数据要重复 10 次;平均成绩为“中等”的男性学生的数据要重复 12 次;等等。

SPSS 提供了与表 4.1.1 格式完全相同的数据录入方式。这样,只要录入 6 行数据就够了。在定义变量窗口的 Value 标签中定义 1=“优良”,2=“中等”,3=“不通过”,1=“男”,2=“女”,录入的结果见图 4.1.19。

为了在使用这个缩约的数据时,得到与使用非缩约的数据(对于本例而言是 64 行的数据)的相同效果,在使用这个数据前,必须有一个“预先点击”过程:

(1) Data→Weight Cases,系统弹出给 Weight Cases(记录加权)窗口(图 4.1.20);

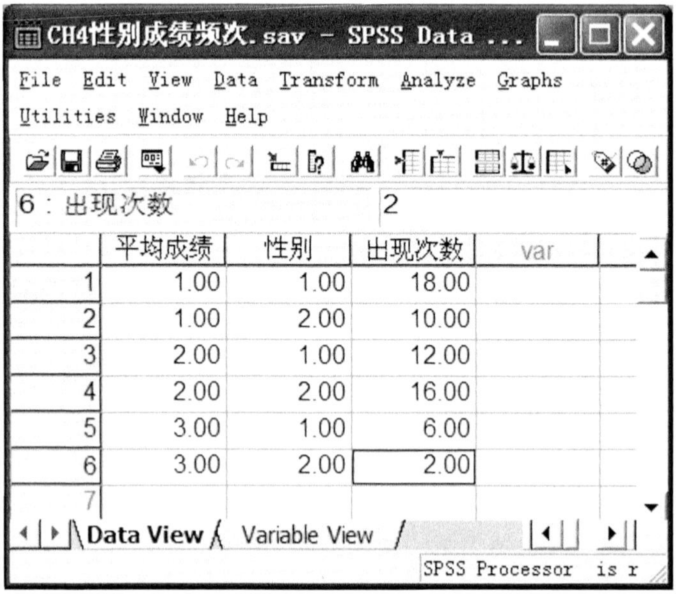

图 4.1.19 缩约的数据录入方式

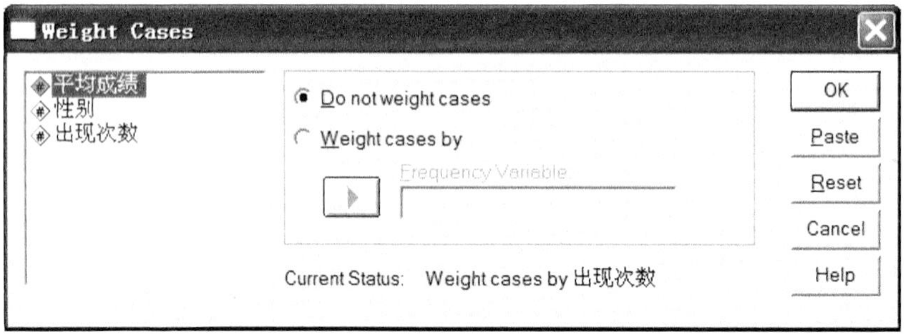

图 4.1.20 给行数据加权的窗口

(2) 在该窗口中选择 Weight cases by，此时，箭头▶被激活；

(3) 在左框中，选择变量“出现次数”，用箭头▶送入 Frequency Variable 框中；

(4) 点击OK，完成“预先点击”。此后(在关闭这个数据前)，再使用这个数据的效果就与使用常规录入的数据的效果相同了。

4.2　SPSS 的简单应用

对于应用 SPSS 软件而言，最重要的不是记住烦琐的选项过程，而是知道主要的统计计算任务应当在哪个分析模块(Process)中完成，其余细节可以在实际应用中熟悉。

4.2.1　给变量值排序

分别以例 3.1.1 和例 3.1.2 的数据为分析对象(数据在本书所附数据盘的"CH4 价格 30"文件和"CH4 科室文化 16"文件中)。

在读入数据后，从主菜单的 Data 开始，依次点击：Data→Sort cases，系统弹出一个窗口(见图 4.2.1)，要求从左框的变量清单中，选取所要排序的变量，用窗口中间的箭头▶把选中的变量送入右框中。然后，在窗口的下部，选择 Ascending(升序)或 Descending(降序)，点击 OK 。系统就在 SPSS 的数据窗口中，按照所选中的变量，从上到下重新排列。

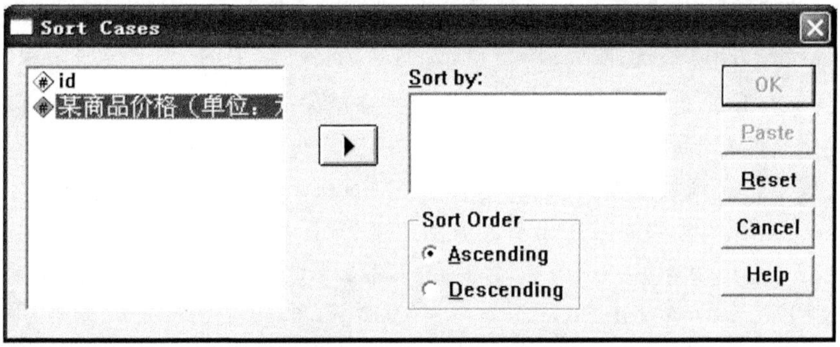

图 4.2.1　数据排序窗口

4.2.2　给变量值排名次

1. 直接排名次

例 4.2.1　给某班级学生的身高数据(当然也可以是学生某门课的成绩或体育比赛的成绩等)排名次。数据在本书附盘中的文件"CH4 男女性别身高 32"中。

读入数据后，从主菜单的 Transform 开始，依次点击：Transform→Rank Cases，系统弹出一个窗口(见图 4.2.2)，要求从左框的变量清单中，选取所要排序的变量(本题选变量“身高”)。

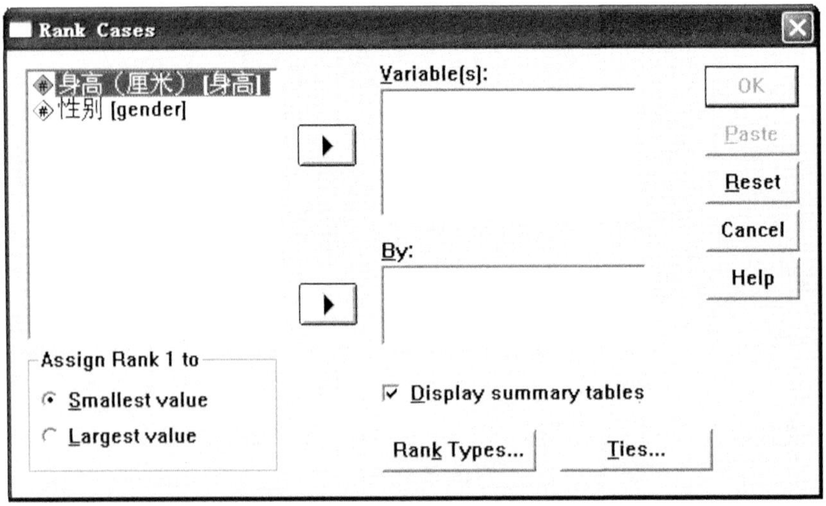

图 4.2.2　给数据排名次选择变量的窗口

然后,用窗口中间的位置靠上的箭头▶,把选中的变量送入右上框中(右下框 By 用于分组排序,我们将在以后的章节中介绍)。

再点击OK。系统弹出一个窗口,说明系统自动赋予的、表示排序结果的变量名(其实就是在原变量名前加一个 R,作为排序结果的变量名),以及系统自动给出的该变量名的标签(Label)。

把屏幕切换到数据窗口后,在数据窗口中可以看到所选中变量的排名情况。为了看得更清楚,按照 4.2.1 小节的方法对变量“R 身高”排序,结果见图 4.2.3。

☆注意☆　(1)如果有两个第 1 名,就假设其中一个第 1 名,另一个第 2 名,然后把这两个名次加起来,再除以同名次的个体个数,于是这两个个体都排 1.5 名。

(2)如果有两个第 1.5 名后,接下去的只能排第 3 名,而不能排第 2 名。以后的名次都类似处理。上例中,有 3 个第 9 名,也就是说,在第 7 名之后,第 8、9、10 名是并列的。

对于相同数据的排名次问题,除了这里介绍的方法外,还有多种另外的方法。下面再对此作一些介绍。

2. 分类(分组)排名次

仍旧分析例 4.2.1 的数据。在读入数据后:

(1) 点击 Transform→Rank Cases,系统弹出一个窗口(如图 4.2.2 所示)。

(2) 从左框的变量清单中,选取所要排序的变量(本例选“身高”变量)。用窗口中间位置靠上的箭头,把选中的变量送入右上框(Variables)中。

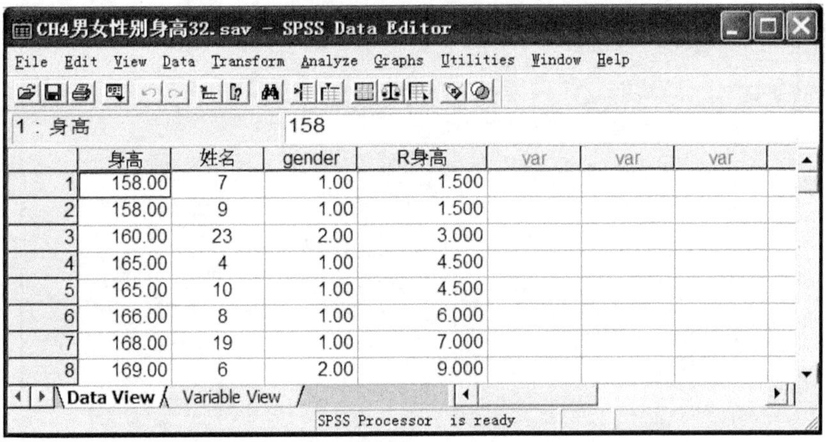

	身高	姓名	gender	R身高	var	var	var
1	158.00	7	1.00	1.500			
2	158.00	9	1.00	1.500			
3	160.00	23	2.00	3.000			
4	165.00	4	1.00	4.500			
5	165.00	10	1.00	4.500			
6	166.00	8	1.00	6.000			
7	168.00	19	1.00	7.000			
8	169.00	6	2.00	9.000			

图 4.2.3 排出名次后，再按照名次排序

(3) 从左框的变量清单中，选取所要分类的变量(如“性别”变量，注意：如果把“性别”变量定义为字符串型，它就不会出现在左框中)。用窗口中间位置靠下的箭头，把选中的“性别”变量送入右下框(“By”)中。

(4) 点击 OK 。系统弹出一个窗口，说明系统自动赋予的、表示排序结果的变量名(其实就是在原变量名前加一个 R，作为排序结果的变量名)以及系统自动给出的该变量名的标签(Label)。

(5) 把屏幕切换到数据编辑窗口，就会显出所选中变量的排名情况。为了看清不同性别的身高排列名次，可用 4.2.1 小节中的排序方法，先对身高的名次(“R 身高”)排序，然后再对“性别”变量排序(也可以同时对“性别”、“R 身高”排序，但是性别变量要写在前面)。这样，不同性别的身高名次的数据就分开了(见图 4.2.4)。

3. 对相同数据的其他几种名次方法

在 SPSS 中，把变量的相同数据称为“结”(Ties)。当存在“结”时，对名次有不同的处理方法。前面例子所介绍的都是 SPSS 系统默认的处理方法，也就是求平均名次的Mean 法。此外，还有三种常用方法。

在 SPSS 中可以通过如下点击，来选择不同的排名次方法。在排名次的主窗口(即点击 Transform→Rank Cases 后弹出的窗口，参见图 4.2.2)中，点击窗口右下方的 Ties... 按钮，系统弹出子窗口(见图 4.2.5)。

(1) 在图 4.2.5 中，有 4 项选择

Mean 选项(默认值)。其含义是：如果有 S 个值相同，那么在假设这 S 个值有

图 4.2.4 分性别的身高名次的排序结果

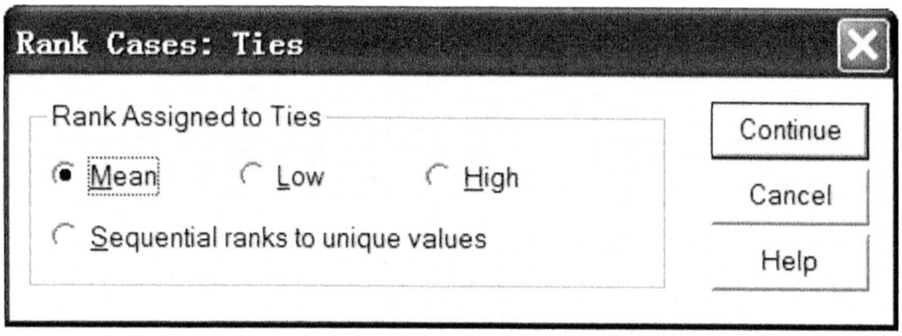

图 4.2.5 排名次的方法选择

微小差异时，它们就有一串连号的名次。把这些连号名次加起来，再除以 S，就是这 S 个相同值的共同名次。例如，3 个值都是最小的，假设它们有微小差异时，它们的连号名次是 1、2、3，这三个相同值的共同的名次就是 $(1+2+3)\div 3=2$；而排在这 3 个值后面的第 4 名（假设没有与第 4 名相同的值），仍然保持名次 4，并不改变。此时前 4 名的名次是：2，2，2，4。这种排名次的方法，用得较广。这也是本小节前面介绍的排名次方法。

（2）Low 选项。其含义是：如果有 S 个值相同，那么假设这 S 个值有微小差异时，它们就有一串连号的名次，把其中号码最小的名次，作为这 S 个相同值的共同名次。例如，3 个值都是最小的，假设它们有微小差异时的连号名次是 1、2、3，那么这三个相同值的共同的名次就是其中最小的 1；而排在这 3 个值后面的第 4 名(假设没有与第 4 名相同的值)，仍然保持名次 4，并不改变。这种处理办法，在有的体育比赛中用到。例如，只奖励前 4 名，在不扩大奖励名额的情况下，就给这前 4 名排名为：1，1，1，4。

(3) High 选项。其含义是：如果有 S 个值相同，那么假设这 S 个值有微小差异时，它们就有一串连号的名次，把其中号码最大的名次，作为这 S 个相同值的共同名次。例如，有 3 个值都是最小的，假设它们有微小差异时，它们的连号名次就是 1、2、3，这三个相同值的共同的名次就是 3；而排在这 3 个值后面的第 4 名(假设没有与第 4 名相同的值)，仍然保持名次 4，并不改变。此时，前 4 名的名次是：3，3，3，4。

(4) Sequential ranks to unique values 选项。其含义是：如果有 S 个值相同，那么在假设这 S 个值有微小差异时，它们就有一串连号的名次，把其中号码最小的名次，作为这 S 个相同值的共同名次。例如，有 3 个值都是最小的，假设它们有微小差异时它们的连号名次就是 1、2、3，这三个共同值的共同名次就是 1；而排在这 3 个值后面的第 4 名(假设没有与第 4 名相同的值)，将不再是第 4 名，而接续在前面的名次后，成为“共同名次＋1”，即第 2 名。这种处理办法，在有的体育比赛中经常用到。这前 4 名排名为：1，1，1，2。

表 4.2.1 是对比的例子。

表 4.2.1　对相同值的四种不同的排名次方法

百米成绩(秒)	四种排名次方法			
	Mean	Low	High	Sequential
9.7	1	1	1	1
9.8	2.5	2	3	2
9.8	2.5	2	3	2
10	4	4	4	3

4.2.3　频次、频率分析：中心描述与离散描述

1. 频次分析模块(Frequency Process)总体功能介绍

从主菜单的 Analyze 开始，依次点击 Analyze→Descriptive Statistics →Frequencies，就可以进入到频次分析模块(Frequency Process)。这个模块不仅能够分析样本数据的频次(Frequency)、频率(Percentage)，而且可以统计出样本数据的均值、中位数、众数、极大值、极小值、上下四分点、极差、方差、标准差(Std. Deviation)、均值标准差(S. E. Mean),以及斜度(Skewness)、峰度(Kurtosis)等数据(斜度与峰度的概念将在下面介绍)。此外,还有部分作图功能,如条形图(Bar Chart)、饼图(Pie Chart)、直方图(Histogram)等。不过这个模块不能做累积频次与累积频率的图形。

2. 频次分析模块的使用

在读入数据后(例如读入例 3.1.1 的数据,见本书附盘中的文件"CH4 价格30"),依次点击 Analyze→Descriptive Statistics→Frequencies,此时,系统弹出一个新窗口——频次分析模块的主窗口(见图 4.2.6)。

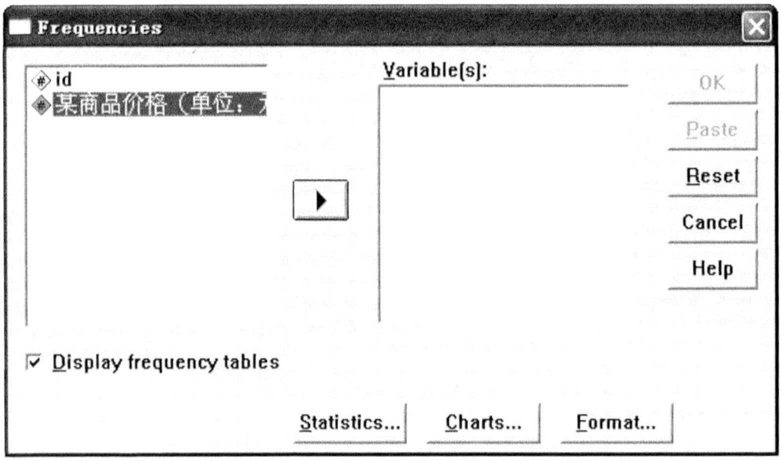

图 4.2.6 频次分析模块的主窗口

该窗口分左右两框。左框显示的是数据文件中的变量。右框存放你想分析的变量。

(1) 点击左框中你要分析的变量名(可以选多个,本例选"某商品价格");

(2) 点击两框之间的箭头▶,你选中的变量就跳到右框中;

(3)选取左框下面的选择"Display frequency tables"(此亦是系统的默认状态);

(4) 点击该窗口下面的 Statistics... 按钮,又弹出一个新窗口(见图 4.2.7)。

这个窗口分为 4 个区块。

左上区块为 Percentile Values(百分点)区块。其中,Quartiles 选项,是问你是否要计算(输出)四分点(四分位的值)。Cut points for 10 equal groups 选项,是问你:在把数据从小到大排序后,是否要把数据分成个数相等的 10 个组?其中的"10"是可以修改的。例如,你选择了此项并把"10"改为"4",则系统输出的就是四分点和中位数(Q_1、Q_2、Q_3),也就是 25、50、75 的百分位点。

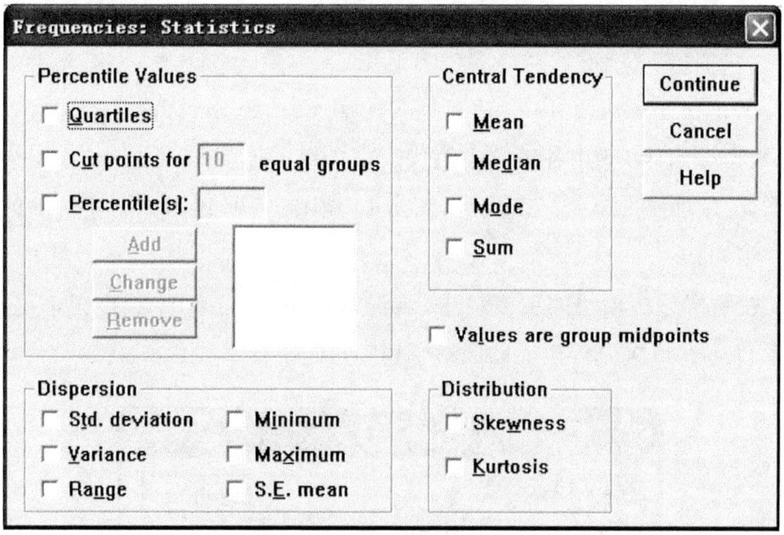

图 4.2.7　频次模块的统计子窗口

选中 Percentile(s) 选项后,用户可以(用图 4.2.7 中的 Add 按钮)要求机器输出你规定的多个任何百分点(0～100 之间)。以上都是复选项,也就是可以同时被选中的项。当然,也可只选其中的部分项。

左下区块是 Dispersion(离散)区块。所列出的 6 个选项都是复选项(可以同时被选取的项目)。你选中什么项目,系统就输出你选中项目的计算结果。这 6 个项目是:Std. deviation(标准差),Variance(方差),Range(最大值与最小值之差),Minimum(最小值),Maximum(最大值),S. E. mean(均值标准误差)①。

右上区块是 Central Tendency(中心趋势)区块。所列出的 4 个选项都是复选项。系统将输出你选中项目的计算结果。这 4 个项目是:Mean(均值),Median(中位数),Mode(众数)和 Sum(样本数据值的总和,Sum 是 Sum of Samples 的缩写)。

右下区块是分布(Distribution)区块。所列出的 2 个选项也是复选项。其中的 Skewness 表示数据分布的斜度;如果数据是关于均值对称的,则斜度为 0。标准正态分布的斜度就为 0。SPSS 规定:向左偏时(直方图的右尾长时或者横卧箱形图的右箱体和右胡须长时),斜度为正值;反之,向右偏时,斜度为负值。

本区块的另一个选项 Kurtosis 表示数据分布的峰度。SPSS 规定标准正态分

① Standard Error of the Mean,均值的标准误差,简称均值标准差。由于"当 X 服从 $N(\mu,\sigma^2)$ 分布时,$\overline{X}$ 服从 $N\left(\mu,\frac{\sigma^2}{n}\right)$ 分布",知:$\sigma/\sqrt{n}$ 是母体均值的标准误差。$s/\sqrt{n}$ 是样本均值的标准差。即 Std. Error (of the sample) mean。见:Neter J et al. 1993. 第 266 页)

布的峰度为 0;当数据的峰度为正时,表明数据直方图的平滑曲线的峰,比标准正态分布 N(0,1)的峰高;反之,当数据的峰度为负时,数据直方图的平滑曲线的峰,就比 N(0,1)的低。

在右上区块与右下区块之间,有一项选择:Value are group midpoints,其含义是:如果数据分组了,就用各组的中值代表整个组的值。

在图 4.2.7 中的选项都完成后,点击 Continue ,回到图 4.2.6 所示的频次分析模块主窗口。

(5) 在频次分析模块的主窗口中,点击窗口下部 Charts... 按钮,系统又弹出一个新窗口——频次分析模块的图形子窗口(见图 4.2.8)。

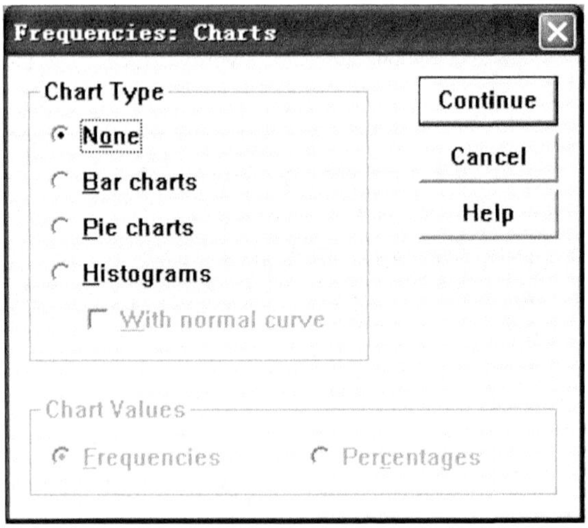

图 4.2.8 频次模块的图形子窗口

此窗口分为上、下两个区块。

上区块为 Chart Type(图形类型选择)区块。该选择区块提供了如下 4 个单选项(单选项是指在所提供的选项中,只能选择一个项目):None:不输出图形,这是系统的默认状态;Bar charts:选择此项,系统输出条形图;Pie charts:选择此项,系统输出饼图;Histograms:选择此项,系统输出直方图。在选择 Histograms 项时,其下方的 With normal curve 选项被激活,若选择 With normal curve 项,则系统输出的直方图中带有正态曲线。

图 4.2.8 的下区块是图的 Chart Values(纵轴值选择)区块。该区块要求你选择所输出的图形的纵坐标所表示的值。在该块中可供选择的项目(均为单选项),有:Frequencies,表示所输出的图形的纵坐标是频次;Percentages,表示所输出的图形的纵坐标是频率。

(6) 在频次分析模块的主窗口(图 4.2.6)中,点击窗口下面的 Format... 按钮,系统又弹出一个新窗口——频次模块的格式子窗口(见图 4.2.9)。

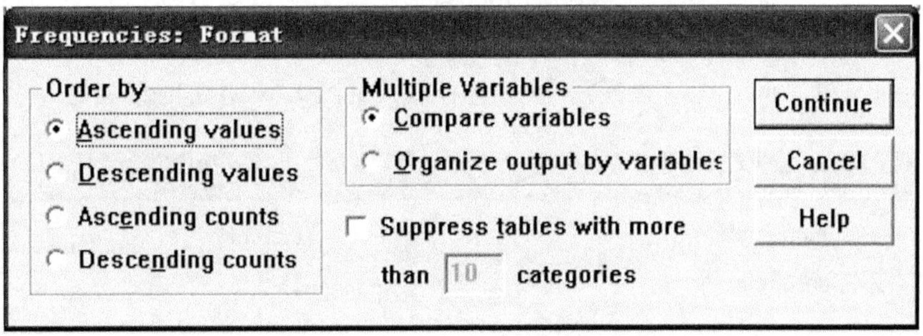

图 4.2.9 频次模块的格式子窗口

这个窗口分为左右两区块。

左区块是 Order by(排序)区块。它规定了前面的输出表格中数据的排列顺序。图 4.2.9 窗口的左区块,有 4 个单选项:Ascending values:规定输出结果按变量值的升序排列,这是系统的默认状态;Descending values:规定输出结果按变量值的降序排列;Ascending counts:规定输出结果按变量值出现的频次的升序排列;Descending counts:规定输出结果按变量值出现的频次的降序排列。

右区块是 Multiple Variables(多变量选择)区块。当在频次分析模块主窗口(图 4.2.6)中,做第(1)步操作,把多个变量送到右框中一并做统计分析的情况下,需要选择多变量的输出格式。这个框中的两个选项是单选项:Compare variables 选项,要求系统把所有选中的变量的计算结果,放在一个表中显示,以便于相互比较。Organize output by variables 选项,要求系统为每一个所选中的变量,单独输出一个表格。

图 4.2.9 的右区块下方还有一个选项:Suppress tables with more than 10 categories。在输出的表格中,在对数据分组时,把组数限制在 10 个(包括 10 个)以内(10 个以上是被禁止的)。其中的组数"10"是系统默认值,用户可以改变这个值。

在完成上述选择后(也可以接受系统的默认值,不做任何其他的选择),点击 Continue,回到频次分析模块主窗口(图 4.2.6)。

(7) 在频次分析模块主窗口(图 4.2.6)中,点击 OK,系统给出你要的结果。

3. 使用频次分析模块的例题一

统计例 3.1.1 的数据的基本结构与特征(数据见附盘中文件"CH4 价格 30")。

(1) 在调入数据后,按照前面的介绍,点击 Analyze→Descriptive Statistics→

Frequencies，进入频次分析模块。

(2) 在频次分析模块主窗口(图 4.2.6)中，点击 Statistics... 按钮。系统弹出频次模块的统计子窗口，然后选择 Quartiles(四分点)、Mean(样本均值)、Median(中位数)、Mode(众数)、Sum(样本和)、Std. deviation(标准差)、S. E. mean(均值标准差)、Skewness(斜度)、Kurtosis(峰度)。这一选择状况见图 4.2.10 中的打√处。

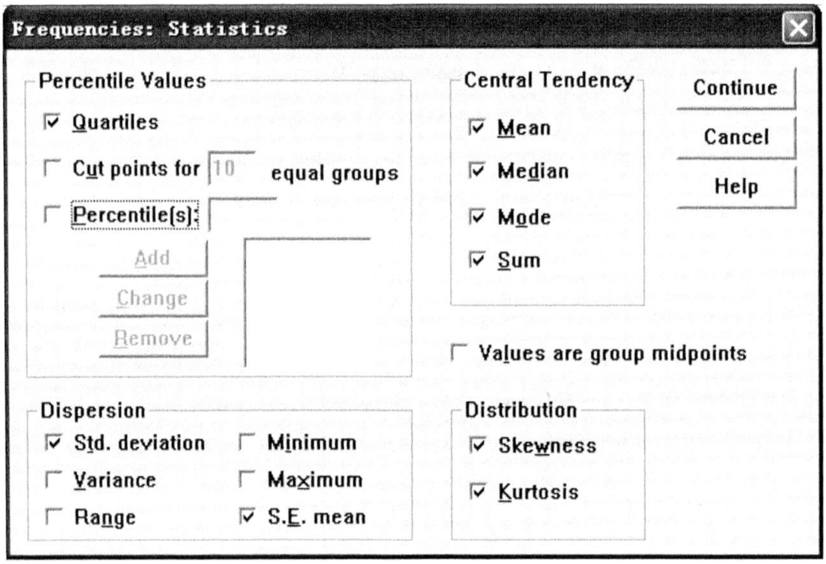

图 4.2.10 对希望输出的统计量的选择

在本例中选择这些统计量的主要考虑是：①希望读者熟悉一下四分点。读者要想看看百分位点的情况，也可选中 Percentile(s)；②希望读者对比一下均值、中位数、众数的区别，并验证一下样本和(Sum)；③希望读者对比一下标准差和均值标准差；④希望读者熟悉一下斜度和峰度。

(3) 在点击 Continue 返回频次分析模块主窗口后，点击 Charts... ，进入图形子窗口，选择 Histograms(输出直方图)和 With normal curve(正态曲线)，见图 4.2.11 中的选择。

(4) 在点击 Continue 返回频次分析模块主窗口后，点击 OK ，系统输出计算结果(见表 4.2.2 与表 4.2.3)①。

表 4.2.2 是有关均值、均值标准差、中位数、众数、标准差、斜度、斜度标准差、

① 为了说明 SPSS 的实际输出效果，本书中所有由 SPSS 输出的表格的格式将基本不做改动。

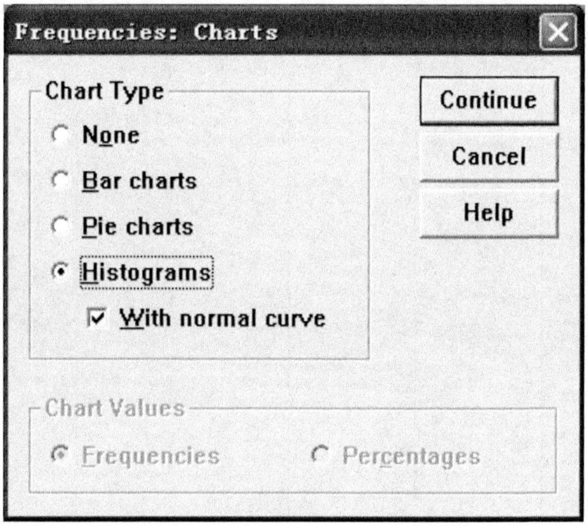

图 4.2.11　对希望输出图形的选择

峰度、峰度标准差、样本和以及上下四分点的统计计算结果。表中，上下四分点是以 75 的百分位点和 25 的百分位点的形式出现的。而 50 的百分位点就是中位数。输出结果中的最后一行字，说明本数据集合中的众数的复众数(多个众数)，这里所给出的是最小的一个。

表 4.2.2　某商品价格统计量的计算结果

N	Valid	30
	Missing	0
Mean		10.0030
Std. Error of Mean		.00566
Median		10.0000
Mode		9.99[a]
Std. Deviation		.03098
Skewness		-.212
Std. Error of Skewness		.427
Kurtosis		-.165
Std. Error of Kurtosis		.833
Sum		300.09
Percentiles	25	9.9800
	50	10.0000
	75	10.0300

a. Multiple modes exist. The smallest value is shown

表 4.2.3 某商品价格的频次、频率和累积频率的统计结果

		Frequency	Percent	Valid Percent	Cumulative Percent
Valid	9.93	1	3.3	3.3	3.3
	9.95	1	3.3	3.3	6.7
	9.96	1	3.3	3.3	10.0
	9.97	2	6.7	6.7	16.7
	9.98	3	10.0	10.0	26.7
	9.99	4	13.3	13.3	40.0
	10.00	4	13.3	13.3	53.3
	10.01	4	13.3	13.3	66.7
	10.02	2	6.7	6.7	73.3
	10.03	3	10.0	10.0	83.3
	10.04	2	6.7	6.7	90.0
	10.05	2	6.7	6.7	96.7
	10.06	1	3.3	3.3	100.0
	Total	30	100.0	100.0	

表 4.2.3 是该样本数据集合中不同样本值出现的频次、频率和累积频率的统计结果。

图 4.2.12 是该数据集合的直方图，由此可以反映出表 4.2.2 中的斜度和峰度。

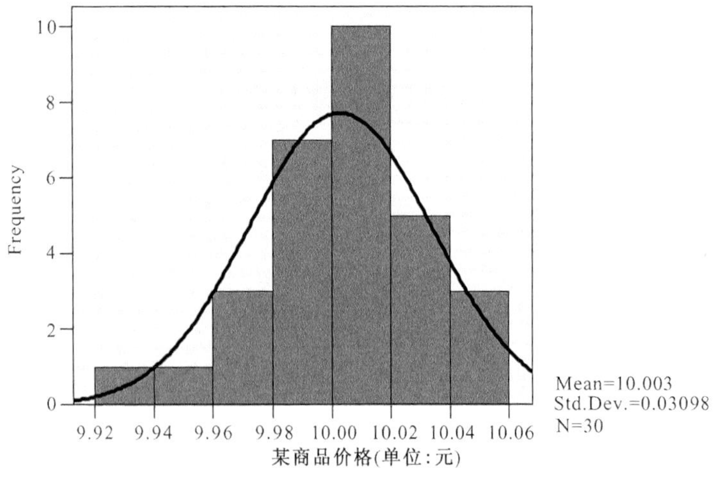

图 4.2.12 商品价格的直方图和正态曲线

4. 使用频次分析模块的例题二

统计例 3.1.2 的数据(某科室职工受教育程度)的基本结构与特征(数据见本

书附盘中文件“CH4 科室文化程度 16”)。

(1) 在调入数据后，依旧点击 Analyze→Descriptive Statistics→Frequencies，进入频次分析模块。

(2) 在频次分析模块的主窗口(图 4.2.6)中，点击 Statistics... 按钮。系统弹出频次模块的统计子窗口(图 4.2.7)。

需要注意的是，本例的数据为顺序级的数据，并且样本个数 n 为 16，是偶数，故不能要求系统输出中位数(在 n 为偶数时，需要一个求平均的计算来确定中位数，这对顺序级的数据而言，是没有意义的)，而且，$n+1=17$，不能被 4 整除，所以四分点也是没有意义的。故在本例中，在统计子窗口中(图 4.2.7)，只能选择输出众数(Mode)、极大值(Maximum)和极小值(Minimum)。

点击 Continue 按钮，返回频次分析模块的主窗口。

(3) 点击 Charts... 按钮，进入 Charts(图形)子窗口(见图 4.2.13)。

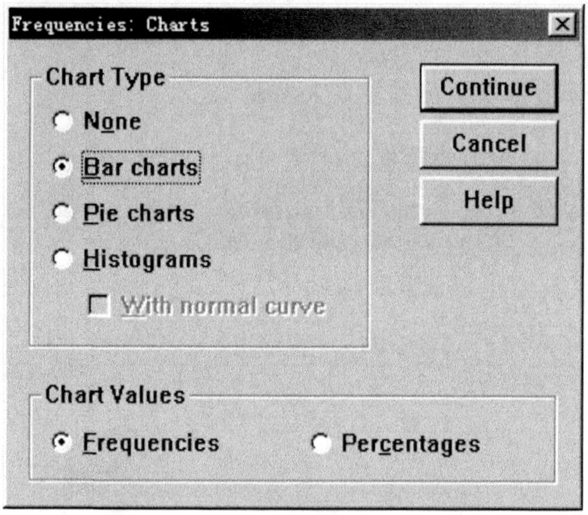

图 4.2.13　频次功能块的图形子窗口

在此窗口上部的 Chart Type 区块中，选择输出条形图(Bar charts)。此时，窗口下面的 Chart Values 区块(即图形的纵坐标的值)被激活。用户可以选择 Frequencies(要求输出图形的纵坐标表示频次)，也可以选择 Percentages(要求输出图形的纵坐标表示频率)。图 4.2.13 中选择的是频次。

点击 Continue 按钮，返回频次分析模块主窗口。

(4) 点击 OK 按钮，系统输出所指定的结果如下(表 4.2.4，表 4.2.5，图 4.2.14)。

表 4.2.4 某科室受教育程度的众数、最大值、最小值

N	Valid	16
	Missing	0
Mode		4.00
Minimum		1.00
Maximum		5.00

表 4.2.5 某科室受教育程度的频次、频率和累积频率

		Frequency	Percent	Valid Percent	Cumulative Percent
Valid	小学	1	6.3	6.3	6.3
	初中	2	12.5	12.5	18.8
	高中	2	12.5	12.5	31.3
	大学	9	56.3	56.3	87.5
	硕士研究生	2	12.5	12.5	100.0
	Total	16	100.0	100.0	

5. 使用频次分析模块校正某类录入错误

例 4.2.2 本书附盘中的数据文件“CH4 科室文化程度 16C”中的数据录入有错误。本来，该数据中变量“文化程度”的取值从“小学”到“硕士研究生”只有 5 个档(用数字 1～5 表示)，但是录入时却出现了数字“44”和“6”。前者可能是由于按数字“4”的键时，手指哆嗦了一下，就成了“44”；后者可能是按数字“5”时，手指偏了

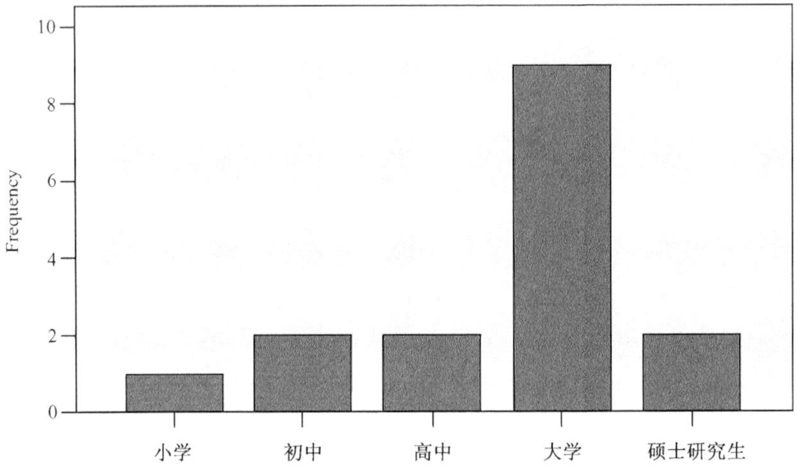

图 4.2.14 某科室人员受教育程度的频次分布图

一点，按到数字“6”了。

在这个例子中，只有 16 个数据，用眼睛人工核查一下，就可以发现错误。但是，假设这是一个很大的问卷中的数据，样本量很大(例如 1600 个)，用人工方法就不行了，需要采用如下方法(为了方便，以下仍采用只有 16 个数据的例子，1600 个数据的做法是相同的)。

(1) 点击 Analyze→Descriptive Statistics→Frequencies，调用频次分析模块。

(2) 点击 OK 。系统输出见表 4.2.6。

表 4.2.6　受教育程度频次表

		Frequency	Percent	Valid Percent	Cumulative Percent
Valid	小学	1	6.3	6.3	6.3
	初中	2	12.5	12.5	18.8
	高中	2	12.5	12.5	31.3
	大学	8	50.0	50.0	81.3
	硕士研究生	1	6.3	6.3	87.5
	6.00	1	6.3	6.3	93.8
	44.00	1	6.3	6.3	100.0
	Total	16	100.0	100.0	

从表 4.2.6 中，可以清楚地看到有数字“6”和“44”，并且显示只出现了 1 次。

如果你可以查到对应的调查表，找到正确的数据，就采用如下做法：在数据窗口中用“查找”图标来找数字“6”和“44”的位置，只要在弹出的窗口中，输入相应的数据，系统就会自动找到这两个数据，然后依据调查表改成正确的数据。

如果你无法知道相应的正确的数据是什么，就只能把这两个数据作为缺失数据处理了。做法是：把数据窗口切换到变量定义窗口(Variable View)，点击相应变量的 Missing 栏，在弹出的窗口(图 4.1.4)中，设置一个缺失的区间，把数字“44”与“6”都覆盖住，例如区间[6,45]。这样，在今后计算时，这两个数字就不再出现在统计计算中了。

4.2.4　累积频次与累积频率：Graphs 菜单中的条形图

频次分析模块(Frequencies Process)有一个不足，就是在作条形图时，不能绘制累积频次和累积频率图。为此，介绍 SPSS 基本模块的绘制累积频次和累积频率图的作法。

1. 累积频次与累积频率图绘图简介

调入数据后：

(1) 点击 Graphs→Bar，弹出一个窗口，该窗口分为上下两部分，如图 4.2.15。

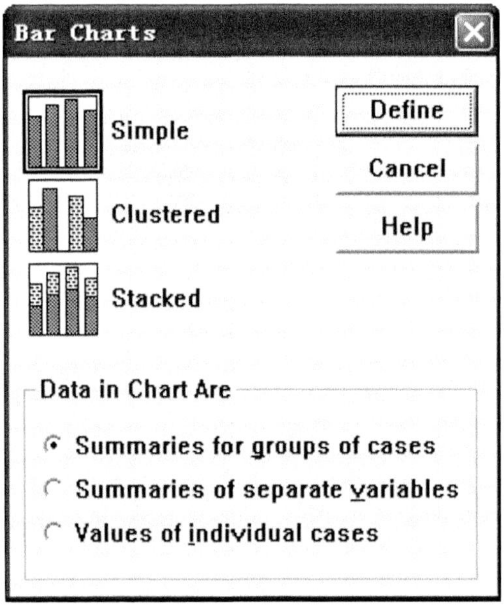

图 4.2.15 条形图子窗口

条形图子窗口的上半部有 3 个图形类别的单选项：

① Simple 单选项，要求系统输出简单条形图，即用简单矩形条来表示数量或者比例。

② Clustered 单选项，要求系统输出成组的条形图，例如，对某班级的男生、女生的平均成绩（分为优良、中等、不通过三个档）绘图，就可以用性别作横坐标，在性别基础上（横坐标进一步）按照平均成绩的等级成组地绘制矩形条。

③ Stacked 单选项，要求输出分段条形图。例如，条形图的横坐标可以是性别，竖条的下段可表示某门课程“未通过”的人数（或百分比），中段是“中等”成绩的人数（或百分比），上段可表示某门课程“优良”的人数（或百分比）。

图 4.2.16 的下半部有 3 个关于条形图的横纵坐标的单选项：

① Summaries for groups of cases 单选项，对（横坐标上的）变量（顺序级以上的变量）的每一个不重复的数据（观测值），产生一个简单的条形图（与上半部的 Simple 单选项组合），或产生一个成组的条形图（与上半部的 Clustered 单选项组

合)，或产生一个分段的条形图(与上半部的 Stacked 单选项组合)。矩形条的高度一定用来表示观测值出现的(累积)次数或(累积)比例，也就是具有同样观测值的个体的个数或比例。

② Summaries of separate variables 单选项，每一个变量生成一个矩形条。矩形条的高度可以表示相应变量的平均值(也可以选择其他统计值，例如中位数)。必须要有两个以上的变量需要用条图表示。其本质是比较多个变量的平均值(或其他统计值)。与上半部的 Simple 单选项组合，直接比较一组变量的均值(或其他统计值)，矩形条的高度表示变量的均值，横坐标表示不同的变量(例如不同的课程成绩)。与上半部的 Clustered 单选项、Stacked 单选项组合，就可以在另外一个分类变量的基础上(例如性别的基础上)，比较这组变量(例如不同的课程成绩)的均值(或其他统计值)。与 Clustered 单选项组合时，表示这组变量的均值的矩形条，是并列的。与 Stacked 单选项组合时，表示这组变量的均值的矩形条，是上下累叠起来的。

③ Value of individual cases 单选项，对每一个个体的一个(或多个)变量的观测值，产生一个(或多个)矩形条。其横坐标是不同个体的编号(或者某个变量的值)，纵坐标是指定变量的观测值。如果按照某个变量对个体分类(例如按照性别分类)，则横坐标依然是所有个体，但将注明个体的类别(例如性别)。

“Simple＋Value of individual cases”组合只描述每个个体的一个变量的观察值。“Clustered＋Value of individual cases”组合可以描述每个个体的一组变量的观察值(此时，表示不同变量观察值的矩形条是并列的)。“Simple＋Value of indi-vi-dual cases”组合也可以描述每个个体的一组变量的观察值(不过，此时表示不同变量观察值的矩形条是上下摞叠起来的)。

(2) 在选择 Summaries for groups of cases 后(不论该单选项是与 Simple、Clustered 还是 Stacked 中的哪一个选项构成组合)，点击 Define 按钮，弹出另一个窗口，要求指定横轴上的(分类变量)，指定纵坐标表示什么(在如下 5 个单选项中选取)：

① n of cases：纵坐标表示变量相同数据出现的个数(具有相同观测值的个体个数)；

② % of cases：纵坐标表示变量相同数据出现的频率(具有相同观测值的个体比例)；

③ Cum. n of cases：纵坐标表示变量相同数据出现的累积个数；

④ Cum. % of cases：纵坐标表示变量相同数据出现的累积频率；

⑤ Other summary function：其他自定义的统计函数。

(3) 选择 Summaries of separate variable 单选项、Value of individual cases 单

选项之后，点击 Define 按钮，将弹出另外的不同窗口，本书不再介绍。

2. 累积频次或累积频率条形图例题

1）绘制简单累积频率条形图例题一

绘制例 3.1.2 的累积频率图（数据见本书附盘中文件“CH4 科室文化程度 16”）。

读入数据后，点击 Graphs→Bar，系统弹出一个对话框（图 4.2.15）。接受系统的默认状况（即“Simple ±Summaries for groups of cases”组合），点击 Define 按钮，系统弹出一个新的对话框（见图 4.2.16）。在此窗口中，把“受教育程度”作为分类轴（Category Axis）上的变量，用箭头 ▸ 送入分类轴的小框中。进而，按照题目的要求，选择累积频率（Cum. % of cases）为纵轴上的量。点击 OK，系统输出结果如图 4.2.17 所示。

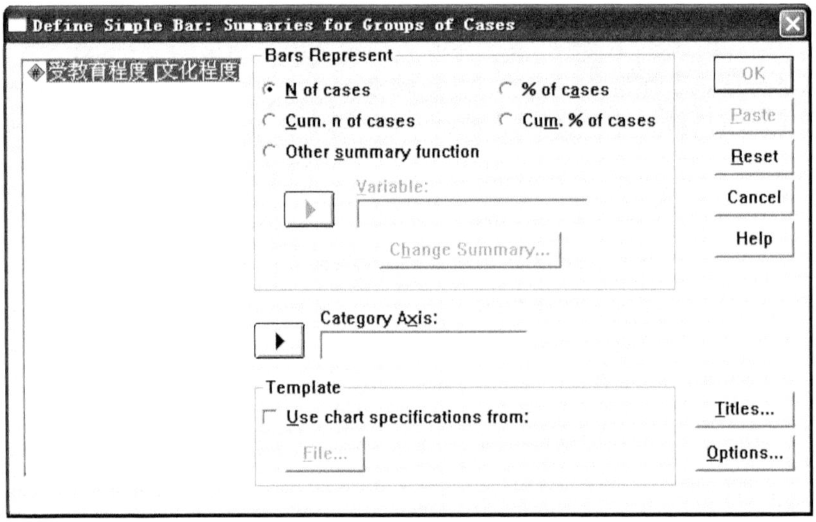

图 4.2.16 简单条形图对话框

2）绘制简单累积频率条形图例题二

绘制例 3.1.1 的累积频率图（数据见附盘中文件“CH4 价格 30”）。

读入数据后，点击 Graphs→Bar，在系统弹出对话框中接受系统的默认状况（即 Simple＋Summaries for groups of cases 组合）。点击 Define 按钮，系统弹出一个新的对话框（结构同图 4.2.16）。在此窗口中，把“某商品价格”作为分类轴（Category Axis）上的变量，送入分类轴的小框中。进而，按照题目的要求，选择累

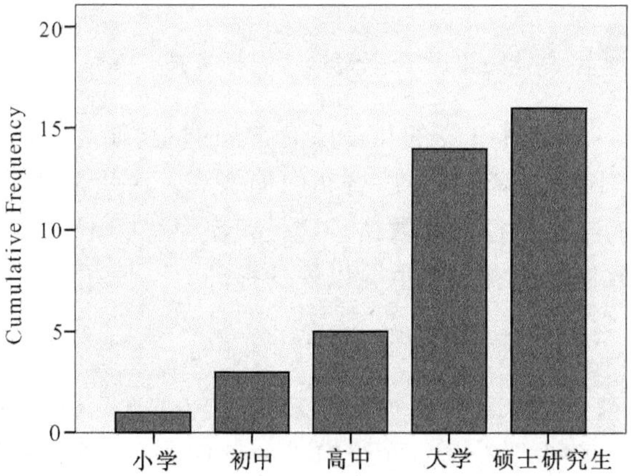

图 4.2.17　科室受教育程度累积频率图

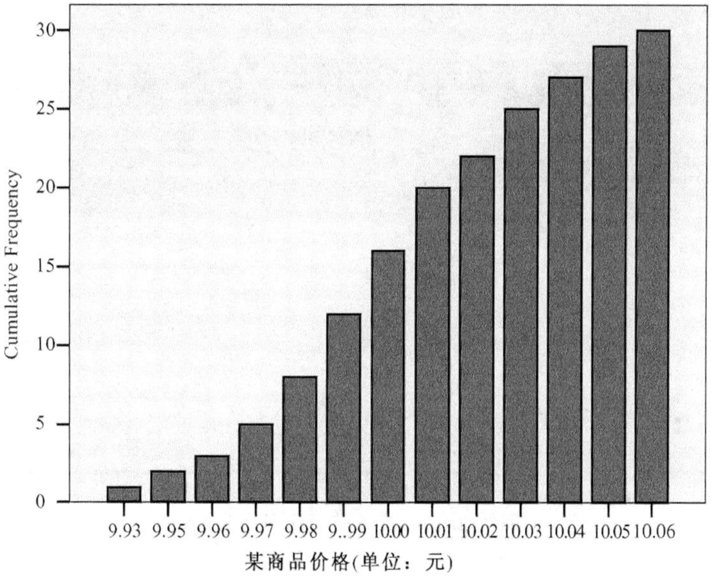

图 4.2.18　某商品不同价格累积频率图

积频率(Cum. % of cases)为纵轴上的量。点击 OK ,系统输出结果如图 4.2.18 所示。

4.2.5 标准化数据与描述统计:描述统计模块(Descriptive Process)

描述统计模块能够统计计算的几乎所有常用的量,如均值、标准差、均值的标准误差、最大值、最小值、分布的峰度、分布的偏度等。这些都是频次分析模块所具有的。此外,它还能够计算标准化数据。这是频次模块所不具有的。所谓"标准化数据"就是把样本数据的所有离差值除以样本标准差。公式是

$$z_i = \frac{x_i - \bar{x}}{s}$$

在读入数据后,点击 Analyze →Descriptive Statistics→Descriptives。此时,系统弹出一个窗口(见图 4.2.19),在该窗口的下端,问你是否要把标准化的值作为变量值保存起来(Save standardized values as variables)。如果你选择了这一要求,系统将对你所选择的变量(用箭头▶把所选择的一个或多个变量送入右框中),做标准化处理,并作为新的变量存入"数据编辑器"中。系统自动赋予标准化数据的变量名:在原变量名前面加字母 z)。

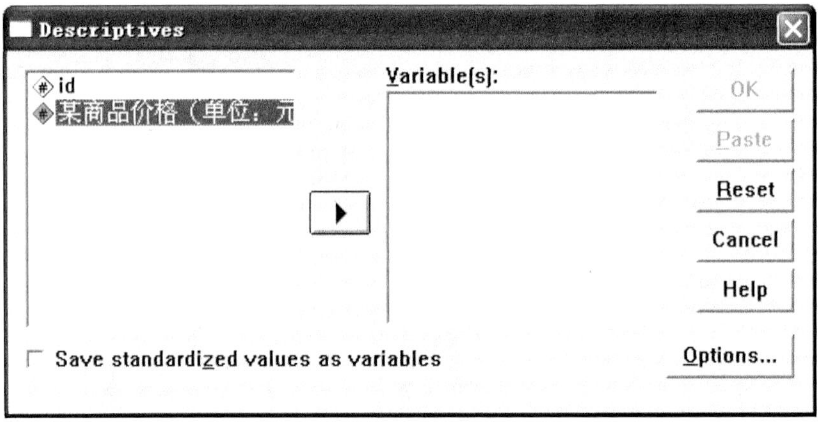

图 4.2.19 描述统计选项子窗口

在图 4.2.19 中,点击右下角的 Options... 按钮,弹出一个 Option 子窗口。由于其选项与频次分析模块中的重复,故本书不再介绍。点击 OK ,数据编辑窗口中会出现所选择变量的标准化值。图 4.2.20 中的变量 zprice 是例 3.1.1 的数据 price(见附盘中文件"CH4 价格 30")的标准化的结果。

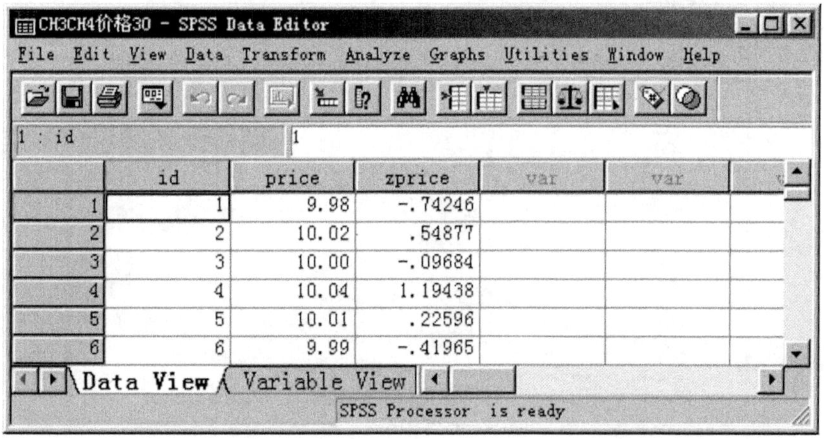

图 4.2.20　标准化数据自动存于数据编辑窗口中

4.2.6　输出茎叶图与箱形图:探索分析模块(Explore Process)

探索分析模块的基本功能是初步考察分析样本数据集合的特征。它主要包括以下功能:检查数据集合中是否存在异常值,通过茎叶图和箱形图观察数据的基本结构,检验数据是否服从正态分布,检验不同组的数据是否具有方差齐性(检验是否具有同方差,如 Levene 检验),计算均值和均值的 95%的置信区间,计算中位数、方差、标准差、极大值、极小值、极差、斜度、峰度等。探索分析模块的主要功能都可以在数据分组或不分组的情况下完成。

在上述统计、计算和分析的功能中,有一部分是我们尚未讨论到的,所以本小节暂不介绍它们的使用。还有一些统计、计算功能,是在前面的一些分析模块中介绍过的,所以也不再介绍。本小节仅重点介绍茎叶图、箱形图和数据分组问题,并依托例题展开介绍。

1. 茎叶图与箱形图:学生身高例

学生身高数据见例 3.2.1(SPSS 格式的数据,见本书附盘中的文件“CH4 茎叶直方箱男生身高 22”)。

(1) 在调入数据后,点击 Analyze→Descriptive Statistics→Explore。此时系统弹出一个窗口(见图 4.2.21)。

(2) 在图 4.2.21 中,用箭头▶把“身高”变量送入 Dependent List(因变量清单)框中(如果图中左框中有多个变量可供选择,可以选多个变量,送入“变量清单框”)。图中,左下角的 Display 小区块的默认值是同时输出统计量和图形。可以接受它,也可以改变它。本例接受它。

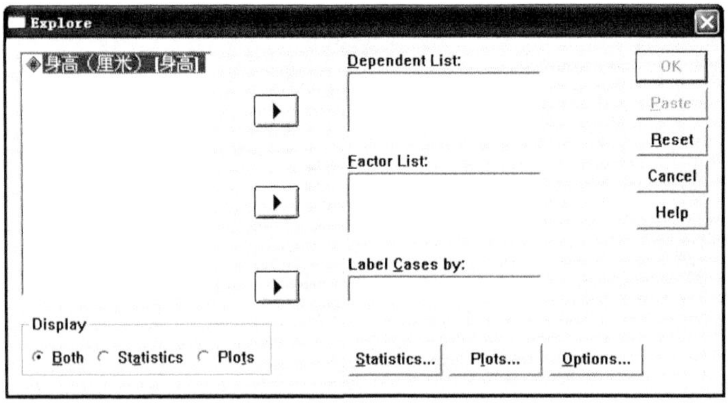

图 4.2.21 身高问题的探索模块主窗口

此时,在 Statistics... 按钮中的系统默认值(即点击该按钮后,出现对话框中的默认值),是输出 95%的置信区间,我们可以暂时不理睬它。在 Plots... 按钮中的系统默认值是输出箱形图和茎叶图,所以,对于要输出这两个图的用户而言,不必点击这个按钮,接受系统默认值就行了。

(3)点击 OK ,系统输出默认的统计结果和统计图。图 4.2.23 是男生身高的茎叶图(读者可与图 3.2.3 对比)。图 4.2.24 是相应的箱形图(读者可与图 3.5.4 对比)。从这两个图中,我们都可以看出数据的基本结构特征:这个数据集合的数值有一点向较高身高的一端偏斜。

```
身高(厘米)    Stem-and-Leaf Plot

 Frequency    Sten &  Leaf

     2.00       16 .  03
     2.00       16 .  58
     3.00       17 .  012
     8.00       17 .  55667788
     4.00       18 .  0123
     2.00       18 .  56
     1.00       19 .  0

 Stem width:     10.00
 Each leaf:       1 case(s)
```

图 4.2.22 男生身高茎叶图

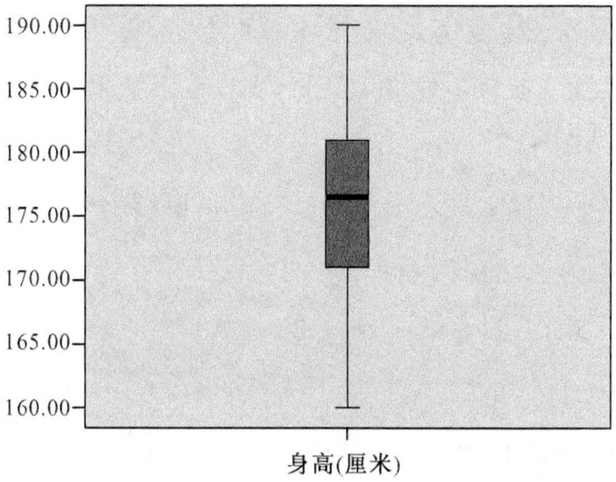

图 4.2.23　男生身高箱形图

2. 分类的茎叶图与箱形图:职工工资例

例 4.2.3　某单位女职工 160 人,男职工 206 人,相应的年薪数据见附盘中的文件“CH4 茎叶箱方差工资性别岗位 300 余”。

(1) 在调入数据后,点击 Analyze→Descriptive Statistics→Explore。此时系统弹出一个窗口(见图 4.2.24)。

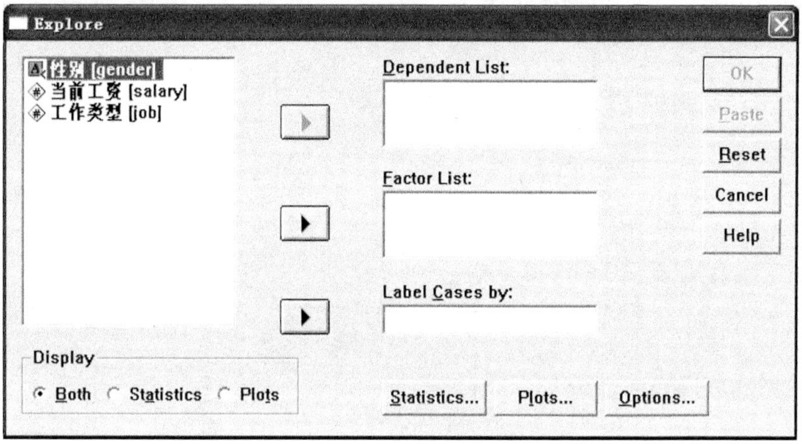

图 4.2.24　工资问题的探索模块主窗口

(2) 在图 4.2.24 中,用中间的箭头▶把“性别”变量送入 Factor List(分类变量清单)框中(当然也可以把变量“工作类别”送入“变量清单框”,考察不同工作类别的工资情况。或者,同时把“性别”和“工作类型”送入到“变量清单框”,一次分别完成按照两个变量的分类计算结果)。

(3) 把“当前工资”变量送入 Dependent List(因变量清单)框中(如果有多个要分析的变量,可以选多个变量送入“变量清单框”)。

(4) 同上例,接受系统的默认值,点击[OK],输出结果。茎叶图见图 4.2.25 和图 4.2.26,箱形图见图 4.2.27。

```
当前工资 Stem-and-Leaf Plot for
性别 = 女职工

Frequency     Stem & Leaf

 2.00   1.    55
11.00   1.    66666677777
10.00   1.    8889999999
24.00   2.    000000000000111111111111
26.00   2.    22222222222222233333333333
25.00   2.    4444444444444444455555555
17.00   2.    66666666667777777
13.00   2.    8888899999999
 4.00   3.    0011
 8.00   3.    22233333
 7.00   3.    4444555
 4.00   3.    6677
 1.00   3.    8
 8.00Extremes      (>=41550)
Stem width:10000
Each leaf:1 case(s)
```

图 4.2.25　女职工工资茎叶图

```
当前工资 Stem-and-Leaf Plot for
性别 = 男职工

Frequency     Stem & Leaf

 1.00   1.    &
14.00   2.    12224&
56.00   2.    5555566666666777777778888999
48.00   3.    00000000000011111333344&
16.00   3.    5557899&
12.00   4.    00023&
 9.00   4.    5678
 8.00   5.    012&
 8.00   5.    569&
 5.00   6.    0&
12.00   6.    5668&
 3.00   7.    0&
 3.00   7.    8&
11.00Extremes      (>=78500)
Stem width:10000
Each leaf:2 case(s)
```

图 4.2.26　男职工工资茎叶图

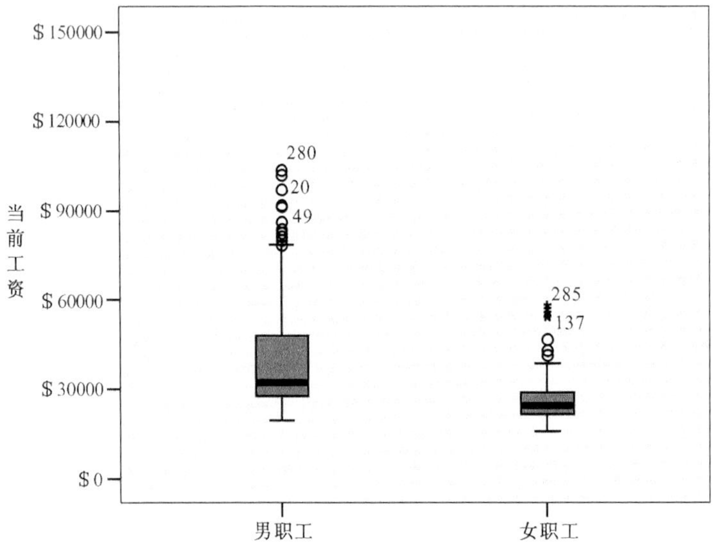

图 4.2.27　男女职工工资修正箱形图

由图 4.2.26，可知女职工年薪的茎叶图的茎节宽为 10000($)，茎节长为 0.2×10000=2000($)。每一片叶表示一个个体(case)。

由图 4.2.27 可知，男职工年薪的茎叶图的茎节宽也为 10000($)，茎节长为 0.5×10000=5000($)。每一片叶表示两个个体(cases)。图中的符号 & 表示存在"半片叶"的情况。由于图中，一个叶片表示两个 case，所以"半叶片"表示在这个"茎节"上存在不足一个叶片的情况。并且，可能有多个半叶片。半叶片的个数，可以由图中的频次(Frequency)与叶片(Leaf)×2 的差来推断。注意，图中不显示过小的半叶片。

由图 4.2.28 知，其中的两个箱形图都是修正箱形图。

由茎叶图和箱形图都可以看出，男女的年薪分布都向低收入端偏斜。

思考与练习题

1. 如何在 SPSS 中定义变量？
2. 填写变量标签的主要意义是什么？
3. 填写变量值标签的主要意义是什么？
4. SPSS 中变量值标签的用途是(选择出正确答案)：
   A. 注明变量的含义，例如：注明 X 是"农民家庭年收入"；
   B. 注明变量的取值范围，超出该范围的值将被作为缺省值处理；
   C. 注明变量值的含义；
   D. 注明变量值的单位。
5. 通过变量值标签的限定，把顺序级的变量定义为数字型，有什么好处？
6. 在调查表的栏目很多(也就是变量个数很多)时，如何巧妙地设计变量名？
7. 把回收的有效调查表的编号，作为一个变量，定义在 SPSS 的数据文件中，有什么好处？
8. 用 SPSS 主要可以读入哪些格式的数据？
9. 按照回收的调查表输入数据，是按照行输入好，还是按照列输入好？为什么？
10. 为什么说增加 case(在数据窗口的下端加入新的数据)的并表方式特别重要？怎样分头输入数据，才能有效地并表？
11. 请选用数据盘中的恰当数据文件，用 SPSS 做如下计算练习：①给变量值排序，给变量值排名次，统计数据的频次、频率、累积频次与累积频率；②计算众数、中位数、样本均值等；③计算极值、四分点、百分位点、极差、四分位距、离差、离差平方和、方差及标准化数据等；④绘制饼图、条形图、直方图、茎叶图、相形图与修整相形图。
12. 下面的数额是某文具店出售文件夹的 40 个交易的收入(元)记录，试：①用 SPSS 作一张茎叶图；②用 SPSS 作直方图。

3.62	3.62	3.80	3.70	4.15	2.07	3.77	5.77	7.86	4.63
4.03	3.56	3.10	6.04	5.62	3.16	2.93	3.82	4.30	3.86
4.81	2.86	5.02	5.24	4.02	5.44	4.65	3.89	4.00	2.99
4.57	3.59	4.57	6.16	2.88	5.03	5.46	3.87	6.81	4.91

13. 某牙科诊所费用开支比例如下表所示，试：①用 SPSS 绘制一张饼图；②用 SPSS 绘制一张条形图。

开支类型	金额%	开支类型	金额%
医生个人收入	53.60	治疗失当保险金	3.5
非医生人员个人收入	15.70	雇佣医生	2.3
办公费用	11.90	医疗设备	1.5
医疗供应	5.00	其他	6.5

14. 某医院眼科门诊看病者的年龄如下，试：①用 SPSS 制作这些年龄的一张不分组的频数分布表；②用 SPSS 制作这些数据的一张不分组的频率分布表；③用 SPSS 制作这些数据的不分组频率条形图；④用 SPSS 制作同一组数据的频率分布表；⑤用 SPSS 制作这些数据的累积频率条形。

组 1：	21	19	21	21	19	19	20	19	19	19
组 2：	18	21	19	18	22	21	24	20	24	17
组 3：	21	19	22	19	18	20	23	19	19	20
组 4：	19	20	21	22	21	20	22	20	21	20

15. 某高校海外学生的第一学期的汉语成绩如下，试：①用 SPSS 制作频数分布表；②用 SPSS 制作成绩的直方图。

67	69	71	70	72	74	76	75	75	74	73	74	74	78	77	81
73	73	74	68	71	74	78	70	69	73	72	74	77	80	75	74
72	83	68	73	75	78	76	74	73	68	71	72	75	79	74	75
74	74	68	79	75	76	75	77	74	74	75	75	79	77	75	75
74	73	73	72	71	68	70	71	72	73	73	72	72	71	71	70
82	77	76	73	70	68	69	71	77	78	68	72	73	78	77	79
72	72	72	75	75	74	74	74	76	76	74	73	74	73	72	72
74	71	72	73	72	72	74	74	68	71	72	72	75	74	76	77
74	74	73	73	78	78	76	74	75	72	72	72	75	74	76	77

16. 什么是数据分布的斜度？SPSS 是如何规定数据集合的负斜度、0 斜度、正斜度的？

17. 什么是数据分布的峰度？SPSS 是如何规定数据集合的负峰度、0 峰度、正峰度的？

18. 什么是均值的标准误差？

19. 某样本集合的均值是 50，标准差是 4.0。求下列每个样本观察值 x 值的标准化值 z：①$x=54$，②$x=50$，③$x=59$，④$x=45$。

第 5 章　总体分布、样本分布与参数估计

5.1　总体分布与样本分布

如第 2 章所述，所研究对象的全体，称为总体(Population or Universe)。我们先研究只有一个特征(指标或变量)的总体。如果某总体有两个以上的指标，可以逐个进行研究，也可以作为指标向量(或者变量向量进行研究)。

5.1.1　总体与总体分布

研究只有一个特征(指标或变量)的总体时，总体的这个指标(变量)可以视为一维随机变量。例如，生产线上生产的零件的直径、某年某专业考生的成绩等。

研究多指标时，就是多维随机变量，或称随机向量。

只要反映总体特征的变量的取值满足如下 3 个条件，就是一个随机变量，记为 X：①在同一条件下可无限次重复的取值；②取值的可能结果有多个，且不确定；③事前不知取值结果(Outcome)。满足上述三条，其实就是一个随机实验。

反映总体特征的随机变量的取值的全体，也称为总体或母体(或者说是数值总体)。这个总体，其实就是样本空间。反映总体特征的随机变量的概率分布，就称为总体分布，或称为母体分布。

例如，表示"生产线上生产出来的零件的直径"的随机变量 X，通常服从正态分布。这个分布，就称为"生产线上生产出来的零件的直径"这个总体的分布。

☆注意☆　(1)对任何已知个体取值的总体而言，从无限次随机抽取(然后放回)的角度来看，上述三个条件都是成立的。也就是说，表征一个总体特征的变量(指标)，从无限次随机抽取(然后放回)的角度来看，都可以视为随机变量。哪怕一个总体的变量的取值都相同，从上述角度来看，也可以视为随机变量。只不过，此时，该随机变量服从均匀分布罢了。

(2)对于有限总体而言，相同个体重复的比率(在等概率抽样的情况下，即第 2 章所述的简单随机抽样的情况下)，就是个体出现的概率。例如，一个总体包括：红色球 1 枚、蓝色球 2 枚、黄色球 3 枚，共 6 枚球。红色球出现的比率是 1/6，蓝色球是 1/3，黄色球是 1/2。这也就是表示颜色的随机变量 X 的概率分布。因此有限总体的不同个体的比率分布(频率分布)，就是有限总体的概率分布。

总体与总体分布的概念

总体或母体：反映总体特征的随机变量的取值的全体。

总体分布（或称为母体分布）：反映总体特征的随机变量的概率分布。

从无限次随机抽取（然后放回）的角度来看，表征一个总体特征的变量（指标），都可以视为随机变量。

有限总体的概率分布，就是有限总体中不同个体的比率（频率）分布。

5.1.2 随机样本与样本观察值（样本数据）

1. 随机样本（Random Sample）

从重复抽样的角度看，“每次从总体中随机抽取个体”都可理解为一个随机实验，所以可以用一个随机变量 X_i 表示这次抽样。表征（n 次抽取个体的）随机抽样的一组随机变量 $X_1, X_2, \cdots, X_n$，就称为随机样本。并且，由于抽样的独立性，随机变量 $X_1, X_2, \cdots, X_n$ 也是相互独立的。n 称为样本容量（Sample Size）。同时，n 也是随机向量（$X_1, X_2, \cdots, X_n$）的维度，或随机向量（$X_1, X_2, \cdots, X_n$）的自由度。

简单随机样本（Simple Random Sample）是指在简单随机抽样中产生的一组随机变量 $X_1, X_2, \cdots, X_n$。简单随机抽样的概念已经在 2.3.1 小节中定义，其要点是：每个个体被抽取到的机会（概率）均等。由于在以下应用中，我们几乎不用非简单随机样本，所以在下文中，我们把简单随机样本都简称为随机样本。

2. 样本观察值

n 次随机抽样的结果：$x_1, x_2, \cdots, x_n$ 称为随机样本 $X_1, X_2, \cdots, X_n$ 的样本观察值，简称样本观察值（Observation Value）。

样本观察值，简称样本值，又称为样本数据。

随机样本与样本观察值

从重复抽样的角度看，“每次从总体中随机抽取个体”都可理解为一个随机实验。

随机样本：表征 n 次抽取个体的随机抽样的一组随机变量 $X_1, X_2, \cdots, X_n$。

样本观察值（即样本数据）：n 次随机抽样的结果：$x_1, x_2, \cdots, x_n$（称为随机样本 $X_1, X_2, \cdots, X_n$ 的样本观察值）。

n 也是随机向量（$X_1, X_2, \cdots, X_n$）的维度，即自由度。

5.1.3　样本分布函数

设随机变量 X 的样本观察值，可按大小排序(即，为顺序级以上的数据)，排序后为 $x_1 \leqslant x_2 \leqslant, \cdots, \leqslant x_n, k_i$ 为小于 x_{i+1} 的样本值出现的累积频次，n 仍为样本容量，则可得样本累积频率分布函数如下：

$$F_n(x)=\begin{cases}0, & \text{当 } x<x_1 \\ \dfrac{k_i}{n}, & \text{当 } x_i \leqslant x<x_{i+1} \\ 1, & \text{当 } x_n \leqslant x\end{cases}$$

样本累积频率分布函数，又简称为样本(累积)分布函数。样本(累积)分布函数 $F_n(x)$ 是对总体(反映总体特征的随机变量 X)的(累积)概率分布函数 $F_n(x)$ 的近似，n 越大，$F_n(x)$ 对 $F(x)$ 的近似越好，样本累积频率分布图也越接近与总体的累积概率分布图。两者之间的关系如图 5.1.1 所示。

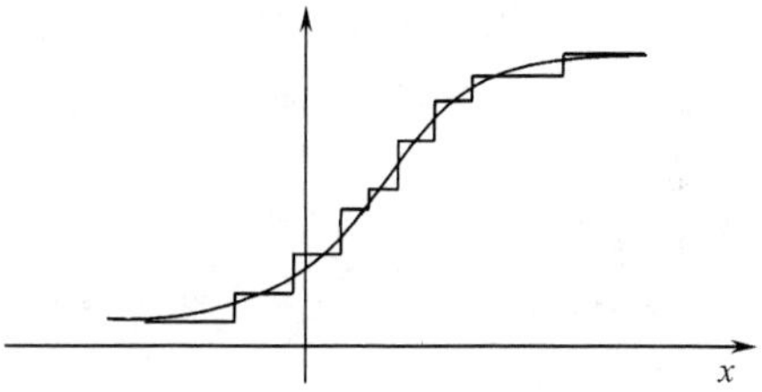

图 5.1.1　样本分布 $F_n(x)$ 与总体分布 $F(x)$

当 n 越来越大时，图中折线(样本分布函数 $F_n(x)$)所示的齿状，就会越来越细，越来越接近于总体(累积)概率分布的曲线 $F(x)$。

当然，总体(累积)概率分布曲线 $F(x)$ 不一定是连续的。例如，有限总体的(累积)概率分布曲线 $F(x)$ 是阶跃式的(如图 3.1.7)。此时，相应的样本(累积)分布函数 $F_n(x)$ 也是阶跃式的。图 5.1.2 是有限总体的样本(累积)分布函数 $F_n(x)$ 与有限总体的(累积)概率分布曲线 $F(x)$ 的相互关系的示意图。

图 5.1.2 中，颜色淡的部分表示有限总体的分布，颜色重一些的部分表示样

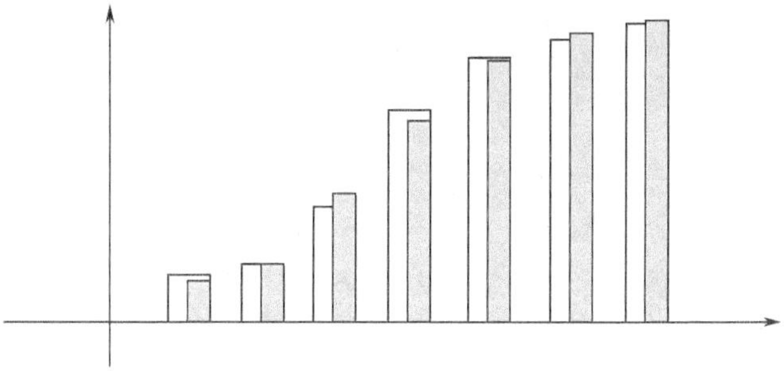

图 5.1.2　有限总体的样本分布与总体分布

本分布。随着样本数 n 的增大，样本分布会越来越接近于总体分布。

5.1.4 格利文科(*Glivenko*)定理(样本分布与总体分布的关系)

格利文科定理：当 n 趋于无穷大时，$F_n(x)$ 依概率 1(关于 x)均匀地收敛于 $F(x)$。

这是用样本推断总体的依据。

格利文科定理的数学表达如下：

$$P(\lim_{n\to\infty}\sup_{-\infty<x<+\infty}|F_n(x)-F(x)|=0)=1$$

这个数学表达式是不必记忆的。只要知道格利文科定理的大意(当 n 很大时，样本分布函数 $F_n(x)$ 将近似地等于总体的分布函数 $F(x)$)，以及格利文科定理的用途(是样本推断总体的依据)，就行了。

> **格利文科定理**
>
> 当样本容量 n 趋于无穷大时，样本分布函数 $F_n(x)$ 依概率 1(关于 x)均匀地收敛于总体分布函数 $F(x)$。
>
> 这是用样本特征推断总体特征的依据。

例如，3.3.3 小节讲到样本数据的均值的计算公式是

$$\overline{x}=\frac{1}{n}\sum_{i=1}^{n}x_i$$

基于格利文科定理，我们可以证明，当 n 趋于无穷大时，样本均值依概率 1 收敛于总体均值：

$$\mu=\sum_{i=1}^{\infty}x_ip_i \quad \text{(离散情况)}$$

式中，x_i 是随机变量 X 的所有可能取值中的第 i 个值。

$$\mu=\int_{-\infty}^{\infty}xf(x)\mathrm{d}x \quad \text{(连续情况)}$$

式中，x 是限定随机变量 X 可能取值范围的量。

☆注意☆ 对比样本均值 $\overline{x}$ 与总体均值 μ：在本均值中，$\frac{1}{n}$ 与离散型样本总体均值公式中的概率 p_i 对应，与连续型的 $f(x)\mathrm{d}x$ 对应。

又如，3.4.3 小节讲到样本数据的方差 s^2 的计算公式是

$$s^2=\frac{1}{n-1}\sum_{i=1}^{n}(x_i-\overline{x})^2$$

基于格利文科定理，我们同样可以证明，当 n 趋于无穷大时，样本方差依概率 1 收

敛于总体方差：

$$\sigma^2 = D(X) = \sum_{i=1}^{\infty}(x_i - \mu)^2 p_i \quad （离散情况）$$

式中，x_i 是随机变量 X 的所有可能取值中的第 i 个值。

$$\sigma^2 = D(X) = \int_{-\infty}^{\infty}(x - \mu)^2 f(x)\mathrm{d}x \quad （连续情况）$$

式中，x 是限定随机变量 X 可能取值范围的量。

5.1.5　随机样本的均值函数

在 5.1.2 小节，我们刻意区分了作为随机样本的 $X_1, X_2, \cdots, X_n$ 和作为样本观察值（即，样本数据）的 $x_1, x_2, \cdots, x_n$。

在 3.3.3 小节，我们基于样本数据定义了样本均值 $\overline{x}$（是一个数值）。本小节我们基于随机样本，定义样本均值函数（常常简称为样本均值）：

$$\overline{X} = \frac{1}{n}\sum_{i=1}^{n} X_i$$

式中，X_i 是随机样本（随机变量），所以，作为随机样本函数的 $\overline{X}$ 也是一个随机变量。

公式中，在 n 个随机样本求和后，再除以维度（自由度）n，是在"每个维度上"求平均的含义。基于样本数据的样本均值 $\overline{x}$，是随机变量 $\overline{X}$ 的观察值。

5.1.6　随机样本的方差函数

在 3.4.3 小节，我们基于样本数据定义了样本方差 s^2（是一个数值），本小节我们基于随机样本，定义样本方差函数（常常简称为样本方差）：

$$S^2 = \frac{1}{n-1}\sum_{i=1}^{n}(X_i - \overline{X})^2$$

S^2 是一个随机变量。

公式中，在 n 个随机离差求和后，没有再除以 n，而除以 $(n-1)$，是因为公式中存在 $\overline{X}$（而 $\overline{X}$ 是 $X_1, X_2, \cdots, X_n$ 的一个线性关系式，这会使得 $X_1, X_2, \cdots, X_n$ 的自由度减少一个），所以，要想得到"在每个维度上求平均"的含义，就不能除以 n，只能除以它的实际维度（自由度）$n-1$。

基于样本数据的样本方差 s^2，是随机变量 S^2 的观察值。

随机样本的均值函数

$$\overline{X} = \frac{1}{n}\sum_{i=1}^{n} X_i$$

基于样本数据的样本均值 $\overline{x}$,是随机变量 $\overline{X}$ 的观察值。

随机样本的方差函数

$$S^2 = \frac{1}{n-1}\sum_{i=1}^{n}(X_i - \overline{X})^2$$

基于样本数据的样本方差 s^2,是随机变量 S^2 的观察值。

5.2 统计量与统计量的分布

5.2.1 统计量的定义

不含未知参数的、随机样本 $X_1, X_2, \cdots, X_n$ 的函数 $f(X_1, X_2, \cdots, X_n)$,称为统计量。由于 $X_1, X_2, \cdots, X_n$ 是随机变量,所以,$f(X_1, X_2, \cdots, X_n)$ 也是随机变量。例如,上一节讲到的样本均值函数、样本方差函数,都是统计量,同时,也是随机变量。

从理论上来说,已知随机变量 X 的分布,就应当存在由 X 的随机样本 X_1, $X_2, \cdots, X_n$ 所决定的统计量的分布。只是在许多情况下,我们难以得出统计量的分布的解析表达式。但需注意,不含未知参数的、样本观察值$(x_1, x_2, \cdots, x_n)$的函数 $f(x_1, x_2, \cdots, x_n)$不是随机变量,仅仅是一个数值,称为统计量的值。

统计量的定义

统计量是不含未知参数的、随机样本 $X_1, X_2, \cdots, X_n$ 的函数。

统计量的值的定义

统计量的值是不含未知参数的、样本观察值 $x_1, x_2, \cdots, x_n$ 的函数。

5.2.2 由标准正态分布 N(0,1)的随机样本所引出的几个重要统计量的分布:χ^2、t 与 F 分布

基于标准正态分布 $N(0,1)$的随机样本,可以构建一些重要的统计量,形成常用的几个重要分布。

1. $\chi^2(n)$分布的构成

设随机变量 X 服从 $N(0,1)$分布，$X_1,X_2,\cdots,X_n$，为 X 的简单随机样本，则

$$\chi^2=\sum_{i=1}^{n}X_i^2=X_1^2+X_2^2+\cdots+X_n^2$$

服从自由度为 n 的 χ^2 分布。记为：$\chi^2\sim\chi^2(n)$。

$\chi^2(n)$分布的均值与方差分别是：$E(\chi^2)=n$，$D(\chi^2)=2n$，其图形见图 5.2.1。

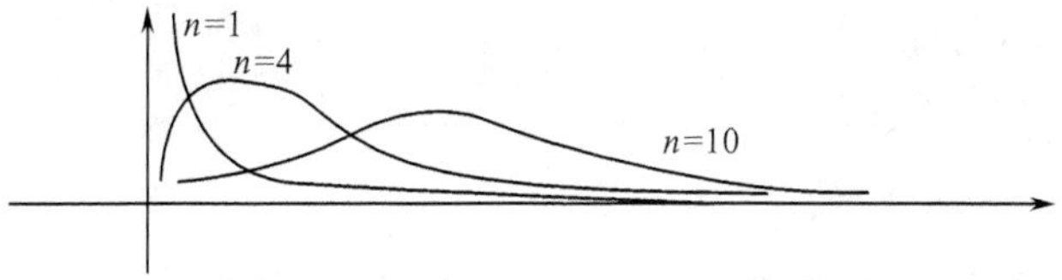

图 5.2.1　$\chi^2(n)$分布示意图

2. t 分布

自由度为 n 的 t 分布，记为 $t(n)$，是由 $N(0,1)$分布和 $\chi^2(n)$分布组成的，其表达式为

$$T=\frac{X}{\sqrt{Y/n}}$$

其中，X 服从 $N(0,1)$，Y 服从 $\chi^2(n)$分布，且 X 与 Y 相互独立（“相互独立的随机变量”的概念见 1.2.3 小节），其图形见图 5.2.2。可以证明，当 n 充分大时，t 分布近似于标准正态分布 $N(0,1)$。

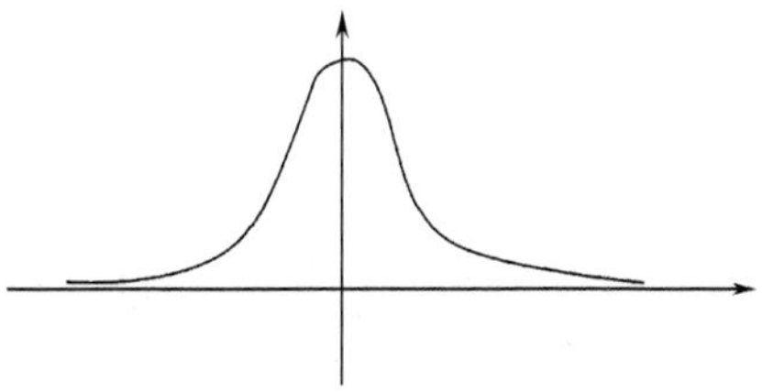

图 5.2.2　t 分布示意图

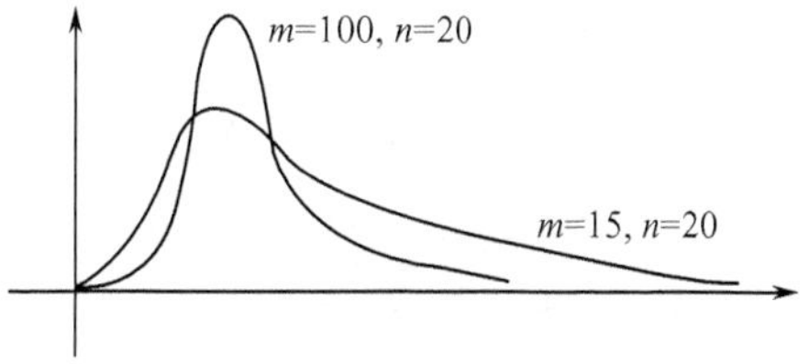

图 5.2.3　F 分布示意图

3. F 分布

F 分布是由两个 χ^2 分布之比组成的：

$$F=\frac{U/n}{V/m}\text{ 服从 }F(n,\ m)$$

其中,U 服从 $\chi^2(n)$,V 服从 $\chi^2(m)$,其图形见图 5.2.3。

基于 $N(0,1)$ 分布的几个重要统计量的分布

设随机变量 X 服从 $N(0,1)$ 分布,$X_1, X_2, \cdots, X_n$,为 X 的样本,则

(1) $\sum_{i=1}^{n} X_i^2 \sim \chi^2(n)$

(2) $\frac{X}{\sqrt{Y/n}} \sim t(n)$,其中,$Y \sim \chi^2(n)$

(3) $\frac{U/n}{V/m} \sim F(n,m)$,其中,$U \sim \chi^2(n)$,$V \sim \chi^2(m)$

5.2.3 由一般正态分布的随机样本所构成的若干重要统计量的分布

若 $X_1, X_2, \cdots, X_n$ 是正态总体 $N(\mu, \sigma^2)$ 的一个随机样本,则(由上一节所定义的)样本均值函数与样本方差函数满足如下性质:

(1) $\overline{X}$ 服从 $N\left(\mu, \frac{\sigma^2}{n}\right)$ 分布。

(2) $Z = \frac{\overline{X} - \mu}{\sigma/\sqrt{n}}$ 服从 $N(0, 1)$ 分布。

(3) $\frac{(n-1)S^2}{\sigma^2}$(记为 χ^2)服从 $\chi^2(n-1)$ 分布。

由于 $\frac{\overline{X} - \mu}{\sigma/\sqrt{n}}$ 服从 $N(0, 1)$ 分布,$\frac{(n-1)S^2}{\sigma^2}$ 服从 $\chi^2(n-1)$ 分布,且两者相互独立,所以,由上一小节所介绍的 t 分布的构成,$N(0, 1)$ 分布与 $\chi^2(n-1)$ 分布之比,得到 t 分布:

(4) $T = \frac{\overline{X} - \mu}{S/\sqrt{n}}$ 服从 $t(n-1)$ 分布。

由上一小节知,两个 χ^2 分布(如 $\chi_1^2(n_1-1)$、$\chi_2^2(n_2-1)$),各自除以自己的自由度,再相比,就得到 F 分布:

(5) $F = \frac{S_1^2/\sigma_1^2}{S_2^2/\sigma_2^2}$ 服从 $F(n_1-1, n_2-1)$。

式中,S_1^2 是容量为 n_1 的 X 的样本方差,S_2^2 是容量为 n_2 的随机变量 Y 的样本方差。

基于 $N(\mu,\sigma^2)$ 分布的若干重要统计量的分布

设随机变量 X 服从 $N(\mu,\sigma^2)$ 分布，$X_1, X_2, \cdots, X_n$，为 X 的样本，则

(1) $\overline{X} \sim N\left(\mu, \frac{\sigma^2}{n}\right)$

(2) $\frac{\overline{X}-\mu}{\sigma/\sqrt{n}} \sim N(0, 1)$

(3) $\frac{(n-1)S^2}{\sigma^2} \sim \chi^2(n-1)$

(4) $\frac{\overline{X}-\mu}{S/\sqrt{n}} \sim t(n-1)$

(5) $\frac{S_1^2/\sigma_1^2}{S_2^2/\sigma_2^2}$ 服从 $F(n_1-1, n_2-1)$，式中，S_1^2 是容量为 n_1 的 X 的样本方差，S_2^2 是容量为 n_2 的随机变量 Y 的样本方差。

5.2.4　基于 B(1,p)分布(0—1 分布)的两个重要统计量的性质

1. 0—1 分布的样本均值函数的均值与方差

0—1 分布就是随机变量取值为 0 或 1 的概率分布。如果取值为 1 的概率为 p，则取值为 0 的概率就是 $1-p$。0—1 分布的最简单的例子就是投一枚不均匀的硬币，设正面朝上 $X=1$，反面朝上 $X=0$，正面朝上的概率为 p，即 $P(X=1)=p$，反面朝上的概率就是 $1-p$，即 $P(X=0)=1-p$。对于一组 n 个样本值而言，正面朝上($X=1$)的比例就大致是 p。所以，通俗地说，p 就是 0—1 总体中某类个体的比例。

0—1 分布另一个符号表达是 $B(1, p)$，式中的 p 就是随机变量 X 取值为 1 的概率。可以推算出 0—1 分布的均值是 p，方差是 $p(1-p)$。

这个分布在包括管理科学在内的社会科学中，有着非常广泛的应用。例如，购买(或卖出)与否的决策、引进技术与否的决策、有效与否的判别、成功与否的状态等，都是 0—1 分布。

此外，某类个体占总体中的比例问题，也可以表达为 0—1 分布问题：把这类个体出现，记为 $X=1$，未出现记为 $X=0$，随机变量 X 就服从 $B(1, p)$ 分布。而 p 就是这类个体出现的比例。比例问题是社会科学包括相当数量的自然科学门类(例如医学科学、农学科学等)经常遇到的问题，例如：高收入人数的比例、贫困户的比例、土地转让的比例、开展电子商务的企业的比例、支持某项政策的农民的比例、某种药物的有效疗效的比例等等。

因此，无论是从“是否”的角度，还是“比例”的角度，0—1 分布在包括管理科学在内的社会科学中，都具有十分重要的地位。

从总体中(也就是从 0—1 分布中)，随机地抽得 n 个简单随机样本 $X_1,X_2,\cdots,X_n$，从而得到均值函数 $\overline{X}$。那么，可以证明：随机变量 $\overline{X}$ 的均值 $\mu_{\overline{X}}$ 就是0—1分布的均值 p，$\overline{X}$ 的方差 $\sigma_{\overline{X}}^2$ 就是 0—1 分布的方差的 $1/n$。即

$$\mu_{\overline{X}} = p$$

$$\sigma_{\overline{X}}^2 = \frac{p(1-p)}{n}$$

0—1 分布的样本均值函数均值与方差

反映总体中某类个体的比例的随机变量 X，可以简单地用 0—1 分布 $B(1,p)$ 来表示。$E(X)=p$，$D(X)=p(1-p)$。p 就是总体中某类个体的比例。

由样本 $X_1,X_2,\cdots,X_n$ 产生均值函数 $\overline{X}$ 的均值 $\mu_{\overline{X}}=p$，方差 $\sigma_{\overline{X}}^2=\frac{p(1-p)}{n}$。即，$\overline{X}$ 的均值也是总体中某类个体的比例 p。所以，今后常用 $\overline{x}$ 来估计 p。

2. 0—1 分布的“样本和函数”的均值与方差

设 X 服从 0—1 分布，从 X 产生 n 个随机样本 $X_1,X_2,\cdots,X_n$，令统计量 $Y=X_1+X_2+\cdots+X_n$，统计量 Y 就称为 X 的“样本和函数”。如果在 $X_1,X_2,\cdots,X_n$ 中，有 k 个 1，则 $Y=k$。这就相当于一个贝努利(Bernoulli)实验。贝努利实验的典型例子，就是抛 n 次(不均匀)的硬币的随机实验。可以证明，“$Y=k$”的概率就是

$$P(Y=k)=P_n(k)=\binom{n}{k}p^k(1-p)^{n-k}$$

其系数$\binom{n}{k}$也可写为

$$\frac{n(n-1)\cdots(n-k+1)}{k!}$$

0—1 分布的“样本和函数”Y 的分布又称为二项分布(Binomial Distribution)。二项分布的均值是 np，方差是 $np(1-p)$。二项分布记为：$B(n,p)$。二项分布在管理科学乃至整个社会科学中，都有着广泛的应用。

5.2.5 任意分布的随机样本均值函数的均值与方差

设随机变量 X 服从任何均值为 μ 标准差为 σ(有限值)的分布，$\overline{X}$ 是随机样本

$X_1, X_2, \cdots, X_n$ 的均值函数。记随机变量 $\overline{X}$ 的分布函数的均值为 $\mu_{\overline{X}}$，标准差为 $\sigma_{\overline{X}}$，则有如下结论成立：

(1) $\mu_{\overline{X}} = \mu$，这就是说，任何一个分布函数的均值函数的分布的均值，与原分布函数的均值相同。简单说，$\overline{X}$ 的分布的均值，就是 X 的分布的均值。

(2) $\sigma_{\overline{X}} = \dfrac{\sigma}{\sqrt{n}}$，这就是说，任何一个分布函数的均值函数的分布的标准差，是原分布函数的标准差的 $\sqrt{n}$ 分之一。或者说，任何一个分布函数的均值函数的分布的方差，是原分布函数方差的 n 分之一。简单说，$\overline{X}$ 的分布的方差，就是 X 的分布的方差的 n 分之一。

关于这两个性质的证明，是非常容易的（见：Neter J et al. 1993. 第 266～267 页）。

任意分布的随机样本均值函数的均值与方差

设随机变量 X 的均值为 μ，标准差为 σ，分布形式任意。从总体得到一组随机样本 X_1，$X_2, \cdots, X_n$，由此得出均值函数 $\overline{X}$。记统计量 $\overline{X}$ 的分布函数的均值为 $\mu_{\overline{X}}$，标准差为 $\sigma_{\overline{X}}$，则：①$\mu_{\overline{X}} = \mu$，②$\sigma_{\overline{X}} = \dfrac{\sigma}{\sqrt{n}}$ 或 $\sigma_{\overline{X}}^2 = \dfrac{\sigma^2}{n}$。

5.2.6　大样本均值函数的分布：中心极限定理

本小节我们讨论任何总体分布的、大容量随机样本的、均值函数的分布问题。

设随机变量 X 服从任何均值为 μ 标准差为 σ 的分布，$\overline{X}$ 是随机样本 X_1，$X_2, \cdots, X_n$ 的均值函数。

中心极限定理(Central Limit Theorem)：当 n 充分大时，$\overline{X}$ 近似地服从均值为 μ、标准差为 $\dfrac{\sigma}{\sqrt{n}}$ 的正态分布（见：Peck R et al. 2001. 第 416 页；Clark C et al. 1983. 第 157 页）。

究竟 n 等于多少，才算充分大，不同的书的说法是不同的，有的说应当要求 $n \geqslant 30$（见：Peck R et al. 2001. 第 417 页）；有的说应当要求 $n > 45$（Fisher 关于的 $\sqrt{2\chi^2}$ 近似服从正态分布的一个证明，见：浙江大学数学系高等数学教研室. 1979，第 219 页）。其实，n 应当因具体问题而异。如果 X 的分布原来非常偏（斜度的绝对值很大），就要求 n 大一些。如果 X 分布的斜度本来就很小，近似于正态分布的“难度”就小一些，n 就可以小一些。

在处理非特定问题时，本书采纳 $n \geqslant 30$ 就可以用中心极限定理的说法。

中心极限定理的另一种表述：当 n 充分大时，$\frac{\overline{X}-\mu}{\sigma/\sqrt{n}}$ 近似地服从标准正态分布。

中心极限定理在统计学中，有着广泛的应用。

大样本均值函数的分布（中心极限定理）

设随机变量 X 的均值为 μ，方差 σ^2，$X_1,X_2,\cdots,X_n$ 为 X 的样本，则有：

中心极限定理：当 n 充分大时，$\overline{X}$ 近似地 $\sim N\left(\mu,\frac{\sigma^2}{n}\right)$；

中心极限定理的另一种形式：当 n 充分大时，$\frac{\overline{X}-\mu}{\sigma/\sqrt{n}}$ 近似地 $\sim N(0,1)$。

一般，$n\geqslant 30$ 就可以用中心极限定理了。

5.3 点 估 计

在实际问题中，人们常常可以大致判断出总体分布的类型（例如，由大量的小的随机因素组成的随机变量，服从正态分布），但却难以直观地判断出总体分布的参数（如均值、方差等），这就需要用样本来推断总体分布的这些参数。这就是所谓参数估计。

参数估计分为点估计与区间估计两种方法。点估计，是用样本的某一函数值来估计总体分布中的未知参数。区间估计，是（以一定概率）把总体分布的参数确定在由样本所决定的某一区间内。

5.3.1 点估计的概念

设 θ 是总体分布中一个需要估计的参数。例如，总体分布的均值、方差等。现在从总体中得到一个随机样本 $X_1,X_2,\cdots,X_n$，如何估计 θ？

记估计 θ 的统计量为

$$\hat{\theta}(X_1,X_2,\cdots,X_n)\text{，简记为 }\hat{\theta}$$

我们称 $\hat{\theta}$ 为 θ 的估计量。

若得到一组样本观察值 $x_1,x_2,\cdots,x_n$，就可得出 θ 的估计值：

$$\hat{\theta}(x_1,x_2,\cdots,x_n)\text{，也记为 }\hat{\theta}$$

只是称为 θ 的估计值。

总体分布参数 θ 的点估计，就是求出 θ 的估计值 $\hat{\theta}$。

5.3.2　矩估计法

这是一种古老的方法，用样本矩来估计总体矩。均值、方差各是一种类型的矩。对总体而言，矩的一般形式是：

$E(X^k)$表示 k 阶原点矩（以原点为中心）。

$E(X-\mu)^k$ 表示 k 阶中心矩（以 μ 为中心）。

可作以下直观理解：E 表示用概率对它后面的内容加权求和了。

当 $k=1$ 时，$E(X)=\mu$，是总体一阶原点矩。

当 $k=2$ 时，$E(X-\mu)^2=\sigma^2$，是总体二阶中心矩。

对样本而言，存在对应的样本矩：

样本均值 $\overline{X} = \frac{1}{n}\sum_{i=1}^{n}X_i$ 是样本一阶原点矩。

样本方差 $S^2 = \frac{1}{n-1}\sum_{i=1}^{n}(X_i - \overline{X})^2$ 是样本二阶中心矩。

矩估计法，就是用样本矩来估计对应的总体矩。例如，用样本均值来估计总体均值，用样本方差来估计总体方差。

5.3.3　极大似然估计法

设总体 X 的（累积）概率分布函数为 $F(x,\theta)$，概率密度函数 $f(x,\theta)$，其中 θ 为未知参数（也可以表示未知参数向量）。

若 X 为离散型随机变量，则 $X_1,X_2,\cdots,X_n$ 同时出现的概率 $L=P(X_1=x_1, X_2=x_2,\cdots,X_n=x_n.\theta)$，当 $X_1,X_2,\cdots,X_n$ 相互独立时：

$$L = \prod_{i=1}^{n} P(X_1 = x_1,\theta)$$

由离散型与连续型的对应关系（参见 1.2.2 小节），$f(x,\theta)$对应于离散情况下的概率 $P(X=x)$。

于是，总体 X 为连续随机变量时，X 的随机样本 $X_1,X_2,\cdots, X_n$ 的联合概率密度函数为

$$\prod_{i=1}^{n} f(x_i,\theta)\text{，记为 } L$$

不论 X 为离散还是连续随机变量，L 都称为 θ 的极大似然函数。

我们把一组样本观察值 $x_1,x_2,\cdots,x_n$，代入 L 后，就得到一个关于 θ 的函数。如果 L 关于 θ 的极大值存在，那么这个极大值：

$$\hat{\theta}(x_1,x_2,\cdots,x_n)$$

就是 θ 的极大似然估计值。

极大似然估计的含义是：一组观察值 $x_1, x_2, \cdots, x_n$ 在一次实验中出现了，其联合概率就应当是最大的(以离散情形来理解)。现在有许多"θ 的估计值"$\hat{\theta}$ 可供选择，不同的 $\hat{\theta}$ 会使 $x_1, x_2, \cdots, x_n$ 出现的联合概率取不同的值，因此，应当选择使联合概率密度 L 最大的那个 $\hat{\theta}$。

在上述"θ 的极大似然估计值" $\hat{\theta}$ 的表达式中，之所以在括号中放入 $x_1, x_2, \cdots, x_n$，是因为样本观察值 $x_1, x_2, \cdots, x_n$ 的不同，将导致"θ 的极大似然估计值"的不同。"θ 的极大似然估计值"是样本观察值 $x_1, x_2, \cdots, x_n$ 的函数。

极大似然估计量，是指

$$\hat{\theta}(X_1, X_2, \cdots, X_n)$$

它是一个随机变量。

极大似然估计值

X 为连续随机变量时，X 的随机样本 $X_1, X_2, \cdots, X_n$ 的联合概率密度函数为

$$\prod_{i=1}^{n} f(x_i; \theta)$$

记为 L，又称为 θ 的极大似然函数。

当 X 为离散随机变量时，L 表示概率：

$$P(X_1 = x_1, X_2 = x_2, \cdots, X_n = x_n)$$

L 关于 θ 的极大值如果存在，极大值 $\hat{\theta}(x_1, x_2, \cdots, x_n)$，就是 θ 的极大似然估计值。其含义是：一组观察值 $x_1, x_2, \cdots, x_n$ 在一次实验中出现了，其联合概率就应当是最大的(以离散情形来理解)。所以，选择使联合概率密度 L 最大的那个 $\hat{\theta}$。

5.3.4 示例

例 5.3.1 设 $X_1, X_2, \cdots, X_n$ 是正态总体 $N(\mu, \sigma^2)$ 的一个样本观察值，求 μ 与 σ^2 的极大似然估计值。

通过对极大似然函数

$$L = \prod_{i=1}^{n} \left(\frac{1}{\sqrt{2\pi}\sigma}\right) e^{-\frac{(x_i-\mu)^2}{2\sigma^2}}$$

取对数，分别对 μ 与 σ^2 求偏导，并令偏导为 0，可求出 μ 与 σ^2 的极大似然估计值，如下：

$$\hat{\mu} = \frac{1}{n}\sum_{i=1}^{n} x_i = \bar{x}$$

$$\hat{\sigma}^2 = \frac{1}{n}\sum_{i=1}^{n} (x_i - \bar{x})^2$$

☆注意☆　σ^2 的极大似然估计值 $\hat{\sigma}^2$，比矩法估计值（样本方差 $S^2=\frac{1}{n-1}\sum_{i=1}^{n}(X_i-\overline{X})^2$）小。

如果把上面两个式子中的小写 x，换成大写 X，上面的极大似然估计值，就变成了极大似然估计量。

5.4　判断点估计的优劣标准

同样一组样本观察值，不同估计方法，可以得出不同的母体参数的估计值。例如上例中对母体方差 σ^2 的估计，极大似然法的估计式与矩法的估计式不同。到底哪一个更好呢？这就需要有一些恰当的标准来判别。

判断点估计的优劣的标准，就是判断总体参数估计量的优劣的标准。

5.4.1　无偏估计量

如果 $E(\hat{\theta})=\theta$，则称 $\hat{\theta}$ 为 θ 的无偏估计量。

可以证明，总体均值 μ 的样本矩估计量 $\overline{X}$（同时也是极大似然估计量 $\hat{\mu}$）是无偏估计量。

可以证明，总体方差 σ^2 的样本矩估计量 S^2 是无偏估计量，极大似然估计量 $\hat{\sigma}^2$ 是有偏的。

5.4.2　最小方差性

若总体参数为 θ，θ 的估计量 $\hat{\theta}$ 的方差 $\mathrm{Var}(\hat{\theta})$，小于等于其他所有对 θ 的估计量 $\widetilde{\theta}$ 的方差 $\mathrm{Var}(\widetilde{\theta})$，也就是

$$\mathrm{Var}(\hat{\theta})\leqslant \mathrm{Var}(\widetilde{\theta})$$

总是成立，那么 θ 的估计量 $\hat{\theta}$ 就具有最小方差性。

5.4.3　有效估计量

在用估计量 $\hat{\theta}$ 来估计总体的某个参数 θ 时，如果：

(1) 估计量 $\hat{\theta}$ 是无偏的，即该估计量的均值与要估计的参数的真值 θ 相等；

(2) 在 θ 的所有的无偏估计量中，估计量 $\hat{\theta}$ 的方差最小。

那么，这个估计量 $\hat{\theta}$ 就是总体参数 θ 的有效估计量。

5.4.4 渐近无偏估计量

如果$\lim\limits_{n\to\infty}E(\hat{\theta}_n)=\theta$,式中 n 为样本容量,则称 $\hat{\theta}_n$ 为 θ 的渐近无偏估计量。

5.4.5 一致估计量

定义:如果 $\hat{\theta}_n$ 满足:

$$\lim_{n\to\infty}P(|\hat{\theta}_n-\theta|<\varepsilon)=1$$

则称 $\hat{\theta}_n$ 为 θ 的一致估计量。

上述定义式,又被缩写为

$$P\lim_{n\to\infty}\hat{\theta}_n=\theta$$

也就是 $\hat{\theta}_n$ 依概率收敛于 θ。

一致估计量的另一种等效的定义是①$\hat{\theta}_n$ 渐无偏;②$\lim\limits_{n\to\infty}\mathrm{Var}(\hat{\theta}_n)=0$。

渐近方差的定义(需注意)是

$$\lim_{n\to\infty}\mathrm{Var}(\hat{\theta}_n)=\frac{1}{n}\lim_{n\to\infty}E(n(\hat{\theta}_n-E(\hat{\theta}_n))^2)$$

除了极限符号以外,渐近方差与常规的方差定义的重要区别是:在均值符号 E 之前添了一个$\frac{1}{n}$,在均值符号 E 之后添了一个 n。两者并不能相互抵消,但却防止了在大多数情况下$\lim\limits_{n\to\infty}(\hat{\theta}_n-E(\hat{\theta}_n))=0$”的问题。

5.4.6 渐近有效性

渐近有效性定义:一个估计量是渐近有效的,如果:①这个估计量是一致估计量;②这个估计量有着比“其他方法得到的估计量”更小的渐近方差。

在上述六个判断标准中,无偏估计量、有效估计量、一致估计量这三个概念最重要,应用最为广泛。

应用最为广泛的判别点估计优劣的准则

1. 小样本准则:

(1) 无偏估计量:$E(\hat{\theta})=\theta$;

(2) 有效估计量:①估计量 $\hat{\theta}$ 是无偏的;②在所有的无偏估计量中,估计量 $\hat{\theta}$ 的方差最小。

2. 大样本准则:

一致估计量:$\hat{\theta}$ 满足 $P\lim\limits_{n\to\infty}\hat{\theta}_n=\theta$。

5.5　区间估计

点估计，即使是无偏的点估计，在一次估计中，都与总体参数（真值）有偏差。所谓“无偏”，是指在大量重复抽样基础上的均值，是无偏的。因此，需要估计点估计对总体参数的偏差。换一种说法是：根据估计量的分布，在一定概率下，给出总体参数的可能范围。

5.5.1　置信区间

若总体分布含一个未知参数 β，找出了 2 个依赖于样本 $X_1, X_2, \cdots, X_n$ 的估计量：

$$\hat{\beta}_1(X_1, X_2, \cdots, X_n) \leqslant \hat{\beta}_2(X_1, X_2, \cdots, X_n)$$

使

$$P(\hat{\beta}_1 \leqslant \beta \leqslant \hat{\beta}_2) = 1-\alpha$$

其中，$0<\alpha<1$，α 一般取 0.05 或 0.01，则称随机区间 $(\hat{\beta}_1, \hat{\beta}_2)$ 为 β 的 $100(1-\alpha)\%$ 的置信区间。百分数 $100(1-\alpha)\%$ 称为置信度或置信水平。

5.5.2　已知总体方差求总体均值的置信区间

例 5.5.1　设随机变量 X 服从 $N(\mu, \sigma^2)$ 分布，其中 μ 未知，σ^2 已知。现抽取了 n 个样本观察值 $x_1, x_2, \cdots, x_n$，求总体均值 μ 的 $(1-\alpha)$ 的置信区间（例如 95% 的置信区间，以下就以 $\alpha=5\%$ 为例展开讨论）。

此例中，已知正态分布的方差 $\sigma^2=0.09$，所以 $\sigma=0.3$。

依据 5.2.3 小节，知 $\overline{X}$ 服从 $N\left(\mu, \frac{\sigma^2}{n}\right)$ 分布，所以

$$Z-\frac{\overline{X}-\mu}{\sigma/\sqrt{n}} \text{服从 } N(0,1) \text{分布。}$$

随机变量 Z 所服从的 $N(0,1)$，是个已知的（与需要估计范围的 μ 无关的）分布，对于 Z 在其均值 0 附近的具有 95% 概率的区间 $[-k, k]$ 而言，有下式成立：

$$P\{-k < Z < k\} = 0.95$$

式中，k 是待定系数。换句话说，区间 $[-k, k]$ 以 95% 的概率，把 Z（含有未知参数 μ）覆盖了。

由于 $N(0,1)$ 是关于 y 轴对称的，所以，应当有 $k=z_{0.025}$（注意符号规律，其含

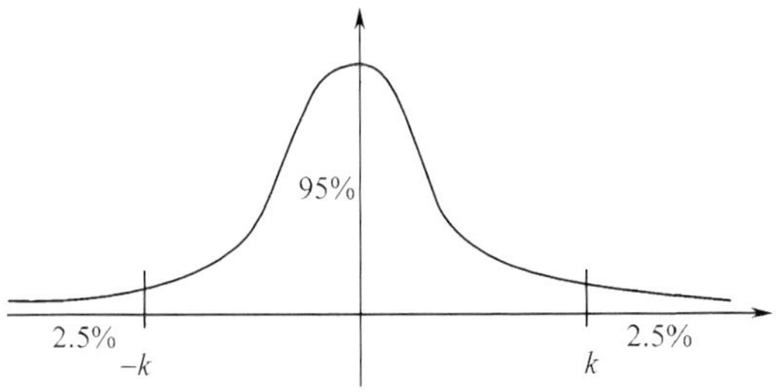

图 5.5.1 关于置信区间的图示

义如图 5.5.1 所示:表示 k 点右侧的概率是 0.025),也就是

$$P(-z_{0.025} < Z < z_{0.025}) = 0.95$$

即
$$P\left\{-z_{0.025} < Z = \frac{\overline{X}-\mu}{\sigma/\sqrt{n}} = \frac{\overline{X}-\mu}{\sigma_X} \leqslant Z_{0.025} < z_{0.025}\right\} = 0.95$$

也就是"$-z_{0.025} \leqslant \frac{\overline{X}-\mu}{\sigma_{\overline{X}}} \leqslant z_{0.025}$"的概率为 0.95。做不等式变换,得到

$$\overline{X} - \sigma_{\overline{X}} z_{0.025} \leqslant \mu \leqslant \overline{X} + \sigma_{\overline{X}} z_{0.025}$$

的概率为 0.95。或者说,随机区间$[\overline{X}-\sigma_{\overline{X}} z_{0.025}, \overline{X}+\sigma_{\overline{X}} z_{0.025}]$以 95%的概率把母体均值 μ 覆盖住。这个区间的随机性是由 $\overline{X}$ 的随机性决定的。参见图 5.5.2。

若对于一般的 α 而言,以 $1-\alpha$ 的概率覆盖住母体均值 μ 的随机区间是

$$[\overline{X} - \sigma_{\overline{X}} z_{\alpha/2}, \overline{X} + \sigma_{\overline{X}} z_{\alpha/2}]$$

这个区间以 $\overline{X}$ 为中心 $\pm\sigma_{\overline{X}} z_{\alpha/2}$。其图示如下:

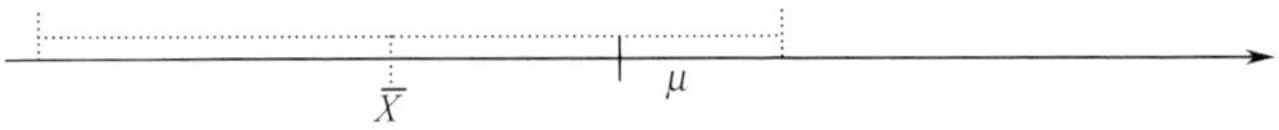

图 5.5.2 覆盖 μ 的随机区间

例 5.5.2 设总体 X 服从 $N(\mu, 0.09)$,抽取了 16 个样本观察值 $x_1, x_2, \cdots, x_{16}$,样本均值为 13,求总体均值 μ 的 95%的置信区间。

此例中,已知正态分布的方差 $\sigma^2=0.09$,所以 $\sigma=0.3$。所以,可以从正态分布的表中查出 $z_{0.025}$,$z_{0.025}$ 使 $P(Z\leqslant z_{0.025})=0.975$。查表(查概率为 0.975 所对应的 $z_{0.025}$),得 $z_{0.025}=1.96$(也可以借助 SPSS 的 Idf. Normal 函数计算,参见 5.6.4 小节)。于是,按照上面关于置信区间的一般公式,有

$$\overline{X} - \frac{\sigma}{\sqrt{n})} z_{0.025} \leqslant \mu \leqslant \overline{X} + \frac{\sigma}{\sqrt{n}} z_{0.025}$$

$$13 - (0.3 \div 4) \times 1.96 \leqslant \mu \leqslant 13 + (0.3 \div 4) \times 1.96$$

区间 [12.854,13.146]就是母体均值 μ 的 95%的置信区间。

已知总体方差求总体均值的置信区间

若随机变量 X 服从 $N(\mu,\sigma^2)$分布，其中 μ 未知，σ^2 已知，则总体均值 μ 的 $1-\alpha$ 的置信区间为

$[\overline{X}-\sigma_{\overline{X}}z_{\alpha/2},\overline{X}+\sigma_{\overline{X}}z_{\alpha/2}]$

5.5.3　未知总体方差求总体均值的置信区间

本小节所面对的问题与上一小节基本相同，只是正态分布的方差未知。即是设随机变量 X 服从 $N(\mu,\sigma^2)$分布，其中 μ 与 σ^2 均未知。现抽取了 n 个样本 X_1，X_2，…，X_n，求总体均值 μ 的 $1-\alpha$ 的置信区间。

由 5.2.3 小节，若 X 服从 $N(\mu,\sigma^2)$，S 为 X 的样本均方差，则统计量

$$T=\frac{\overline{X}-\mu}{S/\sqrt{n}}\sim t(n-1)\text{ 分布}$$

由于 $t(n-1)$分布是关于 y 轴对称的，且 $t(n-1)$分布与估计范围的 μ 无关，所以，依题目要求，有

$$P\left\{-t_{\alpha/2}(n-1)\leqslant\frac{\overline{X}-\mu}{S/\sqrt{n}}\leqslant t_{\alpha/2}(n-1)\right\}=1-\alpha$$

由此，可得置信区间

$$\overline{X}-t_{\alpha/2}(n-1)\frac{S}{\sqrt{n}}\leqslant\mu\leqslant\overline{X}+t_{\alpha/2}(n-1)\frac{S}{\sqrt{n}}$$

由于$\frac{S}{\sqrt{n}}$就是 $\sigma_{\overline{X}}$ 的点估计值 $\hat{\sigma}_{\overline{X}}$，所以，上式又可以表达为

$$\overline{X}-t_{\alpha/2}(n-1)\hat{\sigma}_{\overline{X}}\leqslant\mu\leqslant\overline{X}+t_{\alpha/2}(n-1)\hat{\sigma}_{\overline{X}}$$

当把样本观察值代入上式后，该置信区间也是以 $\bar{x}$ 为中心的区间。其端点为

$$\bar{x}\pm t_{\alpha/2}(n-1)\frac{S}{\sqrt{n}}\text{，或者 }\bar{x}\pm t_{\alpha/2}(n-1)\hat{\sigma}_{\overline{X}}$$

式中，$\bar{x}$ 为随机变量 X 的样本观察值的均值，s 为 X 的样本观察值的均方差。

例 5.5.3　设总体 X 服从 $N(\mu,\sigma^2)$，抽取了一组样本观察值 $x_1,x_2,\cdots,x_{16}$，计算出样本均值 $\bar{x}$ 为 13，样本均方差 s 为 0.4，求总体均值 μ 的 95%的置信区间。

先查表，查出 $t_{0.025}(15)$的值 2.13，同样，可以借助 SPSS 的 Idf. T 函数计算出(参见 5.6.4 小节)于是，按照上面关于置信区间的一般公式，有

$$\bar{x}-t_{0.025}(15)\times\frac{s}{\sqrt{n}}\leqslant\mu\leqslant\bar{x}+t_{0.025}(15)\times\frac{s}{\sqrt{n}}\text{，即}$$

$$13-2.13\times\left(\frac{0.4}{4}\right)\leqslant\mu\leqslant 13+2.13\times\left(\frac{0.4}{4}\right)$$

区间［12.787,13.213］就是母体均值μ的95%的置信区间。

未知总体方差求总体均值的置信区间

若随机变量X服从$N(\mu,\sigma^2)$分布，其中μ与σ^2均未知，则总体均值μ的$1-\alpha$的置信区间为

$$\left[\bar{x}-t_{\alpha/2}(n-1)\frac{s}{\sqrt{n}},\bar{x}+t_{\alpha/2}(n-1)\frac{s}{\sqrt{n}}\right]$$

5.5.4 “用样本均值推断母体均值”的样本容量问题

用样本均值$\bar{x}$来推断母体均值μ，样本容量n应当多大，才能保证误差不超过设定值δ?

由5.5.3小节，我们有

$$P\left\{-t_{\alpha/2}(n-1)\leqslant\frac{\bar{x}-\mu}{s/\sqrt{n}}\leqslant t_{\alpha/2}(n-1)\right\}=1-\alpha$$

也就是

$$P\left\{\frac{|\bar{x}-\mu|}{s/\sqrt{n}}\leqslant t_{\alpha/2}(n-1)\right\}=1-\alpha$$

设$|\bar{x}-\mu|$的最大值（也就是用样本均值估计母体均值的最大误差）为δ，则

$$\frac{\delta}{s/\sqrt{n}}=t_{\alpha/2}(n-1)\text{ 的概率为 }1-\alpha$$

于是

$$n=\left(t_{\alpha/2}(n-1)\times\frac{s}{\delta}\right)^2$$

的概率为$1-\alpha$。这就是说，如果按照上式计算出来的样本容量n，去随机抽样，所得到的样本均值$\bar{x}$与母体均值μ的误差，不超过δ的概率为$1-\alpha$。

由于，当样本容量n充分大时，t分布近似于标准正态分布$N(0,1)$（参见5.2.2小节），所以n的计算公式可以改为：

$$n=\left(z_{\alpha/2}\times\frac{s}{\delta}\right)^2$$

虽然上述分析是基于5.5.3小节X服从正态分布的，但是由于中心极限定理的存在，使得上述估算样本容量的方法，有着广泛的应用。例如，对选举的民意调查，要调查多少民众才能使得对各党的支持率的推断误差，不超过某个δ（例如3%）? 就可以用上式计算。

读者可能会有疑惑，对各党派的支持率的问题是个 0—1 分布问题（对多党派的支持率的问题，可以转化为多个 0—1 分布问题），如何能够使用基于正态分布所得到的结果呢？

原因就在于，当 n 足够大时（例如在 30 以上），任意分布的均值函数 $\overline{X}$ 近似地服从正态分布。因此能够用上述公式计算所需要的样本量。

例 5.5.4　对共和党与民主党的支持率的民意调查，希望预测的误差不超过 3%，已知上一年的调查样本方差为 0.18，试计算在 95% 的置信水平上本次调查所需要的样本量。

由题目知，最大误差为 $\delta=0.03$，所以 $\delta^2=0.0009$，$s^2=0.18$，于是样本容量为

$$n=\left(z_{0.025}\times\frac{s}{\delta}\right)^2=1.96^2\times\left(\frac{s^2}{\delta^2}\right)=1.96^2\times 200=768.32$$

也就是说样本容量至少应当是 769 人。

如果对上一年调查的样本方差 $s^2=0.18$ 有怀疑，可以依据本次调查结果的样本方差做调整。当然，也可以多次调整。

样本均值 $\overline{x}$ 与母体均值 μ 的样本容量的计算

样本均值 $\overline{x}$ 与母体均值 μ 的误差不超过 δ 的概率为 $1-\alpha$ 样本容量由下式确定

$$n=\left(t_{\alpha/2}(n-1)\times\frac{s}{\delta}\right)^2，或者$$

$$n=\left(z_{\alpha/2}\times\frac{s}{\delta}\right)^2$$

式中，s 是样本均方差。

5.5.5　未知总体均值求总体方差的置信区间

例 5.5.5　设总体 X 服从 $N(\mu,\sigma^2)$，抽取了一组样本观察值 $x_1,x_2,\cdots,x_n$，求总体方差 σ^2 的 $1-\alpha$ 的置信区间。

此例中，正态分布的均值 μ 未知。

由 5.2.3 小节，有

$$\chi^2=\frac{(n-1)S^2}{\sigma^2}\text{ 服从 }\chi^2(n-1)\text{ 分布}$$

由于 $\chi^2(n-1)$ 分布不是关于 y 轴对称的，且 $\chi^2(n-1)$ 与要估计范围的 σ^2 无关，所以，有

$$P\left\{\chi^2_{1-\alpha/2}(n-1)\leqslant\frac{(n-1)S^2}{\sigma^2}\leqslant\chi^2_{\alpha/2}(n-1)\right\}=1-\alpha$$

所以，可以得到关于 σ^2 的置信度为 $100(1-\alpha)\%$ 的置信区间：

$$\left[\frac{(n-1)S^2}{\chi^2_{\alpha/2}(n-1)},\frac{(n-1)S^2}{\chi^2_{1-\alpha/2}(n-1)}\right]$$

当得到样本观察值 $x_1,x_2,\cdots,x_n$ 后，就可以把上式中的 S 换成 s，计算出具体的区间。

5.6 SPSS 在参数估计中的应用

本章只重点介绍了从样本数据来估计：总体的分布的两个点参数总体均值 μ 与总体方差 σ^2，以及这两个点参数的区间估计问题。因此本节重点介绍这两方面的参数估计问题。

5.6.1 μ 与 σ^2 的点估计：样本均值 $\bar{x}$、样本方差 s^2 的计算

在 4.2 节 SPSS 的简单应用中，我们已经断断续续遇到过计算样本均值(Mean)$\bar{x}$、样本方差(Variance)s^2 和样本标准差(Std. deviation)s 的选择问题。只不过在第 4 章，我们是把它们作为样本数据的均值和方差来计算，而不是作为总体均值 μ 的估计值、总体方差 σ^2 的估计值和总体标准差 σ 的估计值来对待的。计算的点击过程没有什么变化，只是本节给予它们一个新的理解罢了。

以例 4.2.1 的样本值为例，说明 SPSS 计算 $\bar{x}$、s^2 和 s 的点击过程。本问题可以把同年级的男女身高视为总体，而所面对的数据可以理解为从该年级的学生抽样的结果。

1. 用频次分析模块(Frequency Process)**来计算**

(1) 启动 SPSS，调入样本值(见本书附盘文件"CH4 男女性别身高 32")。

(2) 从主菜单的 Analyze 开始，依次点击 Analyze→Descriptive Statistics→Frequencies，就可以进入到频次分析模块(Frequency Process)。

(3) 在频次分析模块的主窗口(见图 4.2.6)中，用箭头 ▸ 把身高变量送入右框，点击 Statistics... 按钮。系统弹出频次模块的统计子窗口。在此子窗口中，选择左下角的标准差(Std. deviation)、方差(Variance)和右上角的均值(Mean)。选择结果见图 5.6.1。

(4) 在点击 Continue 返回频次分析模块的主窗口后，点击 OK，得到结果如表 5.6.1 所示。

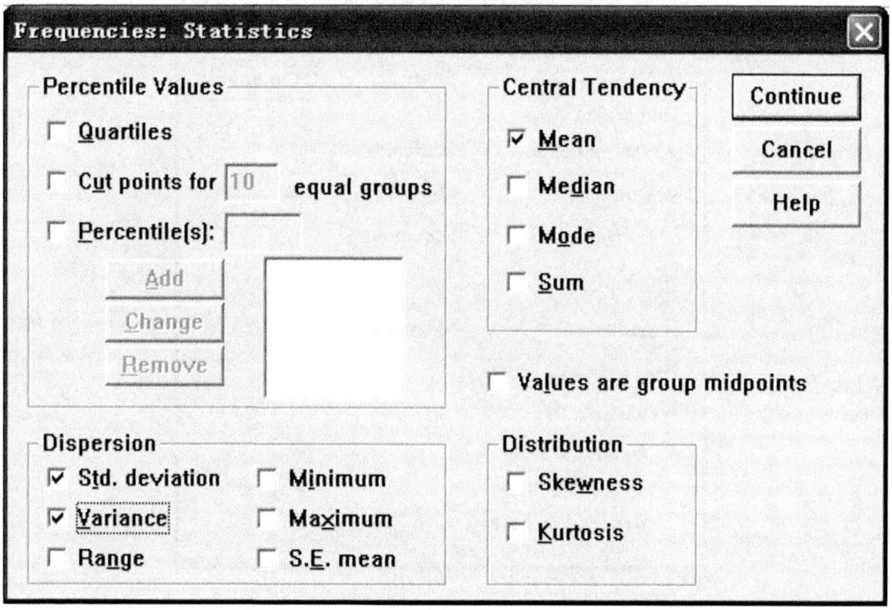

图 5.6.1　频次分析的输出的统计量的选择窗口

表 5.6.1　身高均值、方差估计值(厘米)

N	Valid	32
	Missing	0
Mean		173.4063
Std. Deviation		7.83647
Variance		61.41028

2. 用描述统计模块(Descriptive Process)来计算

(1) 启动 SPSS,调入样本值(将本书附盘文件“CH4 男女性别身高 32”)。

(2) 点击 Analyzc → Descriptive Statistics→Descriptives。此时,系统弹出一个窗口,进入描述统计模块(见图 4.2.19)。

(3) 在此窗口中,用箭头 ▶ 把左框的身高变量送入右框。点击右下角的 Options... ,系统弹出选择输出统计值的窗口。在此窗口中,选择左列的均值(Mean)、标准差(Std. deviation)与方差(Variance)。选择结果见图 5.6.2。

(4) 点击 Continue 返回描述统计模块的主窗口后,点击 OK ,得到结果如表 5.6.2 所示。

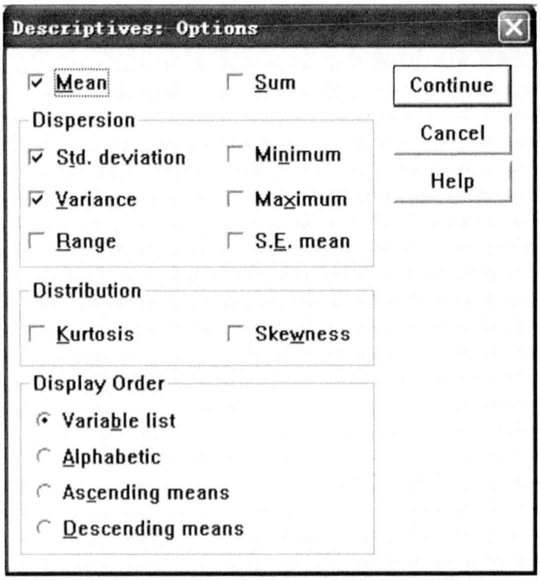

图 5.6.2 描述统计的选择窗口

表 5.6.2 身高均值、方差估计值(厘米)

	N	Mean	Std. Deviation	Variance
身高(厘米)	32	173.4063	7.83647	61.410
Valid N (listwise)	32			

5.6.2 总体均值的置信区间的计算

仍以例 4.2.1 的样本值为例,说明 SPSS 计算总体均值 μ 的置信区间的点击过程。本问题仍可以把同年级的男女身高视为总体,而所面对的数据可以理解为从该年级的学生抽样的结果。

(1) 在调入数据后,点击 Analyze→Descriptive Statistics→Explore。此时系统弹出一个窗口(见图 4.2.21)。

(2) 用箭头 ▸ 把"身高"变量送入 Dependent List(因变量清单)框中(如果图中左框中,有多个变量可供选择,可以选多个变量,送入"变量清单框")。

图 4.2.21 中,左下角的 Display 小框的默认值是同时输出统计量和图形。可以接受它,也可以改变它。本例仅要求输出统计量。

(3) 点击 Statistics... 按钮,系统弹出一个窗口(探索分析统计窗口),见图

5.6.3。该窗口的系统默认值，正是输出均值的 95% 的置信区间，我们可以接受它，也可以改变它为 99% 的置信区间（直接点击 95% 就可以修改它）或其他百分点的置信区间。

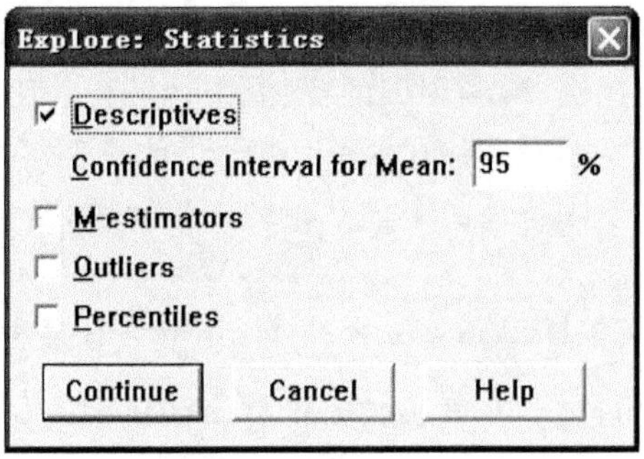

图 5.6.3　探索分析统计选择窗口

（4）点击 Continue，返回主窗口。点击 OK，输出结果，见表 5.6.3。

从该表格可以读出，均值的估计值为 173.4063（厘米），覆盖总体均值的 95% 的随机区间的一个观察区间的是（170.5809，176.2316）。此表格同时还输出了总体方差和总体标准差的估计值等。

表 5.6.3　身高均值的 95% 置信区间

			Statistic	Std. Error
身高（厘米）	Mean		173.4063	1.38531
	95% Confidence Interval for Mean	Lower Bound	170.5809	
		Upper Bound	176.2316	
	5% Trimmed Mean		173.4236	
	Median		174.0000	
	Variance		61.410	
	Std. Deviation		7.83647	
	Minimum		158.00	
	Maximum		190.00	
	Range		32.00	
	Interquartile Range		9.0000	
	Skewness		−.081	.414
	Kurtosis		−.201	.809

5.6.3 总体的构成比例的估计问题

在几乎所有的社会科学中,包括相当数量的自然科学门类中(例如,医学科学、农学科学等),具有不同特征的个体数量的比例问题是经常遇到的。例如,高收入人数的比例、贫困户的比例、科学种田的比例、土地转让的比例、开展电子商务的企业的比例、支持某项政策的农民的比例、及格学生的比例、某种药物的有效疗效的比例等等。总之,具有不同特征的个体数量的比例问题,是我们研究一个系统结构的基本问题。

如果我们通过随机抽样得到了 n 个样本,其中具有某种(我们关心的)特性的样本数为 t,我们是否可以用"具有该特性的样本的比例值 $\pi=\frac{t}{n}$"来推断总体中具有该特性的比例也是 π 呢?

概括为统计问题是:总体可以被理解为 0-1 分布,总体中具有某特性的个体的比例是 p,从总体中,一次随机抽取 n 个样本观察值 $x_1,x_2,\cdots,x_n$,由此可以统计出具有某特性的个体的比例值 π。我们能否用 π 来估计 p?

当然可以。因为这时的样本比例值 π,正好就是样本均值 $\bar{x}$。$\sum_{i=1}^{n}x_i$ 就是样本观察值中,具有某种特性的个体的个数(例如,投硬币实验中的正面朝上的个数,也就是样本中取值的个数),这个个数除以 n,正好就是 $\frac{1}{n}\sum_{i=1}^{n}x_i$,即均值 $\bar{x}$,由 5.2.4 小节可知,随机变量 $\bar{X}$ 的均值,就是 X 的均值 p,所以可以用 π(即 $\bar{x}$)来估计总体均值 p,而且是无偏估计值。

这样,我们就可以简单地用 SPSS,通过求均值的方法,解决估计总体比例 p 的问题。

5.6.4 用 SPSS 从 x 查 $p=P(X\leqslant x)$,从 p 查 x

在数据窗口中,点击 Analyze→Compute,系统弹出 Compute Variable(计算变量)窗口,参见图 4.1.14。

在这个窗口的右边中部,有一个 Function group(函数组)框,在这个框中的有诸多的函数组,从中选出你所需要的函数组,从选出的函数组中可以选出所需要的函数,完成相应的计算。例如,可以从随机变量 X 的取值边界 x,计算出 $P(X\leqslant x)$ 的概率值,也可以反过来,从概率值 p,计算出 x 的值。这样,就免去了查表的麻烦。

例如，要计算服从 $N(0, 1)$分布的 $x=1.96$ 的概率值 $P(X\leqslant x=1.96)$，就在图 4.1.14 的窗口中的 Function group(函数组)框中，选中函数组 CDF & Noncentral CDF(累积概率密度函数与非中心累积密度函数)。此时，该窗口右下方的 Functions and Special Variables(函数与特定变量)框中出现大量的可供选择的"累积概率密度函数"，见图 5.6.4。

在这个 Functions and Special Variables 框中选择 Cdf. Normal 函数，这时，这个框左侧的框中出现对这个函数的解释。用向上的箭头▲把这个函数送到上面的 Numeric Expression(数量表达式)框中。此时，"数量表达式"框中，出现函数 CDF. NORMAL(?,?,?)这两步操作的结果，见图 5.6.5。

按照中下框里的文字解释，在 Numeric Expression(数量表达式)框中把函数 CDF. NORMAL(?,?,?)的第一个问号，改为 1.96(即 x 的值)，第二个问号改为 0(即标准正态分布的均值)，第三个问号改为 1(标准正态分布的标准差)。也就是改为 CDF. NORMAL(1.96,0,1)。

左上角的 Target Variable(目标变量)框中，送入你希望的变量名，例如 aa。点击 OK 。数据窗口中就出现变量 aa 的值是 0.975。也就是 $P(X\leqslant 1.96)=0.975$。

从概率值反求 x 的点击方法类似上述过程。

例如，X 服从 $N(0, 1)$分布，已知概率值 $P(X\leqslant x)=0.975$，要计算 x 的值，就

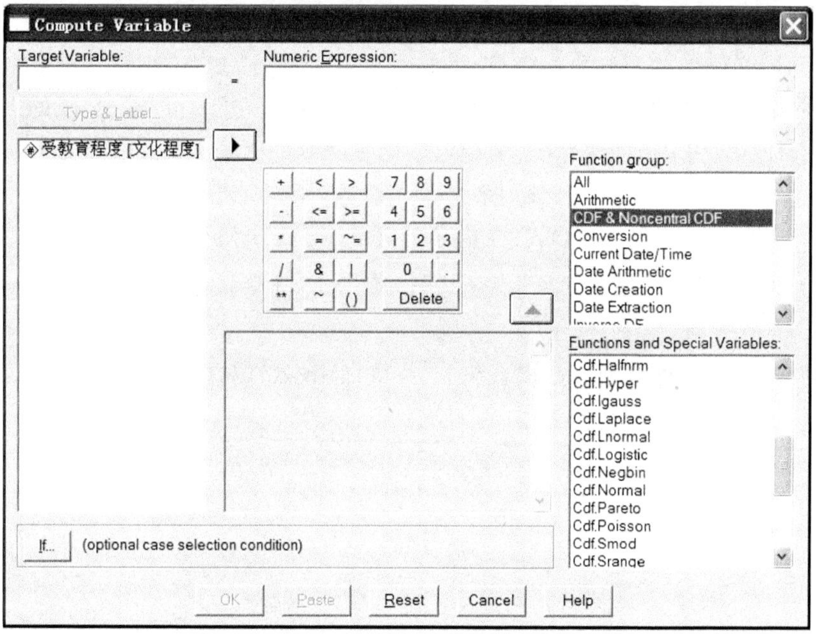

图 5.6.4　在计算窗口右上框选择函数组

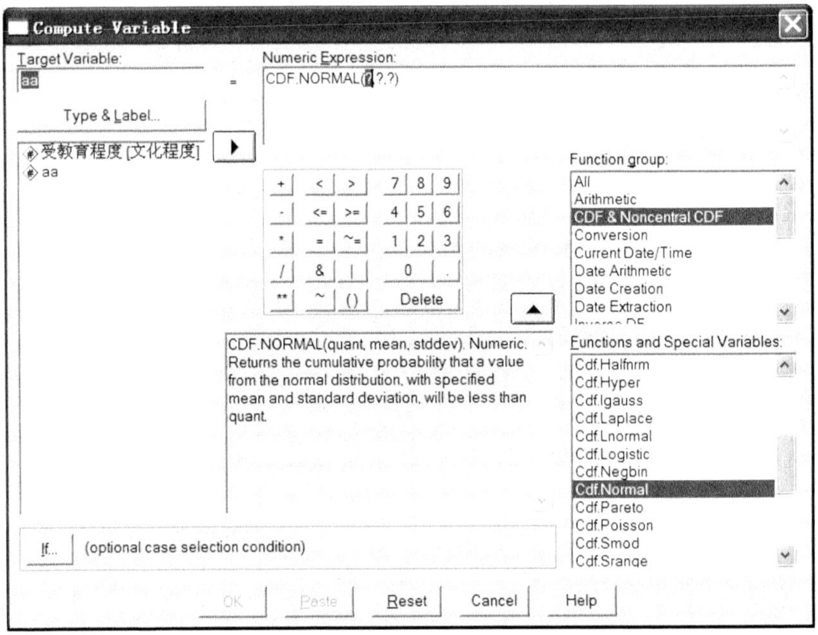

图 5.6.5 在计算窗口右下框选择函数

可以类似于上述点击过程，在图 4.1.14 的窗口的 Function group(函数组)框中，选中函数组 Inverse DF(反概率密度函数)。

此时，该窗口右下方的 Functions and Special Variables(函数与特定变量)框中出现大量的可供选择的“反概率密度函数”。选中正态分布的反函数“Idf. Normal”，并用向上的箭头▲把这个函数送到上面的 Numeric Expression(数量表达式)框中。并把该框中的函数 IDF. NORMAL (?,?,?)，改为 IDF. NORMAL(0.975,0,1)，在左上角的 Target Variable(目标变量)框中的变量名定为你要的名字，例如 bb。点击 OK，数据窗口中就会出现变量 bb，其值为 1.96。

同样，可以计算其他分布函数(如 t 分布)的概率值和反函数的概率值。

这样，就省去了查表的工作。

用 SPSS 从 x 查 $p=P(X\leqslant x)$，从 p 查 x

(1)点击 Analyze→Compute，系统弹出 Compute Variable(计算变量)窗口。

(2)在该窗口的右边中部的 Function group 框中，选出你所需要的函数组。例如 Inverse DF。此时，该框下面的 Functions and Special Variables 框中出现可供选择这一组中的函数。

(3)在 Functions and Special Variables 框中选择你所需要的函数，例如 Idf. T。

(4)用向上的箭头▲把选中的函数送到上面的 Numeric Expression 框中。并按照要求，在函数表达式内填入数据。

(5)在左上角的 Target Variable 框中键入变量名，点击 OK，数据窗口就会出现计算结果。

思考与练习题

1. 试述以下基本概念

   ①总体分布 ②随机样本 ③简单随机样本 ④样本观察值 ⑤样本分布 ⑥样本(累积)分布函数 $F_n(x)$ ⑦点估计 ⑧矩估计法 ⑨无偏估计量 ⑩有效估计量 ⑪渐进无偏估计量 ⑫一致估计量

2. 试述格利文科定理。格利文科定理的主要意义是什么？
3. 什么是统计量？什么是统计量的值？
4. 基于标准正态分布 $N(0,1)$ 的随机样本，如何构成了 χ^2 分布、t 分布或 F 分布？
5. 若 $X_1,X_2,\cdots,X_n$ 是正态总体 $N(\mu,\sigma^2)$ 的一个随机样本，则：①$\overline{X}$ 服从什么分布？②$\dfrac{\overline{X}-\mu}{\sigma/\sqrt{n}}$服从什么分布？③$\dfrac{\overline{X}-\mu}{S/\sqrt{n}}$服从什么分布？④$\dfrac{(n-1)S^2}{\sigma^2}$服从什么分布？⑤$\dfrac{S_1^2/\sigma_1^2}{S_2^2/\sigma_2^2}$服从什么分布？
6. 若随机变量 X 的均值为 μ，标准差为 σ，分布形式任意。从总体得到一组随机样本 $X_1,X_2,\cdots,X_n$，问统计量 $\overline{X}$ 的分布函数的均值 $\mu_{\overline{X}}$ 与标准差 $\sigma_{\overline{X}}$ 各是什么？
7. 网箱养鱼户在某年出售某类鱼的平均价格是每斤 4.33 元。假定售鱼价格的标准差是每斤 0.75 元。随机选择 150 户养殖该类鱼的养殖户，那么，这 150 养鱼户的售价均值构成了一个统计量，这个统计量的分布是一个抽样分布。问：①这个抽样分布的平均值是多少？②这个抽样分布的标准差是多少？③描述这个抽样分布的形状。
8. 0−1 分布(即 $B(1,p)$ 分布)，状态 1 出现时，随机变量 $X=1$，状态 2 出现时，$X=0$。设 $P(X=1)=p$，问：①X 的均值、方差各是什么？②$\overline{X}$ 的均值 $\mu_{\overline{X}}$、方差 $\sigma_{\overline{X}}^2$ 各是什么？
9. 设随机变量 X 的均值为 μ，方差为 σ^2，$X_1,X_2,\cdots,X_n$，为 X 的样本，则当 n 充分大时，$\overline{X}$ 近似地服从什么分布？一般而言，n 大于等于多少，才算充分大？
10. 某市场调查员在研究消费者购物习惯的时候，询问了进入超市的第 20 名顾客，问他(她)每周购买几次食品，并将答案记录为 T。问：$T=3$ 是什么？从下列备选答案中选择正确答案：

    A. 样本观察值 B. 变量 C. 统计量 D. 参数

11. 什么是极大似然估计法？极大似然估计法的基本思想是什么？
12. 什么是估计量的最小方差性？
13. 什么是估计量的渐近有效性？
14. 什么是区间估计？举例说明。
15. 抽取 18 袋袋装香米，重量的样本均值是 9.87 公斤，样本标准差是 0.27 公斤，假设袋装香米的重量服从正态分布。求：①这种袋装香米每袋的真实平均重量的 95%的置信区间。②这种袋装香米每袋的真实平均重量的 99%的置信区间。③置信水平的增加对置信区间的宽度有什么影响？
16. 某小学 5 年级抽出 100 个学生的身高的均值是 139 厘米，标准差为 5 厘米，近似服从正态分布。试计算该小学 5 年级学生的平均身高以 90%的概率落在什么区间？
17. 三个电视剧的第一名将由观众投票产生。某机构在正式投票前做了一次民意调查，预测第一名的得主，并且希望预测的误差不超过 3%。在正式民意调查前，小规模抽样调查对三个电视剧的支持的调查样本方差均近似于 0.36，试计算在 95%的置信水平上本次调查所需要的样本量。
18. 请选用数据盘中的恰当数据文件，用 SPSS 的如下模块计算数据集合的样本均值 $\bar{x}$、样本方差 s^2，或做区间估计：①频次分析模块 ②统计模块 ③探索模块
19. 依据数据文件“CH4 茎叶箱方差工资性别岗位 300 余”，计算不同工作性质的人员数占总体人数的比例（需要改造数据文件“CH4 茎叶箱方差工资性别岗位 300 余”中的“工作性质”变量的数据表达方式）。
20. 用 SPSS 完成如下计算：①已知 X 服从 $N(0,1)$分布，求 $z_{0.025}$，也就是求 x，满足 $P(X>x)=2.5\%$；②已知 X 服从 $\chi^2(15)$分布，求 $\chi_{0.05}$，也就是求 x，满足 $P(X>x)=5\%$；③已知 X 服从 $F(6,9)$分布，求 $f_{0.05}$，也就是求 x，满足 $P(X>x)=5\%$；④已知 X 服从 $T(13)$分布，求 $t_{0.025}$，也就是求 x，满足 $P(X>x)=2.5\%$。
21. 用 SPSS 完成如下计算：①已知 X 服从 $N(0,1)$分布，求 $P(X\leqslant 1.975)$值；②已知 X 服从 $\chi^2(18)$分布，求 $P(X\leqslant 9.390)$值；③已知 X 服从 $F(6,8)$分布，求 $P(X\leqslant 2.67)$值；④已知 X 服从 $T(18)$分布，求 $P(X\leqslant 2.1009)$值；⑤已知 X 服从二项分布 $B(10,0.25)$，分别求 $P(X=0)$，$P(X\leqslant 1)$，$P(X=1)$等值。

第 6 章　参数假设检验

6.1　假设检验的基本概念

假设检验,分为参数检验与非参数检验。

参数检验所要处理的问题是:已知总体的分布并且猜到(或用样本估计出)总体某个参数的数值,那么这个猜出来的(或估计出来的)参数值,“对不对”呢?

这个猜出来(或估计出来)的参数值,就称为(参数)假设,记为 H_0。参数检验,就是要用样本(注意不应当用估计出总体参数的样本)来判断,这个参数假设“对不对”,是接受这个假设,还是拒绝这个假设。

例 6.1.1　我们知道,对抛硬币来说总体分布为两点分布。我们猜这个硬币是均匀的,正面出现的概率为 1/2。对不对呢?我们可以用样本观察值来检验它,例如抛了 100 次,正面出现了 55 次。

例 6.1.2　生产线上生产出来的零件,我们知道零件的直径是服从正态分布的(总体分布),随机地抽出来 16 个零件,分别测量出它们的直径,计算出其样本均值为 10。我们猜(推断)总体均值也为 10。这对不对呢?我们可以用另外的一组样本来检验它。

当然,我们不能从绝对意义上,而只能从“统计意义”上,来判断“对不对”。

所谓统计意义上的“对”与“不对”,就是有可能犯错误。例如,当我们认为参数的某个假设 H_0 正确时(接受假设 H_0 时),有可能假设 H_0 本来是错误的,而我们却把它当成正确的了。但是我们应当保证犯这种错误(“以假为真”的错误,简称“存伪”的错误)的概率很小(例如 5%,1%),也就是概率 $P\{$接受 $H_0 \mid H_0$ 为假$\}$很小。

“以假为真”的错误又被称为第 2 类错误。所犯的“以假为真”的错误的概率记为 β。β 也就是概率 $P\{$接受 $H_0 \mid H_0$ 为假$\}$之值。

反之,当我们拒绝假设 H_0 时,也可能犯“以真为假”的错误(简称“弃真”的错误,也称为第 1 类错误)。当然,我们也希望所犯的“以真为假”的错误的概率很小,也就是 $P\{$拒绝 $H_0 \mid H_0$ 为真$\} = \alpha$ 很小(通常 α 取 5%,或 1%)。

非参数检验,又称分布检验。它所要处理的问题是,我们并不知道总体的分布,但却可以借助于经验或总体的样本,对总体的分布做一个猜测(总体分布假设 H_0),然后,用总体的另一组样本,来判断这个假设“对不对”(接受或拒绝假设 H_0)。

同样,分布检验也可能犯“存伪”(以假为真)或“弃真”(以真为假)的两类错误,并且给出的检验的结论，也应当使犯错误的概率很小。

假设检验的概念

参数检验：已知总体分布，猜出总体的某个参数（假设 H_0），用一组样本来检验这个假设，是否正确（是接受还是拒绝假设 H_0）。

非参数检验：猜出总体分布（假设 H_0），用一组样本来检验这个假设，是否正确（是接受还是拒绝假设 H_0）。

在检验中，我们通常设法保证"弃真"（以真为假）的错误的概率 α 很小，也就是概率 $P\{$拒绝 $H_0|H_0$ 为真$\}$很小。这是我们在假设检验时分析问题的主线。

6.2 一个正态总体下的参数假设检验

设：总体 X 服从 $N(\mu,\sigma^2)$分布。本节介绍有关 μ 与 σ^2 的参数假设检验。

6.2.1 关于正态总体均值 μ 的假设检验

关于均值的假设检验，分如下三种情况：

(1) 已知方差 σ^2，假设 H_0：总体均值 $\mu=\mu_0$，通过样本观察值 $x_1,x_2,\cdots,x_n$，检验 H_0 是否成立（使"以真为假"的错误的概率 α 很小，也就是概率 $P\{$拒绝 $H_0|H_0$ 为真$\}$很小）。

(2) 未知方差 σ^2，假设 H_0：总体均值 $\mu=\mu_0$，通过样本观察值 $x_1,x_2,\cdots,x_n$，检验 H_0 是否成立（使"以真为假"的错误的概率 α 很小，也就是概率 $P\{$拒绝 $H_0|H_0$ 为真$\}$很小）。

(3) 未知方差 σ^2，假设 H_0：总体均值 $\mu\leqslant\mu_0$，通过样本观察值 $x_1,x_2,\cdots,x_n$，检验 H_0 是否成立（使"以真为假"的错误的概率 α 很小，也就是概率 $P\{$拒绝 $H_0|H_0$ 为真$\}$很小）。

1. 已知方差 σ^2，检验假设：$\mu=\mu_0$

例 6.2.1 已知生产线上生产出来的零件直径服从正态分布，已知方差为 0.09（毫米^2），现有假设 H_0：均值 $\mu=10$（毫米）。这个假设可以是猜出来的，也可以是生产标准所要求的。现在有一组样本观察值：10.01，10.02，10.02，9.99，…，请判断假设 H_0 是否正确。

首先，应当找出一个统计量，满足如下条件：

(1) 已经知其分布和参数(从而可以得出水平轴上的任何一点右侧的概率)。

(2) 在题目的条件下,能够算出这个统计量的值。具体而言,这个统计量中应当包含所要检验的参数 μ(代入假设值后为 μ_0)和与之对应的 $\overline{x}$,以及已知的 σ^2 或 σ,以便依据样本观察值计算出这个统计量的值。

由 5.2.3 小节,我们知道统计量 $Z=\dfrac{\overline{X}-\mu}{\sigma/\sqrt{n}}$ 服从 $N(0,1)$ 分布。这个分布满足上述(1)、(2)两个条件。$N(0,1)$ 分布及参数已知,并且,可以由样本计算出 $\overline{x}$,代入已知的 σ 和假设 $\mu_0=10$,就可以求出统计量 Z 的值,所以,可以用这个统计量来检验假设 $\mu=\mu_0=10$(在统计意义上)是否正确。

分析思路:假设 $H_0: \mu=10$,只有在 $\overline{x}$ 远离 10(即 μ_0)时,我们才拒绝 H_0。而 $\overline{x}$ 远离 10,意味着 $z=\dfrac{\overline{x}-\mu_0}{\sigma/\sqrt{n}}$ 的绝对值很大。$|z|$ 大到什么程度,我们才拒绝 H_0 呢?

我们假设 $|z|\geqslant k$ 时,就拒绝 H_0(认为 $\mu\neq 10$)。

如果 H_0 是正确的,我们当然希望拒绝 H_0(犯错误)的概率很小。也就是使

$$P(|Z|\geqslant k)=\alpha$$

很小。

这正是"弃真"(以真为假)的概率很小,即 $P\{拒绝 H_0 | H_0 为真\}=\alpha$ 很小。

现在的问题是如何确定 k? 如果 $\alpha=0.05$,由 Z 服从 $N(0,1)$ 分布的图形很容易知道,k 右侧的面积(概率)应当为 0.025,$-k$ 左侧的面积(概率)也应当为 0.025,当 z 在 k 的右侧,或 $-k$ 的左侧时,(在 X 的密度函数 $N(10,0.09)$ 图上)$\overline{x}$ 就远离 10,于是,就拒绝 $\mu=10$ 的假设。

显然,此时,若 $\mu=10$ 正确,而我们又拒绝它的概率最多只有 0.05。

查找标准正态分布概率表(0.975 所对应的)$k=z_{0.025}=1.96$。

现在,依据题目的条件,可以算出:

$$z=\frac{\overline{x}-\mu_0}{\sigma/\sqrt{n}}=\frac{10.01-10}{0.3/2}=0.067$$

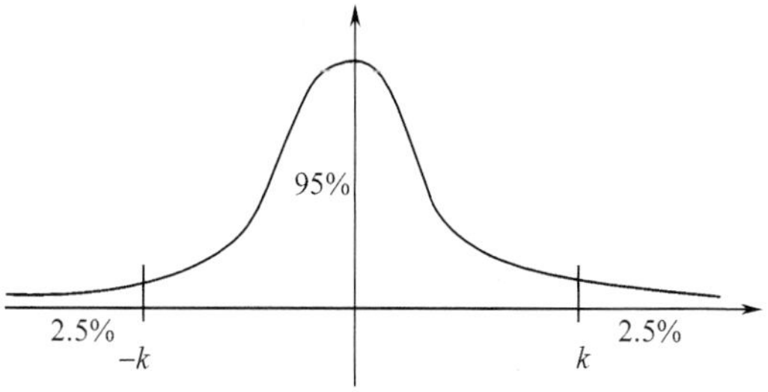

图 6.2.1　k 的外侧概率很小

显然，$z < z_{0.025} = 1.96$，所以，在 0.05 的显著性水平上，不应当拒绝假设 H_0，可以接受均值 $\mu=10$（毫米）的假设。反之，若 $z \geqslant z_{0.025} = 1.96$，就拒绝假设 H_0。

☆注意☆　一些习惯格式与术语：

习惯格式：$\begin{cases} \text{原假设（或零假设）} H_0: \mu=\mu_0 \\ \text{备择假设 } H_1: \mu \neq \mu_0 \end{cases}$

若拒绝原假设 H_0，那么，就相当于备择假设 H_1（$\mu<\mu_0$，$\mu>\mu_0$）可能发生，此时称为双尾检验。若取 $\alpha=0.05$，则 $z_{0.025}$ 记为 $z_{\frac{\alpha}{2}}$。α 称为显著性水平，也是犯“弃真”错误的概率。当然，也可取 $\alpha=0.01$ 或其他值（在 0 与 1 之间），它反映出犯“弃真”错误的不同的概率。

已知方差 σ^2，检验假设 H_0：　$\mu=\mu_0$

理解的关键：$z=\dfrac{\overline{x}-\mu_0}{\sigma/\sqrt{n}}$ 是一个可以利用已知条件计算出来的值，Z 服从完全已知的 $N(0,1)$ 分布。

$\overline{x}$ 远离 μ_0（等价于 $|z| \geqslant k$）时，就拒绝 H_0。如果“拒绝”错了，概率也应当很小，即 $P(|Z| \geqslant k)=\alpha$ 很小。在图 6.2.1 中，就是 z 落在 k 和 $-k$ 外侧的概率很小。也就是说，k 和 $-k$ 外侧的概率只能是 $\dfrac{\alpha}{2}$。

符号 $z_{\frac{\alpha}{2}}$ 就是图 6.2.1 中表示其外侧的概率为 $\dfrac{\alpha}{2}$ 的、水平轴上的点。所以，$k=z_{\frac{\alpha}{2}}$。

2. 未知方差 σ^2，检验假设：$\mu=\mu_0$（这种情形更为常见）

例 6.2.2　已知生产线上生产出来的零件直径服从正态分布，现有假设 H_0：均值 $\mu=10$（毫米）。这个假设可以是猜出来的，也可以是生产标准所要求的。现在有一组样本观察值：10.01，10.02，10.02，9.99，…，x_{16}。计算出 $\overline{x}=10.01$，$S=0.01$，请判断假设 H_0 是否正确。

同样，先要找出一个统计量，满足：①已经知其分布和参数；②在题目的条件下，可以依据样本，算出这个统计量的值。具体而言，这个统计量中应当包含所要检验的参数 μ（代入假设值后为 μ_0）和与之对应的 $\overline{x}$，不能包含 σ。

由第 5 章的 5.2.3 小节，我们知道统计量 T：

$$T=\frac{\overline{X}-\mu}{S/\sqrt{n}}\text{，服从 } t(n-1) \text{ 分布}$$

它满足上述两个条件：$t(n-1)$ 分布完全已知，并且可以依据已知条件（μ 对应的 μ_0，$\overline{X}$ 对应的 $\overline{x}$，S 对应的 s）计算出该统计量的值 t。

于是，我们今后可以拿计算出来的 t 与待定参数 k 比较，得出接受或者拒绝假设 H_0 结论。使“弃真”的错误的概率 α 很小，也就是概率 $P\{$拒绝 $H_0 \mid H_0$ 为真$\}$ 很小。

分析思路：假设 $H_0:\mu=10$。只有在 $\overline{x}$ 远离 $\mu_0=10$ 时，我们才拒绝 H_0。而 $\overline{x}$ 远离 10，意味着 $t=\dfrac{\overline{x}-\mu_0}{s/\sqrt{n}}$ 的绝对值很大。$|t|$ 大到什么程度，我们才拒绝 H_0 呢？

我们假设 $|t|\geqslant k$ 时，就拒绝 H_0（认为 $\mu\neq 10$）。如果 H_0 是正确的，我们当然希望拒绝 H_0（犯错误）的概率很小。也就是使 $P(|T|\geqslant k)=\alpha$ 很小。这正是"弃真"的概率很小。

现在的问题仍然是如何确定 k。如果 $\alpha=0.05$，由 T 服从 $t(n-1)$ 分布的图形，很容易知道，k 右侧的面积（概率）应当为 0.025，$-k$ 左侧的面积（概率）也应当为 0.025，当 t 在 k 的右侧，或 $-k$ 的左侧时，（在 X 的密度函数 $N(10,\sigma^2)$ 图上）$\overline{x}$ 就远离 10，于是，就拒绝 $\mu=10$ 的假设。

显然，此时，若 $\mu=10$ 正确而我们又拒绝它的概率最多只有 0.05。

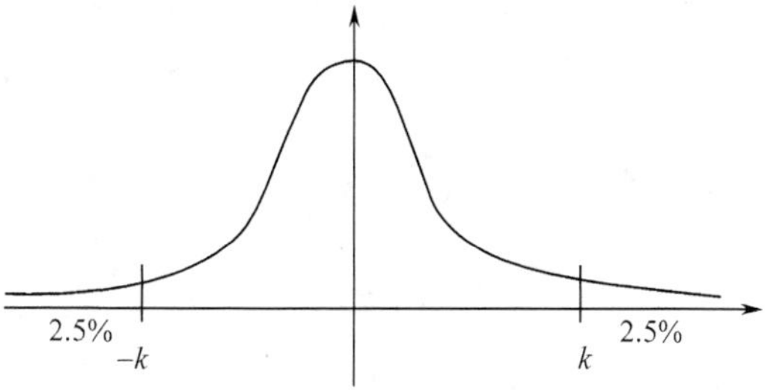

图 6.2.2　k 外侧的概率仅 2.5%

在 $t(n-1)$ 分布的图形中，如果 k 的右边的概率是 0.025，就记 k 为 $t_{0.025}$，于是，就有

$$P(|T|\geqslant t_{0.025})=0.05$$

在 T 的表达式中，把 $\overline{x}$ 代入 $\overline{X}$，μ_0 代入 μ，s 代入 S，计算出 t。

如果 $|t|$ 真的 $\geqslant t_{0.025}$ 了，那么就拒绝 H_0，此时，犯"弃真"错误的概率最多只有 0.05。查 $t(15)$ 表，$\dfrac{\alpha}{2}=0.025$ 所对应的 $t_{0.025}$ 或者，用 SPSS（Analyze→Compute）中的 T 分布的反函数 Idf. Tc 见 5.6.4 小节，可得出 $t_{0.025}=2.13$。

现在，依据题目的条件，可以算出：

$$t=\frac{\overline{x}-\mu}{s/\sqrt{n}}=\frac{10.01-10}{\sqrt{0.01}/\sqrt{16}}=0.4$$

也就是

$$|t|=0.4<2.13$$

所以，不能拒绝假设 H_0，可以接受均值 $\mu_0=10$（毫米）的假设，此时犯"弃真"的错误的概率不超过 0.05。

3. 未知方差 σ^2，检验假设：$\mu>\mu_0$（这是作为备择假设出现的）

下例的目的是为了说明单尾检验。

例 6.2.3 已知生产线上的操作工人的生产效率服从正态分布，在实施新的操作方法之前，操作工人的平均生产效率是 $\mu_0=10$（件/小时）。现在改用新的操作方式来生产，抽取 16 位工人观测一天，发现被观测工人平均 1 小时的完成件数是：10.01，10.2，10.2，9.99，…x_{16}，计算出 $\overline{x}=10.1$，$S=0.01$。请问：采用新操作方式后，工人的生产效率（平均 1 小时完成件数）是否提高？

此问题可对原假设和备择假设做如下安排：

$$H_0: \mu=\mu_0, H_1: \mu>\mu_0$$

同样，先要找出一个已经知分布和参数的统计量，并且，在上述题目的条件下，能够算出这个统计量的值。具体而言，这个统计量中应当包含所要检验的参数 μ（代入假设值后为 μ_0）和与之对应的 $\overline{x}$。由于不知道总体方差 σ^2，所以这个统计量中不能包含 σ^2 或 σ。

同样选择统计量 T：

$$T=\frac{\overline{X}-\mu}{S/\sqrt{n}}\text{，服从 } t(n-1)\text{ 分布}$$

要使“弃真”的错误的概率 α 很小，也就是概率 $P\{$拒绝 $H_0 \mid H_0$ 为真$\}$很小，也就是 $P\{$拒绝 H_0，认为 $\mu>\mu_0 \mid \mu=\mu_0$ 为真$\}=\alpha$ 很小，那么，就应当有

$$P\ (T\geqslant t_{0.05})=0.05$$

☆注意☆ 此时的备择假设 H_1 是 $\mu>\mu_0$，只有当 $\overline{X}$ 大于 μ_0 很多时，才可能有 H_1 的结果。由统计量 T 的构成，可知 T 大于 0，所以，这里仅考虑 $T\geqslant k$ 的概率为 α 的式子，这决定了只能从单侧来考虑 k 的取值问题，所以是单尾检验。

如果 T 真的大于等于 $t_{0.05}$ 了，那么就拒绝 H_0，此时犯错误的概率最多只有 0.05。

查 $t(15)$ 表，$\alpha=0.05$ 所对应的 $t_{0.05}$，或者，用 SPSS（Analyze→Compute）中的 T 分布的反函数 Idf. T（见 5.6.4 小节），可得出 $t_{0.05}=1.75$。现在，依据题目的条件，可以算出：

$$t=\frac{\overline{x}-\mu}{s/\sqrt{n}}=\frac{10.1-10}{\sqrt{0.01}/\sqrt{16}}=4$$

也就是

$$|t|=4>1.75$$

所以，拒绝假设 H_0，接受备择假设 H_1，认为 $\mu>\mu_0=10$（件/小时），也就是使用新操作方式后，工人的生产效率显著提高了。此时犯错误的概率不超过 0.05。

小结：关于总体参数假设检验的 3 个关键

1. 找到一个合适的统计量，使该统计量包括所要检验的参数(例如 μ，代入假设值后为 μ_0)和与之对应的样本估计量。如果已知条件中还知道总体的另外的参数，该统计量中也应包括它，以便充分利用信息。否则，不应包括。

2. 从犯“弃真”错误的角度考虑问题，使概率 $P\{$拒绝 $H_0 \mid H_0$ 为真$\}=\alpha$ 很小。从而得出关键的表达式。例如，$P(|T|\geqslant t_{0.025})=0.05$。

3. 从“原假设与备择假设”的安排，来判断是双尾检验还是单尾检验。

6.2.2　p 值：与查表找临界点的一个等价判别法

1. 双尾检验的情形

在例 6.2.2 中，我们是通过比较 t 统计值与临界值 k 之间的大小关系，来判断拒绝还是接受零假设($\mu=\mu_0$)的。

如果 t 落在临界值的内侧($-k$ 与 k 之间，参见图 6.2.3)，则在 $t=\dfrac{\overline{x}-\mu}{s/\sqrt{n}}$ 的构成中，可以看出，$\overline{x}$ 与零假设值 μ_0 很接近，所以可以接受零假设($\mu=\mu_0=10$)，认为总体的 μ 等于 μ_0。此时，t 的外侧的概率(参见图 6.2.3 中的 $t>0$ 的情形，$t<0$ 的情形结论相似)显然大于临界值 k 的外侧概率 0.025(即 $\frac{\alpha}{2}$)。所以

$$t<k(t>0 \text{ 的情形})\text{等价于 } t \text{ 的外侧概率}>\frac{\alpha}{2}(\text{双尾情形})$$

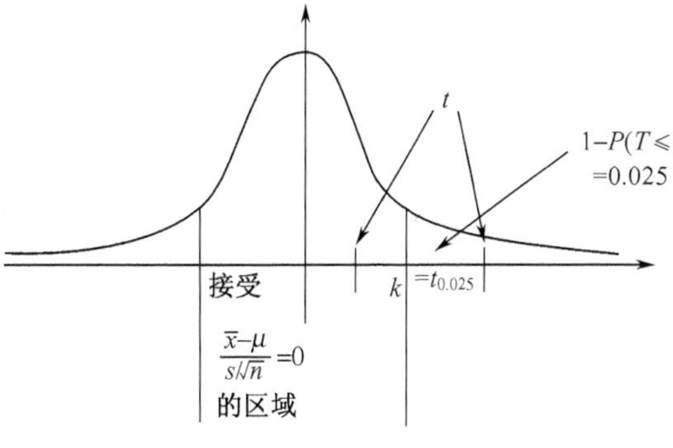

图 6.2.3　等价判别方式的图解

如果 t 落在临界值的外侧，且 $t>0$，也就是 $t>k$(临界值，即 $t_{0.025}$，参见图 6.2.3)，则拒绝 H_0，表明样本 $\overline{x}$ 与零假设的 μ_0 相差太远，总体均值不应当是 μ_0(本例 $\mu_0=10$)。而

$t>$临界值k(即$t_{0.025}$,见图 6.2.3),等价于t的外侧概率$<\frac{\alpha}{2}(0.025)$

注意到在图 6.2.3 中,t点外侧概率的表达式为$1-P(T\leqslant t)$。显然,双尾问题下$t<0$的情形,结论相似(读者可以自行把图 6.2.3 左侧的图形补齐)。总之,在双尾检验的情形下,比较t与临界值k,与比较t的外侧概率$1-P(T\leqslant t)$和$\frac{\alpha}{2}$,是等价的。

据此,我们定义双尾检验情况下t的统计值的p值为:t统计值"外侧"概率的两倍。即在双尾检验情况下:

$$t\text{ 的 }p\text{ 值}=2\times(1-P(T\leqslant t))$$

本书把"t统计值的p值"称为t统计值的显著性概率。

今后,我们就可以简单地用t统计值的显著性概率p与显著性水平α(α取 0.01 或 0.05 或其他小概率值)直接比较:

若$p<\alpha$,则表明t落在由α所决定的分界点的外侧,应当拒绝H_0,接受H_1。

若$p>\alpha$,则表明t落在由α所决定的分界点的内侧,应当接受H_0。

当然,除了可以针对t统计值定义p值以外,还可以对其他统计值(例如z统计值)定义p值。SPSS 使用的就是后一种判别方法(用p值判别法)来判别接受还是拒绝H_0的。

2. 单尾检验的情形

在单尾检验的情况下,由于已经先验地得知μ与μ_0的关系($\mu>\mu_0$或$\mu<\mu_0$),因此,在图 6.2.3 中,就不应考虑另一半的情形。例如,当先验地得知$\mu>\mu_0$时,就不必考虑左半边(小于 0 的一半图形);当先验地得知$\mu<\mu_0$时,就不必考虑右半边(大于 0 的一半图形)。因此,显著性水平α也就不需要分成两半。例如,在例 6.2.3 中,当$\alpha=0.05$时,拒绝H_0的概率表达式是

$$P(T\geqslant t_{0.05})=0.05$$

这里的显著性水平α就没有被分成两半。因此,在单尾检验的情形下,统计值的p值就是该统计值外侧的概率。定义是

在单尾检验的情形下统计值的p值$=1-P$(相应统计量$\leqslant$该统计值)

对于例 6.2.3 来说,t的显著性概率$p=1-P(T\leqslant t)$。p是t点外侧的概率。相应的判别方法是(相当于图 6.2.3 中概率面积的比较):

若$p<\alpha$,则表明t落在由α所决定的分界点的外侧,应当拒绝H_0,接受H_1。

若$p>\alpha$,则表明t落在由α所决定的分界点的内侧,应当接受H_0。

这与双尾判别方法在形式上统一起来了。

小结

对于双尾检验而言，统计值的显著性概率定义为

统计值的 p 值 $=2\times(1-P$(相应统计量$\leqslant$该统计值))

对于单尾检验而言，统计值的显著性概率定义为

统计值的 p 值 $=1-P$(相应统计量$\leqslant$该统计值)

也就是说，对于同一个统计值(例如 t)而言，双尾的情况下的 p 值是单尾情形下的两倍。

检验方法是

若 $p<\alpha$，则表明 t 落在由 α 所决定的分界点的外侧，应当拒绝 H_0，接受 H_1。

若 $p>\alpha$，则表明 t 落在由 α 所决定的分界点的内侧，应当接受 H_0。

6.2.3 关于正态总体的方差 σ^2 的检验

关于方差的假设检验，分为如下两种情况：

(1) 未知均值 μ，假设 H_0：总体方差 $\sigma^2=\sigma_0^2$，通过样本观察值 $x_1,x_2,\cdots,x_n$，检验 H_0 是否成立（使“弃真”的错误的概率 α 很小，也就是概率 $P\{$拒绝 $H_0 \mid H_0$ 为真$\}$很小)。

(2) 未知均值 μ，假设 H_0：总体方差 $\sigma^2\leqslant\sigma_0^2$(反之亦然)，通过样本观察值 x_1，$x_2,\cdots,x_n$，检验 H_0 是否成立(使“弃真”的错误的概率 α 很小，也就是概率 $P\{$拒绝 $H_0 \mid H_0$ 为真$\}$很小)。

以下，我们一一研究上述两类检验问题。

1. 未知均值 μ，检验假设 H_0：总体方差 $\sigma^2=\sigma_0^2$ 是否成立

例 6.2.4 已知生产线上生产出来的零件直径服从正态分布，长期以来直径的均方差 $\sigma=0.3$ 毫米，现材质改进，抽出 20 个样本，计算出来的样本方差 $s^2=0.16$。请判断该生产线的方差是否改变。

此时的检验假设可以定为

H_0：总体方差 $\sigma^2=\sigma_0^2=0.09$

H_1：总体方差 $\sigma^2\neq\sigma_0^2=0.09$

同样，先要找出一个已知分布和参数的统计量，并且，在上述题目的条件下，能够算出这个统计量的值。具体而言，这个统计量中应当包含所要检验的参数 σ^2(在代入假设值之后为 σ_0^2)和与之对应的 s^2。由于不知道总体均值 μ，所以这个统计量中不能包含 μ。

由 5.2.3 小节，我们知道统计量 $\chi^2=\dfrac{(n-1)S^2}{\sigma^2}$服从 $\chi^2(n-1)$ 分布。它包含

S^2(对应于假设 σ_0^2 的样本估计量),但不包含 μ(因为 μ 未知),所以可以算出统计量 χ^2 的值。拿 χ^2 的值与待定参数 k 比较,得出接受或者拒绝假设 H_0 结论。使"弃真"的错误概率 α 很小,也就是概率 $P\{拒绝 H_0 | H_0 为真\}$很小。

分析思路:如果 $\sigma^2=\sigma_0^2$ 是正确的,我们要使"弃真"的错误概率 α 很小,也就是 $P\{拒绝 H_0 | H_0 为真\}$很小,也就是 $P\{拒绝 H_0 | H_0:\sigma^2=0.09 为真\}=\alpha$ 很小,那么,就应当有(注意:分布 $\chi^2(n-1)$关于 y 轴是不对称的。当 σ 确定后,若 S^2 大,则 χ^2 大;若 S^2 小,则 χ^2 小)

$$P(\chi^2 \geqslant \chi^2_{\alpha/2})=\frac{\alpha}{2} \text{或} P(\chi^2 \leqslant \chi^2_{1-\alpha/2})=\frac{\alpha}{2}$$

如果真的发生

$$\chi^2 \geqslant \chi^2_{\alpha/2} \text{或} \chi^2 \leqslant \chi^2_{1-\alpha/2}$$

那么就应当拒绝 H_0,此时犯错误的概率最多只有$\frac{\alpha}{2}$。否则,就接受 H_0。

由题目条件,可算出

$$\chi^2=\frac{(n-1)s^2}{\sigma_0^2}=19\times\frac{0.16}{0.09}=33.7778$$

取 $\alpha=0.05$,查表,或用 SPSS 中 χ^2 的反函数 Idf. chisq 计算,可得

$$\chi^2_{0.025}(19)=32.85$$

$$\chi^2_{0.975}(19)=8.91$$

现在,$\chi^2=33.7778>\chi^2_{0.025}(19)=32.85$。

所以,拒绝 H_0。此时,犯错误的概率最多只有 0.05。

2. 未知均值 μ,检验假设:总体方差 $\sigma^2>\sigma_0^2$ 是否成立

例 6.2.5 已知生产线上生产出来的零件直径服从正态分布,长期以来直径的均方差 $\sigma=0.3$ 毫米,现材质改进,抽出 9 个样本,计算出来的样本方差 $s^2=0.35^2$。请判断该生产线的方差是否会大于 0.09。

此问题与例 6.2.3 相似,但检验的目标有所不同。可安排假设如下:

H_0:总体方差 $\sigma^2=\sigma_0^2=0.09$

H_1:总体方差 $\sigma^2>\sigma_0^2=0.09$

这是单尾检验问题。仍然选择上题的 χ^2 统计量,来检验假设 $\sigma^2=\sigma_0^2=0.09$,是否成立。取"弃真"的错误的概率 $\alpha=0.05$,即

$$P(\chi^2>\chi^2_\alpha)=\alpha=0.05$$

由题目条件,可算出

$$\chi^2=\frac{(n-1)s^2}{\sigma^2}=\frac{8\times0.35^2}{0.09}=10.8889$$

查表或用 SPSS 中 χ^2 的反函数 Idf. chisq 计算，可得 $\chi^2_{0.05}(8)=15.5$

$$\chi^2=10.8889<\chi^2_{0.05}(8)=15.5$$

统计值在右临界值的左边(内侧)，所以，接受假设 H_0，在 0.05 的显著性水平上，不能断定总体方差 $\sigma^2>0.09$。

6.2.4　关于一个正态分布总体的参数检验的小结

1. 检验用的统计量的小结

关于一个正态分布总体的参数检验的统计量

(1) 检验均值($\mu=\mu_0$ 否)，用 Z 统计量(已知 σ^2)或用 T 统计量(未知 σ^2)：

$$T=\frac{\overline{X}-\mu}{S/\sqrt{n}}\sim t(n-1)\text{ 分布}$$

(2) 检验方差($\sigma^2=\sigma_0^2$ 否)，用 χ^2 统计量(未知 μ)：

$$\chi^2=\frac{(n-1)S^2}{\sigma^2}\sim\chi^2(n-1)\text{ 分布}$$

2. 关于应用范围的说明

假设检验的应用范围广大，决不限于这里所举的几个例子，它在管理科学乃至整个社会科学中，以及所有用到统计方法的自然科学中，都有着广泛的应用。例如：

(1) 检验均值是否改变(是否等于原来的均值 μ_0)？改变工艺或者配方，是否提高了平均效率(平均强度等)？培训前后(或学习前后或训练前后)是否提高了技术水平、效率、智商？某广告发布后，销量是否有明显增长？新的激励措施实施后，效率是否明显提高？某政策实施后，某效率(或产量、某标志量)是否有显著提高？某药物使用后，病人的某指标是否有明显的改变？等等。当然，改变与否，都是从平均角度来看的。特点是：一个是采取措施之前，一个是采取措施之后。

(2) 检验方差是否改变(是否等于原来的均值 σ_0^2)？

应用范围同前。只是检验的对象，改为方差。对方差检验的应用普遍程度，远远不及对均值的检验。

3. 数据的形式

已知过去的(或先验的)μ_0 或 σ_0^2，

已得现在的样本值：$x_1,x_2,\cdots,x_n$，

要检验母体均值为 μ_0。

6.3 一个 0-1 总体分布下的参数假设检验

如 5.2.4 小节所述,某类个体占总体的比例问题是社会科学研究和自然科学研究中的最常见的基本问题之一。而反映总体中某类个体的比例的随机变量 X,可以简单地用 0-1 分布 $B(1,p)$来表示,p 就是总体中某类个体的比例。

本节就讨论总体随机变量 X 服从 0-1 分布(即 $B(1,p)$分布)的 p 的假设检验问题。

6.3.1 一个 0-1 分布总体的小样本比例值的参数检验

例 6.3.1 招聘测试问题。某公司人力资源部要招聘若干名某专业领域的工程师。出了 10 道选择题,每题有 4 个备选答案,其中只有一个是正确的。或者说,正确的比率只有 1/4。问:至少应当答对几道题,才能考虑录取?

如果应聘者答对的问题比较少(例如,只答对 2～3 题),则很可能是猜到的。这样的样本所反映的母体的正确比例应与 0.25 没有本质区别。只有答对的题目多了,样本所反映的母体的正确比例 p,才可能大于 0.25(即凭借知识回答问题,而不是随机地猜)。于是,问题就转化为:

总体是 0-1 分布,$B(1,p)$。应聘者答对了(相当于投不均匀的硬币,正面朝上)X 取值为 1;答错了,X 取值为 0。由 0-1 分布知,$E(X)=p$,$\mathrm{Var}(X)=p(1-p)$。

一个完全瞎猜的应聘者,答对的概率应当是 0.25,即 $p=0.25$。

对任意一个应聘者而言,我们并不知道他是不是瞎猜的(即不知道他的 p 是多少),我们不妨先假设他的 $p=0.25$,然后依据他答对题目数来判别他是不是瞎猜的。如果是瞎猜的(接受 $p=0.25$),就不能录用;如果是靠自己的知识回答的,这个应聘者的 p 就应当大于 0.25(拒绝 $p=0.25$)。

于是,聘用问题就转化为如下假设检验问题:

$H_0:p=0.25$(回答者随机地猜答案,不聘)

$H_1:p>0.25$(回答者依据知识选择答案)

这是一个单侧检验的问题。任一个应聘者回答 10 个问题,就相当于得到 0-1 分布的样本 $X_1,X_2,\cdots,X_{10}$,进而得到均值函数 $\overline{X}$。尽管由 5.2.4 小节,我们知道统计量 $\overline{X}$ 的均值和方差,不过我们不知道统计量 $\overline{X}$ 的分布形式,所以,不能直接用 $\overline{X}$ 做假设检验。但是,我们却完全知道统计量 $Y=X_1+X_2+\cdots+X_{10}$ 的分布

(5.2.4 小节第 2 点)，即二项分布 $B(n,p)$，此处 $n=10$。并且这个分布中包含所要检验的参数，所以，我们可以从二项分布 $B(n,p)$ 的角度，也就是用统计量 Y 来考虑上述假设检验问题。

Y 的实际含义，就是(某个应聘者)答对题目的个数。

设 r 是 Y 的观察值。当正确回答题目的个数 r 大于等于阈值 k 时，就拒绝 H_0，认为相应总体(某个应答者)的正确的比例大于 0.25(即不是随机猜出来的)。当然，拒绝 H_0，也可能犯错误。在 H_0(猜对的比例为 0.25)的假设下，拒绝 H_0 的概率 α 应当较小，例如，$\alpha=0.05$。如果在某个 r 大于等于 k 时拒绝 H_0，那么在回答正确的题目数为 $r+1,r+2,\cdots$，时，也应当拒绝 H_0。于是应有

$$\sum_{\text{所有大于等于}k\text{的}r} P(\text{答对的题目数 } r \geqslant k) \leqslant \alpha$$

式中，k 是拒绝 H_0 的答对的最少题目数。

由二项分布的概率公式：

$$P(\text{正面次数} = r) = \binom{n}{r} p^r (1-p)^{n-r}$$

式中，n 为题目的个数，r 为答对题目的个数，p 为答对题目的概率(或者说，答对题目的总体比例值)。可以算出结果如表 6.3.1。

表 6.3.1 累积概率表

回答正确(正面)的次数 r	P(正面$=r$)	自下而上的累计概率
0	0.0563	1.0000
1	0.1877	0.9437
2	0.2816	0.7560
3	0.2503	0.4474
4	0.1460	0.2241
5	0.0584	0.0781
6	**0.0162**	**0.0197**
7	0.0031	0.0035
8	0.0004	0.0004
9	0.0000	0.0000
10	0.0000	0.0000

由此可以看出，取 $k=6$ 时，由所有大于等于 k 的 r 计算出的概率之和 0.0197 $<\alpha=0.05$。刚好满足拒绝的概率(也是可能犯弃真错误的概率)为 0.05 的要求。

不能取 $k=5$，因为由所有大于等于 k 的 r 计算出的概率之和 0.078 大于 α 了。

取 $k=7$,也没有必要,此时对犯错误的概率控制太严了。

精确一些说,不必取 $\alpha=0.05$,只要 $\alpha=0.02$ 就行了。此时,r 的外侧概率($r\geqslant k$的概率之和)$0.0197<\alpha=0.02$,所以,拒绝 H_0,认为回答者不是瞎猜的,是依靠自己知识回答的,可以及格。此时,犯"弃真"错误(本来是瞎猜的,结果也猜对了6道题)的概率,只有2%。这就是我们在考试中,要求60分及格的理由(假设题目的难度是4选1)。

如果题目的难度变了,要求的及格分数也就变了。题目的难度越大,及格的分数也就越低。题目的数量也会影响及格的分数。题目的数量越多,要求及格的分数也就越低一些。

上述结论,读者不妨依托 SPSS 做计算实验。

一个 $B(1,p)$ 总体的小样本比例值 p 的检验问题

有关某类个体在总体中的比例问题,本质上是用 $B(1,p)$ 分布的样本 $X_1,X_2,\cdots,X_n$,来检验均值 p 和先验值 p_0 的关系问题。

统计量 $\overline{X}$ 的均值和方差是已知的,但是不知道 $\overline{X}$ 的分布形式,所以,不能直接用均值函数做假设检验。

统计量 $Y=X_1+X_2+\cdots+X_n$ 的分布,是二项分布 $B(n,p)$,完全已知,并且包含要检验的参数 p,所以,可以用统计量 Y 来作为假设检验。

对于考分问题,零假设 H_0: $p=p_0$,备择假设 H_1: $p>p_0$。

设 k 是拒绝 H_0 的阈值($Y\geqslant k$ 就拒绝 H_0),k 的外侧概率为 α。也就是

$$\sum P(Y\geqslant k)=\alpha,$$

用 Y 的概率计算公式(二项分布的概率计算公式),把大于等于 k 的 Y 的概率都加起来。这个概率和应当小于等于 α。

所以,从 $Y=r=10$ 的概率开始,加 $Y=r=9$ 的概率,…,直到再加一个,其概率和要超过 α 为止。此时的 $r-1$ 就是 k(拒绝 H_0 的阈值)。

6.3.2 一个 0-1 总体的大样本比例值的参数检验

我们通过一个例子来讨论大样本的比例值的假设检验问题。

例 6.3.2 招聘测试问题。某公司人力资源部要招聘若干名某专业领域的工程师。出了100道"正误"选择题(True-False Test),就是说,如果什么都不会,猜正确的比率是0.5。问:至少应当答对几道题,才能考虑录取?

任意一个应聘者如果是随机地猜答案,正确的比例是0.5,即 $p=0.5$。但是我们并不知道这个被抽到的应聘者是不是瞎猜的,所以,可以假设 $p=0.5$,然后再依据样本值,来检验这个假设是否成立。

与例 6.3.1 类似，这个问题的总体是一个 0－1 分布 $B(1,p)$，$p=0.5$。对任一个应聘者回答 100 个问题，就相当于得到 0－1 分布的样本 $X_1,X_2,\cdots,X_{100}$，每一个应聘者的总分是 $Y=X_1+X_2+\cdots+X_{100}$。总分 Y（随机变量）服从二项分布 $B(100,p)$。我们当然可以从二项分布的角度来考虑上述假设检验问题，但是由于本题的 n 较大（$n=100$），所以可以从大样本的近似分布的角度来解决问题。

由 5.2.4 小节知，总体为 0-1 分布 $B(1,p)$ 的样本均值函数 $\overline{X}$（是个统计量）的均值和方差分别为

$$\mu_{\overline{X}}=p$$

$$\sigma_{\overline{X}}^2=\frac{p(1-p)}{n}$$

我们虽然不知道 $\overline{X}$ 的分布形式，但是，由 5.2.6 小节的中心极限定理知：当 n 充分大时，$\overline{X}$ 近似地服从均值为 μ（对于本问题是 $\mu_{\overline{X}}$）、标准差为 $\frac{\sigma}{\sqrt{n}}$（对于本问题是 $\sigma_{\overline{X}}$）的正态分布，即 $\overline{X}\sim N(\mu_{\overline{X}},\sigma_{\overline{X}}^2)$。

对于这类问题而言，按照经验，只要 $n\times p\geqslant 10$，同时，$n\times(1-p)\geqslant 10$，就可以认为 n 足够大了（见：Peck R et al. 2001. 第 444 页），可以用正态分布来近似它。本问题 $n\times p=50$，$n\times(1-p)=50$，满足要求。所以，可以按照 $\overline{X}\sim N(\mu_{\overline{X}},\sigma_{\overline{X}}^2)$ 处理。基于此，易知标准化统计量：

$$Z=\frac{\overline{X}-p}{\sqrt{p(1-p)/n}}$$

近似于标准正态分布。于是，我们有假设检验：

H_0：$p=0.5$（回答者猜答案，不聘用）

H_1：$p>0.5$（回答者依据知识选择答案，聘用）

这是一个单尾检验（One-Tail Test）的问题。

若 H_0 成立，则 Z 应当很小。当 $Z\geqslant k$ 时，就拒绝 H_0，接受 H_1，认为回答者与猜答案有显著差异。此时，仍然可能有犯错误的可能，如果此时 $Z\geqslant k$ 的概率

$$P(Z\geqslant k)=\alpha$$

很小，当然犯错误的概率也就很小。

如果应聘者得了 62 分（即 $\overline{x}=0.62$），则由标准化计算式，容易算出 $z=\frac{0.62-0.5}{\sqrt{(0.5\times 0.5)/100}}=2.4$，$z>z_\alpha\approx 2.33(\alpha=0.01)$，拒绝 H_0，在 1%的置信水平上，62 分与 50 分有显著区别，不是瞎猜的，可以及格。此时，靠瞎猜猜到 62 分的概率不超过 1%。

当 $\alpha=0.0233$ 时，查表得 $z_\alpha=1.99$，此时，若 $\overline{x}=0.60$（得了 60 分），$z=\frac{0.6-0.5}{\sqrt{(0.5\times 0.5)/100}}=2>z_\alpha=1.99$，拒绝 H_0，60 分与 50 分有显著区别（靠瞎猜猜

到 60 分的概率不超过 2.33%)。

例 6.3.3 一个卖男士衬衣的邮购店,从过去的经验中总结出有 15%的购买者说衬衣的大小不合身,要求退货。现在这家邮购店改进了邮购定单的设计,结果在接下来售出的 500 件衬衣中,有 60 件要求退货。问:在 5%的 α 水平上,改进后的退货的比例(母体比例)与原来的退货比例有无显著差异?

对于每个邮购者而言,买来的衬衣只有两种可能的情形:合身、不合身。按照过去的经验,不合身的概率为 15%,此时随机变量 $X=1$;合身的概率是 0.85,此时 $X=0$。或者从总体角度说,不合身的比例为 15%。即这个 0-1 分布 $B(1,p)$ 中 $p=15\%$。

于是,由 500 个随机样本 $X_1,X_2,\cdots,X_{500}$,构成的统计量 $Y=X_1+X_2+\cdots+X_{500}$ 服从二项分布 $B(500,p)$,且 $\overline{Y}=p$。根据题目,现在的样本观察值是 $x_1,x_2,\cdots,x_n,n=500$。得到的不合身的比例(退货的比例)为 $\overline{x}=60/500$,即 $\hat{p}=12\%$。

由于 $n\times p=500\times 0.15=75>25$,已经足够大,故,由中心极限定理,$\overline{X}$ 近似地服从均值为 p、方差为 $\dfrac{p(1-p)}{n}$ 的正态分布。统计量 $\overline{X}$ 符合做假设检验的条件:完全已知(近似的)概率分布函数,且含有要检验的参数 p。

于是,此时的假设检验是

$$H_0: p=0.15$$

$$H_1: p<0.15$$

取显著性水平 $\alpha=0.05$,这是一个单尾检验问题。

$$\sigma_{\overline{x}}=\sqrt{\frac{p(1-p)}{n}}=0.016$$

$$z=\frac{\hat{p}-p}{\sigma_{\overline{x}}}=\frac{-0.03}{0.016}=-1.875$$

查表或用 SPSS 中正态分布的反函数 Idf.normal 计算,$z_\alpha=1.645$,由 $z<-z_\alpha=-1.645$,所以,拒绝 H_0,邮购定单改进后的退货比例 12%与改进前的退货比例 15%有显著差异。

一个 $B(1,p)$ 总体的大样本比例值 p 的检验问题

有关某类个体在总体中的比例问题,本质上是用 $B(1,p)$ 分布的样本 $X_1,X_2,\cdots,X_n$ 来检验 $B(1,p)$ 的均值 p 和先验值 p_0 的关系问题。

虽然 $Y=X_1+X_2+\cdots+X_n$ 服从二项分布 $B(n,p)$,完全已知,并且包含要检验的参数 p,可以用 Y 来检验 p 和先验值 p_0 的关系。

> 但当 n 太大时，计算不便，需采用中心极限定理，按照统计量 $\overline{X}$ 近似地服从正态分布来处理（只要 $n\times p\geqslant 10$，且 $n\times(1-p)\geqslant 10$，就可以认为 n 足够大了）。
>
> 在标准化变换后，$Z=\dfrac{\overline{X}-p}{\sqrt{p(1-p)/n}}$ 近似 $\sim N(0,1)$ 分布。于是，可以用 Z 来做关于其均值 p 和先验值 p_0 的关系问题的检验。

6.4　两个正态总体下的参数假设检验

本节研究两个相互独立的正态总体的参数检验问题。

6.4.1　两个正态总体参数检验概貌

设：获得来自两个总体的相互独立的样本观察值：$x_1,x_2,\cdots,x_n$ 与 $y_1,y_2,\cdots,y_m$。所要完成的参数检验问题，主要有如下 4 种情况：

(1) 未知两个总体的均值 μ_1,μ_2，检验假设 H_0：总体方差 $\sigma_1^2=\sigma_2^2$。

(2) 未知两个总体的均值 μ_1,μ_2，检验备择假设：总体方差 $\sigma_1^2>\sigma_2^2$。

上两种检验，又称为对方差齐性的检验。

(3) 未知两个总体的方差 σ_1^2,σ_2^2，但知道 $\sigma_1^2=\sigma_2^2$（称为方差齐性），检验假设 H_0：$\mu_1=\mu_2$。

(4) 未知两个总体的方差 σ_1^2,σ_2^2，但知道 $\sigma_1^2\neq\sigma_2^2$（称为非齐次方差），检验假设 H_0：$\mu_1=\mu_2$。

于是，检验的顺序是：当 $\mu_1,\mu_2,\sigma_1^2,\sigma_2^2$ 均未知时，先做(1)，检验 $\sigma_1^2=\sigma_2^2$ 成立否。若证实 $\sigma_1^2=\sigma_2^2$，再做(3)，检验假设 $H_0:\mu_1=\mu_2$ 成立否。若不能证实 $\sigma_1^2=\sigma_2^2$，再做(4)，检验假设 $H_0:\mu_1=\mu_2$ 成立否。

对第(1)与第(2)个问题而言，显然应当用 F 统计量来检验：

$$F=\frac{S_1^2/\sigma_1^2}{S_2^2/\sigma_2^2}\text{，服从 } F\ (n-1,m-1)\text{分布}$$

6.4.2　四种类型的假设检验的要点

1. 对问题(1)：未知总体均值 μ_1,μ_2，检验 H_0：总体方差 $\sigma_1^2=\sigma_2^2$，H_1：$\sigma_1^2\neq\sigma_2^2$

由于假设 H_0 是总体方差 $\sigma_1^2=\sigma_2^2$，所以，F 统计量可以简化为

$$F=\frac{S_1^2}{S_2^2}\text{服从 } F\ (n-1,m-1)\text{分布}$$

备择假设 H_1 安排为：$\sigma_1^2 \neq \sigma_2^2$，这是一个双尾检验。注意 F 分布是非对称的。所以检验分析式为

$$P\{F \geqslant f_{\alpha/2}\} = \frac{\alpha}{2}$$

$$P\{F \leqslant f_{1-\alpha/2}\} = \frac{\alpha}{2}$$

以下，只要计算出 f 值，与查表值 $f_{\alpha/2}$ 与 $f_{1-\alpha/2}$ 比较，就行了。

只是在查表时注意，如果查不到 $f_{1-\alpha/2}$，就应当用 $f_{1-\alpha/2}=\frac{1}{f_{\alpha/2}}$ 来计算。这是 F 分布的一个重要性质（见：范大茵，陈永华，1996. 第 156 页）。

2. 对问题(2)：未知总体均值 μ_1,μ_2，检验备择假设：总体方差 $\sigma_1^2>\sigma_2^2$

由于备择假设是 H_1：$\sigma_1^2>\sigma_2^2$，所以，这是一个单尾检验问题。此时，H_0 仍设定为 $\sigma_1^2=\sigma_2^2$，以便利用统计量 $F=\frac{S_1^2}{S_2^2}$。拒绝 H_0 而接受 H_1 的表达式为

$$P\{F \geqslant f_\alpha\} = \alpha$$

接下去，只要计算出 F 的观察值 f，与查表或 SPSS 中 F 分布的反函数 Idf. F 计算的结果 f_α 比较，就行了。

3. 对问题(3)：未知总体方差 σ_1^2,σ_2^2，但知 $\sigma_1^2=\sigma_2^2$，检验假设 $H_0:\mu_1=\mu_2$

由于已知 $\sigma_1^2=\sigma_2^2$，要检验的零假设 H_0 是 $\mu_1=\mu_2$（此时，备择假设是 $\mu_1 \neq \mu_2$），为此我们引入一个新的 T 统计量：在 $\sigma_1^2=\sigma_2^2$ 的条件下

$$T=\frac{(\overline{X}-\overline{Y})-(\mu_1-\mu_2)}{\sqrt{\frac{(n-1)S_1^2+(m-1)S_2^2}{n+m-2}}\sqrt{\frac{1}{n}+\frac{1}{m}}}\text{服从 } t(m+n-2)$$

式中，n 是来自总体 X 的样本数，m 是来自总体 Y 的样本数。

由于原假设 H_0 是 $\mu_1=\mu_2$，所以上式分子的第二项$(\mu_1-\mu_2)$可以删去（由于两个正态分布的样本容量不同，S_1^2、S_2^2 还需保留）。于是，只要依据样本观察值 x_1，x_2，…，x_n 与 y_1，y_2，…，y_m，就可以由下式计算出 T 统计量所对应的 t 统计值：

$$t=\frac{\overline{x}-\overline{y}}{\sqrt{\frac{(n-1)s_1^2+(m-1)s_2^2}{n+m-2}}\sqrt{\frac{1}{n}+\frac{1}{m}}}$$

然后比较 t 与 $t_{0.025}$（若 $\alpha=0.05$），就可以得出拒绝或接受 $H_0:\mu_1=\mu_2$ 的结论了：

若 $|t| \geqslant t_{0.025}$，则拒绝 H_0，

若 $|t| < t_{0.025}$，则接受 $H_0: \mu_1 = \mu_2$。

4. 对问题(4)：未知总体方差 σ_1^2, σ_2^2，但知 $\sigma_1^2 \neq \sigma_2^2$，检验假设 $H_0: \mu_1 = \mu_2$

在不具备方差齐性（即 $\sigma_1^2 \neq \sigma_2^2$）的情况下，检验的零假设 $H_0: \mu_1 = \mu_2$。SPSS 使用如下统计量进行两个正态总体的均值的检验（见卢纹岱，2000）。

$$T = \frac{(\overline{X}_1 - \overline{Y}_1) - (\mu_1 - \mu_2)}{\sqrt{S_1^2/n + S_2^2/m}}$$

检验过程同上。

☆注意☆　(1) 由于计算烦琐，我们把例题都放到 SPSS 的应用中了。

(2) 这里对来自两个正态总体的参数的比较，并没有要求其中一组样本 $x_1, x_2, \cdots, x_n$ 与另一组样本 $y_1, y_2, \cdots, y_m$ 之间，有任何对应关系。两组样本之间的样本个数都可以不相同（即可以 $m \neq n$）。

在有些问题中，例如在某些对比实验中，数据都是成对出现的。例如，每个学生算术成绩与语文成绩就是成对出现的。又如用两套问卷测试实验组中的每个人，所得到的两套问卷的数据就是成对出现的。这时，就不再用上述方法进行均值的 T 检验，而是简单地令 $u_i = x_i - y_i$（$i = 1, 2, \cdots, n$。此时 $m = n$），然后用 6.2 节、6.3 节的单样本检验方法，检验 u_i 的均值与 0 有无显著差异，从而得出两组样本的均值有无显著差异。这种检验方法称为配对 T 检验。SPSS 中专门有对应的分析模块来处理这类问题。

6.4.3　关于两个正态分布总体的参数检验的小结

1. 检验用的统计量小结

两个正态分布总体的参数检验的统计量

(1) 检验方差（是否 $\sigma_1^2 = \sigma_2^2$），用 F 统计量（未知 μ_1, μ_2）

(2) 检验方差（是否 $\sigma_1^2 > \sigma_2^2$），用 F 统计量（未知 μ_1, μ_2）

上述两个检验的零假设都是 $\sigma_1^2 = \sigma_2^2$，统计量都是

$$F = \frac{S_1^2}{S_2^2} \text{ 服从 } F(n-1, m-1) \text{ 分布}$$

(3) 检验均值（是否 $\mu_1 = \mu_2$），用 T 统计量（未知其方差值，但 $\sigma_1^2 = \sigma_2^2$）

$$T = \frac{(\overline{X} - \overline{Y}) - (\mu_1 - \mu_2)}{\sqrt{\dfrac{(n-1)S_1^2 + (m-1)S_2^2}{n+m-2}}\sqrt{\dfrac{1}{n} + \dfrac{1}{m}}} \text{ 服从 } t(m+n-2)$$

(4) 检验均值(是否 $\mu_1=\mu_2$),用 T 统计量(未知其方差值,且 $\sigma_1^2\neq\sigma_2^2$)

$$T=\frac{(\overline{X}_1-\overline{Y}_1)-(\mu_1-\mu_2)}{\sqrt{S_1^2/n+S_2^2/m}}$$

两个 T 统计量,都不必记忆,了解大致结构就行,剩下的工作有 SPSS 去做。

2. 关于应用范围的说明

为了简单,本节把例题都放到 6.6 节 SPSS 的应用中去了。两个正态总体的参数比较问题,特别是均值的比较问题(两个总体的比例值的大样本的比较问题,也可以运用中心极限定理,化为两个正态总体的均值的比较问题),在管理科学乃至整个社会科学中,以及所有用到统计方法的自然科学中,都有着广阔的应用。

例如,两台设备生产的产品的某种性质、两种工艺的产品某种性能、两批原料生产的产品某种效果、两种药品的疗效、两种饲料的效果、两种治疗方法的效果、两种训练方法的效果、两种学习方法的效果、两种激励方法的效果、两种组织方法的效果、两种(税收、投资等)政策的效果等等。而表示效果、性质的指标,又可以多种多样,因此应用面实际上是非常广泛的。

在上述两组样本的对比中,其中的一个可以是"以前"的,另一个是"其后"的;也可以两个样本数据是同期发生的。

需要特别注意的是,在有些对比实验中,数据都是成对出现的。需要用配对 t 检验来处理,即令 $u_i=x_i-y_i(i=1,2,\cdots,n$。此时 $m=n)$,然后用单样本的检验方法,检验 u_i 的均值与 0 有无显著差异,从而得出两组样本的均值有无显著差异。

3. 数据的形式及其在 SPSS 中的存放方式

(1) 非配对的数据(样本观察值)的形式是:

来自总体 X:$x_1,x_2,\cdots,x_n$

来自总体 Y:$y_1,y_2,\cdots,y_m$

例如,两组样本的观察值是

x:1,2,3,5,7

y:2,1,6,9

在 SPSS 的数据窗口中,两组独立样本存放为一列,另外用一个分类变量把一个数据是属于 x 列的还是 y 列的区分开来(见图 6.4.1)。

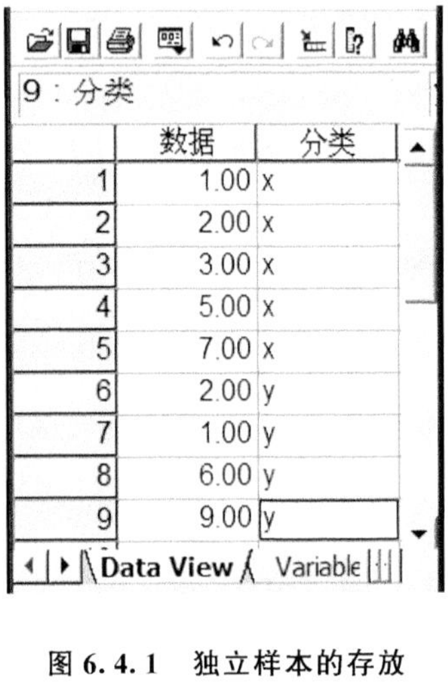

9 : 分类

	数据	分类
1	1.00	x
2	2.00	x
3	3.00	x
4	5.00	x
5	7.00	x
6	2.00	y
7	1.00	y
8	6.00	y
9	9.00	y

图 6.4.1 独立样本的存放

显然,两组独立样本数据可以各自颠倒顺序,而不会影响有关统计效果。

(2) 配对的数据(样本观察值)的形式:

来自总体 X：$x_1, x_2, \cdots, x_n$

来自总体 Y：$y_1, y_2, \cdots, y_n$

例如，两组样本的观察值是

x：1，2，3，5

y：2，1，6，9

在 SPSS 的数据窗口中，两组独立样本存放为两列，两列的变量名不同（见图 6.4.2）。

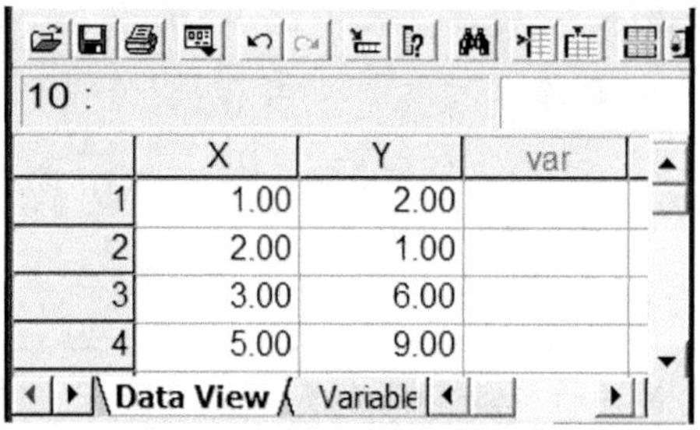

图 6.4.2 SPSS 中配对样本的存放

显然，配对样本不能独自颠倒样本的顺序，独自颠倒会改变响应 case 的数据，也就是改变了相应的纪录。

6.5 大样本下两个任意总体的均值检验

6.5.1 大样本下两个任意总体均值检验问题

在大样本下检验两个任意总体的均值 μ_1、μ_2 是否相同，其实，就是在大样本下 $\mu_1-\mu_2=0$ 的检验问题。因为是大样本，所以，按照中心极限定理，每个总体的随机均值函数（$\overline{X}$ 与 $\overline{Y}$）都近似地服从正态分布。

设：相互独立地从两个总体中随机抽取数量足够大的样本。来自总体 1 的样本为 $X_1, X_2, \cdots, X_n$，来自总体 2 的样本为 $Y_1, Y_2, \cdots, Y_n$。则

$\overline{X}$ 近似地 $\sim N(\mu_1, \frac{\sigma_1^2}{n_1})$

$\overline{Y}$ 近似地 $\sim N(\mu_2, \frac{\sigma_2^2}{n_2})$

于是，统计量 $\overline{X}-\overline{Y}$ 的分布，具有如下性质：

(1) 均值：$E[\overline{X}-\overline{Y}]=\mu_1-\mu_2$

(2) 方差：$\mathrm{Var}[\overline{X}-\overline{Y}]=\mathrm{Var}(\overline{X})+\mathrm{Var}(\overline{Y})=\frac{\sigma_1^2}{n_1}+\frac{\sigma_2^2}{n_2}$

(3) 分布形式：在大样本下，近似的正态分布。即

$$(\overline{X}-\overline{Y})\text{近似地}\sim N(\mu_1-\mu_2,\frac{\sigma_1^2}{n_1}+\frac{\sigma_2^2}{n_2})$$

于是，在已知 σ_1^2、σ_2^2 的情况下，用如下统计量检验 $H_0:\mu_1-\mu_2=0$

$$Z=\frac{(\overline{X}-\overline{Y})-(\mu_1-\mu_2)}{\sqrt{\sigma_1^2/n_1+\sigma_2^2/n_2}}\sim N(0,1)\text{，在大样本下近似成立。}$$

在未知 σ_1^2、σ_2^2 的情况下，只要在上式中，分别用 S_1^2、S_2^2 代替 σ_1^2、σ_2^2 即可。检验 $H_0(\mu_1-\mu_2=0)$的统计量为(见：Neter J et al. 1993. 第 403 页)：

$$Z=\frac{(\overline{X}-\overline{Y})-(\mu_1-\mu_2)}{\sqrt{S_1^2/n_1+S_2^2/n_2}}\sim N(0,1)\text{，在大样本下近似成立。}$$

☆注意☆ 在小样本下，上式为 T 分布，在大样本下，T 分布近似于正态分布。

大样本下两个任意总体均值检验的统计量

零假设 $H_0:\mu_1-\mu_2=0$

在大样本下：

$$Z=\frac{(\overline{X}-\overline{Y})-(\mu_1-\mu_2)}{\sqrt{\sigma_1^2/n_1+\sigma_2^2/n_2}}\sim N(0,1),\qquad Z=\frac{(\overline{X}-\overline{Y})-(\mu_1-\mu_2)}{\sqrt{S_1^2/n_1+S_2^2/n_2}}\sim N(0,1)$$

由于假设 H_0 成立，所以上两式的分子都可以简化为 $\overline{X}-\overline{Y}$。

6.5.2 大样本下两个 0-1 总体的比例值(即均值)检验问题

本小节所介绍的问题，在管理科学、一般社会科学和相当多的自然科学中，有着广泛的应用(本小节内容可参见：Peck R et al. 2001. 第 567～569 页)。

现在，我们所面对的两个总体的分布，都是 0-1 分布：$B(1,p_1)$ 和 $B(1,p_2)$。检验两个总体的比例值(也即均值)是否相同，即检验 $H_0:p_1-p_2=0$。

设相互独立地从两个总体中随机抽取数量足够大的样本，来自总体 1 的样本为 $X_1,X_2,\cdots,X_{n_1}$，来自总体 2 的样本为 $Y_1,Y_2,\cdots,Y_{n_2}$，则按照 6.5.1 小节的结论，可以得出

$$(\overline{X}-\overline{Y})\text{近似地}\sim N\left(p_1-p_2,\frac{p_1(1-p_1)}{n_1}+\frac{p_2(1-p_2)}{n_2}\right)$$

由于假设 $H_0:p_1-p_2=0$，所以有 $p_1=p_2=p$，所以在大样本下

$$Z=\frac{\overline{X}-\overline{Y}}{\sqrt{p(1-p)/n_1+p(1-p)/n_2}}\sim N(0,1)$$

但是，由于 p 未知，故无法利用上式进行检验。为此，先解决 p 的估计问题。

设样本 $X_1, X_2, \cdots, X_{n_1}$ 中具有某性质的样本数为 r_1，样本 $Y_1, Y_2, \cdots, Y_{n_2}$ 中具有某性质的样本数为 r_2。我们用下式定义的 π(两组样本的综合比例)来估计 p：

$$\pi=\frac{r_1+r_2}{n_1+n_2}$$

于是，在大样本下，近似地服从 $N(0, 1)$的如下统计量是可以计算的：

$$Z=\frac{\overline{X}-\overline{Y}}{\sqrt{\pi(1-\pi)/n_1+\pi(1-\pi)/n_2}}$$

计算 z 的值时，用 $\overline{x}$ 代替 $\overline{X}$，$\overline{y}$ 代替 $\overline{Y}$。而 $\overline{x}=\frac{r_1}{n_1}$，$\overline{y}=\frac{r_2}{n_2}$。

现在，在选定 α 和规定零假设($p_1-p_2=0$)和备择假设($p_1-p_2\neq 0$ 或 $p_1-p_2>0$ 等)后，就可以依据两组样本观察值做相应的假设检验了。

6.5.3　示例

例 6.5.1　有一个奶酪进口商靠直接邮寄广告来销售产品。在开发圣诞节的广告小册子时，进口商设计了两种根本不同的方案，为了想知道方案 1 是否比方案 2 更好，该进口商从客户名单中随机地抽取了样本进行实验，结果如表 6.5.1：

表 6.5.1　抽样结果

	方案 1	方案 2
样本数	$n_1=400$	$n_2=200$
定单数	$r_1=100$	$r_2=44$
样本比例	$\overline{x}=\frac{r_1}{n_1}=0.25$	$\overline{y}=\frac{r_2}{n_2}=0.22$

对于每个接到定单的消费者而言，只有“买”与“不买”两种可能的情形。对于第一组样本而言，购买的客户的样本比例为 25%，即 $\overline{x}=25\%$。对于第二组样本而言，购买的客户的样本比例为 22%，即 $\overline{y}=22\%$。

按照上一小节的分析，此问题的解法是

$H_0: p_1-p_2=0$

$H_1: p_1>p_2$

按照上面的公式，可以计算出

$$\pi=\frac{r_1+r_2}{n_1+n_2}=0.24$$

$$\hat{\sigma}_{\overline{x}-\overline{y}}=\sqrt{\frac{\pi(1-\pi)}{n_1}+\frac{\pi(1-\pi)}{n_2}}=0.037$$

从而算出

$$z=\frac{(\overline{x}-\overline{y})-(p_1-p_2)}{\hat{\sigma}_{\overline{x}-\overline{y}}}=\frac{0.25-0.22-0}{0.037}=0.81$$

在 $\alpha=0.05$ 的水平上，$z_\alpha\approx1.645$，即 $z<z_\alpha\approx1.645$，所以，接受 H_0，方案 1 没有比方案 2 有显著差别。

6.6 用 SPSS 作假设检验

6.6.1 单样本 T 检验(One-Sample T Test)

在 SPSS 中，单样本 T 检验模块的主要功能是解决 6.2 节的主要检验问题。它对一组样本，检验相应总体均值是否为某个值。

本节要求小样本的母体服从正态分布，大样本可以不要这个前提。对于大样本 $\overline{X}$ 近似地服从正态分布。先用一个简单的例子，说明主要的点击过程。

例 6.6.1 现在有一组样本观察值：10.01，10.02，10.02，9.99(因为要在课堂上手工输入数据，为了节省时间，只举出 4 个数据的例子，实际上这样少的样本数据是很少见到的)。假设 H_0：总体均值 $\mu=10$(毫米)。请判断假设 H_0 是否正确。

在启动 SPSS，定义变量、输入数据后：

(1) 点击 Analyze→Compare Means→One-Sample T Test。屏幕上弹出一个对话框，见图 6.6.1。点击 Reset 按钮(清除以前用本模块时的设置。建议：在作任何分析之前，都要点击一下 Reset 按钮，以确保本次计算的单纯性)。

(2) 从左框中选取要分析的变量，点击箭头 ▸ ，放入右框(Test Variable(s)框)中。

(3) 在右框下方的 Test Value 0 框中，填入总体均值假设 μ_0(本例为 10)。

(4) 点击 OK ，系统给出检验结果(见表 6.6.1)。

表 6.6.1 单样本 T 检验结果

	Test Value=10					
	t	df	Sig. (2-tailed)	Mean Difference	95% Confidence Interval of the Difference	
					Lower	Upper
直径	1.414	3	.252	.01000	-.0125	.0325

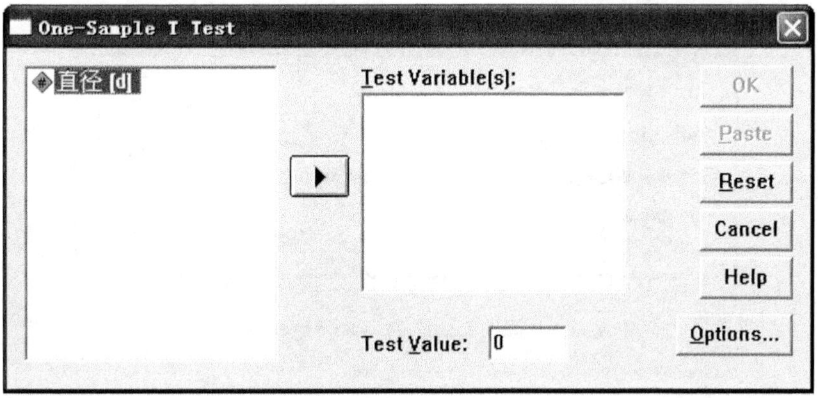

图 6.6.1　单样本 T 检验主窗口

结果说明：在 One-Sample Test 表格（表 6.6.1）中，在 Sig.（2-tailed）名称下的值 0.252，是 t 的显著性概率 p 值（即 $2[1-P(T\leqslant t)]$ 之值）。$p>0.05$，表明统计值 t 落在 $t_{0.025}$ 的左边，应当接受假设 H_0（总体均值为 10 毫米）。

例 6.6.2　已知去年某市小学五年级学生 400 米的平均成绩是 100 秒，今年该市抽样测得 60 个五年级学生的 400 米成绩（数据见本书附盘中的数据文件“CH6 参检 1 小学生 400 米 v 提高”），试检验该市五年级学生的 400 米的平均成绩是否应为 100 秒（有无提高或下降）？

此检验的假设是：

H_0：该市五年级学生的 400 米的平均成绩仍为 100 秒。

H_1：该市五年级学生的 400 米的平均成绩不为 100 秒。

在读入数据后，用 SPSS 检验的点击过程是：

(1) 点击 Analyze→Compare Means→One-Sample T Test。屏幕上弹出一个对话框（参见图6.6.1）。　(2) 从左框中选取要分析的变量，点击箭头 ▶，放入右框（Test Variable(s)框）中。

(3) 在右框下方的“Test Value 0”框中，填入总体均值假设 μ_0 值（本例为 100）。

(4) 点击右下方的 Options... 按钮，弹出一个对话框，见图 6.6.2。在此框中，你可选择 $1-\alpha$ 值，如 95%，99%等。点击 Continue，关闭 Options 对话窗口。

(5) 点击 OK，系统给出检验结果（见表 6.6.2 和表 6.6.3）。

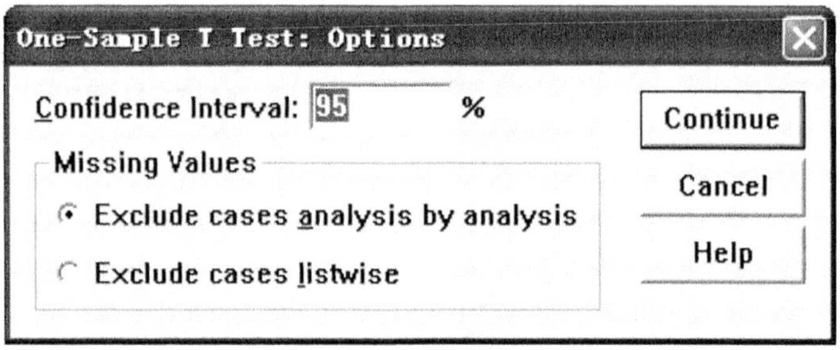

图 6.6.2 选择置信区间的显著性水平的窗口

表 6.6.2 单样本统计结果

	N	Mean	Std. Deviation	Std. Error Mean
小学生跑 400 米的时间	60	105.3850	38.8201	**5.0116**

表 6.6.3 单样本 T 检验结果

	Test Value=100					
	t	df	Sig. (2-tailed)	Mean Difference	95% Confidence Interval of the Difference	
					Lower	Upper
小学生跑 400 米的时间	1.074	59	.287	5.38500	−4.6433	15.4133

结果说明 1：在 One-Sample Test 表格（表 6.6.3）中，在 Sig. (2-tailed) 名称下的值 0.287，是 t 统计值的显著性概率 p 值（即 t 统计值外侧的概率：$2[1-P(T\leqslant t)]$ 之值）。$p>0.05$ 表明统计值 t 落在 $t_{0.025}$ 的内侧，在 5% 的显著性水平上，不能拒绝假设 H_0（该校五年级学生的 400 米的平均成绩仍为 100 秒）。

这是一个很有意思的例子：由样本计算出来的 400 米的平均成绩为 105.385 秒，而以往的平均成绩是 100 秒，许多没学管理统计的人，会说“平均速度降低了”。但这样的判断是错误的，这两个数字之间的差异是抽样的随机性造成的。统计检验说明，该校五年级学生的 400 米的平均成绩仍为 100 秒，没有降低。

结果说明 2：在 One-Sample Test 表格（表 6.6.3）的右端，给出的是“95% Confidence Interval of the Difference”（其实是差值的 95% 置信区间）。由 5.5 节可知，总体均值的置信区间是

$$\bar{x}\pm t_{\frac{\alpha}{2}}(n-1)\frac{s}{\sqrt{n}}$$

由 5.2.3 小节知，当 X 服从 $N(\mu,\sigma^2)$ 分布时，$\bar{X}\sim N\left(\mu,\frac{\sigma^2}{n}\right)$ 分布。由此可知，$\frac{s}{\sqrt{n}}$ 是

随机变量 $\overline{X}$ 的样本均值的标准差(Std. Error (of sample) Mean)。这个值,可从 SPSS 的上一个输出表格(表 6.6.2)中找到:5.0116。

而当 $n>45$ 时,$t_{\frac{\alpha}{2}(n-1)}$ 近似于 $z_{\frac{\alpha}{2}}$(见:范大茵,陈永华. 1996. 第 154 页),由于 $z_{0.025}\approx 1.96$,所以,总体均值的 95%的置信区间是:

$$\overline{x}\pm 1.96\times \text{样本均值的标准差(即 5.0116)}$$

把 $\overline{x}=105.3850$,代入上式,计算出来的置信区间是:(95.3567,115.4133)。这个区间以 95%的概率覆盖总体均值 100。这个区间的两个端点与总体均值 100 的差为(−4.6433,15.4133)。这就是所谓"95% Confidence Interval of the Difference"(差值的 95%置信区间),意思是:95%的置信区间的两个端点,离总体均值 100 的距离分别是(−4.6433,15.4133)。这样做的意图是,若置信区间的两个端点一负一正,必然覆盖了总体均值。应当接受零假设(假设 H_0)。

由于上例的结论在很多人的意料之外,总引起一些人怀疑。有人提出问题:究竟抽样计算的平均成绩要多少秒,才能拒绝零假设(认为小学生体质下降了,跑得比上一年慢了)呢?

其实,这个问题的提法不对,是拒绝还是接受零假设,不仅要看单样本的均值与 μ_0 有多大差异,还要看样本数据的结构,或者说看样本均方差。例 6.6.3 给出了一个更有趣的结论。

例 6.6.3　已知去年某市小学五年级学生 400 米的平均成绩是 100 秒,今年该市抽样测得 60 个五年级学生的 400 米成绩(数据见本书附盘中的数据文件"CH6 参检 1 小学生 400 米 v 提高 B"),试检验该市五年级学生的 400 米的平均成绩是否应为 100 秒(有无提高或下降)?

在读入数据后,按照例 6.6.2 的点击过程,可得如下结果:

表 6.6.4　单样本统计结果

	N	Mean	Std. Deviation	Std. Error Mean
小学生跑 400 米的时间秒	60	101.4017	3.75588	.48488

表 6.6.5　单样本 T 检验结果

	Test Value=100					
	t	df	Sig. (2-tailed)	Mean Difference	95% Confidence Interval of the Difference	
					Lower	Upper
小学生跑 400 米的时间秒	2.891	59	.005	1.40167	.4314	2.3719

从表 6.6.4 可以看到,新抽样得到的 60 名学生的平均成绩为 101.4017 秒,与上一年的平均成绩 100 秒的差距小多了(与例 6.6.2 对照),但是 t 统计值的显著

性概率为 0.005，小于 1%，在 1%的犯错误的水平上拒绝零假设。可以认为，今年该市五年级小学生 400 米的平均成绩明显下降了，必须采取措施，改变体质下降的问题。

6.6.2 相互独立的两组样本的 T 检验

相互独立的两组样本是指，样本 $x_1, x_2, \cdots, x_n$ 与 $y_1, y_2, \cdots, y_m$，可以独立颠倒顺序的而不对问题产生影响。例如，调查对象是某单位的职工，一组样本是男职工的工资，另一组样本是女职工的工资。你可以任意颠倒职工的顺序而不对问题产生影响。

在 6.4 节中，我们讨论了两个正态总体的参数检验问题。已知来自两个正态总体的相互独立的样本：$x_1, x_2, \cdots, x_n, y_1, y_2, \cdots, y_m$，检验：①两组样本的总体的方差齐性问题(即检验假设 H_0：总体方差 $\sigma_1^2=\sigma_2^2$ 是否成立)；②在两个正态总体具有方差齐性($\sigma_1^2=\sigma_2^2$)的前提下，检验两组样本的总体的均值是否相等(即检验假设 $H_0: \mu_1=\mu_2$ 是否成立)；③在两个正态总体不具有方差齐性($\sigma_1^2\neq\sigma_2^2$)的前提下，检验两组样本的总体的均值是否相等(即检验假设 $H_0: \mu_1=\mu_2$ 是否成立)。

SPSS 对方差齐性的检验(方差 $\sigma_1^2=\sigma_2^2$ 是否成立)所使用的 F 统计量是

$$F=\frac{S_1^2}{S_2^2}$$

并把这个检验称为 Levene 检验(Levene Test for Equality of Variance)。

例 6.6.4 用两种激励方法(A 与 B)对同样工种的 A、B 两个班组进行激励，每个班组 7 个人(但实际上即使两个班组的人数不同，也不妨碍对两种激励方法的效果的考察)，测得激励后业绩增长(%)如表 6.6.6 所示，数据见本书附盘中的数据文件“CH6 独立检验激励实验齐”。问：两种激励方法的平均激励效果有无显著差异?

表 6.6.6 两种激励方法分别用于两个班组的效果

激励法 A	16.10	17.00	16.80	16.50	17.50	18.00	17.20
激励法 B	17.00	16.40	15.80	16.40	16.00	17.10	16.90

(1) 在读入数据之后，点击 Analyze→Compare Means→Independent-Sample T Test，弹出 Independent-Sample T Test 对话框(见图 6.6.3)。

(2) 从左框变量名中选出“激励效果”变量，用箭头 ▶ 放入右边 Test Variable (s)框中。

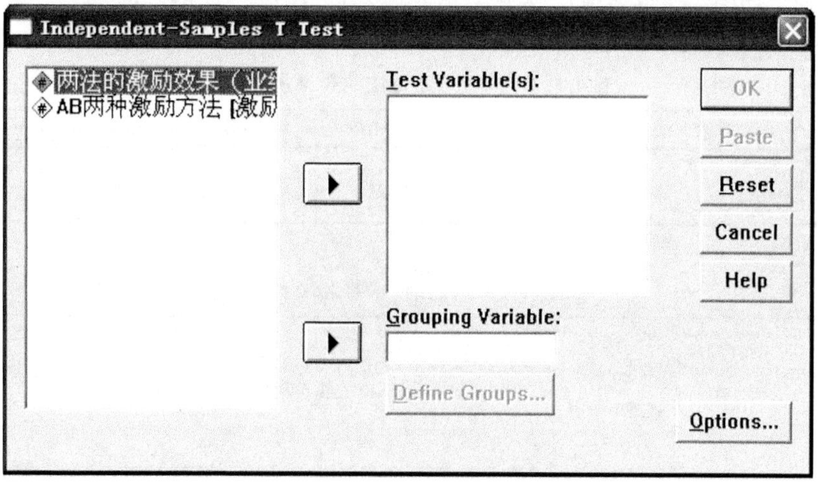

图 6.6.3　独立样本 T 检验的主窗口

(3) 从左框变量名中选出“激励方法”变量，用箭头 ▶ 放入右边 Grouping Variable 框中。此时，该框下面的 Define Groups... 按钮被激活。

(4) 点击 Define Groups... 按钮，系统弹出一个小对话框(图 6.6.4)。要求输入区分两个组的变量值。对于本例的方法类别而言，可把“0”输入 Group1，把“1”输入 Group2。如果分组变量是个连续变量，则需要在 Group1 与 Group2 之下的选项 Cut point 中，输入一个分界值。

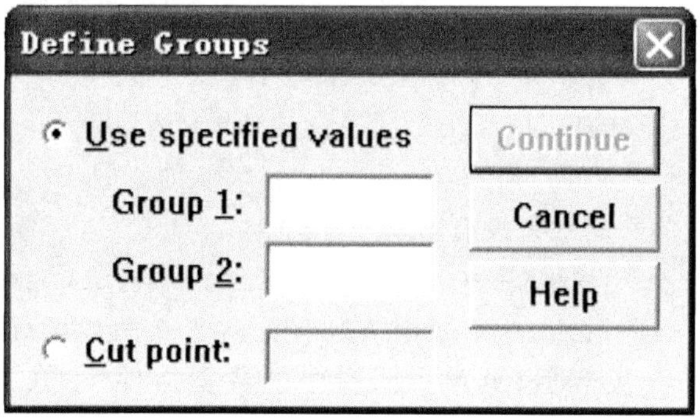

图 6.6.4　输入分组标识窗口

(5) 点击 Continue，回到主窗口。

(6) 点击OK,机器输出检验结果和默认的95%的置信区间(见表6.6.7和表6.6.8)。

表6.6.7 两种激励方法的效果统计结果

AB两种激励方法		N	Mean	Std. Deviation	Std. Error Mean
两法的激励效果	A法	7	17.0143	.63095	.23848
(业绩增长%)	B法	7	16.5143	.50474	.19077

表6.6.8 独立样本T检验结果

		Levene's Test for Equality of Variances		t-test for Equality of Means						
									95% Confidence Interval of the Difference	
		F	Sig.	t	df	Sig. (2-tailed)	Mean Difference	Std. Error Difference	Lower	Upper
两法的激励效果(业绩增长%)	Equal variances assumed	.121	.734	1.6	12	.128	.50000	.30539	−.16540	1.165
	Equal variances not assumed			1.6	11	.129	.50000	.30539	−.16897	1.169

☆注意☆ 首先,从表6.6.8(独立样本T检验表)中数字可知,F检验(Levene检验)表明方差齐性成立(f的显著性概率$p=0.734>0.05$),两种激励方法的效果的方差没有明显差异。

所以,观察t检验的值,应当用上面一行的结果(Equal variance assumed)。此时,t统计量的显著性(双尾)概率$p=0.128>0.05$,即t假设检验($\overline{x}-\overline{y}=0$)通过,两种激励方法的平均效果没有明显差异。

☆注意☆ 记忆中,应有6.2节的图6.2.3(p是相应统计量的外侧概率)。

例6.6.5 某证券公司从某城市某区有关营业点抽样调查得到散户股民买进、卖出和投资的有关数据(见本书附盘中的数据文件"CH6证券投资额与依据")。问:不同文化程度(受教育程度)的证券投资额、证券市场外的收入和入市年份(的平均值)有无显著差异?

启动SPSS后,在数据编辑器的Variable View窗口(变量定义)可以看到变量值定义,例如:

"文化程度"的变量值定义为

1＝初中及以下，2＝高中，3＝大专，4＝大学，5＝硕士，6＝博士

“入市年”的变量值定义为

1＝1991 年，2＝1992 年，…，10＝2000 年

“投资额”的变量值定义为

1＝5 万元以下，2＝5 至 10 万元，3＝10 至 15 万元，4＝15 至 20 万元，5＝20 至 30 万元，6＝30 至 40 万元，7＝40 至 60 万元，8＝60 至 100 万元，9＝100 万元以上

“券外收入”（证券市场以外的年收入）的变量值定义为

1＝3 千元以下，2＝3 千至 5 千元，3＝5 千至 1 万元，4＝1 万至 2 万元，5＝2 万至 3 万元，6＝3 万至 4 万元，7＝4 万至 5 万元，8＝5 万至 6 万元，9＝6 万元以上

(1) 读入数据，点击 Analyze→Compare Means→Independent-Sample T test，系统弹出 Independent-Sample T Test 对话框（参见图 6.6.3）。

(2) 从左框变量名中选出变量“券外收入”、“投资总额”和“入市年”，用箭头 ▸ 放入右边的 Test Variable(s)框中。

(3) 从左框变量名中选出“文化程度”变量，用箭头 ▸ 放入右边 Grouping 框中。此时，该框下面的 Define Groups... 按钮被激活。

(4) 点击 Define Groups... 按钮，系统弹出一个小对话框，要求输入两个组的变量值或分组变量的分界点（Cut point）的值，选择 Cut point 项，输入“3”，见图 6.6.5。选择文化程度的“3”作分界点，意味着把大专（用“3”表示）及以上的文化程度的投资者分为一组，把高中（用“2”表示）及以下文化程度分为一组。点击 Continue，返回分析主窗口。

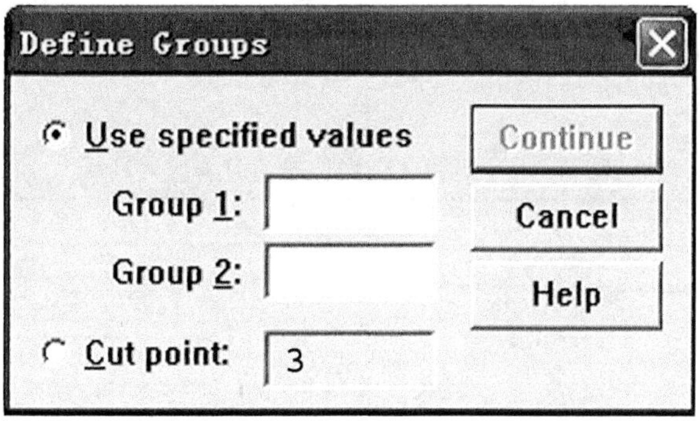

图 6.6.5　输入分组变量的分界点的值

(5) 若接着点击 OK ,则系统完成默认的选项分析。

(6) 点击 Options... 按钮,弹出一个对话框,见图 6.6.6。

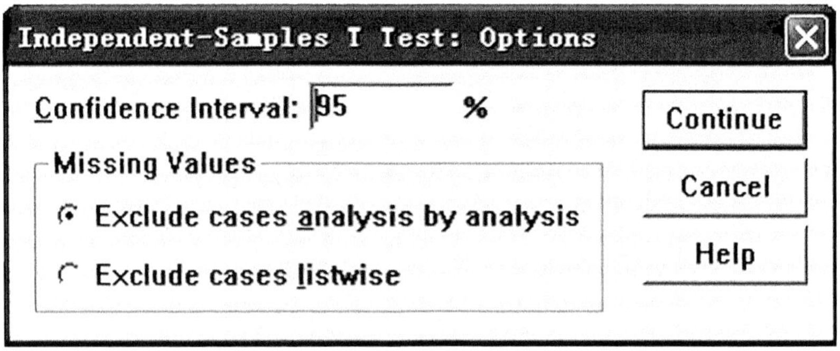

图 6.6.6 选择置信区间水平和缺失值处理方式

在此窗的第一行,你可选择 1−α 值,如 95%,99%等。在此窗下部的 Missing Values 框中,有两项选择:①选项 Exclude cases analysis by analysis(在 T 检验的过程中使用所有的这样的 case:正在计算的这个变量中是有效数据的。当要对多个变量作 T 检验时,在检验过程中,不同变量的有效样本容量是变化的)。这是系统的默认值,本例接受这个默认值。②选项 Exclude cases by listwise(在 T 检验的过程中仅仅使用这样的 case,这个 case 的所有变量的数据都是有效数据,在此 T 检验过程中,有效样本容量是不变的)。

点击 Continue ,结束 Options 对话。

(7) 点击 OK ,输出结果见表 6.6.9 与表 6.6.10。

(8) 结果分析:表 6.6.9 给出了三个变量在不同文化程度组的均值等统计值。表 6.6.10 给出了方差齐性检验(Levene 检验)、t 检验和 95%置信区间的计算结果。详述如下:

表 6.6.9 不同文化程度组的有关统计结果

	受教育程度	N	Mean	Std. Deviation	Std. Error Mean
证券市场以外的年收入	>=3.00	262	4.7748	2.61276	.16142
	<3.00	109	4.1835	2.59331	.24839
投入证券市场总资金	>=3.00	261	5.3372	2.44189	.15115
	<3.00	120	4.8583	3.00223	.27406
入市年份	>= 3.00	247	5.2065	2.41310	.15354
	<3.00	117	4.4274	2.58749	.23921

表 6.6.10 独立样本假设检验结果

		Levene's Test for Equality of Var. F	Sig.	t-test for Equality of Means t	df.	Sig. (2-tailed)	Mean Difference	Std. Error Difference	95% Confidence Interval of the Difference	
									Lower	Upper
券外收入	Equal variances assumed	.189	.664	1.990	369	.047	.5913	.29715	.00700	1.17565
	Equal variances not assumed			1.996	203.461	.047	.5913	.29623	.00724	1.17541
投资总额	Equal variances assumed	16.199	.000	1.650	379	.100	.4788	.29015	−.09168	1.04934
	Equal variances not assumed			1.530	194.178	.128	.4788	.31298	−.13845	1.09611
入市年份	Equal variances assumed	1.256	.263	2.810	362	.005	.7791	.27724	.23392	1.32434
	Equal variances not assumed			2.741	214.131	.007	.7791	.28425	.21884	1.33941

① 对变量“证券市场外的年收入”而言，首先，从表 6.6.10(独立样本假设检验结果表)中数字可知：F 检验(Levene 检验)通过(f 的显著性概率 $p=0.664>0.05$)，表明“大专以上组”与“高中以下组”的“证券市场外的年收入”的方差没有明显差异，接受 $\sigma_1^2=\sigma_2^2$ 的假设。

这一结果决定了观察 t 检验的值，要用上面一行(Equal variance assumed 行)的结果，此时，t 统计量的显著性(双尾)概率 $p=0.047<0.05$，即 t 假设检验($\overline{x}-\overline{y}=0$)未通过，“大专以上组”与“高中以下组”的“证券市场外的年收入”的平均值有明显差异。

同一行，95% Confidence Interval of the Difference 表示的是置信区间的两个端点与 $\overline{x}-\overline{y}$ 的距离。表中显示的数字是(0.00700，1.17565)。这表明，落在这个区间里的 $\overline{x}-\overline{y}$ 不可能为 0。也就是说，$\overline{x}\neq\overline{y}$。这与上面的 t 检验的结果是一致的。

② 对变量“证券投资总额”而言，从表 6.6.10(独立样本假设检验结果表)中数字可知：F 检验(Levene 检验)通过(f 的显著性概率 $p=0.000<0.05$)，表明“大专以上组”与“高中以下组”的“证券投资总额”的方差有明显差异，拒绝 $\sigma_1^2=\sigma_2^2$ 的假

设,接受 $\sigma_1^2 \neq \sigma_2^2$。

这一结果决定了观察 t 检验的值,要用下面一行(Equal variance not assumed 行)的结果,此时,t 统计量的显著性(双尾)概率 $p=0.128>0.05$,即 t 假设检验($\overline{x}-\overline{y}=0$)未通过,“大专以上组”与“高中以下组”的“证券投资总额”的平均值没有明显差异。

在 Equal variance not assumed 行,95% Confidence Interval of the Difference 表示的是置信区间的两个端点与 $\overline{x}-\overline{y}$ 的距离。表中显示的数字是(−0.13845, 1.09611)。这表明,落在这个区间里的 $\overline{x}-\overline{y}$ 在统计意义上等于0。也就是说,$\overline{x} \neq \overline{y}$。这与上面的 t 检验的结果是一致的:“大专以上组”与“高中以下组”的“证券投资总额”的平均值没有明显差异。

③ 对变量“入市年份”而言,从表 6.6.10(独立样本假设检验结果表)中数字可知:F 检验(Levene 检验)通过(f 的显著性概率 $p=0.263>0.05$),表明“大专以上组”与“高中以下组”的“入市年份”的方差没有明显差异,接受 $\sigma_1^2=\sigma_2^2$ 的假设。

这一结果决定了观察 t 检验的值,要用上面一行(Equal variance assumed 行)的结果,此时,t 统计量的显著性(双尾)概率 $p=0.005<\alpha$,从这个数字可以判断“大专以上组”与“高中以下组”的“入市年份”的平均值有明显差异。

但是在同一行,95% Confidence Interval of the Difference 表示的是置信区间的两个端点与 $\overline{x}-\overline{y}$ 的距离。表中显示的数字是(0.23392, 1.32434)。这表明,落在这个区间里的 $\overline{x}-\overline{y}$ 不可能为0。也就是说,$\overline{x} \neq \overline{y}$。也就是说,“大专以上组”与“高中以下组”的“入市年份”的平均值有明显差异。这显示了区间估计在这一问题上的优越性。

6.6.3 配对样本的 T 检验(Paired-Sample)

这里所说配对样本是指,样本 $x_1, x_2, \cdots, x_n$ 与 $y_1, y_2, \cdots, y_n$ 不可以独立颠倒顺序。如果独立颠倒,就会改变问题的性质。例如,用两套问卷测量 20 个管理人员的素质,两套问卷的满分都是 200 分。两套问卷的测量结果 $x_1, x_2, \cdots, x_n$ 与 $y_1, y_2, \cdots, y_n$ 就是不能独立颠倒顺序的。因为每一个被测量的人都有两个分值 (x_i, y_i),如果独立地颠倒其中任何一组样本的顺序,则被测人的分值就被改变了。

例 6.6.6 用两套问卷测量 20 个管理人员的素质,两套问卷的满分都是 200 分。两套问卷的测量结果见表 6.6.11(数据见本书附盘中的数据文件“CH6 配对问卷实验差值前”)问:两套问卷所得结果的平均值有无显著差异?

表 6.6.11　配对数据

卷 A	147	150	152	148	155	146	149	148	151	150
卷 B	146	151	154	147	152	147	148	146	152	150
卷 A	147	148	147	150	149	149	152	147	154	153
卷 B	146	146	148	153	147	146	148	149	152	150

在读入数据后：

(1) 点击 Analyze→Compare Means→Paired-Sample T Test。系统弹出 Paired-Sample T Test 窗口，见图 6.6.7。

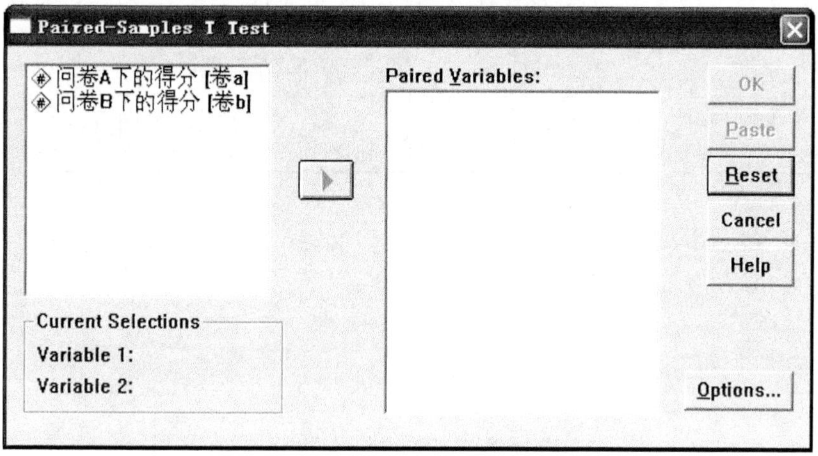

图 6.6.7　配对 T 检验主窗口

(2) 从左框变量名中选出"卷 a"、"卷 b"变量，用箭头 ▶ 放入右边 Test Variables 框中。此时，可以看到 Test Variables 框中，两个变量已经以差的形式出现了。

(3) 点击 Options... 按钮，弹出一个对话框。在此框中，你可选择 $1-\alpha$ 值，如 95%，99%等。

(4) 点击 Continue，返回主窗口。

(5) 点击 OK，则机器输出结果，见表 6.6.12 和表 6.6.13。

表 6.6.12 有关配对样本的统计结果

		Mean	N	Std. Deviation	Std. Error Mean
Pair 1	问卷 A 下的得分	149.60	20	2.542	.568
	问卷 B 下的得分	148.90	20	2.654	.593

本表给出了两套问卷测试得分的均值等。

表 6.6.13 有关配对 T 检验的结果

		Paired Differences					t	df	Sig. (2-tailed)
		Mean	Std. Deviation	Std. Error Mean	95% Confidence Interval of the Difference				
					Lower	Upper			
Pair 1	问卷 A 下的得分-问卷 B 下的得分	.70	1.976	.442	−.22	1.62	1.584	19	.130

表 6.6.13 中，t 检验的最后结果（$p=0.130>0.05$）显示：两套问卷的得分结果的平均值，没有显著差异。

6.6.4 二项分布的参数检验问题

二项分布 B(n, p)的参数检验问题，其实就是检验 p，因为对于任何一个已知样本 n 都是已知的。

1. 用 SPSS 计算例 6.3.1

10 道题目，每道题目 4 选 1，数据见本书附盘文件“CH6 考试及格问题”。

读入数据后：

(1) 点击 Analyze→Nonparametric Tests→Binominal，系统弹出有关二项分布检验的主窗口，见图 6.6.8。

(2) 在该窗口中，把左框中要分析的变量（本例是“4 选 1 得分”），用箭头 ▶ 送入右框中。可以同时选择多个变量，但需注意，它们所要检验的 B(n, p)分布的 p 值必须相同。

(3) 在中下部的 Test Proportion 的 .50 框中，输入 p 值，本例是 0.25（4 选 1，若随机猜，正确的比例是 0.25）。

(4) 点击 OK，系统输出计算结果，见表 6.6.14。

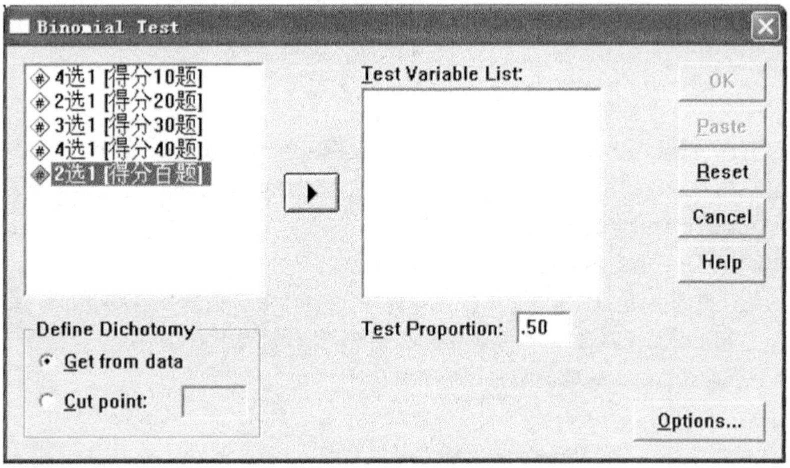

图 6.6.8　二项分布检验的主窗口

表中统计量的显著性概率 0.02，是按照二项分布准确计算的，它小于 0.05，也就是说与 $p=0.25(H_0)$ 有显著差异。答对 6 题，应当及格。

表 6.6.14　十道题目的检二项分布检验结果

		Category	N	Observed Prop.	Test Prop.	Exact Sig. (1-tailed)
4 选 1	Group 1	答对	6	.60	.25	.020
	Group 2	答错	4	.40		
	Total		10	1.00		

2. 用 SPSS 计算例 6.3.2

100 道题目，每道题目 2 选 1，数据见本书附盘文件“CH6 考试及格问题”。

重复第 1 个问题的点击过程，但变量改为：“得分百题”，要检验的比例取默认的 0.5，得到表 6.6.15。

表 6.6.15　百题的二项分布检验结果

		Category	N	Observed Prop.	Test Prop.	Asymp. t Sig. (2-tailed)
2 选 1	Group 1	答对	62	.62	.50	.021[a]
	Group 2	答错	38	.38		
	Total		100	1.00		

a. Based on Z Approximation

☆注意☆　表中给出的 z 值显著性概率(外侧概率)0.021，是基于近似的 Z 分布(标准正态分布)计算出来的，并且是双尾的显著性概率，改成单尾的约为 0.01。

思考与练习题

1. 试述以下基本概念：

   ① 参数检验　② 非参数检验

2. 什么是“弃真”错误？什么是“存伪”错误？在假设检验中，通常把什么错误控制的比较小？
3. 以问题“已知方差 σ^2，检验假设：$\mu=\mu_0$”为例，说明假设检验的基本思路。
4. 假设检验的三个关键点是什么？
5. 在判断是接受还是拒绝零假设 H_0 时，有两种方法：

   ① 用的统计值的 p 值(即，统计值的显著性概率，或称为统计值的外侧概率)，与显著性水平 α 比较；② 用统计值 θ 自身，与临界统计值 θ_α 或 $\theta_{\alpha/2}$ 比较。哪个更好一些？为什么？

6. 对下面每个检验计算 z 统计值的显著性概率 p 值：

   ① H_0：$\mu=10$，H_1：$\mu>10$，$z=1.48$

   ② H_0：$\mu=105$，H_1：$\mu<105$，$z=-0.85$

   ③ H_0：$\mu=13.4$，H_1：$\mu\neq13.4$，$z=1.17$

   ④ H_0：$\mu=8.56$，H_1：$\mu<8.56$，$z=-2.11$

   ⑤ H_0：$\mu=110$，H_1：$\mu\neq110$，$z=-0.93$

7. 对下面每个检验计算 z 统计量的值：

   ① H_0：$\mu=35$，H_1：$\mu>35$，$p=0.0582$

   ② H_0：$\mu=35$，H_1：$\mu<35$，$p=0.0166$

   ③ H_0：$\mu=35$，H_1：$\mu\neq35$，$p=0.0042$

8. 关于一个正态分布总体的参数检验的统计量问题：

   ① 检验均值($\mu=\mu_0$ 否)，当 σ^2 已知时，用什么统计量？当 σ^2 未知时，用什么统计量？② 检验方差($\sigma^2=\sigma_0^2$？未知 μ)用什么统计量？

9. 举出若干需要“检验均值与方差是否改变”的例子。
10. 检验零假设：初中男生平均身高 160 厘米。备择假设：初中男生平均身高超过 160 厘米。抽样测得 36 位初中生的身高如下表，试用 SPSS 完成这个建设检验。

170	168	145	148	157	173	170	149	155	176	153	170	146	159	186	143	158	167
173	176	145	166	167	176	169	147	156	175	166	174	150	176	181	156	173	148

11. 有一家企业生产某产品，按照产品标准，成分 A 的含量应当在 10%以上，该企业有一批产品，抽出 64 瓶，化验结果是 $\bar{x}=10.19\%$，样本标准差是 0.8，这批产品在 1%的显著性水平上是否合格？
12. 从一批灯泡中随机抽取 25 个，算得样本平均使用寿命 $\bar{x}=1950$ 小时，标准差为 500 小时，规定最大显著水平 $\alpha=0.01$，问这批灯泡是否满足平均使用寿命为 2000 小时的设计标准？
13. 下表是 32 个地区体重超重比例在 15%～25%的人群中有心脏病比率数据。试用 SPSS 检验零假设在该超重范围内有心脏病的比率均值 $\mu=18\%$，对备择假设 $\mu\neq18\%$，取 $\alpha=0.05$。

18.3	19.7	22.1	19.2	17.5	12.7	22.0	17.2	21.1	16.2	15.4
19.9	21.5	19.8	22.5	16.5	13.0	22.1	27.7	17.9	22.2	19.7
18.1	22.4	17.3	13.3	22.1	16.3	21.9	16.9	15.4	19.3	

14. 检验 B(1,p)分布(即 0-1 分布)的参数 p 与预定值是否相等,用什么统计量?
15. 当 n 很大时,如何检验一个 B(1,p) 总体的大样本比例值 p?
16. 关于两个正态分布总体的参数检验的统计量问题:
    ① 检验方差($\sigma_1^2=\sigma_2^2$? 未知 μ_1,μ_2),用什么统计量? ② 检验方差($\sigma_1^2>\sigma_2^2$? 未知 μ_1,μ_2),用什么统计量? ③ 检验均值($\mu_1=\mu_2$? 未知其方差值,但知 $\sigma_1^2=\sigma_2^2$),用什么统计量(只需知道统计量的名称及统计量的大致结构)? ④ 检验均值($\mu_1=\mu_2$? 未知其方差值,但知$\sigma_1^2\neq\sigma_2^2$),用什么统计量(只需知道统计量的名称及统计量的大致结构)?
17. 大样本下,检验两个任意总体的均值是否相等,用什么统计量?
18. 大样本下,检验两个 0-1 总体的比例值(即均值)是否相等,用什么统计量?
19. 用例子说明假设检验的意义。
20. 请选用数据盘中的恰当数据文件,用 SPSS 的单样本 T 检验(One-Sample T Test)模块,检验一个数据集合的均值与预定值,是否相等?
21. 试述 SPSS 的单样本 T 检验(One-Sample T Test)模块输出的置信区间与探索模块(Explore)输出的置信区间,有何不同?
22. 例 6.6.2 给出的单样本的均值是 $\overline{x}$,与 μ_0 的差值大(5.385 秒),而例 6.6.3 给出的单样本的均值是 $\overline{y}$,与 μ_0 的差距小(1.40 秒),显著性检验结果却是 $\overline{x}$ 所对应的μ_1 与 μ_0 没有显著性差异,而 $\overline{y}$ 所对应的μ_2 与 μ_0 有显著性差异。试从单样本 T 检验的计算公式解释这个"怪异"的结论。
23. 试述两组独立样本与配对样本在性质方面的区别?
24. 在 SPSS 中,两组独立样本与配对样本的数据存放方式有何不同?
25. 某汽车销售商设计了一种促进汽车销售的方案,在 10 城市做了降价测试实验,记录了促销方案实施前一个月的销售量,及促销方案实施后一个月的销售量,根据这些数据,你是否能判断销售量有明显的改善(使用 $\alpha=0.01$)?

以前	28	23	25	30	27	24	31	46	38	29
以后	30	27	26	35	33	35	32	54	51	43

26. 请选用数据盘中的恰当数据文件,用 SPSS 的独立样本 T 检验(Independent-Sample T Test)模块,作两均值是否相同的假设检验。
27. 在用 SPSS 的独立样本 T 检验(Independent-Sample T Test)模块,作两均值是否相同的假设检验时,为什么一定要选择 Levene 检验?
28. 配对样本 T 检验(Paired-Sample T Test)与单样本 T 检验(One-Sample T Test),有什么关系?
29. 有人设计了一种提高记忆力的训练方法。为了评估这种训练方法的有效性,随机抽取了 20

余名学生，在做记忆力测试后，留下记忆力差异不大的 10 名学生参加实验（剔除了记忆力处于强弱两端的学生）。训练完成后，再对两个组做记忆力测试。训练前后的记忆力数据如下表所示，问：在 $\alpha=0.01$ 的显著性水平上，该训练方法是有效的吗？

学生编号	1	2	3	4	5	6	7	8	9
训练前记忆力	23	22	20	21	23	18	17	20	23
训练后记忆力	28	29	26	23	31	25	22	26	26

30. 从某市上年所得税报表得知服装业企业经理的平均收入为 15 万元，标准差为 0.975 万元。今年从服装行业随机抽取 168 个人的样本，计算出平均收入为 14.5 万元。问：今年服装行业经理的平均收入与上年有显著差异吗？
31. 五年前某行业公司的平均雇员规模（人数）为 268.8 人。以后，随着需求的增长，感觉许多公司的规模都在扩大，于是，随机选取 36 个公司，计算出平均雇员规模为 330.6 人，标准差为 45.6 人。问：该行业公司的平均规模明显增大了吗？
32. 某电视台调查某栏目售欢迎的程度，有 65%的男士和 55%的女士对该栏目表示欢迎。问：① 如果这些统计值是来自 100 名男士和 100 名女士的样本，两个受欢迎的程度有显著性吗？② 如果这些统计量来自 200 名男士和 200 名女士的样本，差别显著吗？

第7章 方差分析

在第6章参数假设检验中，我们经常检验两个总体分布的均值是否相同，如6.4节和6.5节的研究。在6.4节中担当重任的统计量，主要是t统计量。在6.5节中担当重任的统计量，主要是基于中心极限定理的Z统计量，就是对大样本的$B(1,p_1)$分布和$B(1,p_2)$分布的均值的检验，也是用中心极限定理，转化为Z统计量来处理的。

如果有多个总体，则必须两两比较检验，显得十分烦琐。而方差分析(Analysis of Variances，简记为ANOVA)，可以一次完成对多个总体的均值是否相同的检验：

$$H_0: \mu_1 = \mu_2 = \cdots = \mu_s$$

7.1 单因素方差分析

7.1.1 问题的提法

设有s个技术方案，各个方案的效果如表7.1.1所示。问：怎样判断这s个方案的效果，是否有显著区别(均值是否相同)？

表7.1.1 单因素方差分析的已知条件

实验效果				
方案1	x_{11}	x_{12}	…	x_{1n_1}
方案2	x_{21}	x_{22}	…	x_{2n_2}
⋮	⋮	⋮		⋮
方案s	x_{s1}	x_{s2}	…	x_{sn_s}

表中，n_i表示方案i的实验个数

这s个方案还可以表示s项政策，x_{ij}是被访问人对政策起作用大小的评分，μ_i表示政策i的平均得分；这s个方案也可以表示s个阶层的人，x_{ij}是s个阶层的人对同一个问题的评分，μ_i表示阶层i的对某个问题看法的平均值；这s个方案还可以表示s种训练方法，x_{ij}是s种训练方法对不同人的训练效果，μ_i表示训练方法i的效果的平均值；这s个方案也可以是某项政策的s个重要程度，x_{ij}是评价人(或单位)的与该项政策有关的业绩，μ_i表示把某政策的重要程度评为i级的人(或单位)的平均业绩。总之，上述问题的提法，可以代表许多管理问题。当然，也可以是s台设备、s种药品、s种饲料、s种工艺、s种材料等。

所谓单因素，就是指只有“方案”这个变量(因素)。不同方案，就是“方案”这个变量的不同取值。这些不同的“取值”，又称为“方案”这个因素的不同“水平”。

单因素方差分析的作用

单因素方差分析起源于对多套实验方案的效果的对比分析，可以用来检验多组相关样本之间的均值，有无显著差异。

例如，s 项政策的效果、s 个阶层的人的对某一问题的评价、政策作用的 s 个评价程度与对应的效果、s 组人员的工资水平、s 种同功能药品的效果、s 种训练方法的训练效果、s 种饲料的作用、s 台设备的故障率、s 种工艺的效果、s 种材料的强度等等，有无显著差异，都可以用单因素方差分析来解决。

7.1.2 理论假设与分析

假设这 s 个方案的总体都服从正态分布：$N(\mu_i,\sigma^2)$，注意这个式子相当于假设这 s 个总体分布的方差都相同了，但均值可能不同。

随机样本 X_{ij} 可以视为各个方案的总体均值 μ_i 与随机误差 ε_{ij} 之和：

$$X_{ij} = \mu_i + \varepsilon_{ij}$$

式中，ε_{ij} 服从 $N(0,\sigma^2)$ 分布，并且 ε_{ij} 之间相互独立。

上式称为单因素(一元)方差分析的统计模型。所谓“一元”是指：表示效果的数据是一元的(如成本节约额)。如果效果是多元的(例如，成本节约额和产品耐用度)就构成了二元向量，此时的问题就是单因素多元问题。

由上式可得随机项的表达如下：

$$\varepsilon_{ij} = X_{ij} - \mu_i$$

对应于 μ_i 的样本均值(统计量)是 $\overline{X}_i.$，也就是说，“$X_{ij} - \overline{X}_i.$”表示是随机误差项。这一点对于理解后面的计算很有意义。

定义：“总平均” $\mu = \dfrac{1}{n}\sum_{i=1}^{s} n_i\mu_i$；

“方案 i 的主效应”$a_i = \mu_i - \mu$

由 $X_{ij} = \mu_i + \varepsilon_{ij}$ 和上式，有

$$X_{ij} = \mu_i + \varepsilon_{ij} = \mu + a_i + \varepsilon_{ij}$$

即 X_{ij} 可以表达为总平均、方案 i 的主效应与随机项之和。

本小节的以上关系式，可以简单地概括在表 7.1.2 中。

表 7.1.2 单因素模型构成表

<table>
<tr><td colspan="3">X_{ij} 的构成</td></tr>
<tr><td colspan="2">μ_i
(行稳定中心)的构成</td><td rowspan="2">ε_{ij} 服从
$N(0,\sigma^2)$</td></tr>
<tr><td>μ</td><td>$a_i(=\mu_i-\mu)$</td></tr>
<tr><td>全局稳定的中心</td><td>行的稳定中心 μ_i 与全局中心 μ 的偏差</td><td>随机扰动</td></tr>
</table>

注：这个构成表格概括了 7.1.2 小节主要公式

由 $a_i=\mu_i-\mu$，易知：若各个方案的主效应 a_i 都为0，则各个方案的均值相同（都等于 μ）。

单因素方差分析的基本任务是检验如下假设：

H_0：所有 $a_i=0$，或 $\mu_1=\mu_2=\cdots=\mu_s=\mu$

H_1：$\mu_1,\mu_2,\cdots,\mu_s$ 不全相等（至少有两个不相等）。

7.1.3 实际做法

单因素方差分析的基本思想，是用方案之间的方差（它服从 χ^2 分布）与所有方案内部的方差之和（它也服从 χ^2 分布）的比值（它服从 F 分布），与 f_α 的比较，来判别 s 个方案的均值是否相同。

(1) 求各方案之间的变差 s_A（用各方案的均值 $\overline{x}_{i\cdot}$ 对所有数据的总均值 $\overline{x}$ 的离差平方和来表达）

$$s_A=\sum_{i=1}^{s}[(\overline{x}_{i\cdot}-\overline{x})^2 n_i]$$

式中，$\overline{x}=\dfrac{1}{n}\sum_{i=1}^{s}\sum_{j=1}^{n_i}x_{ij}$，$n=\sum_{i=1}^{s}n_i$，为所有数据的总平均值；

$\overline{x}_{i\cdot}=\dfrac{1}{n}\sum_{j=1}^{n_i}x_{ij}$，为第 i 个方案的均值。

(2) 求所有方案内部变差之和 s_E（方案 i 的内部变差是该方案的实验数据 x_{ij} 对该方案实验数据均值 $\overline{x}_{i\cdot}$ 的变差）

$$s_E=\sum_{i=1}^{s}\sum_{j=1}^{n_i}(x_{ij}-\overline{x}_{i\cdot})^2$$

☆注意☆ 由于 x_{ij} 与 X_{ij} 对应，$\overline{x}_{i\cdot}$ 与 μ_i 对应（样本观察值与母体之间的对应关系），上式括号中的内容 $(x_{ij}-\overline{x}_{i\cdot})$ 就与 $X_{ij}-\mu_i$ 对应，是误差项，与 ε_{ij} 相对应。

(3) 计算 F 统计量之值（方案间的方差与所有方案内的方差之比）

$$f=\frac{s_A/(s-1)}{s_E/(n-s)}$$

f 对应的统计量 F（也就是在以上的式子中，把 x_{ij} 换成 X_{ij}）服从 $F(s-1,n-s)$ 分布。

(4) 做假设检验

H_0：$\mu_1=\mu_2=\cdots=\mu_s=\mu$

H_1：H_0 不成立

若 $f>f_\alpha(s-1,n-s)$，则表明 s_A 较大，$\overline{x}_{i\cdot}-\overline{x}$ 的平方和较大，对应的总体参数是 $\mu_i-\mu$ 的绝对值较大，所以，则以 α 的概率（或在 α 水平上）拒绝 H_0，即至少有

两个方案之间的平均效果(均值)差异足够大,方案之内的差异相对小。反之,接受 H_0,即不同方案的效果(均值)没有显著差异。

单因素方差分析的实际算法

(1) 先算组间变差 $s_A=\sum_{i=1}^{s}[(\bar{x}_{i\cdot}-\bar{x})^2 n_i]$;(2) 再算组内变差 $s_E=\sum_{i=1}^{s}\sum_{j=1}^{n_i}(x_{ij}-\bar{x}_{i\cdot})^2$;(3) 计算方差之比(两个变差除以各自的自由度) $\frac{s_A/(s-1)}{s_E/(n-s)}$ 就是用来做方差分析的统计量的值 f。f 对应的统计量 F 服从 $F(s-1,n-s)$ 分布。

判断:若 $f>f_\alpha(s-1,n-s)$,则以不超过 α 的犯错误的概率,拒绝 H_0,即至少有两个方案(两组样本)之间的平均效果(均值),有显著差异。

把握方差分析的要点是:①弄清分析思路;②确认适于用此办法的实际问题;③正确地使用 SPSS 进行计算并会使用计算结果。

☆注意☆ (1) 在拒绝 H_0 时,我们仅仅能够断定至少有两个方案之间的平均效果(均值)有显著性差异,但是哪些方案之间有显著性差异、哪些方案之间没有,则无法判定。如果要想知道这一结果,从理论上应当返回第 6 章,用那里的方法对不同方案做两两对比检验,也就是说要有相互交叉的很多组合的对比检验,准确地说,是 $\binom{s}{2}=\frac{s!}{2!\times(s-2)!}$ 个。幸好,SPSS 给出了简洁的点击计算选择,而且功能要比这里讲的还多。

(2) 这里的检验是单尾的。其直观解释是,若组间方差(组均值 $\bar{x}_{i\cdot}$ 对总均值 $\bar{x}$ 的差异程度)比组内的方差大,就说明组总体均值 μ_i 之间不可能全部相等。同时,不可能把较小的 S_A(组间方差的较小差异)解释为组均值之间的较大的差异。所以,这里的 f 检验只能是单尾的。

7.1.4 用统计值 f 的显著性概率 p 与 α 比较,做检验判别

与 T 检验的判别类似,在 SPSS 中,F 检验的判别也可以用统计值 f 的外侧概率 p(显著性概率)与 α 比较大小,来判别接受还是拒绝 H_0。而常规的数理统计学,是用统计值(如 z,t,f,χ^2 等)与统计值的阈值(如:$z_{\frac{\alpha}{2}},z_\alpha,t_{\frac{\alpha}{2}},f_\alpha$ 等)比较大小,来判别接受还是拒绝 H_0 的。

对 F 检验而言,两者的关系可用图 7.1.1 表达。

从统计值 f 和由 α 所决定的阈值 f_α 的角度看,若 $f\geqslant f_{0.05}$,则表明 s_A 较大,$\bar{x}_{i\cdot}-\bar{x}$ 的平方和较大,对应的总体参数是 $\mu_i-\mu$ 的绝对值较大,即 $\mu_i\neq\mu$,所以拒绝 H_0。

而由图 7.1.1 可知,$f\geqslant f_{0.05}$ 表明 f 落在 $f_{0.05}$ 的右侧,f 右侧的概率(f 右侧的曲线与水平轴之间的面积)就会小于等于 $f_{0.05}$ 右侧的概率 0.05。

容易理解,$f\geqslant f_{0.05}$ 与 f 右侧的概率 $p\leqslant 0.05$ 是等价的。因此,若计算出来的

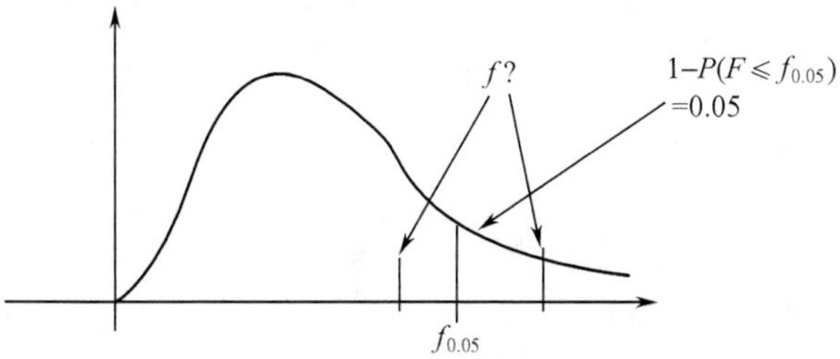

图 7.1.1 方差分析中,两种判别方法示意

统计值 f 右侧的概率 $p \leqslant 0.05$(由图 7.1.1 可知,统计值 f 落在阈值 $f_{0.05}$ 的右边),就应拒绝 H_0,即 $\mu_i \neq \mu$。这就是 SPSS 的检验判别方法。

两种判别方法是等价的,但看得出 SPSS 中使用的方法,更方便一些。因为从 f 的外侧概率可以更方便地与不同的犯错误的概率 α 比较。

7.2 用 SPSS 作单因素方差分析

在 SPSS 中,单因素方差分析模块被放置在"均值比较"模块之下。在数据编辑窗口中,进入该模块的点击过程是:Analyze→Compare Means→One-Way ANOVA。

7.2.1 使用系统默认选项的操作示例

例 7.2.1 不同岗位的平均工资问题,是任何单位的人事管理都要考虑的基本问题。设某单位的职工的工作岗位可以分成三类:一线工人、科以上干部、一般干部(数据见本书附盘中的文件"CH7 茎叶箱方差工资性别岗位 300 余")。请比较,这三类职工的当前平均工资有无显著差异?

在思考分析问题时,数据的排列如表 7.1.1 所示。但在 SPSS 中的数据排列与表 7.1.1 有很大差别。它把"当前工资"作为一个变量,排成一列。"工作性质"作为第二个变量,排成另一列。它的作用是对"当前工资"分组。这种存放方式与独立 T 检验的数据存放方式相同,其优点将在后面的双因素方差分析中进一步表现出来。

读入数据后:

(1) 点击 Analyze→Compare Means→One-Way ANOVA,系统弹出窗口如图 7.2.1 所示。

(2) 选左框中的变量“当前工资”,用箭头送入右边 Dependent List 框中。

(3) 选左框中的变量“工作性质”,用箭头送入右边 Factor(因素变量)框中。

(4) 点击OK,系统输出结果,见表 7.2.1。

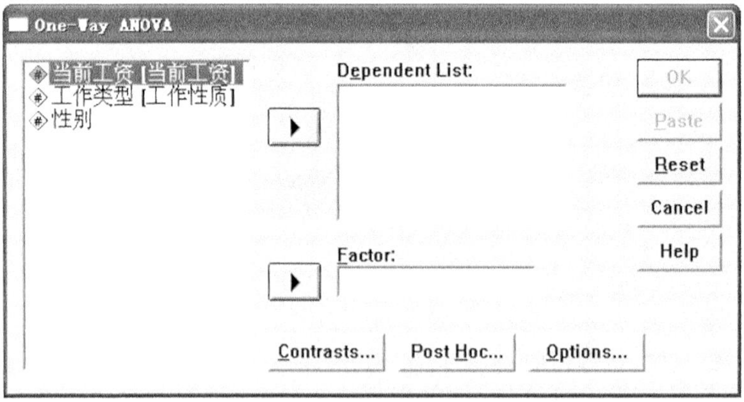

图 7.2.1 单因素方差分析的主窗口

表 7.2.1 单因素方差分析

当前工资

	Sum of Squares	df	Mean Square	F	Sig.
Between Groups	42070380885.005	2	21035190442.503	146.373	.000
Within Groups	52166613580.787	363	143709679.286		
Total	94236994465.792	365			

(5) 结果说明:

第一列是方差来源,说明是来源于组间的还是组内的。第二列是变差(Sum of Squares 与样本均值的离差平方和),组内变差也就是对应于 ε_{ij}(即 $X_{ij}-\mu_i$)的误差项的平方和。第三列是自由度($s-1=2$,$n-s=366-3=363$)。第四列是方差(变差除以相应的自由度,Variance = Mean Square 离差平方和的均值)。第五列是统计量 F 的值 f:组间方差与组内方差之比,组内方差反映的是线性模型($X_{ij}=\mu_i+\varepsilon_{ij}$)的误差项的状况。第六列是 f 统计值的显著性概率(外侧概率 p),用于显著性检验。此处,$p=0.000<0.01$,所以,拒绝假设 H_0,即不同工作性质的工资有显著差异。

7.2.2 使用选项的操作示例

仍以例 7.2.1 的数据作为分析对象。

读入数据后：

(1) 点击 Analyze→Compare Means→One-Way ANOVA。

(2) 选左框中的变量“当前工资”，用箭头送入右边 Dependent List 框中。

(3) 选左框中的变量“工作性质”，用箭头送入右边 Factor(因素变量)框中。

(4) 指定选项：

① 点击 Options... 按钮，系统弹出一个对话窗口，见图 7.2.2。在该对话窗口中：

Descriptive 复选项，要求选择需要输出的统计量。

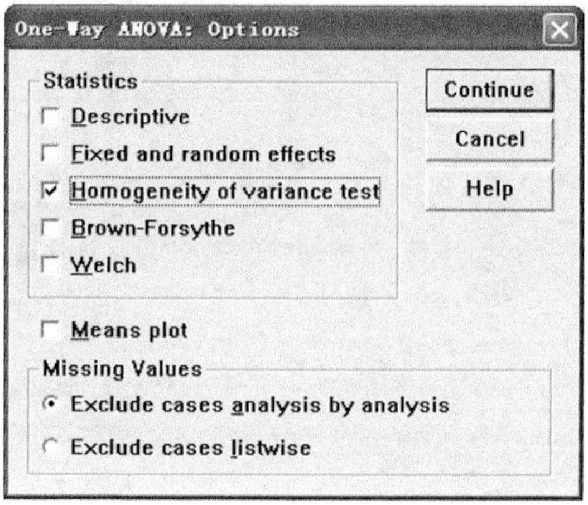

图 7.2.2　Options 对话窗口

Homogeneity of variance test 复选项，表示要进行方差齐次性检验(Levene 检验)，并输出检验结果。这一选择十分重要，关系到在 Post Hoc 窗口中如何读取计算结果问题。

Means plot 选项，表示输出各组均值分布图。

在 Missing Values 区块中，选择 Exclude cases analysis by analysis(只剔除正在分析的组内的缺失值)。

② 点击 Post Hoc... 按钮，系统弹出 Post Hoc Multiple Comparisons(各组均值的两两比较)窗口，见图 7.2.3。

在该窗口的 Equal variance assumed 区块(齐次方差区块)中，有 14 个选项，大体上是按照敏感性排列的。所谓敏感，是较容易拒绝零假设(所有行的母体均值都相等的假说)。其中的第一个选项 LSD(Least-significant difference)表示：在具有方差齐性时，在方差检验拒绝零假设(至少有一个水平的主效应不为 0)的情况下，

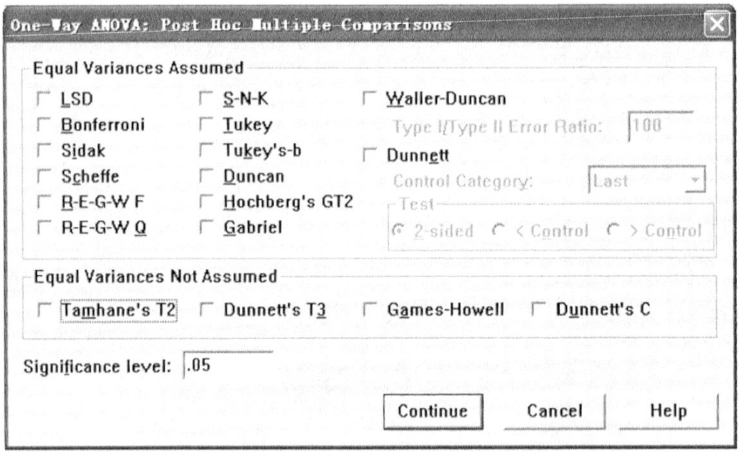

图 7.2.3 Post Hoc 多重比较窗口

用最小显著性差异方法的 t 统计量，两两检验各组均值是否有显著性差异。同时不调整两两比较误差。本例题选择此选项。

在该窗口的 Equal variance not assumed 区块（非齐次方差区块）中，有 4 个选项，其中 Tamhane T2（在方差不相等的、没有正态分布假设的前提下）的两两 t 检验。也就是说，要看 Options 对话窗中的 Homogeneity of variance 选项（方差齐次性的 Levene 检验）的计算结果。在不具有方差齐性时，关注 Tamhane T2 的结果。本例题选择此选项。

点击 Continue，返回主窗口（图 7.2.2）。

③ 点击 Contrasts...（对照）按钮，弹出 Contrasts（对照）窗口（见图 7.2.4）。

点击该窗口中的 Polynomial（多项式）选项，Degree 被激活，点击 Degree 右边的小箭头，出现下拉菜单，有线性、二次方、三次方的多项式模型，可供选择。一般选择线性模型。

在 Coefficients [ ] 的方框中，输入各组均值的系数，确定所要比较的组均值的组合。例如，输入 1，点击 Add，再输入 −1，点击 Add，再输入 0，点击 Add，就完成了一个完整组合（1，−1，0）的输入，表示要对照检验“1＝一线工人”的平均工资与“2＝科以上干部”的平均工资有无显著性差异。点击 Next 后，再按照上述方式，输入“1，0，−1”，表示要对照检验“1＝一线工人”的平均工资与“3＝一般机关员工”的平均工资有无显著性差异。再点击 Next 后，再按照上述方式，输入“0，1，−1”，表示要对照检验“2＝科以上干部”的平均工资与“3＝一般机关员工”的平均工资有无显著性差异。

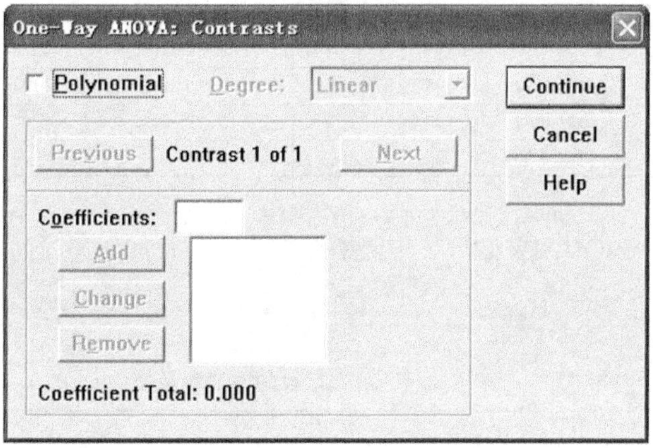

图 7.2.4　Contrasts 对比窗口

其实，以上输入（想要两两对比三类工作的平均工资）是不必要的，因为在 Post Hoc 多重比较的窗口中，做了选项后，系统就会自动输出两两对比的检验结果。本例题输入：“1，−1，−1”，用意是对比“1＝一线工人”的平均工资与“2＋3＝所有机关人员”的平均工资有无显著性差异。

SPSS 的方差分析的这一选择功能，对我们选择比较不同组的组合的均值有无显著差异，带来了极大的方便。这是值得高度重视的，应当能够熟练地应用 SPSS 中单因素方差分析的这一功能。

（5）点击 OK ，输出结果，见表 7.2.2～表 7.2.6。

（6）结果分析：

表 7.2.2　三组当前工资的方差齐性检验

Levene Statistic	df1	df2	Sig.
10.512	2	363	.000

表 7.2.2（Homogeneity of variances 表格）中，显著性概率 $p=0.000<0.0005$，表示三个组的数据不具有方差齐性。这决定了如何读表 7.2.5 的结果。

表 7.2.3 方差分析表

当前工资

	Sum of Squares	df	Mean Square	F	Sig.
Between Groups	42070380885.005	2	21035190442.503	146.373	.000
Within Groups	52166613580.787	363	143709679.286		
Total	94236994465.792	365			

表 7.2.3(ANOVA 表格),其实就是表 7.2.1,同样问题同样的方差分析,结果当然应当相同。

表 7.2.4 组合比较的对照系数

	工作类型		
Contrast	一线工人	科以上干部	一般机关员工
1	1	−1	−1

表 7.2.4(Contrast Coefficients 表格),给出了你所输入的所要比较的各组均值的系数。

表 7.2.5 组合对比检验结果

		Contrast	Value of Contrast	Std. Error	t	df	Sig. (2-tailed)
当前工资	Assume equal variances	1	−$68,401.42	$2,940.143	−23.265	363	.000
	Does not assume equal variances	1	−$68,401.42	$3,479.100	−19.661	33.286	.000

说明:在 SPSS 的输出中,由于表格宽度所限,有些数字太长时,屏幕上将出现一串“******”。当把它拷贝到 word 文件中时,“******”所代表的数据就会自动出现。

表 7.2.5(Contrast Test 表格)给出了“具有方差齐性”与“不具有方差齐性”下,你所输入的均值组合与 0 有无显著差异的 t 检验的结果。由于前面已经得出了不具有方差齐性的结论,所以这里应当读取“不具有方差齐性(Does not assume equal variances)”那一行的结果。第 1 个组合(本例只选了一个组合)的 $p=0.000<0.0005$,表示其均值的组合与 0 有显著差异(即表示要对照检验一线工人的平均工资与所有机关人员的平均工资,有显著性差异)。

表 7.2.6 多重比较结果

Dependent Variable：当前工资

	(I)工作性质	(J)工作性质	Mean Difference (I-J)	Std. Error	Sig.	95% Confidence Interval	
						Lower Bound	Upper Bound
LSD	一线工人	科以上干部	-$40,666.78*	$2,455.919	.000	-$45,496.40	-$35,837.17
		一般机关员工	$4,153.93*	$1,765.545	.019	$681.95	$7,625.90
	科以上干部	一线工人	$40,666.78*	$2,455.919	.000	$35,837.17	$45,496.40
		一般机关员工	$44,820.71*	$2,853.103	.000	$39,210.02	$50,431.40
	一般机关员工	一线工人	-$4,153.93*	$1,765.545	.019	-$7,625.90	-$681.95
		科以上干部	-$44,820.71*	$2,853.103	.000	-$50,431.40	-$39,210.02
Tamhane	一线工人	科以上干部	-$40,666.78*	$3,313.638	.000	-$49,089.42	-$32,244.15
		一般机关员工	$4,153.93*	$1,281.874	.005	$1,046.24	$7,261.61
	科以上干部	一线工人	$40,666.78*	$3,313.638	.000	$32,244.15	$49,089.42
		一般机关员工	$44,820.71*	$3,403.657	.000	$36,222.90	$53,418.52
	一般机关员工	一线工人	-$4,153.93*	$1,281.874	.005	-$7,261.61	-$1,046.24
		科以上干部	-$44,820.71*	$3,403.657	.000	-$53,418.52	-$36,222.90

* The mean difference is significant at the .05 level.

表 7.2.6(Multiple Comparisons 表格，即两两比较检验的结果表)给出了你所选择的 LSD(Least-Significant Difference)和 Tamhane's T2 的两两检验的结果。由于前面已经得出了不具有方差齐性的结论，所以这里应当读取“不具有方差齐性”的 Tamhane T2 的检验结果。该表格还用“*”标出两两均值之间，是否有显著差异。

7.3 无重复实验的双因素方差分析

7.3.1 问题的提出

为了便于理解，我们从一个具体的例子开始：对运动员进行训练的效果，不仅与训练方法有关，而且与运动员本身的特质有关。如果我们选出了 n 组运动员，每个组的运动员都具有同样的体质特征，每个组有 s 个运动员，用 s 种不同方法进行训练。我们就会得到 $s\times n$ 个不同的训练效果，怎样判断不同的训练方法的效果是否有显著效益？不同体质特征对训练效果是否有显著影响？

把这些已知条件概括为数学问题，就如表 7.3.1 所示。

表 7.3.1 无重复、双因素方差分析的已知条件

	因素 B_1	因素 B_2		因素 B_n
因素 A_1	x_{11}	x_{12}	…	x_{1n}
因素 A_2	x_{21}	x_{22}	…	x_{2n}
⋮	⋮	⋮		⋮
因素 A_s	x_{s1}	x_{s2}	…	x_{sn}

注：x_{ij} 表示因素 A_i 和因素 B_j 下的实验效果的观察值

问：因素 A 的不同水平（方案）的效果（均值），有无显著不同？

因素 B 的不同水平（方案）的效果（均值），有无显著不同？

所谓"双因素"，是指问题中有两个（反映条件或前提的）变量：变量 A 与变量 B。A_i 是变量 A 的一个取值（又称因素 A 的一个水平），B_j 是变量 B 的一个取值（又称因素 B 的一个水平）。

除了上述训练方法和运动员的特质问题外，还有如下实际问题，可以概括为双因素方差分析问题：不同激励方法的效果与被激励者的素质（或文化环境，或传统观念）有关，是个双因素问题；不同药品的治疗效果与病人的体质特征有关，也是一个双因素问题；不同饲料的效果与猪的食量有关（或者与猪的品种有关），也可以视为一个双因素问题；不同营销方案的效果与产品的质量有关等，也是双因素问题。

看得出，有的问题起作用的因素，会比 2 大许多。例如，影响工作效率的不仅有激励方法，而且与被激励者的素质、被激励者所处于的文化环境和传统观念有关。这就是多因素问题。今后，在 SPSS 的应用中，我们将点明多因素方差分析的处理方法。

7.3.2 理论假设与分析

假设在 A_i 与 B_j 下的总体 X_{ij}，服从 $N(\mu_{ij},\sigma^2)$ 分布。注意这个式子相当于假设这 $s\times n$ 个总体分布的方差都相同了。但均值可能不同。

设：$\mu = \dfrac{1}{s\times n}\sum_{i=1}^{s}\sum_{j=1}^{n}\mu_{ij}$，称为总体 X_{ij} 的总平均。

$\mu_{i\cdot} = \frac{1}{n}\sum_{j=1}^{n}\mu_{ij}$，称为第 i 行总体的平均。

$\mu_{\cdot j} = \frac{1}{s}\sum_{i=1}^{s}\mu_{ij}$，称为第 j 列总体的平均。

把"第 i 行的平均 $\mu_{i\cdot}$ 与总平均 μ 之差"

$$a_i = \mu_{i\cdot} - \mu，其中，i = 1,\ 2,\cdots,s$$

称为 A_i 的主效应。

把"第 j 列的平均 $\mu_{\cdot j}$ 与总平均 μ 之差"

$$b_j = \mu_{\cdot j} - \mu，其中，j = 1,\ 2,\cdots,n$$

称为 B_j 的主效应。

如果 A_i 与 B_j 间不存在交互效应，就有

$$\mu_{ij} = \mu + a_i + b_j，其中，i = 1,\ 2,\cdots,s,\quad j = 1,\ 2,\cdots,n$$

也就是，随机样本 X_{ij} 的均值 μ_{ij}，是由"总平均 μ"、"A_i 的主效应 a_i"、"B_j 的主效应 b_j"组成。

随机样本 X_{ij}，可以视为其总体均值 μ_{ij} 与随机误差 ε_{ij} 之和：

$$X_{ij} = \mu_{ij} + \varepsilon_{ij}$$

式中，ε_{ij} 服从 $N(0,\sigma^2)$ 分布，并且 ε_{ij} 之间相互独立。于是，有

$$X_{ij} = \mu + a_i + b_j + \varepsilon_{ij}，其中，i = 1,\ 2,\cdots,s,\quad j = 1,\ 2,\cdots,n$$

称为"无交互影响的双因素(一元)模型"。

这个构成 X_{ij} 的模型可以形象地理解为

表 7.3.2　无交互影响的双因素模型构成表

X_{ij} 的构成		
μ_{ij} 的构成		ε_{ij} 服从 $N(0,\sigma^2)$
μ	$a_i(=\mu_{i\cdot}-\mu)$	
	$b_j(=\mu_{\cdot j}-\mu)$	
全局稳定的中心	行、列的稳定中心与全局中心的偏差	随机扰动

注：这个构成表格概括了 7.3.2 小节主要公式

无重复实验，无法进行交互影响的分析。由表 7.3.2 可得

$$\varepsilon_{ij} = X_{ij} - \mu - a_i - b_j = X_{ij} - \mu_{i\cdot} - \mu_{\cdot j} + \mu，其中，i=1,\ 2,\cdots,s,j=1,\ 2,\cdots,n$$

如果效果的数据是多元的(向量)，就是双因素多元问题。

7.3.3　实际处理

1. 假设

零假设：H_{0A}：　$\mu_{i\cdot} = \mu$，即 $a_i = 0, i = 1,\ 2,\cdots,s$

H_{0B}：　$\mu_{\cdot j}=\mu$，即 $b_j=0, j=1, 2, \cdots, n$

备择假设：H_{1A}：　$\mu_{1\cdot}, \mu_{2\cdot}, \cdots, \mu_{s\cdot}$ 之间不完全相等（至少有两个不等），或 a_i 不全等于 0。

H_{1B}：　$\mu_{\cdot 1}, \mu_{\cdot 2}, \cdots, \mu_{\cdot n}$ 之间不完全相等（至少有两个不等），或 b_j 不全等于 0。

2. 计算

按如下定义，计算出 S_A、S_B、S_E 所对应的值 s_A、s_B、s_E，进而，计算出与 F_A、F_B 对应的值 f_A、f_B。

定义统计量：

总变差：$S_T=\sum_{i=1}^{s}\sum_{j=1}^{n}(X_{ij}-\overline{X})^2$　　行间变差：$S_A=n\sum_{i=1}^{s}(\overline{X}_{i\cdot}-\overline{X})^2$

列间变差：$S_B=s\sum_{j=1}^{n}(\overline{X}_{\cdot j}-\overline{X})^2$　　总误差平方和：$S_E=\sum_{i=1}^{s}\sum_{j=1}^{n}(X_{ij}-\overline{X}_{i\cdot}-\overline{X}_{\cdot j}+\overline{X})^2$

由表 7.3.2 可知，上式括号中的内容与 ε_{ij} 对应。

式中，$\overline{X}=\frac{1}{sn}\sum_{i=1}^{s}\sum_{j=1}^{n}X_{ij}$；$\overline{X}_{i\cdot}=\frac{1}{n}\sum_{j=1}^{n}X_{ij}$；$\overline{X}_{\cdot j}=\frac{1}{s}\sum_{i=1}^{s}X_{ij}$

可以证明：在"无交互影响的双因素模型"下，有如下结论成立：

(1) S_A、S_B、S_E 相互独立，且 $S_T=S_A+S_B+S_E$。

(2) $\frac{S_E}{\sigma^2}$ 服从 $\chi^2((s-1)(n-1))$ 分布。

(3) 当 H_{0A} 成立时，有 $\frac{S_A}{\sigma^2}$ 服从 $\chi^2(s-1)$ 分布。

(4) 当 H_{0B} 成立时，有 $\frac{S_B}{\sigma^2}$ 服从 $\chi^2(n-1)$ 分布。

从而，有

(5) 当 H_{0A} 成立时，有

$$F_A=\frac{S_A/(s-1)}{S_E/[(s-1)(n-1)]}=\frac{(n-1)S_A}{S_E}$$

服从 $F((s-1), (s-1)(n-1))$ 分布

(6) 当 H_{0B} 成立时，有

$$F_B=\frac{S_B/(n-1)}{S_E/[(s-1)(n-1)]}=\frac{(s-1)S_B}{S_E}$$

服从 $F((n-1), (s-1)(n-1))$ 分布

3. 判别

对给定的 α，查表，查出 $f_\alpha((s-1), (s-1)(n-1))$，若 $f_A>f_\alpha((s-1), (s-$

1) $(n-1)$)，或 f_A 的显著性概率 $p<\alpha$，则表明 s_A 较大，$\bar{x}_{i\cdot}-\bar{x}$ 的绝对值较大，对应的总体参数是 $\mu_{i\cdot}-\mu$ 的绝对值较大，所以，则以 α 的概率（或在 α 水平上），拒绝 H_{0A}，即至少 A 因素中有两个水平之间的平均效果（均值），差异足够大。反之，接受 H_{0A}，即 A 因素的不同水平的效果（均值）没有显著差异。

同样，对给定的 α，查表，查出 $f_\alpha((n-1),(s-1)(n-1))$，若 $f_B>f_\alpha(n-1),(s-1)(n-1))$，或 f_B 的显著性概率 $p<\alpha$，则表明 s_B 较大，$\bar{x}_{\cdot j}-\bar{x}$ 的绝对值较大对应的总体参数是 $\mu_{\cdot j}-\mu$ 的绝对值较大，所以，则以 α 的概率（或在 α 水平上），拒绝 H_{0B}，即至少 A 因素有两个水平之间的平均效果（均值）差异足够大。反之，接受 H_{0B}，即 A 因素中的不同水平的效果（均值），没有显著差异。

无重复双因素方差分析的实际算法（本表述假设每行都是 n 列）

① 算行间变差 $S_A=n\sum_{i=1}^{s}(\bar{X}_{i\cdot}-\bar{X})^2$；② 算列间变差 $S_B=s\sum_{j=1}^{n}(\bar{X}_{\cdot j}-\bar{X})^2$；③ 算总误差平方和：$S_E=\sum_{i=1}^{s}\sum_{j=1}^{n}(X_{ij}-\bar{X}_{i\cdot}-\bar{X}_{\cdot j}+\bar{X})^2$；④ 计算两个方差之比：

$F_A=\dfrac{(n-1)S_A}{S_E}$ 服从 $F((s-1),(s-1)(n-1))$ 分布，$F_B=\dfrac{(s-1)S_B}{S_E}$ 服从 $F((n-1),(s-1)(n-1))$ 分布。

判断：① 若 $f_A>f_\alpha((s-1),(s-1)(n-1))$ 或 f_A 的显著性概率 $p<\alpha$，则拒绝 $\mu_{i\cdot}=\mu$，即行均值不全相等；②若 $f_B>f_\alpha((n-1),(s-1)(n-1))$ 或 f_B 的显著性概率 $p<\alpha$，则拒绝 $\mu_{\cdot j}=\mu$，即列均值不全相等。

说明：背记这些公式没有意义。重要的是：①弄清分析思路；②所适于解决的实际问题（见 7.5 节）；③正确地使用 SPSS 进行计算和分析结果。

7.4　重复实验的双因素方差分析

7.4.1　问题的提出

为了便于理解，我们仍从一个具体的例子开始，还是对运动员进行训练的效果问题。两个因素，仍然是 A：训练方法 s 种，B：运动员本身的体质特征 n 种，同样体质特征的运动员分在同一组，即共有 n 组运动员。为了便于比较，每个组安排 $s\times t$ 个具有同样体质特征的运动员，也就是说，每种训练方法在每个组内对 t 个运动员进行了训练。我们就会得到 $s\times n\times t$ 个不同的训练效果值。怎样判断不同的训练方法的效果是否有显著效益？不同特质对训练效果是否有显著影响？

表 7.4.1 有重复、双因素方差分析的已知条件

因素	因素 B_1	因素 B_2		因素 B_n
因素 A_1	$x_{111}\ x_{112}\cdots x_{11t}$	$x_{121}\ x_{122}\cdots x_{12t}$	…	$x_{1n1}\ x_{1n2}\cdots x_{1nt}$
因素 A_2	$x_{211}\ x_{212}\cdots x_{21t}$	$x_{221}\ x_{222}\cdots x_{22t}$	…	$x_{2n1}\ x_{2n2}\cdots x_{2nt}$
⋮	⋮	⋮		⋮
因素 A_s	$x_{S11}\ x_{S12}\cdots x_{S1t}$	$x_{S21}\ x_{S22}\cdots x_{S2t}$	……	$x_{Sn1}\ x_{Sn2}\cdots x_{Snt}$

注：x_{ijk} 表示因素 A_i 和因素 Bj 下的第 k 次实验的效果的观察值

问：因素 A 的不同水平（方案）的效果（均值），有无显著不同？因素 B 的不同水平（方案）的效果（均值），有无显著不同？因素 A 与 B 之间的交互作用如何？

在管理科学、其他社会科学、农学、医学、生物学、工学等诸多领域，可以概括为上述统计学结构的问题非常之多。例如：

s 种激励方法，n 种被激励者的素质（或文化环境，或传统观念），同种素质的人归为同一个组，每个组 $s\times t$ 个人（每个组内，每种激励方法施加于 t 个人），这样就可以得到 $s\times n\times t$ 个效果数据，构成一个有重复实验的双因素问题。

s 种药品，n 组体质特征的病人（每个组的病人的体质特征相同），每个组有 $s\times t$个病人（每个组内，每种药品施加于 t 个人），这样也可以得到 $s\times n\times t$ 个效果数据，构成一个有重复实验的双因素问题。

用 s 种不同饲料喂养 n 种猪，每种猪都安排 $s\times t$ 头（每个组内，每种饲料喂养 t 头猪），也可以得到 $s\times n\times t$ 个效果数据，构成一个有重复实验的双因素问题。

当然，每个组内的被实验对象不一定安排 $s\times t$ 个，也就是说，在同一个组内，每种方法（或饲料、或药品、或方案等）不一定施加与 t 的对象，其数量可多可少。这是可以认为安排数量问题。有一些问题是不能认为安排所有数量的。常常会出现每个组内的对象数不同的情形。

例如，政策的作用大小分为 s 个等级，评价政策作用大小的有 n 种类型的企业，同样类型的企业归为一个组，每个组内企业数，可以相同，也可以不同。请这些企业对该项政策的作用等级进行评价，这样每个组内把该政策的作用评价为同样等级的企业数，就可能很不相同（可能是 $t_1,t_2,\cdots,t_s$ 个），这就是一个不能完全控制数量的、有重复实验的双因素问题。

7.4.2　理论假设与分析

假设在 A_i 与 B_j 下的总体 X_{ij}，服从 $N(\mu_{ij},\sigma^2)$分布。注意这个式子相当于假设这 $s\times n$ 个总体分布的方差都相同了。但均值可能不同。

与 7.3.2 小节相同，设

$\mu = \frac{1}{s\times n}\sum_{i=1}^{s}\sum_{j=1}^{n}\mu_{ij}$，称为总体 X_{ij} 的总平均；

$\mu_{i\cdot} = \frac{1}{n}\sum_{j=1}^{n}\mu_{ij}$，称为第 i 行总体的平均；

$\mu_{\cdot j} = \frac{1}{s}\sum_{i=1}^{s}\mu_{ij}$，称为第 j 列总体的平均；

把"第 i 行的平均 $\mu_{i\cdot}$ 与总平均 μ 之差"

$$a_i = \mu_{i\cdot} - \mu,\ 其中\ i = 1, 2,\cdots,s$$

称为 A_i 的主效应；

把"第 j 列的平均 $\mu_{\cdot j}$ 与总平均 μ 之差"

$$b_j = \mu_{\cdot j} - \mu,\ 其中,j = 1, 2,\cdots,n$$

称为 B_j 的主效应。

如果 A_i 与 B_j 间存在交互效应，就有

$$c_{ij} = \mu_{ij} - a_i - b_j - \mu = \mu_{ij} - \mu_{i\cdot} - \mu_{\cdot j} + \mu$$

称为 A_i 与 B_j 的交互效应。于是，有

$$\mu_{ij} = \mu + a_i + b_j + c_{ij},\ 其中\ i = 1, 2,\cdots,s,\quad j = 1, 2,\cdots,n$$

也就是，随机变量 X_{ij} 的均值 μ_{ij}，由"总平均 μ"、"A_i 的主效应 a_i"、"B_j 的主效应 b_j"、"A_i 与 B_j 的交互效应 c_{ij}"组成。

从重复抽样的角度看，随机样本 X_{ijk} 可视为其总体均值 μ_{ij} 与随机误差 ε_{ijk} 之和：

$$X_{ijk} = \mu_{ij} + \varepsilon_{ijk}$$

式中，ε_{ijk} 服从 $N(0,\sigma^2)$ 分布，并且 ε_{ijk} 之间相互独立。于是

$$X_{ijk} = \mu + a_i + b_j + c_{ij} + \varepsilon_{ijk},\quad i = 1, 2,\cdots,s,\quad j = 1, 2,\cdots,n,\quad k = 1,2,\cdots,t$$

t 是实验次数。此式称为"有交互影响的双因素(一元)模型"。

表 7.4.2 有交互影响的双因素模型构成表

<table>
<tr><td colspan="4">X_{ijk}的构成</td></tr>
<tr><td colspan="3">μ_{ij}的构成</td><td rowspan="3">ε_{ijk}服从$N(0,\sigma^2)$</td></tr>
<tr><td rowspan="2">μ</td><td>$a_i(=\mu_{i\cdot}-\mu)$</td><td rowspan="2">c_{ij}</td></tr>
<tr><td>$b_j(=\mu_{\cdot j}-\mu)$</td></tr>
<tr><td>全局稳定的中心</td><td>行、列的稳定中心与全局中心的偏差</td><td>交互作用</td><td>随机扰动</td></tr>
</table>

注:这个构成表格概括了 7.4.2 小节主要公式

由表 7.4.2 可得:

$\varepsilon_{ijk}=X_{ijk}-\mu-a_i-b_j-c_{ij}=X_{ijk}-\mu_{ij}$, $i=1,2,\cdots,s$, $j=1,2,\cdots,n$, $k=1,2,\cdots,t$。

如果效果的数据是多元的(向量),就是双因素多元问题。

7.4.3 实际处理

1. 假设

零假设:

H_{0A}: $\mu_{i\cdot}=\mu$,即 $a_i=0,i=1,\cdots,s$(或者说,因素 A 的主效应是否显著异于零)。

H_{0B}: $\mu_{\cdot j}=\mu$,即 $b_j=0,j=1,\cdots,n$(或者说,因素 B 的主效应是否显著异于零)。

H_{0C}: $c_{ij}=\mu_{ij}-a_i-b_j-\mu=0,i=1,\cdots,s$, $j=1,\cdots,n$(或者说,因素 A 与 B 的交互效应是否显著异于零)。

备择假设:

H_{1A}: a_i 不全等于 0。或 $\mu_{1\cdot},\mu_{2\cdot},\cdots,\mu_{s\cdot}$ 之间不完全相等(至少有两个不等)。或者说,因素 A 的作用是显著的。

H_{1B}: b_j 不全等于 0。或 $\mu_{\cdot 1},\mu_{\cdot 2},\cdots,\mu_{\cdot n}$之间不完全相等(至少有两个不等)。或者说,因素 B 的作用是显著的。

H_{1C}: $c_{ij}=\mu_{ij}-a_i-b_j-\mu$,不全等于 $0,i=1,\cdots,s$, $j=1,\cdots,n$ 。或者说,交互作用是存在的。

2. 计算

按如下定义,计算出 S_A、S_B、$S_{A\times B}$、S_E 所对应的 s_A、s_B、$s_{A\times B}$、s_E,进而,计算出与 F_A、F_B、$F_{A\times B}$对应的 f_A、f_B、$f_{A\times B}$。

定义统计量：

总变差：$S_T = \sum_{i=1}^{s}\sum_{j=1}^{n}\sum_{k=1}^{t}(X_{ijk} - \overline{X})^2$

行间变差：$S_A = nt\sum_{i=1}^{s}(\overline{X}_{i\cdot\cdot} - \overline{X})^2$

列间变差：$S_B = st\sum_{j=1}^{n}(\overline{X}_{\cdot j\cdot} - \overline{X})^2$

交叉变差：$S_{A\times B} = t\sum_{i=1}^{s}\sum_{j=1}^{n}(\overline{X}_{ij\cdot} - \overline{X}_{i\cdot\cdot} - \overline{X}_{\cdot j\cdot} + \overline{X})^2$

由表 7.4.2 可知，上式括号中的内容与 c_{ij} 对应。

总误差平方和：$S_E = \sum_{i=1}^{s}\sum_{j=1}^{n}\sum_{k=1}^{t}(X_{ijk} - \overline{X}_{ij\cdot})^2$

由表 7.4.2 可知，上式括号中的内容与 ε_{ij} 对应。

式中，$\overline{X} = \frac{1}{snt}\sum_{i=1}^{s}\sum_{j=1}^{n}\sum_{k=1}^{t}X_{ijk}$； $\overline{X}_{i\cdot\cdot} = \frac{1}{nt}\sum_{j=1}^{n}\sum_{k=1}^{t}X_{ijk}$；

$\overline{X}_{\cdot j\cdot} = \frac{1}{st}\sum_{i=1}^{s}\sum_{k=1}^{t}X_{ijk}$； $\overline{X}_{ij\cdot} = \frac{1}{t}\sum_{k=1}^{t}X_{ijk}$。

可以证明：在"有交互影响的双因素模型"下，如下结论成立：

(1) S_A、S_B、$S_{A\times B}$、S_E 相互独立，且 $S_T = S_A + S_B + S_{A\times B} + S_E$。

(2) $\frac{S_E}{\sigma^2}$ 服从 $\chi^2(sn(t-1))$ 分布。

(3) 当 H_{0A} 成立时，有 $\frac{S_A}{\sigma^2}$ 服从 $\chi^2(s-1)$ 分布。

(4) 当 H_{0B} 成立时，有 $\frac{S_B}{\sigma^2}$ 服从 $\chi^2(n-1)$ 分布。

(5) 当 H_{0C} 成立时，有 $\frac{S_{A\times B}}{\sigma^2}$ 服从 $\chi^2((s-1)(n-1))$ 分布。

从而

(6) 当假设 H_{0A} 成立时，有

$$F_A = \frac{S_A/(s-1)}{S_E/sn(t-1)} = \frac{sn(t-1)S_A}{(s-1)S_E}$$

服从 $F((s-1), sn(t-1))$ 分布；

(7) 当假设 H_{0B} 成立时，有

$$F_B = \frac{S_B/(n-1)}{S_E/sn(t-1)} = \frac{sn(t-1)S_B}{(n-1)S_E}$$

服从 $F((n-1), sn(t-1))$ 分布；

(8) 当假设 H_{0C} 成立时，有

$$F_{A\times B}=\frac{S_{A\times B}/(s-1)(n-1)}{S_E/sn(t-1)}=\frac{sn(t-1)S_{A\times B}}{(s-1)(n-1)S_E}$$

服从 $F((s-1)(n-1),sn(t-1))$分布。

3. 判别

对给定的 α,查表,查出 $f_\alpha((s-1),sn(t-1))$,若 $f_A>f_\alpha((s-1),sn(t-1))$,或 f_A 的显著性概率 $p<\alpha$,则表明 s_A 较大,$\bar{x}_{i\cdot\cdot}-\bar{x}$ 的绝对值较大,对应的总体参数是 $\mu_{i\cdot}-\mu$ 的绝对值较大,所以,以 α 的概率(或在 α 水平上),拒绝 H_{0A},即至少 A 因素有两个水平之间的平均效果(均值)差异足够大。反之,接受 H_{0A},即 A 因素的不同水平的效果(均值)没有显著差异。

同样,对给定的 α,查表,查出 $f_\alpha((n-1),sn(t-1))$,若 $f_B>f_\alpha((n-1),sn(t-1))$或 f_B 的显著性概率 $p<\alpha$,则表明 s_B 较大,$\bar{x}_{\cdot j\cdot}-\bar{x}$ 的绝对值较大,对应的总体参数是 $\mu_{\cdot j}-\mu$ 的绝对值较大,所以,以 α 的概率(或在 α 水平上),拒绝 H_{0B},即至少 B 因素有两个水平之间的平均效果(均值)差异足够大。反之,接受 H_{0B},即 B 因素的不同水平的效果(均值)没有显著差异。

同样,对给定的 α,查表,查出 $f_\alpha((s-1)(n-1),sn(t-1))$,若 $f_{A\times B}>f_\alpha((s-1)(n-1),sn(t-1))$或 $f_{A\times B}$的显著性概率 $p<\alpha$,则表明 $s_{A\times B}$较大,$\bar{x}_{ij\cdot}-\bar{x}_{i\cdot\cdot}-\bar{x}_{\cdot j\cdot}+\bar{x}$ 的绝对值较大,对应的总体参数是 $\mu_{ij}-\mu_{i\cdot}-\mu_{\cdot j}+\mu$ 的绝对值较大,即 c_{ij} 的绝对值较大,所以以 α 的概率(或在 α 水平上),拒绝 H_{0C},即 A 因素与 B 因素交互效果中,至少有一个明显异于 0。反之,接受 H_{0C},即 A 因素与 B 因素交互效果,与 0 没有显著差异。

有重复双因素方差分析的实际算法(本表述假设重复实验的次数都是 t 次)

①算行间变差 $S_A=nt\sum_{i=1}^{s}(\bar{X}_{i\cdot\cdot}-\bar{X})^2$;②算列间变差 $S_B=st\sum_{j=1}^{n}(\bar{X}_{\cdot j\cdot}-\bar{X})^2$;③交叉变差:$S_{A\times B}=t\sum_{i=1}^{s}\sum_{j=1}^{n}(\bar{X}_{ij\cdot}-\bar{X}_{i\cdot\cdot}-\bar{X}_{\cdot j\cdot}+\bar{X})^2$;④算总误差平方和:$S_E=\sum_{i=1}^{s}\sum_{j=1}^{n}\sum_{k=1}^{t}(X_{ijk}-\bar{X}_{ij\cdot})^2$;⑤计算三个方差之比:$F_A=\frac{sn(t-1)S_A}{(s-1)S_E}$ 服从 $F((s-1),sn(t-1))$ 分布,$F_B=\frac{sn(t-1)S_B}{(n-1)S_E}$ 服从 $F((n-1),sn(t-1))$ 分布,$F_{A\times B}=\frac{sn(t-1)S_{A\times B}}{(s-1)(n-1)S_E}$ 服从 $F((s-1)(n-1),sn(t-1))$ 分布。

判断:①若 $f_A>f_\alpha((s-1),sn(t-1))$或 f_A 的显著性概率 $p<\alpha$,则拒绝 $\mu_{i\cdot}=\mu$,即行均值不全相等;②若 $f_B>f_\alpha((n-1),sn(t-1))$或 f_B 的显著性概率 $p<\alpha$,则拒绝 $\mu_{\cdot j}=\mu$,即列均值不全相等;③若 $f_{A\times B}>f_\alpha((s-1)(n-1),sn(t-1))$或 $f_{A\times B}$的显著性概率 $p<\alpha$,则 c_{ij} 不全等于 0,A 因素与 B 因素交互效果中,至少有一个明显异于 0。

> 说明：背记这些公式没有意义。重要的是：①弄清分析思路；②确定适于用这些方法解决的实际问题（见 7.5 节）；③正确地使用 SPSS 进行计算并分析结果。

7.5　用 SPSS 作双因素方差分析

（一元或单因变量）多因素方差分析使用的是 Analyze→General Linear Model→Univariate 分析模块。

7.5.1　（一元）无重复双因素方差分析示例

例 7.5.1　某公司对某产品设计了 4 种类型的产品包装（用 A、B、C、D 表示），又设计了 3 种销售方案，在某地区用 3 种销售方案，对 4 种包装的该产品试销一个月，业绩如表 7.5.1 所示。现在想知道：不同包装、不同销售方案对销售业绩的影响是否有显著差异（数据文件见“CH7 无重双因包装销售”）？

表 7.5.1　不同销售方案对不同包装的产品的销售业绩

	不同销售方案		
包装类型	甲	乙	丙
A	103	106	135
B	82	102	118
C	71	100	106
D	52	66	85

这是一个典型的无重复实验的双因素方差分析问题。其模型是：

$X_{ij} = \mu + a_i + b_j + \varepsilon_{ij}$。其中，$i = 1,\cdots,s, j = 1,\cdots,n$（$\mu$ 相当于截距项）

☆注意☆　在 SPSS 中，数据是按照表 7.5.2 的方式表达的：

表 7.5.2　SPSS 中数据存放方式

包装类型	销售方案	销售业绩
A	甲	103
A	乙	106
A	丙	135
B	甲	82
B	乙	102
B	丙	118

续表

包装类型	销售方案	销售业绩
C	甲	71
C	乙	100
C	丙	106
D	甲	52
D	乙	66
D	丙	85

这种存放与表达方式的优越性是，当问题为 3 因素、4 因素问题时，也可以轻而易举地表达。

SPSS 的操作过程如下：

(1) 点击 Analyze→General Linear Model→Univariate(一元)，系统弹出一个窗口，见图 7.5.1。

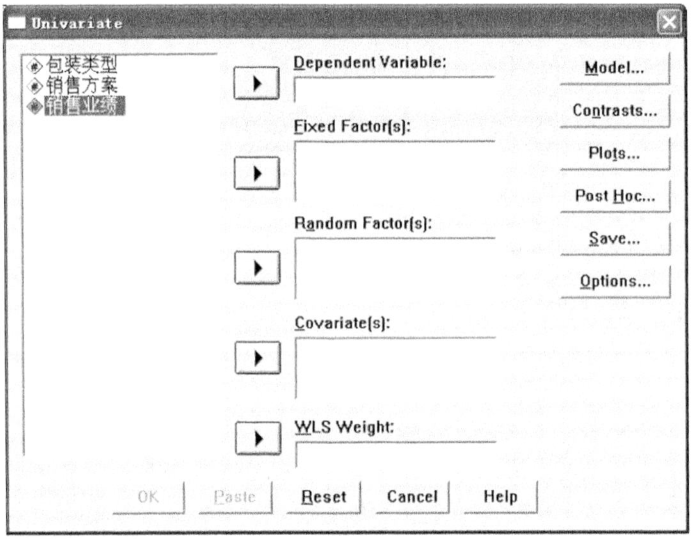

图 7.5.1 双因素方差分析主窗口

(2) 从该窗口的左框中，选择因变量(表示不同因素效果的变量。这是一个一元问题，所以只用选一个变量)，用箭头 ▶ 放入右边的 Dependent Variables 小框中。本题选变量“销售业绩”。

(3) 从左框中，选择“包装类型”和“销售方案”为因素变量，用箭头 ▶ 送入右边的 Fixed Factor(s)(固定因素)小框中。

(4) 这是一个无重复实验问题(此时,不要点击 OK ,因为系统默认值是对主效应、交互效应做全分析。若作交互效应分析,将使残差项的方差为 0,从而求不出其他的 F 统计量的值)。

点击所在窗口右边的 Model... 按钮,系统弹出 Model 对话窗口,见图 7.5.2。该对话框的主题是 Specify Model(指定模型)。

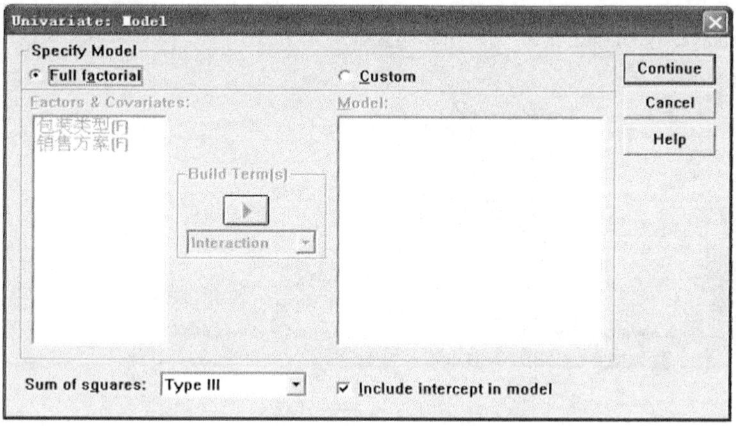

图 7.5.2　双因素方差分析的模型选择小窗

① 左边的 Full factorial(建立全模型,分析所有因素变量的主效应和交互效应),这是系统的默认值。由于本例题是无重复实验,不存在分析交互效应问题,所以不选择此项(点击右边的 Custom(用户定制)选项)。

② 点击 Custom(用户自定义模型),中间的 Build Term(s)被激活,同时,左边的 Factors & Covariates 框(因素变量与协变量框)中的变量也被激活,并且在变量名后面注明(F)因素变量或(C)协变量(由于在前一窗口中没有送入协变量,所以,此时系统不显示 Covariates 协变量的标志(C))。

◇ 选择所要分析的效应:点击 Build Term(s)框中的下拉组合框小箭头 ▸ ,出现一个下拉菜单见图 7.5.3。

* Interaction,可以任意指定所要分析的交互效应。

* Main effects,指定做主效应分析,本题选择此项。

* 其他,略。

◇ 选择所要分析的变量。点击左框中“销售方案”和“包装类型”,用 Build Term(s)下面的箭头 ▸ ,把该变量放入右边的 Model 框中。

◇ 左下方的小框,是选择平方和的处理方法。一般接受系统的默认值 TYPE Ⅲ,其适用面宽。

◇ 右下方的 Include intercept in model(把截距项包括在模型中),这是系统的默认值。如果取消此选项,等于假设数据过原点。一般接受系统的默认值。一般默认此项。

点击 Continue ,回到上一个对话窗口。

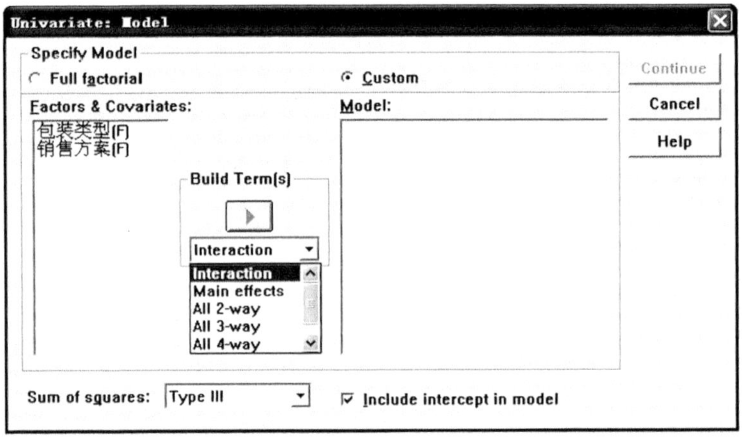

图 7.5.3 选择所要分析的效应

(5) 其他选项,略。

(6) 点击 OK ,输出结果,见表 7.5.3。

(7) 结果分析:

Between-Subjects Factors 表格,给出因素变量的取值及样本数(此处略)。

表 7.5.3 方差分析结果

Dependent Variable:销售业绩

Source	Type Ⅲ Sum of Squares	df	Mean Square	F	Sig.
Corrected Model	5815.667[a]	5	1163.133	32.919	.000
Intercept	105656.333	1	105656.333	2990.274	.000
包装类型	3503.000	3	1167.667	33.047	.000
销售方案	2312.667	2	1156.333	32.726	.001
Error	212.000	6	35.333		
Total	111684.000	12			
Corrected Total	6027.667	11			

a R Squared =.965 (Adjusted R Squared=.936)

表 7.5.3(Tests of Between-Subjects Effects 表格)给出方差分析的结果。该表第一列,注明了变差来源:

Corrected Model：校正的模型(的变差＝包装类型的变差＋销售方案的变差。相当于把截距项校正掉了。如果有交叉效应项，还应当在上式的右端，增加交叉效应项的变差)；

Intercept：截距，相当于 μ；

包装类型：包装类型的变差 s_A；

销售方案：销售方案的变差 s_B；

Error：误差(残差)项的变差 s_E，相对于 ε_{ij} 的平方和；

Total：总变差 S_T(＝截距变差＋剂量变差＋种系变差＋残差平方和)；

Corrected Total：校正的变差和(＝校正模型的变差和＋残差的平方和)。

该表的第二列，是常规的变差(Type Ⅲ Sum of Squares)。

该表的第三列，是自由度(df)。

该表的第四列，是方差(变差与相应自由度之比)。

该表的第五列，是 F 统计量的值(相应方差与 Error 的方差 35.333 之比)。

该表的第六列，是 F 统计量的显著性水平。其 p 值均小于 0.05，所以在两因素的不同水平的不同组合中，至少有的效果之间有显著性差异。

7.5.2　使用系统默认值的(一元)有重复双因素方差分析示例

例 7.5.2　现有 3 种类型的科技企业(大型科技企业、中型科技企业、小型科技企业)，每个类型各足够数量的企业，对某项政策的作用大小打分，共分为 3 个等级。已知这些企业与该项政策密切相关(先验判断密切相关)的指标 U。现在想知道：该政策(作用的不同等级)对不同类型企业的指标 U 的作用(均值)有无显著差异？

这是一个典型的有重复实验的双因素方差分析问题。并且，对企业所选择的政策的不同等级而言，“重复实验”的次数是不相同的(比如，两种药品的使用效果和饲料与品种的交叉效果问题，都可以做到重复实验的次数相同)。

数据如表 7.5.4 所示：

表 7.5.4　评价某政策作用大小的企业的业绩(指标 U)

	企业类型 A (大型科技企业)	企业类型 B (中型科技企业)	企业类型 C (小型科技企业)
政策作用大	1.8,1.6,1.9,2.0,	0.9,1.8,1.7,1.2,1.6	1.3,0.6,1.1
政策作用中	1.9,1.3,1.5,0.9,1.1	0.9,1.1,1.0,1.3	1.1,0.9,0.7,0.5
政策作用小	0.8,1.0,0.6	1.1,0.8,0.9,1.0	0.6,0.7,0.8,0.9

注意 SPSS 的数据存放方式：两个因素和业绩指标 U，各占一列。重复实验的"重复"，表现在相同企业类型对政策相同等级的"重复"上。数据见本书附盘中的文件"CH8 有重双因企业政策评价"。

读入数据后：

(1) 点击 Analyze→General Linear Model→Univariate，系统弹出一个对话窗口(参见图 7.5.1)。

(2) 选变量方式同前。从该窗口的左框中，选择因变量(表示不同因素效果的变量。这是一个一元问题，所以只用选一个变量)，用箭头放入右边的 Dependent Variables 框中。本题选指标 U(企业业绩)，用箭头放入右边的 Dependent Variables 框中。

(3) 从左框中，选择"企业评价政策等级"和"科技企业规模"为因素变量，用箭头送入右边的 Fixed Factor(s)(固定因素)小框中。

(4) 默认系统对 Model... 的选择(全分析，包括交互效应)

(5) 点击 Options... 按钮(如果要选择 Post Hoc... 按钮，作两两水平的效果均值的比较，一般都应当先点击 Options... 按钮)。系统弹出一个新窗口，见图 7.5.4。

在该窗口的下半部的 Display 框中，选择 Homogeneity tests(要求作方差齐性检验)。

点击 Continue，返回主窗口。

(6) 点击 Post Hoc... 按钮，系统弹出一个新对话窗口，参见图 7.5.5。

在该窗口的上半部选择需要对因素的水平作两两对比的变量。例如，可以依据需要，把两个变量或者其中的一个变量送入到右边的框中。

这时，下半部的两个框被激活(这表明，必须先选上半部，才能选择下半部的统计量：具有方差齐性与不具有方差齐性情况下的统计量)。

在下半部的 Equal Variances Assumed 区块中，选择 LSD(least-significant difference)，用最小显著性差异方法(t 统计量的一种变形)来两两检验各水平效果均值是否有显著性差异。

在下半部的 Equal Variances Not Assumed 区块(非齐次方差区块)中，选择 Tamhane's T2 统计量，来做方差不相等的、没有正态分布假设前提的两两检验。

(7) 点击 OK。输出结果，见表 7.5.5～表 7.5.7。

① 表 Between-Subjects Factors 是变量标签与样本个数的统计表，略。

② 表 7.5.5 是方差齐性检验结果。表中，F 统计量的值为 1.882，其显著性概率 $p=0.105>0.05$，接受零假设，认为本问题具有方差齐性。

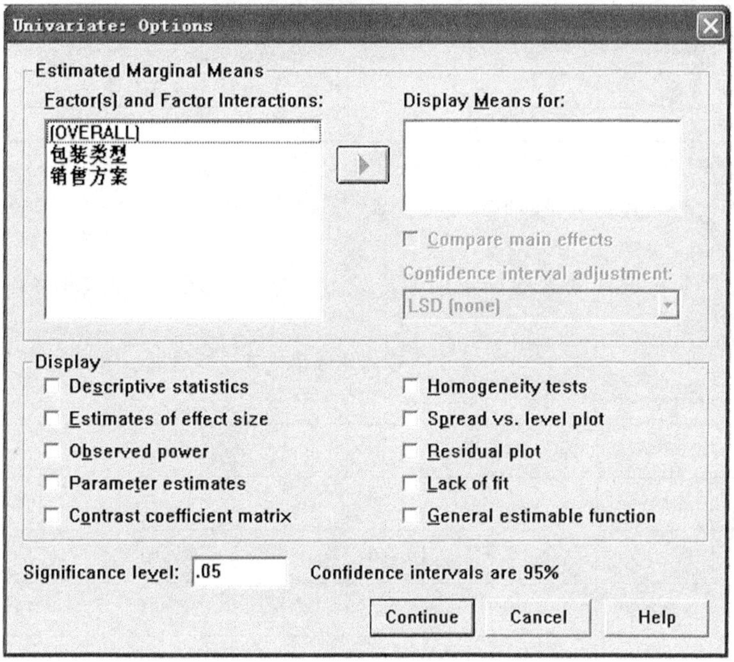

图 7.5.4　选择窗口

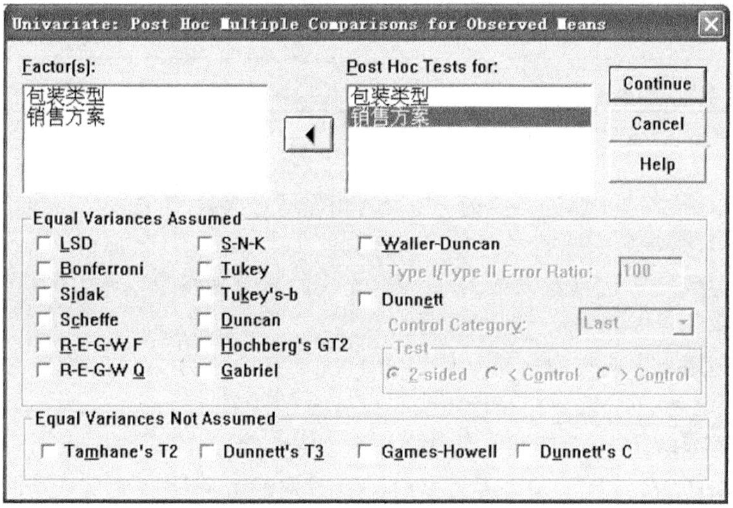

图 7.5.5　Post Hoe 选择项

表 7.5.5 方差齐性检验结果

Dependent Variable：指标 U

F	df1	df2	Sig.
1.882	8	27	.105

Tests the null hypothesis that the error variance of the dependent variable is equal across groups

a Design：Intercept＋政策作用＋企业类型＋政策作用 * 企业类型

③ 表 7.5.6 是含交叉项的双因素方差分析结果。表中数据表明：

表 7.5.6 含交叉项的双因素方差分析结果

Dependent Variable：指标 U

Source	Type Ⅲ Sum of Squares	df	Mean Square	F	Sig.
Corrected Model	4.164[a]	8	.521	7.101	.000
Intercept	42.993	1	42.993	586.564	.000
政策作用	1.961	2	.981	13.379	.000
企业类型	1.270	2	.635	8.661	.001
政策作用 * 企业类型	.564	4	.141	1.925	.135
Error	1.979	27	7.330E-02		
Total	52.610	36			
Corrected Total	6.143	35			

a R Squared ＝ .678 (Adjusted R Squared ＝ .582)

政策作用的 F 统计量的值为 13.379，相应的显著性概率 $p=0.000<0.0005$，说明政策(对企业的指标 U)的作用是显著的。

企业类型的 F 统计量的值为 8.661，相应的显著性概率 $p=0.001<0.002$，说明不同企业的指标 U 的差异是显著的。

政策作用与企业类型的交互作用的 F 统计量的值为 1.925，相应的显著性概率 $p=0.135>0.05$，说明交互作用与零没有显著性差异。

④ 表 7.5.7 是关于政策等级对指标 U 的影响均值的两两多重比较的检验结果。由于前面(表 7.5.5)的方差齐性(Levene)检验结果是具有方差齐性，所以，在本表中应当读 LSD 的结果(即表的上半部分的结果)。从显著性概率来看，都小于 0.05，所以政策作用的不同等级，都有显著性差异。

此外，系统还输出一张关于“企业类型”指标 U 的均值的两两多重比较(T 检验)的结果。

⑤ 表 7.5.8 是关于企业规模等级对效果指标 U 的影响均值的两两多重比较（t 检验）的结果。同样，由于前面（表 7.5.5）的 Levene 检验结果是具有方差齐性的，所以，在本表中也应当读 LSD 的结果（即表的上半部分的结果）。从显著性概率来看，除了中规模企业与大规模企业之间在业绩方面没有显著性差异外，其他都有显著性差异（显著性概率都小于 0.05），企业的不同规模对企业业绩（效果指标）都有显著性差异。

表 7.5.7　政策作用等级的两两 t 检验的结果

Dependent Variable：指标 U

	(I) 企业评价政策等级	(J) 企业评价政策等级	Mean Difference (I-J)	Std. Error	Sig.	95% Confidence Interval	
						Lower Bound	Upper Bound
LSD	作用小	作用中	−.2559*	.11091	.029	−.4835	−.0284
		作用大	−.6220*	.11301	.000	−.8538	−.3901
	作用中	作用小	.2559*	.11091	.029	.0284	.4835
		作用大	−.3660*	.10838	.002	−.5884	−.1436
	作用大	作用小	.6220*	.11301	.000	.3901	.8538
		作用中	.3660*	.10838	.002	.1436	.5884
Tamhane	作用小	作用中	−.2559*	.11053	.096	−.5478	.0359
		作用大	−.6220*	.13506	.001	−.9870	−.2569
	作用中	作用小	.2559*	.11053	.096	−.0359	.5478
		作用大	−.3660*	.16009	.095	−.7807	.0486
	作用大	作用小	.6220*	.13506	.001	.2569	.9870
		作用中	.3660*	.16009	.095	−.0486	.7807

Based on observed means

* The mean difference is significant at the .05 level

表 7.5.8　企业规模等级的两两 t 检验的结果：Multiple Comparisons

Dependent Variable：指标 U

	(I) 科技企业规　模	(J) 科技企业规　模	Mean Difference (I-J)	Std. Error	Sig.	95% Confidence Interval	
						Lower Bound	Upper Bound
LSD	小规模	中规模	−.3406*	.11091	.005	−.5681	−.1130
		大规模	−.5303*	.11301	.000	−.7622	−.2684
	中规模	小规模	.3406*	.11091	.005	.1130	.5681
		大规模	−.1897	.10838	.091	−.4121	.0326
	大规模	小规模	.5303*	.11031	.000	.2984	.7622
		中规模	.1897	.10838	.091	−.0326	.4121

续表

	(I) 科技企业规模	(J) 科技企业规模	Mean Difference (I-J)	Std. Error	Sig.	95% Confidence Interval	
						Lower Bound	Upper Bound
Tam hane	小规模	中规模	—.3406*	.11849	.026	—.6469	—.0342
		大规模	—.5303*	.15853	.012	—.9504	—.1102
	中规模	小规模	.3406*	.11849	.026	.0342	.6469
		大规模	—.1897	.16673	.610	—.6256	.2461
	大规模	小规模	.5303*	.15853	.012	.1102	.9504
		中规模	.1897	.16673	.610	—.2461	.6256

Based on observed means.

* The mean difference is significant at the .05 level

思考与练习题

1. 方差分析是用来检验不同数据组的均值差异的，还是方差差异的？
2. 试列出管理领域中单因素方差分析的主要用途与用法。
3. 通过“单因素模型构成表”，掌握单因素模型。
4. 已知

单因素方差分析的数据

	实验效果			
方案 1	x_{11}	x_{12}	…	x_{1n_1}
方案 2	x_{21}	x_{22}	…	x_{2n_2}
⋮	⋮	⋮		⋮
方案 s	x_{s1}	x_{s2}	…	x_{sn_s}

表中，n_i 表示方案 τ 的实验个数

试述单因素方差分析的基本作法。

5. 如果单因素方差分析的结果是：不同方案的效果均值有显著性差异，是否意味着两两方案之间的均值，都有显著性差异？
6. 某公司想知道某地方报纸上 3 种类型广告中哪一种是最有效的。在过去的几周内随机地对三种类型的广告的响应人数(对广告关键词有印象的人数)做了调查统计，结果如下表。问：若显著性水平 $\alpha=0.01$，零假设“三类广告的效果(响应人数)没有差别”成立吗？

	广告类型		
	类型 A	类型 B	类型 C
反响的人数	26	18	27
(重复)	41	30	34
36		19	47
47		25	29
33		26	33
23		32	

7. 请选用数据盘中的恰当数据文件，用 SPSS 的单因素方差分析模块（Compare Means - One-Way ANOVA），作单因素方差分析，特别注意 Post Hoc... 键的使用。

8. 在用 SPSS 的单因素方差分析时，为什么要选择 Homogeneity of variances 复选项（进行方差齐次性检验）？

9. 在用 SPSS 的单因素方差分析时，Post Hoc... 键的作用是什么？

10. 对 3 种不同的洗衣粉的磷含量的检验结果如下：

品牌 1	4.5	6.3	5.1	4.6	5.5	6.5
品牌 2	4.3	3.3	5.4	4.2	3.2	3.1
品牌 3	4.6	3.2	2.3	5.4	3.1	3.3

三种品牌的洗衣粉中的磷的含量有显著差异吗？取 $\alpha=0.01$

11. 选出交通条件、便利条件、客流和规模相近的三个商店，按照如下三种方式发放赠券（分别在三个不同的店实施）：A 店每 100 元发 5 元赠券，B 店每 500 元发 35 元赠券，C 店每 1000 元发 100 元赠券。实验 6 天，所得日销售额（千元）的数据如下：

	日销售额（千元）					
店 A	168	174	173	178	180	169
店 B	156	167	166	165	160	165
店 C	150	153	154	161	168	156

问：这三种赠券方式的促销效果是否有显著差别？

12. 用“无交互影响的双因素模型构成表”，掌握无重复双因素方差分析模型。

13. 无重复双因素方差分析检验什么问题？

14. 已知

无重复、双因素方差分析的数据

	因素 B_1	因素 B_2		因素 B_n
因素 A_1	x_{11}	x_{12}	…	x_{1n}
因素 A_2	x_{21}	x_{22}	…	x_{2n}
⋮	⋮	⋮		⋮
因素 A_S	x_{S1}	x_{S2}	…	x_{Sn}

注：x_{ij} 表示因素 A_i 和因素 B_j 下的实验效果的观察值

列出无重复双因素方差分析的主要作法。

15. 三种教学法在四个不同学校试验结果，如下：

	学校 A	学校 B	学校 C	学校 D
方法 1	80	90	30	20
方法 2	90	80	40	50
方法 3	100	100	60	40

试做无重复双因素的方差分析。

16. 有重复双因素方差分析，与无重复双因素方差分析的主要区别是什么？检验的项目有何差异？

17. 用“有交互影响的双因素模型构成表”，掌握有重复双因素方差分析模型。

18. 已知

有重复、双因素方差分析的数据

因素	因素 B_1	因素 B_2	…	因素 B_n
因素 A_1	x_{111} $x_{112}\cdots x_{11t}$	x_{121} $x_{122}\cdots x_{12t}$		x_{1n1} $x_{1n2}\cdots x_{1nt}$
因素 A_2	x_{211} $x_{212}\cdots x_{21t}$	x_{221} $x_{222}\cdots x_{22t}$		x_{2n1} $x_{2n2}\cdots x_{2nt}$
⋮	⋮	⋮		⋮
因素 A_s	x_{S11} $x_{S12}\cdots x_{S1t}$	x_{S21} $x_{S22}\cdots x_{S2t}$	…	x_{sn1} $x_{Sn2}\cdots x_{snt}$

注：x_{ijk} 表示因素 A_i 和因素 B_j 下的第 k 次实验的效果的观察值

列出有重复双因素方差分析的主要作法。

19. 为检验店内“广告投入”（因素 A，两个水平）和店内“购物赠券”（因素 B，三个水平）对促销的影响，选取交通、便利、客流和规模相近的 6 个同类商店，做了双因素的每种组合重复 3 次（每次 6 天）的试验，所得数据（日销售额，千元）如下

		购物赠券（元/百元）		
		5	10	15
店内广告	简易广告	156 164 163 165 171 166	158 166 168 172 181 174	174 171 177 181 186 178
	加强广告	158 165 166 164 173 167	159 168 165 176 185 178	176 179 178 180 189 182

20. 请选用数据盘中的恰当数据文件，用 SPSS 的多因素方差分析模块（General Linear Model→Univariate）作双因素方差分析。

第8章　相关分析

变量之间的相关关系有两种，一种是确定型的关系，一种是不确定型的关系。相关分析是研究变量之间不确定关系的统计方法。其中，最为常见的是两个或多个随机变量之间的线性相关关系。

变量之间的关系研究在管理、经济等社会科学以及自然科学中，都有着广泛的应用。例如，我们会关心一个地区的经济增长与什么变量相关，在一定环境中一个企业的效率与什么变量相关，一个信息管理成功的企业与什么变量相关。显然，这是探索性的。我们还可能关心许多实证性的问题，例如，大学生的业余偏好是否与专业相关，在剔除了相关变量的影响后开发区的优惠政策是否与开发区的经济增长相关，性别与护士学校的学生是否相关，技术购买的决策是否与企业的技术实力相关，癌症是否与吸烟相关，效率改变是否与某项政策的实施相关，等等。我们不仅关心相关的类型，而且关心相关的方向(一个变量增长，另一个变量是增长还是下降)以及相关的强度。

本章主要研究这类统计相关关系。

8.1　两个随机变量的总体相关与样本相关

8.1.1　两个随机变量的总体(线性)相关系数

定义：X,Y 是随机变量，已知二维(X,Y)分布，总体相关系数

$$\rho_{XY}=\frac{\mathrm{Cov}(X,Y)}{\sqrt{\mathrm{Var}(X)}\ \sqrt{\mathrm{Var}(Y)}}=\frac{E[(X-E(X))(Y-E(Y))]}{\sqrt{E(X-E(X))^2}\ \sqrt{E(X-E(X))^2}}$$

☆注意☆　没有理工基础的读者，只要注意结论。

相关系数是对随机变量间的线性相关关系的描述。除了在特殊情况下需要突出“线性”两字外，在一般情况下，都简称“相关系数”。可以证明，相关系数是区间[−1,1]之间的一个量。

若 $\rho_{XY}=0$，则称 X 与 Y 不相关。若 X 与 Y 相互独立，则必然不相关，即$\rho_{XY}=0$。所谓相互独立，对事件而言，是指：$P\{AB\}=P\{A\}\cdot P\{B\}$，对随机变量而言，是指：$P\{X<x,Y<y\}=P\{X<x\}\cdot P\{Y<y\}$。

相互独立的随机变量之间的相关系数，必然为0。

相关系数为0的两个随机变量，不一定相互独立。

相关系数为 0 的两个服从正态分布的随机变量，一定相互独立。

8.1.2 （线性）样本相关

定义：$(X_1,Y_1),\cdots,(X_n,Y_n)$是$(X,Y)$的一组样本（这表明样本 X、Y 是配对的，不可独自交换顺序），则（线性）样本相关系数为

$$r_{XY}=\frac{\sum_i x_i y_i}{\sqrt{\sum_i x_i^2}\sqrt{\sum_i y_i^2}}=\frac{\sum_i (X_i-\overline{X})(Y_i-\overline{Y})}{\sqrt{\sum_i (X_i-\overline{X}^2)}\sqrt{\sum_i (Y_i-\overline{Y})^2}}$$

☆注意☆ 式中小写 x、y 是相应大写字母的中心化处理的结果，并不是表示观察值。即，$x_i=X_i-\overline{X}$，$y_i=Y_i-\overline{Y}$。但在本章中，x、y 又有时表示 X、Y 的样本观察值。请注意每次使用 x、y 时的说明。显然，这里的数据应当是刻度级的。

同样，样本相关系数是对随机变量样本间的线性相关关系的描述。除了在特殊情况下需要突出“线性”两字外，或者需要突出“样本”两字外，在一般情况下，都简称“相关系数”。这种相关关系又称 Pearson 积矩相关，通常简称为 Pearson 相关。样本相关系数也是区间$[-1,1]$之间的一个量。

8.1.3 样本（线性）相关系数的几何解释

样本相关系数的几何解释可如图 8.1.1 所示。图中，$\boldsymbol{x}$，$\boldsymbol{y}$ 都是 X，Y 的中心化的结果，是 $n-1$ 维空间中的向量。

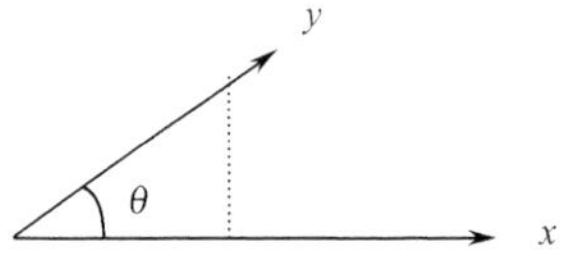

图 8.1.1 样本相关系数的几何解释

图 8.1.1 中，θ 角的余弦就是配对样本 X_1，X_2，$\cdots$，X_n 与 Y_1，Y_2，$\cdots$，Y_n 的相关系数。即

$$r=\frac{<\boldsymbol{x},\boldsymbol{y}>}{\|\boldsymbol{x}\|\times\|\boldsymbol{y}\|}=\cos\theta$$

注：$\|\boldsymbol{y}\|=\sqrt{y_1^2+\cdots+y_n^2}$，表示向量 $\boldsymbol{y}=(y_1,\cdots,y_n)^{\mathrm{T}}$ 的模长。一组样本可以视为一个向量。

8.1.4 直观散点图

设有配对样本观察值 x_1，x_2，$\cdots$，x_n 与 y_1，y_2，$\cdots$，y_n。则其直观散点图如图 8.1.2 所示。图中，每个点的平面坐标是(x_i,y_i)。

这个散点图反映出的是 $\boldsymbol{x}$、$\boldsymbol{y}$ 之间的正相关关系。当散点图从左上向右下分布时，反映出的是 $\boldsymbol{x}$、$\boldsymbol{y}$ 之间的负相关关系。

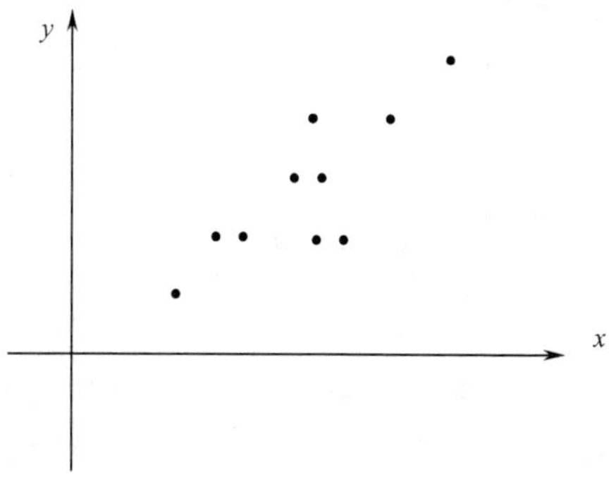

图 8.1.2 散点图

8.2 非线性相关

8.2.1 随机变量之间的非线性关系

随机变量之间的关系，除了线性相关关系外，还可能存在非线性关系。这两种关系可能同时存在，也可能只有一个存在。例 8.2.1 给出了两变量不存在线性相关却明显存在非线性关系的例子。

例 8.2.1 随机向量(**X**、**Y**)的一组样本如表 8.2.1 所示。

表 8.2.1 两随机变量的配对样本

x	0.3	0.6	1.0	1.3	1.8	2.5	2.9	3.4	3.6	4.1	4.7	5.2	5.8
y	7.56	5.30	4.10	2.33	1.01	0.29	0.02	0.18	0.21	1.23	3.10	4.60	8.60

注：表中小写的 x、y 表示随机变量 X、Y 的样本观察值。这是配对样本。

按照线性相关系数的计算公式，不难算出，线性相关系数 $r=-0.005$。两个随机变量之间似乎没有什么关系，但是，画出以 x 为横坐标、y 为纵坐标的散点图(图 8.2.1)，不难发现，**Y** 与 **X** 之间存在较为明显的二次关系。至少，从直觉上，不能因为两个变量之间不存在明显的线性关系，就断言两个变量之间不存在相关关系。

由此看来，判断和测量随机变量之间的非线性关系，是必要的。

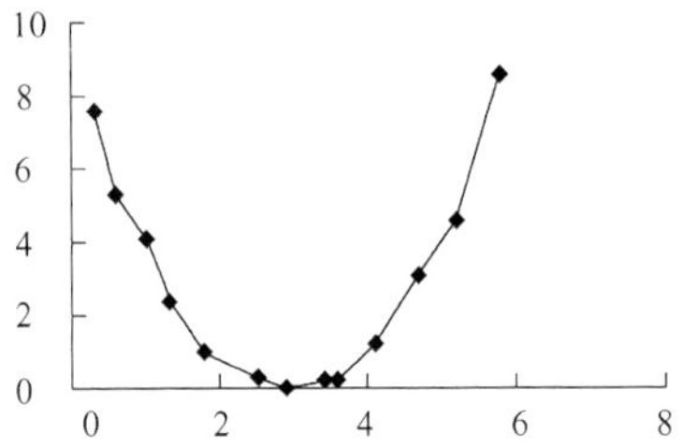

图 8.2.1 样本数据的散点图

8.2.2 非线性相关的测量

如何测量两个变量之间的非线性关系？

显然，首先要直观判断变量之间是否存在非线性关系，猜测存在什么样的非线性关系，然后才可能验证这样的关系是否存在。这样，就需要先画一个样本数据的散点图(Scatter Plot)。当然，在实际操作中，不需要手绘散点图，可以直接用SPSS画出散点图。

然后，观察两个变量是否存在非线性的相关关系。这样就需要对常用的函数的曲线形状，特别是初等函数的曲线形状，有一个较为清楚的了解，以便猜测曲线函数的类型。一般说来，适用于猜测的函数形式，不是唯一的。对应于一组数据，通常可以猜出多个适用的函数形式。

然后，按照猜想的(多个)函数关系，做数据变换，使得变换后的变量之间的相关关系呈现明显的线性相关关系。再计算变换后的变量之间的线性相关系数，就可以依据这个计算结果做判断了。

对于例题 8.2.1 而言，如果令 $z=x^2$，就很容易算出 z 与 y 之间的线性相关系数为 $r_{zy}=0.994$，是高度线性相关的(按照 8.5 节的知识，容易判断随机变量 $\boldsymbol{Z}$ 与 $\boldsymbol{Y}$ 是高度线性相关的)，从而可以推断 $\boldsymbol{X}$ 与 $\boldsymbol{Y}$ 是高度非线性相关的。

8.3 Spearman 等级相关

8.3.1 两组配对的顺序数据的 Spearman 等级相关系数

对两组配对顺序样本而言，无法求出 Pearson 积矩线性样本相关系数，而应当采用 Spearman 等级相关系数。

设已知配对样本观察值 $x_1, x_2, \cdots, x_n$ 与 $y_1, y_2, \cdots, y_n$。等级相关系数的计

算公式如下：

$$\theta = 1 - \frac{6\sum_{i=1}^{n} d_i^2}{n(n^2-1)}$$

式中，$d_i = x_i - y_i$，即两组顺序级样本数据中对应变量值之差。

Spearman 等级相关系数又称为非参数相关、秩相关或名次相关。

8.3.2　刻度级(*Scale*)配对样本的等级相关系数

当 x_i，y_i 都是刻度级变量时，也可以用如下方式求出等级相关系数：用 x_i 的名次 Rx_i 代替 x_i，用 y_i 的名次 Ry_i 代替 y_i，于是，$d_i = Rx_i - Ry_i$，然后按照等级相关系数的计算公式，就可以计算出等级相关系数的值。

一个等价的公式是

$$\theta = \frac{\sum_i (R_{x_i} - \bar{R}_x)(R_{y_i} - \bar{R}_y)}{\sqrt{\sum_i (R_{x_i} - \bar{R}_x)^2}\sqrt{\sum_i (R_{y_i} - \bar{R}_y)^2}}$$

当两组样本值(两个变量的样本值)中，有一组(一个变量的值)是顺序级的，另一个是刻度级时，也可以计算等级相关系数。只需要把刻度级的数据用相应的名次来表达就行了。

8.4　偏　相　关

所谓偏相关是指：在诸多相关的变量中，剔除了(控制了)其中的一个或若干个变量的影响后，两个变量之间的简单相关关系。例如，可以剔除年龄和工龄的影响，看工资收入与受教育程度之间的关系；也可以剔除其他变量(如销售能力)的影响，研究销售量与广告费用之间的关系。

偏相关的概念在管理科学、经济科学等社会科学中有着广泛的应用。而且，正确地使用它，对正确地得出相应的结论至关重要。关于剔除的含义，我们将在回归分析之后介绍。

8.4.1　剔除了一个变量 Z 的影响后，两个变量 X、Y 之间的偏相关系数

如果由有关专业的知识，得知变量 X、Y、Z 是彼此有关联的一组变量，那么，在剔除(控制)了变量 Z 的影响之后，变量 X、Y 的偏相关系数是：

$$r_{xy,z}=\frac{r_{xy}-r_{xz}r_{yz}}{\sqrt{(1-r_{xz}^2)}\ \sqrt{(1-r_{yz}^2)}}$$

式中，$r_{..}$ 是普通样本相关系数。例如，r_{xz} 是变量 X、Z 之间的普通样本相关系数。而 $r_{...,.}$ 是偏相关系数。下标中逗号“,”之后的变量，是被控制的变量。逗号“,”前的两个变量是被计算偏相关的两个变量。

8.4.2 剔除了 2 个变量 Z_1、Z_2 的影响后，两个变量 X、Y 之间的偏相关系数

如果由有关专业的知识，得知变量 X、Y、Z_1、Z_2 是彼此有关联的一组变量，那么，在剔除（控制）了变量 Z_1、Z_2 的影响之后，变量 X、Y 的偏相关系数就是

$$r_{xy,z_1z_2}=\frac{r_{xy,z_1}-r_{xz_2,z_1}r_{yz_2,z_1}}{\sqrt{(1-r_{xz_2,z_1}^2)}\ \sqrt{(1-r_{yz_2,z_1}^2)}}$$

式中，$r_{...,.}$ 是控制了下标中逗号“,”后面的一个变量后的偏相关系数。而 $r_{...,..}$ 是控制了下标中逗号“,”后两个变量后的偏相关系数。

要注意下标，但不需要求记忆公式。

三种相关系数

对于配对样本$(X_1,Y_1),\cdots,(X_n,Y_n)$，本章讨论三种相关系数：

(1) 样本相关系数(Pearson)

$$r_{XY}=\frac{\sum_i x_iy_i}{\sqrt{\sum_i x_i^2}\ \sqrt{\sum_i y_i^2}}=\frac{\sum_i (X_i-\bar{X})(Y_i-\bar{Y})}{\sqrt{\sum_i (X_i-\bar{X})^2}\ \sqrt{\sum_i (Y_i-\bar{Y})^2}}$$

注意：式中 $x_i=X_i-\bar{X}$，$y_i=Y_i-\bar{Y}$，并不是表示样本观察值。

(2) Spearman 等级相关系数

$$\theta=1-\frac{6\sum_{i=1}^{n}d_i^2}{n(n^2-1)}$$

式中，$d_i=x_i-y_i$，即两组顺序级样本数据中对应变量值之差。

对于刻度级的样本数据，用 x_i 的名次 Rx_i 代替 x_i，用 y_i 的名次 Ry_i 代替 y_i，然后，计算 $d_i=Rx_i-Ry_i$，再用上式计算等级相关系数。

(3) 剔除了一个变量 Z 的影响后，两个变量 X、Y 之间的偏相关系数

$$r_{xy,z}=\frac{r_{xy}-r_{xz}r_{yz}}{\sqrt{(1-r_{xz}^2)}\ \sqrt{(1-r_{yz}^2)}}$$

式中，$r_{..}$ 是普通样本相关系数。

非线性相关的关键是变量的非线性变换。变换之后的变量之间的关系，就是普通的Pearson线性相关关系。

8.5　相关系数异于零的显著性检验

由于我们是通过抽样的方法来研究变量之间的关系的，所以，当我们求出各类样本相关系数不为0时，并不能真正表明随机变量之间是相关的，还需通过显著性检验来判别随机变量之间的相关系数是否显著异于0。

8.5.1　*Pearson*相关系数显著异于0的t检验

在二维总体(**X**,**Y**)服从正态分布的前提下，Fisher给出了检验Pearson线性相关系数是否显著异于0的t统计量：

$$t=\frac{r\sqrt{n-2}}{\sqrt{1-r^2}}\text{，服从 }t(n-2)\text{ 分布}$$

式中，n是样本容量，r是线性样本相关系数(Pearson)。

设定假设：$H_0: \rho=0$，$H_1: \rho\neq 0$，ρ是X、Y的(母体)相关系数，这是一个双尾检验问题。

8.5.2　等级相关系数(*Spearman*)显著异于0的t检验

当**X**、**Y**是顺序级随机变量时，检验等级相关系数(Spearman)显著异于0的t统计量同上：

$$t=\frac{r\sqrt{n-2}}{\sqrt{1-r^2}}\text{，服从 }t(n-2)\text{ 分布}$$

式中，n是样本容量，r是样本等级相关系数(Spearman)。

设定假设：$H_0: \rho=0$，$H_1: \rho\neq 0$，ρ是**X**、**Y**的(母体)相关系数。这也是一个双尾检验问题。

8.5.3　偏相关系数显著异于0的t检验

检验偏相关系数显著异于0的t统计量如下：

$$t = \frac{r\sqrt{n-k-2}}{\sqrt{1-r^2}}，服从 t(n-k-2) 分布$$

式中，n 是样本容量，k 是被剔除（控制）了的变量个数，r 是样本偏相关系数。

需要注意一个问题：如果要作正负相关的双向检验，就要作双尾的 t 检验。如果只作正相关或负相关的检验，就只作单尾的 t 检验。

还需注意，选择双尾还是单尾的 t 检验，所计算出来的 t 值是相同的，但是 t 的显著性概率 p（统计值 t 的外侧的概率）是不同的。在双尾情况下，t 的外侧的概率是 $2[1-P(T<t)]$。在单尾的情况下，t 的外侧的概率是 $1-P(T<t)$。也就是说，同一个统计量的双尾显著性概率，是单尾的显著性概率的 2 倍。

8.5.4 两随机变量相关性强度的表达

国内有些著作在介绍用相关系数时，常用如下准则代替显著性检验，来判别随机变量间的相关性的强弱："相关系数的绝对值为 0.8 以上是强相关，0.8 至 0.5 是显著相关，0.5 至 0.3 是弱相关，0.3 以下是不相关。"

但是这种替代是不妥当的，不仅是粗糙的，并且常常是错误的。在 8.6.4 小节的例 8.6.3 中，变量"数学成绩"与"语文成绩"的样本相关系数为 0.586（如果把样本数据视为刻度级的），但是在 5% 的显著性水平上，与 0 没有显著性差异，只能接受零假设，认为尖子班的"数学成绩"与"语文成绩"是不相关的。

不过，在例 8.6.1 中，变量"受教育程度"和"投入证券市场总资金"的样本相关系数仅为 0.116，却在 5% 的显著性水平上，与 0 有显著性差异。

这表明，仅仅依据样本相关系数绝对值的大小来判断随机变量相关系数的强弱，是不妥当的，并且常常是错误的。

要通过样本相关系数来判断两个随机变量的相关性的强弱，首先要做相关系数是否显著异于 0 的显著性检验。如果 t 统计量的显著性概率 p，小于你设定的显著性水平 α，你才能断定两个随机变量在 α 水平上显著相关。只有两个随机变量显著相关的前提下，样本相关系数的绝对值的大小才反映了两个随机变量的强弱。

另外一个反映相关性强弱的参考指标，是 t 统计量的显著性概率 p 的大小。由于 t 统计量的显著性概率 p 越小，你推断两个随机变量相关时，犯错误的概率越小，所以，t 统计量的显著性概率大小在一定意义上反映了两个随机变量相关性的强弱。

随机变量相关系数显著异于 0 的显著性检验(t 检验)

(1) 线性相关系数(Pearson)的显著性检验的统计量：

$t=\frac{r\sqrt{n-2}}{\sqrt{1-r^2}}$，服从 $t(n-2)$分布，n 是样本容量，r 是样本偏相关系数。

(2) 检验等级相关系数(Spearman)显著异于 0 的 t 统计量同上。

(3) 母体偏相关系数的显著性检验的 t 统计量：

$t=\frac{r\sqrt{n-k-2}}{\sqrt{1-r^2}}$，服从 $t(n-k-2)$ 分布

式中，n 的样本容量，k 是被剔除了的变量的个数，r 是样本偏相关系数。

☆注意☆　仅仅依据样本相关系数绝对值的大小来判断两随机变量之间的相关性强弱，是不妥当的，常常给出错误结论。基于显著性检验的判断才是恰当的。

8.6　SPSS 对普通相关分析的处理

8.6.1　简单线性相关分析(*Pearson*)

例 8.6.1　某城市某区散户股民的场外收入与场内投资的相关问题。数据见本书附盘中的文件“CH8 证券投资额与依据”。

读入数据后：

(1) 点击 Analyze→Correlate→Bivariate，系统弹出一个对话窗口，见图 8.6.1。

(2) 在该对话窗口中，在左框中选择所要作相关分析的变量，用箭头 ▸ 送入右框(Variables)中。本例选中变量“证券市场以外年收入”和“投入证券市场总资金”，送入右框(Variables)中。

(3) 在对话窗口的第一组选项区块(Correlation coefficients)中，列出了三种相关系数，供选择：① Pearson 相关系数是系统的默认值；② Kandall's tau-b 相关系数，是一种依据配对样本之差的正负号的个数，计算出来的相关系数，本书不作详细介绍；③ Spearman 等级相关系数。由于本题只作 Pearson 线性相关分析，所以不用在此框中操作，接受系统的默认值。

(4) 在对话窗口的第二组选项区块(Test of Significance)中，要求你选择单尾还是双尾检验。系统的默认值是双尾。本题可以接受系统的默认值，也可以选择单尾，因为可以确认变量“证券市场以外年收入”和“投入证券市场总资金”是正相关关系。

(5) 对话窗口的第三组选项区块(Flag Significant Correlations)，问要不要用

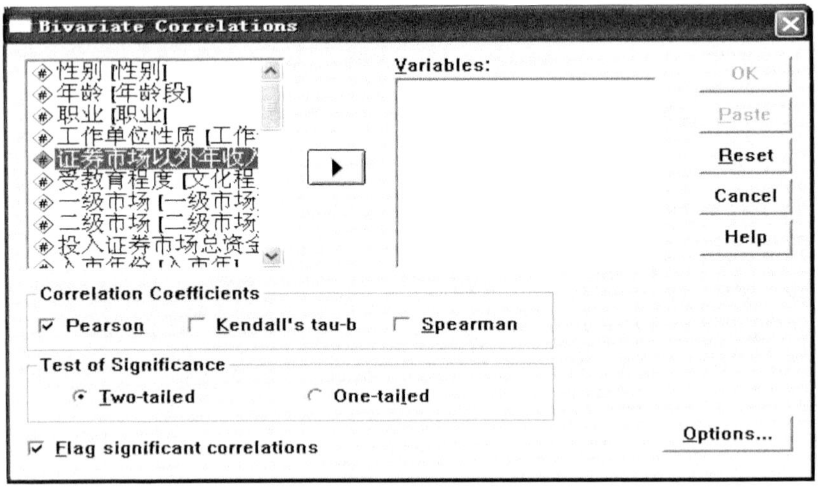

图 8.6.1　相关分析对话窗口

星号标明输出结果的显著性。系统的默认值是"要",一般接受它。

(6) 点击 OK ,系统输出结果,见表 8.6.1。

(7) 结果说明:注意输出的表 8.6.1 中,t 统计量的值的显著性概率(外侧概率)$p=0.000<0.0005$,两个随机变量的相关系数是显著异于 0 的。

表 8.6.1　相关系数的计算及显著性检验

		证券市场以外年收入	投入证券市场总资金
证券市场以外年收入	Pearson Correlation	1	.369**
	Sig. (2-tailed)	.	.000
	N	379	370
投入证券市场总资金	Pearson Correlation	.369**	1
	Sig. (2-tailed)	.000	.
	N	370	405

** Correlation is significant at the 0.01 level (2-tailed).

(8) 在主对话窗口(图 8.6.1)中,还有一个 Options... 按钮,它要求你选择输出额外的统计值(如均值、标准差等)及选择缺失值的处理方式。对于缺失值的处理方式,一般接受系统的默认值。

8.6.2　简单相关分析(*Pearson*):修改运行语句的例子

仍然以例 8.6.1 的数据为分析对象。我们的目的是要分析股民的"证券市场以外年收入”和“投入证券市场总资金”与其他一些变量(如“受教育程度”、“入市年份”等)的相关关系。

(1) 点击 Analyze→Correlate→Bivariate,系统弹出一个对话窗口(见图 8.6.1)。

(2) 在该窗口中,从左框中选择要作相关分析的变量(例如,“证券市场以外年收入”、“投入证券市场总资金”、“受教育程度”、“入市年份”),用箭头 ▶ 送入右框(Variables)中。

(3) 在对话窗口的第一组选项区块(Correlation coefficients)中,接受系统的默认值(计算 Pearson 相关系数)。

(4) 在对话窗口的第二组选项区块(Test of Significance)中,接受系统的默认值(双尾)。

(5) 对话窗口的第三组选项区块(Flag Significant Correlations),接受系统的默认值是“要”。

(6) 点击 Paste... ,系统弹出 Syntax(语句)窗口,见图 8.6.2。

图 8.6.2　语句窗口

由于我们所要分析仅仅是“证券市场以外年收入”和“投入证券市场总资金”与其他一些变量(如“受教育程度”、“入市年份”)的相关关系,所以要对语句作一些修改:

对“/”后的语句,改为模式“VARIABLES＝A B WITH C D E”。意思是:分别计算 A 与 C、D、E 的相关系数,以及计算 B 与 C、D、E 的相关系数。否则系统计算你选择的所有变量之间的两两的相关系数(输出一个方阵)。

要达到本例的分析目的,只需在图 8.6.2 中的第一行语句中的变量“投资总额”之后,添进“WITH”一词即可,见图 8.6.3。

(7) 在图 8.6.3 的窗口的主菜单中,点击 Run→All。系统输出计算结果,见表 8.6.2。

(8) 结果说明:

图 8.6.3 修改后的命令语句

表 8.6.2 按照要求输出的相关系数与显著性检验

		受教育程度	入市年份
证券市场以外年收入	Pearson Correlation	.095	−.016
	Sig. (2-tailed)	.068	.765
	N	371	354
投入证券市场总资金	Pearson Correlation	.116*	−.239**
	Sig. (2-tailed)	.024	.000
	N	381	384

* Correlation is significant at the 0.05 level (2-tailed).

** Correlation is significant at the 0.01 level (2-tailed).

由表 8.6.2 知，变量“证券市场以外年收入”与变量“受教育程度”的相关系数的 t 检验显著性概率为 0.068，与变量“入市年份”的相关系数的 t 检验的显著性概率为 0.765，两者均大于 0.05，故接受零假设，认为被调查的散户股民的“证券市场以外年收入”与变量“受教育程度”和变量“入市年份”没有显著的相关关系。

而“投入证券市场总资金”与变量“受教育程度”和变量“入市年份”的相关系数的 t 检验的显著性概率，分别为 0.024 和 0.000，一个小于 0.05，一个小于 0.01，故分别在 0.05 与 0.01 的显著性水平上拒绝零假设，认为被调查的散户股民的“投入证券市场总资金”与“受教育程度”和“入市年份”有显著的相关关系。

如果我们在第(6)步，不进入语句的修改，直接点击 OK，相关系数的计算结果如表 8.6.3 所示：

表 8.6.3 两两相关系数与显著性检验

		证券市场以外年收入	投入证券市场总资金	受教育程度	入市年份
证券市场以外年收入	Pearson Correlation	1	.369**	.095	-.016
	Sig. (2-tailed)	.	.000	.068	.765
	N	379	370	371	354
投入证券市场总资金	Pearson Correlation	.369**	1	.116*	-.239**
	Sig. (2-tailed)	.000	.	.024	.000
	N	370	405	381	384
受教育程度	Pearson Correlation	.095	.116*	1	.117*
	Sig. (2-tailed)	.068	.024	.	.026
	N	371	381	390	364
入市年份	Pearson Correlation	-.016	-.239**	.117*	1
	Sig. (2-tailed)	.765	.000	.026	.
	N	354	384	364	388

* Correlation is significant at the 0.05 level (2-tailed).

** Correlation is significant at the 0.01 level (2-tailed).

8.6.3 非线性相关分析

1. 非线性相关分析的基本步骤

我们按照如下顺序完成非线性相关分析：

(1) 做两变量的散点图；

(2) 估计两变量的非线性相关的函数形式，并做相应的非线性变换；

(3) 计算变换前配对变量的相关系数，及非线性变换后相关系数。

2. 用 SPSS 做例 8.2.1 的非线性相关分析

先看例 8.2.1 的相关系数的计算问题。数据见表 8.2.1，数据文件见附盘中的“CH8 非线性相关”。

读入数据后，先做散点图

(1) 点击 Graphs→Scatter/Dot，系统弹出散点图类型的选择(Scatter/Dot)窗口，见图 8.6.4。

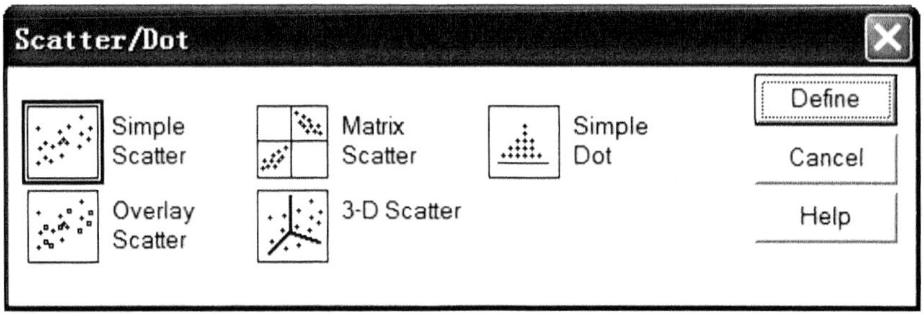

图 8.6.4 散点图类型选择窗口

(2) 在这个窗口中,有五种类型的散点图的选择。默认值是简单散点图(Simple Scatter)。接受这个默认值。

(3) 点击 Define 按钮,系统弹出简单散点图(Simple Scatterplot)的坐标定义窗口,见图 8.6.5。

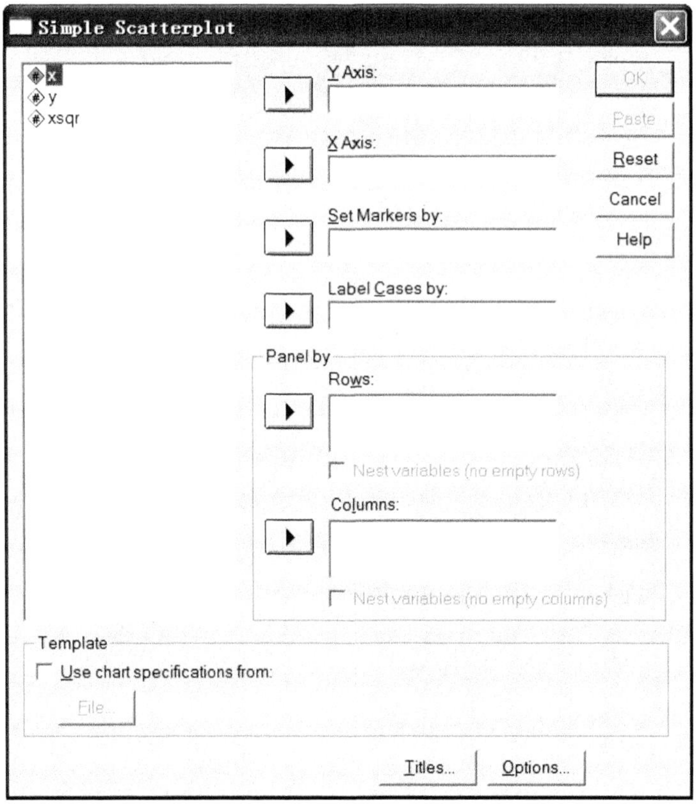

图 8.6.5 散点图坐标定义窗口

(4) 在图 8.6.5 中,分别把左框中的变量 x 和 y 用箭头 ▶ 送入右边的 X Axis(X 轴)框和 Y Axis(Y 轴)框中。

(5) 点击 OK 。系统输出散点图(图 8.6.6)。

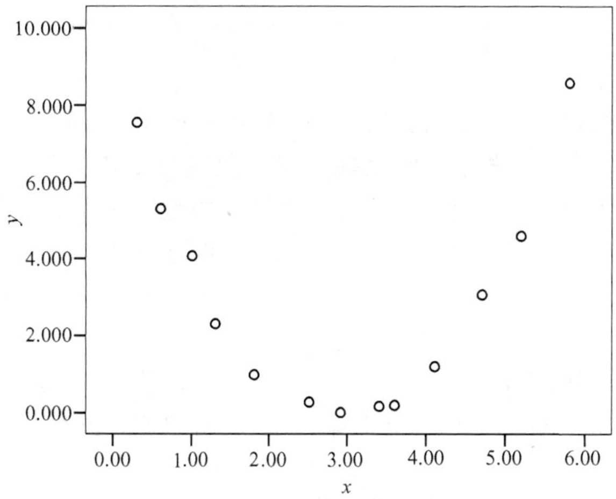

图 8.6.6　两变量样本的散点图

从图 8.6.6 可以清楚看出,变量 y 与 x 之间的非线性关系。看得出 y 是 x 的二次曲线,图形中散点的最低点的位置,大约在 $x=3$ 的附近,于是,推测 $y=(x-3)^2$。

因此,下一阶段做非线性变换。

(6) 在数据窗口中,点击 Transform→Compute,在弹出的窗口(参见图 4.1.15)中,完成"$z=(x-3)^2$"的计算。点击过程参见 4.1.9 小节。

预计 y 与 z 之间会有很高的线性相关系数。接下来,完成 y 与 x 之间、y 与 z 之间的(线性)相关系数的计算。

(7) 在数据窗口中,点击:Analyze→Correlate→Bivariate。

(8) 在弹出的窗口(见图 8.6.1)中,用箭头 ▶ 把左框中的变量 x、y、z 送入右框中。

(9) 点击 Patste 按钮。

(10) 在弹出的 Syntax(语句)窗口中,把第一个命令句"/VARIABLES=x y z",改成"/VARIABLES=y WITH x z"。注意,改动不仅仅增加命令词"WITH",而且变量 x 与 y 的位置也变了。这个改动用意是:分别计算 y 与 x 之间、y 与 z 之间的线性相关系数。

(11) 在 Syntax(语句)窗口中,点击:Run→All。系统输出结果,见表 8.6.4。

表 8.6.4 y 与 x、z 的线性相关系数

		x	$z=(x-3)$ sqr
y	Pearson Correlation	−.005	.994**
	Sig. (2-tailed)	.988	.000
	N	13	13

** Correlation is significant at the 0.01 level.

从表中的数据，可以清楚地看出，随机变量 Y 与 X 之间的样本相关系数仅为 −0.005，t 检验的显著性概率非常大(0.998)，只能接受零假设，变量 Y 与 X 之间不存在线性相关关系。但是，Y 与 Z 之间的样本线性相关系数却非常大(0.994)，t 检验的显著性概率为 0.000<0.0005，可以以很低的犯错误概率拒绝零假设，认为变量 Y 与 Z 之间存在很强的线性相关关系，或者说，Y 与 X 之间存在很高的非线性相关关系。

例 8.6.2 人均 DNP 与生育率的相关分析。本书附盘数据文件“CH9 对数相关”是有关国家人均 GNP 和该国人口生育率的数据(该数据引自：郭志刚等. 1999. 第 23 页)。

按照非线性相关分析的作法，我们先做散点图，然后猜测变量之间的非线性关系的函数类型，做非线性变换，计算变换后的线性相关系数。

读入数据后：

(1) 点击 Graphs→Scatter/Dot，系统弹出散点图类型的选择(Scatter/Dot)窗口，参见图 8.6.4。

(2) 接受默认值(作简单散点图，Simple Scatter)。点击 Define 按钮，系统弹出简单散点图(Simple Scatterplot)的坐标定义窗口，参见图 8.6.5。

(3) 用箭头 ▸ 把左框中的变量“人均 GNP”送入右边的 X 轴(X Axis)框中，“生育率”送入右边的 Y 轴(Y Axis)框中。

(4) 点击 OK，系统输出散点图，见图 8.6.7。

从图 8.6.7 中，可以看到“生育率”与“人均 GNP”之间的明显的非线性关系。从图形的走向，可以大致看出函数关系是“生育率 = ln 人均 GNP”。

当然，从图形看，“生育率”与“人均 GNP”之间也存在明显的“趋势”关系(当“人均 GNP”增加时，伴随着“生育率”降低)，粗略地把两个变量的相互关系看成“线性”相关，计算“线性相关系数”，也会显著异于 0 的。但是显著性水平(犯 I 类错误的概率)应当有所不同。

做变换：z==ln 人均 GNP。

(5) 在数据编辑窗口中，点击：Transform→Compute，系统弹出计算窗口(参见图 4.1.14)。在弹出的窗口中的左上角 Target Variable 框中键入变量名“z”。从窗口右边的中部的 Function group 框中，选中函数 Arithmetic。在窗口右下方的 Functions

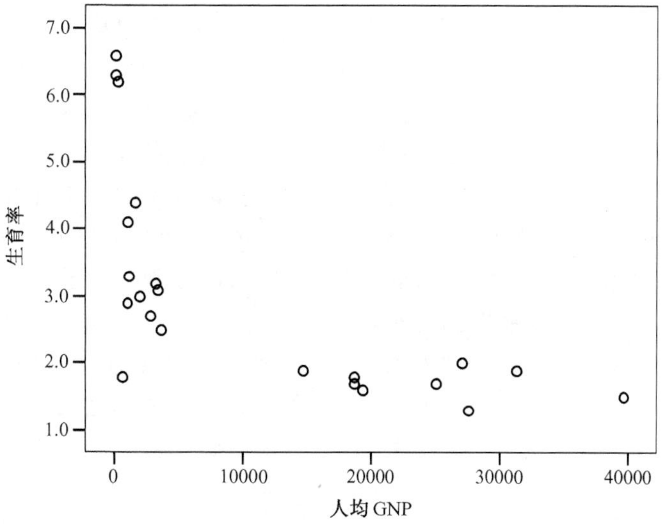

图 8.6.7　生育率与人均 GNP 的散点图

and Special Variables 框中选中函数“ln”。用向上的箭头 ▲ 把函数“ln(?)”送入窗口上部中间的 Numeric Expression 框中。在窗口左部中间的变量框中，选中变量“人均 GNP”，用箭头送入 Numeric Expression 框中的“ln(?)”的问号的位置。点击 OK，完成“z=ln 人均 GNP”的计算。系统在数据窗口中，增加了变量 z。

以下完成“生育率”与“人均 GNP”之间、“生育率”与“z(ln 人均 GNP)”之间的(线性)相关系数的计算。在数据窗口中，点击：

(6) Analyze→Correlate→Bivariate，系统弹出相关分析的窗口(见图 8.6.1)。在该窗口中，用箭头 ▶ 把左框中的变量“生育率”、“人均 GNP”、z 送入右框中。点击 Paste 按钮。在弹出的 Syntax(语句)窗口中，把第一个命令句“/VARIABLES=生育率 人均 GNP z”，改成“/VARIABLES=生育率 WITH 人均 GNP z”。这个改动用意是：分别计算“生育率”与“人均生育率”之间，及其与 z 之间的线性相关系数。然后，在语句(Syntax)窗口中，点击：Run→All。系统输出结果，见表 8.6.5。

表 8.6.5　生育率与人均 GNP、ln 人均 GNP 的相关系数

		人均 GNP	ln 人均 GNP
生育率	Pearson Correlation	−.662**	−.874**
	Sig. (2-tailed)	.001	.000
	N	22	22

** Correlation is significant at the 0.01 level(2-tailed).

从表 8.6.5 的数据可以看出,“生育率”与“人均 GNP”、“ln 人均 GNP”,都是明显相关的,都在 1%的显著性水平上,与 0 有显著性差异。但是,显然“生育率”与“ln 人均 GNP”的相关系数的绝对值更大,因此相关性更强一些。同时,从显著性水平也可以看出这一点:“生育率”与“人均 GNP”的相关系数的 t 检验的显著性水平(犯I类错误的概率),为 0.001(在 SPSS 输出的表格中,双击这个数字,会显示更精确的值为 0.000795411787,约万分之八),而“生育率”与“ln 人均 GNP”的相关系数的 t 检验的显著性水平(犯 I 类错误的概率),为 0.000(在 SPSS 输出的表格中,双击这个数字,会显示更精确的值为 1.033539873e—007,即 0.0000001033539873,约千万分之一),可见犯错误概率相差之悬殊。

这表明,用“生育率”与“人均 GNP”的线性相关来描述这两个变量的相关关系,远不如用“生育率”与“ln 人均 GNP”的线性相关来描述妥当,也就是说,“生育率”与“人均 GNP”之间的基于对数函数的非线性相关是很显著的,远远优于两者之间的线性相关关系。

8.6.4 等级相关分析(Spearman 相关系数)

例 8.6.1 之中还有一些顺序级的变量,例如股民对“依据公司业绩买入”与“依据公司的业绩卖出”的重要性等级的选择,就是两个顺序级的变量,我们可以计算这两个变量的等级相关系数。

(1) 点击:Analyze→Correlate→Bivariate,系统弹出一个对话窗口,参见图 8.6.1。

(2) 在该对话窗口中,从左框中选择要作相关分析的变量(如“依据公司业绩买入”与“依据公司的业绩卖出”),用箭头 ▸ 送入右框(Variables)中。

(3) 在对话窗口的第一组选项区块(Correlation coefficients)中,选择 Spearman 等级相关系数。

(4) 在对话窗口的第二组选项区块(Test of Significance)中,选择单尾,因为可以确认两变量是正相关的。如果不能确认这种关系,就只能选择双尾检验。

(5) 对话窗口的第三组选项区块(Flag Significant Correlations),接受系统的默认值“要”。

(6) 点击 OK ,系统输出结果。

(7) 结果说明:见表 8.6.6。

表 8.6.6 相关系数与显著性检验

			买入据公司业绩	卖出据公司业绩
Spearman's rho	买入据公司业绩	Correlation Coefficient	1.000	.551**
		Sig. (1-tailed)	.	.000
		N	407	407
	卖出据公司业绩	Correlation Coefficient	.551**	1.000
		Sig. (1-tailed)	.000	.
		N	407	407

** Correlation is significant at the. 01 level (1-tailed).

计算结果表明，依据公司业绩买入与依据公司业绩卖出有显著的相关性。

例 8.6.3 某尖子班抽出 10 个学生的数学与语文的考试成绩如表 8.6.7 所示(数据存于本书附盘中的“CH8 数学语文成绩”数据文件)，问该尖子班学生的数学和语文考试成绩是否等级相关？(如果把分数视为刻度级变量，就可以直接求 Pearson 相关系数)

表 8.6.7 某尖子班中 10 位学生的数学语文考试成绩

学号	1	2	3	4	5	6	7	8	9	10
数学	90	98	89	89	88.5	88.5	88	88	88	88
语文	92.5	91.5	91	89.5	91	91	88.5	87	91	91

(1) 点击 Analyze→Correlate→Bivariate，系统弹出一个对话窗口，参见图 8.6.1。

(2) 在该对话窗口中，从左框中选择要做相关分析的变量(如数学成绩、语文成绩)，用箭头 ▶ 送入右框(Variables)中。

(3) 在对话窗口的第一组选项区块(Correlation coefficients)中，选择 Spearman 等级相关系数。如果把两门功课的成绩视为刻度级变量，就可以选择 Pearson 相关关系。当然也可以同时选择这两个相关系数。由于 100 分制的考试成绩，既可以作为顺序级的数据，有可以作为刻度级的数据，所以，我们同时选择 Pearson 积矩相关系数和 Spearman 等级相关系数。

(4) 在对话窗口的第二组选项区块(Test of Significance)中，因为无法确定两门成绩是否正相关，所以接受系统的默认值，采用双尾检验。

(5) 对话窗口的第三组选项区块(Flag Significant Correlations)，接受系统的默认值“要”。

(6) 点击 OK，系统输出结果，见表 8.6.8 和表 8.6.9。

表 8.6.8 数学语文成绩的 Pearson 相关系数与显著性检验(Correlations)

		数学成绩	语文成绩
数学成绩	Pearson Correlation	1	0.586
	Sig. (2-tailed)		0.075
	N	10	10
语文成绩	Pearson Correlation	0.586	1
	Sig. (2-tailed)	0.075	
	N	10	10

表 8.6.9 数学语文成绩的等级相关系数与显著性检验(Correlations)

			数学成绩	语文成绩
Spearman's rho	数学成绩	Correlation Coefficient	1.000	.610
		Sig. (2-tailed)	.	.061
		N	10	10
	语文成绩	Correlation Coefficient	.610	1.000
		Sig. (2-tailed)	.061	.
		N	10	10

(7) 结果说明:

这两张表的结果都很有趣:数学成绩与语文成绩的 Pearson 样本相关系数和 Spearman 样本等级相关系数都在 0.6 左右(一个为 0.586,一个高达 0.610),却都在 0.05 的显著性水平上接受零假设,两门功课成绩的 Pearson 相关系数和 Spearman 等级相关系数都与 0 没有显著差异,也就是说,在 0.05 的显著性水平上,不论是从 Pearson 线性相关的角度还是从等级相关的角度,都不能认为这个班级的数学与语文的成绩是相关的。

由此可见,相关系数的显著性检验是非常必要的,切不可一见到相关系数大于 0.5,就妄言两个变量是相关的。有些研究报告,在不做显著性检验的情况下,基于 0.3 左右的相关系数,就断定所研究的两个变量是相关的,就是缺乏对这一问题的了解。

国内有些著作在介绍用相关系数来判别变量之间的关系时,常给出如下判别准则来判别变量间的相关性:“相关系数的绝对值为 0.8 以上是强相关,0.8~0.5 是显著相关,0.5~0.3 是弱相关,0.3 以下是不相关”。但是这种判断是粗糙的,并且常常是错误的。上例就表明这一判别准则是不恰当的。

作为对照,回顾例 8.6.1 中两个变量——投资者的“受教育程度”和“投入证券市场的总资金”的样本相关系数为 0.116,但却在 2.5%的显著性水平上拒绝零假设,认为这两个变量是相关的。

8.6.5　偏相关分析(Partial)

例 8.6.4　某研究者收集了南方 26 个旅游风景区某一年份的商业投资数量、游客增长率和风景区的经济增长率等数据(数据见本书附盘中的文件“CH8 偏相关商客旅”)。该研究者想根据变量之间的相关关系，寻求商业投资额与风景区经济增长密切相关的因素。

(1) 该研究者首先研究了风景区商业投资额与风景区经济增长之间相关关系，在读入数据后，按照前面讲的求相关系数的方法，得出的结果如表 8.6.10 所示。

表 8.6.10　商业投资与经济增长的相关系数及显著性检验

		商业投资万元	地区经济增长
商业投资万元	Pearson Correlation	1	.644**
	Sig. (2-tailed)	.	.000
	N	26	26
地区经济增长	Pearson Correlation	.644**	1
	Sig. (2-tailed)	.000	.
	N	26	26

**　Correlation is significant at the 0.01 level (2-tailed).

从表中数据可以看出，风景区商业投资额与风景区经济增长之间相关系数为 0.644，t 检验的显著性概率为 0.000<0.0005，拒绝零假设，表明两个变量之间显著相关。

那么，是否可以据此得出结论，景区商业投资额与风景区经济的增长有密切关系，并进而推断风景区的商业投资额是景区经济增长的原因呢?

(2) 该研究者又进而研究了风景区商业投资额与风景区经济增长之间的偏相关关系。读入数据后：

① 点击 Analyze→Correlate→Partial，系统弹出一个对话窗口。

② 在该对话窗口中，在左框中选择所要作相关分析的变量(风景区商业投资额与风景区经济增长率)，用箭头 ▶ 送入右边的 Variables 框中，见图 8.6.8。

③ 选择游客增长率作为控制变量(剔除变量“游客增长率”的影响)，用箭头 ▶ 送入右边的 Controlling for 框中。

④ 在对话窗口的第一组选项框(Test of Significance)中，选择双尾检验(不能确定是否是正相关)。

⑤ 对话窗口的第二组选项框(Flag Significant Correlations)，接受系统的默认值“要”。

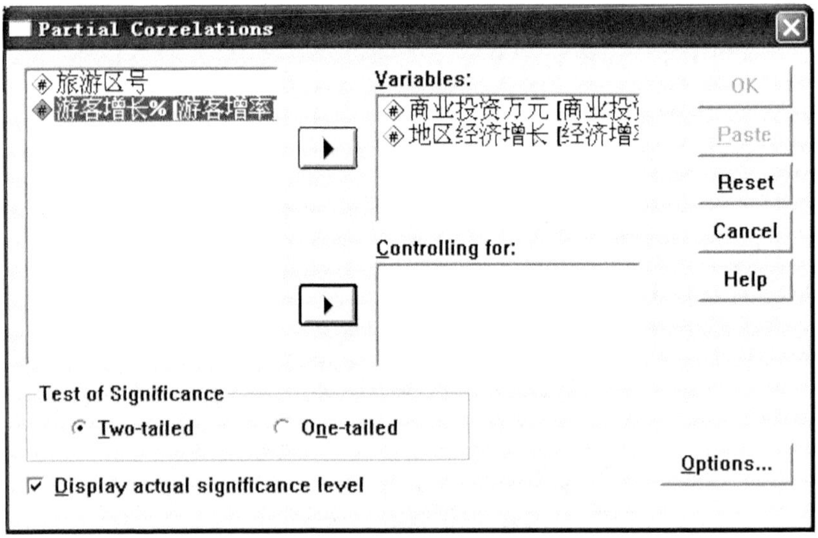

图 8.6.8 偏相关对话窗口

⑥ 点击OK，系统输出结果，见表 8.6.11。

⑦ 结果说明：

表 8.6.11 偏相关系数与显著性检验

--- PARTIAL CORRELATION COEFFICIENTS ---

Controlling for.. 游客增率

	商业投资	经济增率
商业投资	1.0000	.0825
	(0)	(23)
	P=.	P=.695
经济增率	.0825	1.0000
	(23)	(0)
	P= .695	P= .

(Coefficient / (D. F.) / 2-tailed Significance)

“.” is printed if a coefficient cannot be computed

表 8.6.11 中，括号中的数字是相应偏相关系数的 t 统计量的自由度 $n-k-2=26-1-2=23$。

表 8.6.11 中，偏相关系数为 0.0825，显著性概率 $p=0.695>0.05$，说明剔除变量游客增长率的影响后，变量“风景区商业投资额”与“风景区经济增长率”没有

显著性关系，更不能说，风景区的商业投资导致了风景区的经济增长。

⑧ 在第⑥步点击 OK 按钮前，可先点击 Options... 按组。系统弹出一个对话框，见图 8.6.9。

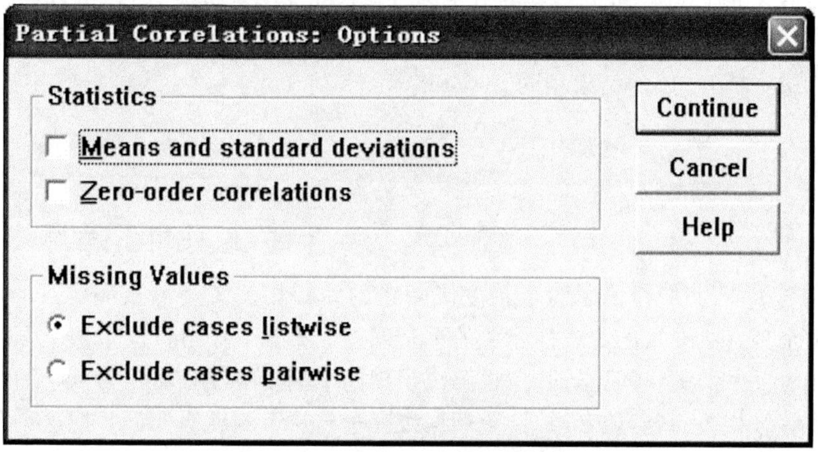

图 8.6.9　偏相关分析的选择窗口

在此对话窗口的第一个区块中，选择 Zero-order Correlations（零阶相关），也就是，要求输出两两 Pearson 相关系数，以便用于与偏相关系数比较。

点击 Continue，返回主窗口。

点击 OK，输出结果，见表 8.6.12。

表 8.6.12　零阶相关、偏相关与显著性检验

--- PARTIAL CORRELATION COEFFICIENTS ---

Zero Order Partials

	商业投资	经济增率	游客增率
商业投资	1.0000	.6437	.7909
	(0)	(24)	(24)
P= .	P= .000	P= .000	
经济增率	.6437	1.0000	.7734
	(24)	(0)	(24)
	P= .000	P= .	P= .000
游客增率	.7909	.7734	1.0000
	(24)	(24)	(0)
P= .000	P= .000	P= .	

(Coefficient / (D. F.) / 2-tailed Significance)

". "is printed if a coefficient cannot be computed

注:表的下半部分与表 8.6.5.2 相同,略去

在表 8.6.12 中,可以直接对比普通 Pearson 相关系数与偏相关的差异。当然,也可以直接作简单相关分析:点击 Analyze→Correlate→Bivariate,所得结果与 Zero Order Partials 的结果相同。

8.7 至少有一个变量是二值名义级的相关系数

在 8.1 节,我们讨论了两个刻度级变量的线性相关关系测量问题。8.2 节讨论了两个刻度级变量的非线性相关的测量问题。第 8.3 小节讨论了两个顺序级变量的相关关系的测量问题,同时,也解决了把两个刻度级变量转化为两个顺序级变量来测等级相关问题,或者说,一个顺序级变量与一个刻度级变量并把这个刻度级变量转化为顺序级变量来测等级相关的问题。第 8.4 节讨论了控制了相关变量影响后的两个随机变量的偏相关的问题。本节我们来讨论:①二值的名义级变量与刻度级变量的相关强度的测量问题,②两个二值的名义级变量的相关强度的测量问题。

8.7.1 二值名义变量与刻度级变量的相关方向与强度的测量:点双列相关系数

当一个变量是二值名义级变量另一个变量是刻度级变量时,可以把 Pearson 相关系数的计算方法,延伸到这里。显然,在运用 Pearson 积矩相关系数公式

$$r_{XY}=\frac{\sum_i x_i y_i}{\sqrt{\sum_i x_i^2}\sqrt{\sum_i y_i^2}}=\frac{\sum_i (X_i-\bar{X})(Y_i-\bar{Y})}{\sqrt{\sum_i (X_i-\bar{X})^2}\sqrt{\sum_i (Y_i-\bar{Y})^2}}$$

计算之前,必须解决二值名义级变量取值的刻度化问题。

设 X 是二值名义级变量。

在一般情况下,我们都是用数字 0 与 1 表示 X 的两个状态的取值。本来这两个数字(0 与 1)没有任何大小的概念,仅仅是两个不同的符号,就像字母 A 与 B 表示两个不同的状态一样,这里的 0 与 1 也仅仅表示 X 的取值限于两个不同的状态。但是如果变量 X 从一个状态转变为另一个状态时,Y 的刻度数据有明显不同的取值倾向(例如,明显变大,或者明显变小),那么就可以断定 X 与 Y 是相关的。

如果我们将这两个数字(或者说编码,Code)数量化,当成能够加减乘运算的区间级(定距级)数据来处理,就可以用 Pearson 相关系数公式来表示相关的强度了。这就是所谓"点双列相关系数"(Point Biserial Corelation)(见:Weinberg S L et al. 2002. 第 140 页)。

但需注意,对应于 Y 的某个值,X 取值 0 或取值 1 是任意指定的,所以当对 X 的取值规定交换一下后,所计算出来的 X 与 Y 的相关系数的符号就会变化。如果原来为正,X 取值规定交换后,就为负。反之亦然。因此,点双列相关系数所反映 X 与 Y 的相关方向是相对的、人为指定的,反映 X 从一个指定的状态变为另一个状态时,Y 的取值倾向的特征。也就是说,改变符号并不改变点双列相关系数的本质特征。而常规的 Pearson 相关系数的正负号却具有本质的意义。人们不能随意地改变常规 Pearson 相关系数的正负号。

例 8.7.1　某研究者抽样调查了浙江民有企业(包括民有科技企业)是否拥有研发机构(变量名为"研发机构")和技术人员占职工比例(变量名为"技人比例")的数据(见数据文件"CH8 点双列和 ϕ 相关系数")。

☆注意☆　在这个数据文件的变量定义窗口中,已经在变量"研发机构"的 Measure 列(最后一列)中,把系统默认的"Scale"值,改成了"Nominal"值。

为了有一个直观的感觉,我们先做一个横坐标为是否拥有"研发机构"、纵坐标为"技人比例"的图。

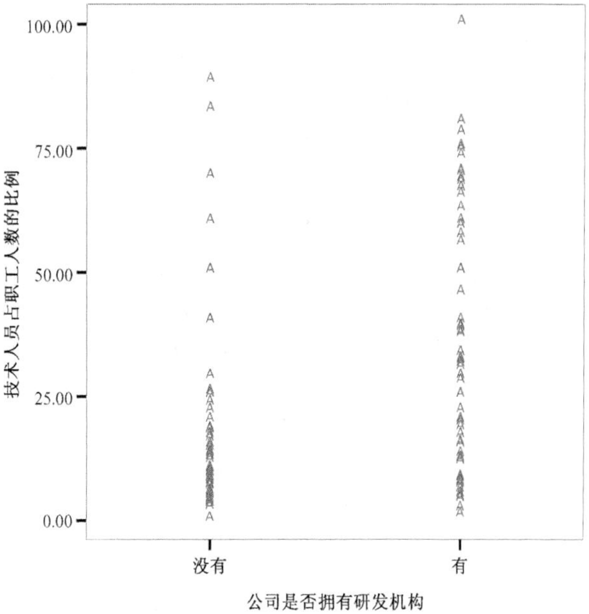

图 8.7.1　散点图

(1) 在数据窗口的菜单中,点击 Graphs→Interactive→Scatterplot。

(2) 把变量"研发机构"拖入横坐标的方框中,把变量"技人比例"拖入纵坐标的方框中。

(3) 点击 OK ,就得到图 8.7.1。

从图 8.7.1 不难看出,没有研发机构的企业的技术人员占员工的比例多在较低的位置,而有研发机构的企业的技术人员占员工的比例要相对高得多。看来,两个变量具有较为明显的"正"相关关系。

按照如下步骤,求"点双列相关系数"(其实就是求普通 Pearson 相关系数的点击方法):

(1) 点击 Analyze→Correlate→Bivariate。

(2) 选中变量"研发机构"和"技人比例",用框中的箭头 ▸ 送入右边的 Variables 框中。

(3) 点击 OK 。

得到输出的相关系数表格如下:

表 8.7.1 点双列相关系数(Correlations)

		研发机构	技人比例
研发机构	Pearson Correlation	1	.334**
	Sig. (2-tailed)		.000
	N	146	146
技人比例	Pearson Correlation	.334**	1
	Sig. (2-tailed)	.000	
	N	146	146

** Correlation is Significant at the 0.01 level(2-tailed).

表中的 Pearson 相关系数为 0.334,就是我们所求的"点双列相关系数"。其显著性概率小于 0.005,表明这个相关系数是显著异于 0 的。

有趣的是,不必担心"研发机构"的取值变化(编码变化)会使得"点双列相关系数"的绝对值变化。不论你给"研发机构"的两个值赋予什么编码,计算出的相关系数的绝对值都是相等的。这一点,很容易从相关系数的计算公式推导出来。

但是,当名义级变量 X 是多值时,我们不能强行把 X 的值数值化以后,用普通 Pearson 相关系数的计算公式来解决相关系数的计算问题。因为我们既不能断定变量 X 取 3 个以上值的顺序,也无法断定这些取值之间具有什么样的数量关系(例如,不同的编码间是否具有等差性),因而无法用普通的 Pearson 公式来解决问题。

8.7.2　两个二值名义变量的相关方向与强度的测量：ϕ 相关系数

当所要考察的两个名义级的变量都是二值时，我们可以仿照上节的做法，把二值的编码（一般用 0、1 表达）数值化，然后延伸 Pearson 相关系数的计算公式，用到两个二值的名义级变量的情景，以测量两个二值名义级变量的相关强度。这样处理的合理性，与上一节对二值名义级变量的处理是相同的。

我们通过对某市某中学初中生关于“性别与报考艺校的志愿”的抽样调查数据，来解释两个二值名义级变量的相关系数的计算问题。

例 8.7.2　某市某中学初中生关于“性别与报考艺校的志愿”的抽样调查结果是：未报考艺术学校的初中女生有 27 名，初中男生有 23 名；报考艺术学校的初中女生有 44 名，初中男生有 33 名(数据文件见本书附盘中的“CH8ϕ 相关系数 考艺校否”。在 SPSS 的数据文件中，每一条记录表示一个被抽到的学生，变量值有两个，一个是性别，一个是报考艺校否)。

为了直观考察报考艺校的志愿与性别是否相关，我们用 SPSS 来做分组条形图(Clustered Bar Graph)：

打开这个数据文件后，可以发现这个数据文件是如下缩略形式的：

表 8.7.2　缩略形式的数据

考艺校否	性别	频次
.00	.00	27.00
.00	1.00	23.00
1.00	.00	44.00
1.00	1.00	33.00

所以，打开这个数据文件后，要先点击 Data→Weight Cases，在弹出的窗口中，选择 Weight cases by，然后把权重变量“频次”用箭头送入右边的 Frequency Variable 框中。

然后：① 再进入作图点击：Graphs→Bar；② 选择 Clustered；③ 点击 [Define]；④ 在弹出的窗口中，把变量“考艺校否”用箭头 [▸] 送入 Category(类别)框中，把变量“性别”用箭头 [▸] 送入 Define Clusters by(定义分组变量)框中；⑤ 点击 [OK]。系统输出图 8.7.2。

从图 8.7.2 可以看出，不报考艺校的女生与男生的比例略小于报考艺校的女生与男生的比例。也就是说，“报考艺校否”与性别可能是相关的，但不一定能够拒绝零假设。

在这种情况下，用 Pearson 相关系数公式所求出来就是 ϕ 相关系数。用 SPSS

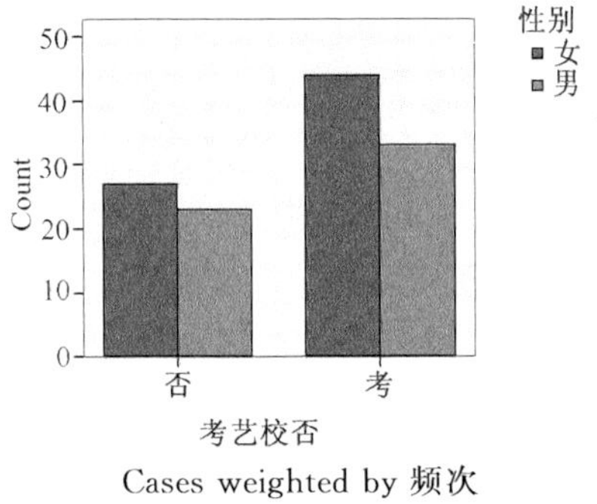

图 8.7.2 分组条形图

点击(Analyze→Corelate→Bivariate,进而把要分析的两个变量用箭头 ▸ 送入到右边的框中)后,所得到的结果见表 8.7.3。

表 8.7.3 两个二值分类变量的 φ 相关系数

		考艺校否	性别
考艺校否	Pearson Correlation	1	-.031
	Sig. (2-tailed)		.730
	N	127	127
性别	Pearson Correlation	-.031	1
	Sig. (2-tailed)	.730	
	N	127	127

表中数据显示,性别与报考艺校的 φ 相关系数是 -0.31,显著性概率是 0.730,接受零假设,相关系数与 0 没有显著性差异。也就是说,接受两个变量不相关的假设。

用 SPSS 计算 φ 相关系数的另外一个计算模块是:

(1) 点击 Analyze→Descriptive Statistics→Crosstables;

(2) 在弹出的窗口中,把要分析的两个变量中的一个用箭头送入到 Row(s)框中,另一个送到 Columns 框中;

(3) 点击 Statistics... 按钮;

(4) 在弹出的框中,选择输出 Phi and Gramer's V 统计量,也就是 φ 相关系数,点击 Continue ,返回主窗口;

(5) 点击 OK 。

系统输出表 8.7.4。

表 8.7.4　φ 相关系数计算结果

		Value	Approx. Sig.
Nominal by	Phi	−.031	.727
Nominal	Cramer's V	.031	.727
N of Valid Cases		127	

a. Not assuming the null hypothesis.

b. Using the asymptotic standard error assuming the null hypothesis.

表 8.7.5　两名义级变量取值的频次

	男	女
报考艺校	A=33	B=44
未报考艺校	C=23	D=27

其结果与直接点击：Analyze→Correlate→Bivariates，计算 Pearson 相关系数的结果相同，都是−0.031。需要说明的是，这里的正负号是无关紧要的。但改变任何一个二值名义级变量取值的编码位置时，φ 相关系数的符号改变。同样，用不同数字符号编码(例如，3，9)来代表二值名义级变量的取值，并不改变计算 φ 相关系数的绝对值。

另外一个计算公式是直接运用两个变量取值的不同组合的频次进行计算的。设不同取值组合的频次如表 8.7.5。

φ 相关系数的计算公式是

$$\phi=\frac{AD-BC}{\sqrt{(A+B)(C+D)(A+C)(B+D)}}=\frac{33\times 27-44\times 23}{\sqrt{77\times 50\times 56\times 71}}=-0.031$$

显然，改变表 8.7.5 中男女两列的位置，不会改变 φ 相关系数的绝对值，却可以改变 φ 相关系数的正负号，读者不妨自己计算一下结果。

思考与练习题

1. 两个随机变量的总体(简单)相关系数与样本 Pearson 相关系数，如何计算？两者的关系是什么？
2. 请给出样本 Pearson 相关系数的几何解释。
3. 以下是 8 个省区人均 GDP(元)和建筑合同的价值(亿元)。

省区	A	B	C	D	E	F	G
人均 GDP	10070	5509	10568	9588	3254	6019	6678
建筑合同	27.40	20.24	25.93	23.39	16.20	12.51	8.88

① 计算两个变量之间的相关系数

② 在 0.05 显著水平下检验相关显著性并得出你的结论。

4. 10 个商店去年的销售额和流通费用率资料如下表，选用适当曲线，计算销售额与流通费用率的非线性相关系数。

销售额(亿元)	7.9	6.8	6.4	5.5	4.3	3.4	2.9	2.1	0.8	1.5
流通费用率(%)	1.2	1.3	1.3	1.4	1.5	1.8	2.1	2.7	6.4	4.5

5. 某公司为雇用到合格的熟练工人,设计了一套能力测验。下表是对10名现有熟练工的能力测验的得分分数,以及他们完成所需任务的时间(分钟),请计算并回答下列问题:完成任务时间与能力测验分数之间的相关系数,是否显著?是否呈正相关?

能力测验分数	80	60	98	40	44	70	20	21	30	95
完成任务时间	5	7	2	6	6	5	8	9	8	3

6. K. Pearson收集大量父亲身高(x)与儿子身高(y)的资料,其中10对数据如下表(此系著名试验,故没有改变单位1in=2.54cm),计算父亲身高与儿子身高的相关系数,并检验显著性。

父亲身高	60	62	64	65	66	67	68	70	72	74
儿子身高	63.6	65.2	66.0	65.5	66.9	67.1	67.4	68.3	70.1	70.0

7. 请写出Spearman等级相关系数(又称秩相关、名次相关)的公式?
8. 两组独立样本适合于计算相关系数吗?
9. Pearson与Spearman相关系数显著异于0的显著性检验的统计量是什么?
10. 偏相关系数显著异于0的显著性检验的统计量是什么?
11. 相关系数的显著性检验的意义的什么?
12. 某高校抽样得到10名短跑运动员,测出100米的名次和跳高的名次如下,问这两个名次相关吗?

100米名次	1	2	3	4	5	6	7	8	9	10
跳高名次	4	3	1	5	2	7	10	8	9	6

13. 偏相关系数在经济与管理中的应用的意义是什么?
14. 发达程度不同的10个国家的人均GDP和农业GDP占总GDP的比重数据如下表。选择适当的非线性曲线,计算他们之间的相关系数。

人均GDP(美元)	560	920	1500	2160	2670	4250	5890	6960	7320	8150
农业GDP占总GDP的比重(%)	23	18	14	9	6	5.8	5.2	4.1	3.3	4.1

15. 抽样调查了16个企业,上年获得了专利数、上三年R&D投入总和及高级工程师数的数据如下表。请用SPSS计算这三个变量的两两之间的偏相关系数。

上年获得专利数	28	33	36	39	38	43	40	43
上三年 R&D 投入总和(万元)	1135	1292	1697	2330	2429	2987	2852	2713
高级工程师数	21	27	26	23	24	23	29	32
上年获得专利数	55	56	48	46	58	59	60	66
上三年 R&D 投入总和(万元)	3227	3334	2531	2808	3749	3637	2940	4380
高级工程师数	35	27	31	30	39	40	41	48

16. 计算点双列相关系数(point biserial coefficient),并做显著性检验

汉堡名称	汉堡	奶酪汉堡	1/4 磅汉堡	奶酪 1/4 磅汉堡	Big Mac
卡路里	270	320	430	530	530
有无奶酪	0	1	0	1	1

17. 抽样获得癌症患者抽烟与否的数据如下,计算 ϕ 相关系数,并做显著性检验。

两名义级变量取值的频次

	不抽烟人数	抽烟人数
患癌症人数	360	480
未患癌症人数	280	290

第9章　线性回归分析

变量之间的关系有两种：确定型的函数关系与不确定型的函数关系。对于确定型的函数关系，我们以前研究过许多(例如：销售额＝销售量×价格)，这里不再讨论。

不确定型的函数关系，在社会经济与管理中存在更为普遍，例如，商品的销售量与人口的关系、商品销售量与广告费之间的关系、收入与受教育程度之间的关系等，它们之间存在明显的相互关系(称为相关关系)，但又是不确定的。

回归分析是研究随机变量之间的相关关系的一种统计方法。其用意是研究一个被解释变量(又称因变量)与一个或多个解释变量(又称自变量)之间的统计关系。

线性回归的被解释变量必须是刻度级的变量。如果是顺序级的，要用 Numeric 型的来表示，SPSS 会自动把它作为刻度级的来处理。但是这样处理是有条件的，我们将在后面解释这些条件。如果被解释变量是名义级的，将用 Logistic 回归等方法处理，但那不在本书设定的范围之内。

解释变量可以是刻度级、顺序级、名义级的变量。

9.1　一元线性回归

9.1.1　问题的提出

一元线性回归，只研究一个自变量与一个因变量之间的统计关系。

例 9.1.1　人均收入 X 与人均食品消费支出 Y 的散点关系可以如图 9.1.1 所示。我们有可能找到一条直线，从“平均”角度来反映两个变量之间的关系。从经济意义来看，这里的人均收入可以作为解释变量(解释人均食品支出的变化)。

这时两个变量之间的不确定关系，可以用下式表示：

$$Y = \beta_1 + \beta_2 X + u$$

式中，人均食品消费支出 Y 是被解释变量，人均收入 X 是解释变量，β_1 是待估计参数(截距项)，β_2 是待估计参数(斜率项，反映了 X 的边际效益)，u 是随机干扰项，与 X 无关，它反映了 Y 被 X 解释的不确定性。

如果随机干扰项 u 的均值为 0，那么，对上式两边在 X 的条件下求均值，有

$$E(Y|X) = \beta_1 + \beta_2 X$$

反映出从“平均”角度看的确定函数关系(解释关系)。

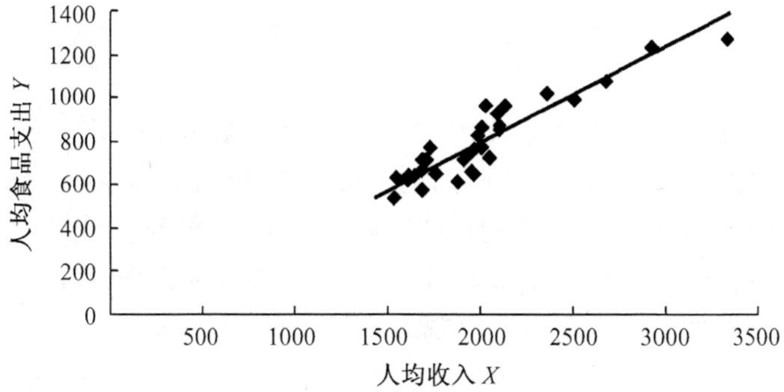

图 9.1.1　人均收入与人均食品支出关系的散点图

例 9.1.2　地区的多孩率与人均国民收入的散点关系,大致可以如图 9.1.2 所示。同样,有可能找到一条曲线,从“平均”角度,来反映两个变量之间的关系。从经济意义来看,这里的人均国民收入可以作为解释变量(解释多孩率的变化)。

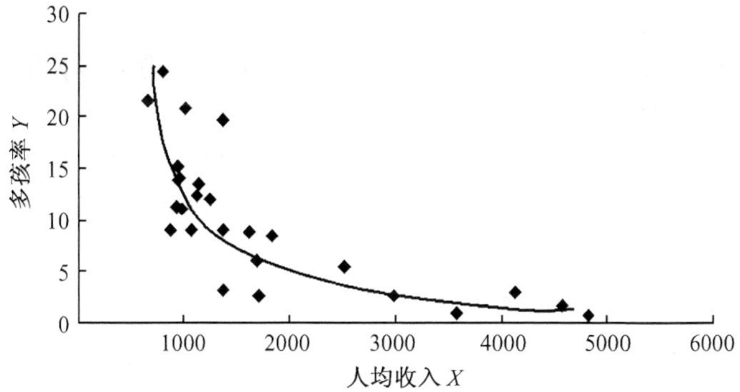

图 9.1.2　人均收入与多孩率的散点图

这时两个变量之间的不确定关系,大致可以用以对数为基础的式子表示:

$$Y = \beta_1 + \beta_2 \ln X + u$$

式中,多孩率 Y 是被解释变量,人均国民收入 X 是解释变量,β_1 是待估计参数(截距项),β_2 是待估计参数(斜率项,反映了 X 的边际效益),u 是随机干扰项,与 X 无关(当然也与 $\ln X$ 无关),它反映了 Y 被 X 解释的不确定性。

在该方程中,Y 与 X 之间没有大致的线性(直线)关系,但是与 $\ln X$ 之间有大致的线性关系,所以,还可以转化为线性关系来处理。比如,令:$Z=\ln X$,则上式

变为

$$Y=\beta_1+\beta_2 Z+u$$

这就是最普通的线性回归式。

可以做这类转化的问题很多。这反映出线性回归,可以较为广泛地用于研究变量之间的解释关系。

线性回归的任务,就是用恰当的方法,估计出参数 β_1,β_2,并且使估计出来的参数具有良好的统计特性,所以,回归问题也可以从某种视角,视同参数估计问题。

如果把 X 与 Y 的样本值代到线性回归方程中,就得到

$$Y_i=\beta_1+\beta_2 X_i+u_i,\quad i=1,2,\cdots,n,\quad n\ \text{为样本容量。}$$

从重复抽样的角度看,Y_i,X_i 也可以视为随机变量。

☆注意☆ 由于小写的 x_i 与 y_i 另有用途,所以,本章大写的 Y_i 与 X_i 不再单一地表示随机样本,有时也表示样本观察值。例如,上面的回归方程的表达,就有两种含义(随机样本,或样本观察值)。

9.1.2 高斯基本假设

高斯基本假设,对正确地掌握线性回归的条件是非常重要的。

对于线性回归模型

$$Y_i=\beta_1+\beta_2 X_i+u_i,\quad i=1,\ 2,\cdots,n,\quad n\ \text{为样本容量。}$$

而言,高斯基本假设如下:

(1) u_i 为随机变量(本假设当然成立,因为我们研究的就是不确定的关系);

(2) $E(u_i)=0$,随机扰动项的期望值等于零(本假设天然成立,如果其均值不是 0,可以把它并入到 β_1 中);

(3) $\mathrm{Var}(u_i)=\sigma_u^2$,随机扰动项的方差等于常数(本假设有可能不成立,今后将讨论不成立时,如何处理);

(4) $E(u_iu_j)=0(i\neq j)$随机扰动项协方差等于零,即 u_i、u_j 相互独立(本假设有可能不成立,今后将讨论不成立时如何处理);

说明:Covarance$=E(u_i-E(u_i))(u_j-E(u_j))=E(u_iu_j)$

(5) u_i 服从 $N(0,\sigma_u^2)$分布(本假设在大多数情况下是成立的);

(6) $E(X_iu_j)=0$,对 X_i 的性质有两种解释:

① X_i 可以视为随机变量,但与 u_j 无关。所以第(6)条假设成立。

② X_i 也可以视为确定型变量。所以第(6)条假设也成立。

一元线性回归的模型

$Y=\beta_1+\beta_2X+u$　（一批非线性模型，可以转化为线性模型，如 $Y=\beta_1+\beta_2\ln X+u$）代入样本后，为

$Y_i=\beta_1+\beta_2X_i+u_i$，　$i=1,2,\cdots,n$，　n 为样本容量。

高斯假设是：

(1) u_i 为随机变量；

(2) $E(u_i)=0$；

(3) $\mathrm{Var}(u_i)=\sigma_u^2$，随机扰动项的方差等于常数；

(4) $E(u_iu_j)=0(i\neq j)$，随机扰动项协方差等于零，即 u_iu_j 相互独立；

(5) u_i 服从 $N(0,\sigma_u^2)$ 分布；

(6) $E(X_iu_j)=0$。

9.1.3　普通最小二乘法（OLS：Ordinary Least Square）

设在线性回归模型 $Y=\beta_1+\beta_2X+u$ 中，$\hat{\beta}_1$，$\hat{\beta}_2$ 为 β_1，β_2 的估计值，则 Y 的计算值 $\hat{Y}$，可用下式表达：

$$\hat{Y}=\hat{\beta}_1+\hat{\beta}_2X$$

我们要求出这样的待估参数 $\hat{\beta}_1$，$\hat{\beta}_2$，使 Y 与其计算值 $\hat{Y}$ 之间的"误差平方和"极小。即，使

$$Q=\sum(Y_i-\hat{Y}_i)^2=\sum e_i^2=\sum(Y_i-\hat{\beta}_1-\hat{\beta}_2X_i)^2$$

极小。为此，分别求 Q 对 $\hat{\beta}_1$，$\hat{\beta}_2$ 的偏导，令其为零：

$$\frac{\partial Q}{\partial\hat{\beta}_1}=0,\frac{\partial Q}{\partial\hat{\beta}_2}=0$$

就可以求出符合要求的待估参数 $\hat{\beta}_1$，$\hat{\beta}_2$。

这种估计系数的方法就称为普通最小二乘法（OLS：Ordinary Least Square）。

☆注意☆　在这一分析方法中，并没有用到"u_i 为随机变量"的假设。

9.1.4　极大似然法

在 5.3.3 小节我们讨论过：若 X 为离散型随机变量，则在一次抽样中，X_1，X_2，$\cdots$，X_n 取值为 x_1，x_2，$\cdots$，x_n 的概率就是联合概率：

$$L=P(X_1=x_1,X_2=x_2,\cdots,X_n=x_n,\theta),\theta\text{ 是待估计参数}$$

当 X_1，X_2，$\cdots$，X_n 相互独立时，

$$L = \prod_{i=1}^{n} P(X_i = x_i, \theta)$$

由离散型与连续型的对应关系(参见 1.2.2 小节),连续随机变量的概率密度 $f(x,\theta)$ 对应于离散情况下的概率 $P(X=x)$。

于是,当总体 X 为连续随机变量时,X 的相互独立的随机样本 $X_1, X_2, \cdots, X_n$ 取值为 $x_1, x_2, \cdots, x_n$ 的联合概率密度函数为

$$\prod_{i=1}^{n} f(x_i;\theta),\text{也记为 } L$$

不论 X 为离散还是连续随机变量,L 都称为 θ 的极大似然函数。

由高斯假设(5),u_i 服从 $N(0,\sigma_u^2)$ 分布,而 $Y_i=\beta_1+\beta_2 X_i+u_i$,所以,$Y_i$ 服从 $N(\beta_1+\beta_2 X_i, \sigma_u^2)$ 分布,即

$$f(Y_i) = \frac{1}{\sqrt{2\pi}\sigma_u}\exp\left[-\frac{1}{2\sigma_u^2}(Y_i-(\beta_1+\beta_2 X_i))^2\right]$$

于是有联合密度

$$L = \prod_{i=1}^{n}\left\{\frac{1}{\sqrt{2\pi}\sigma_u}\exp\left[-\frac{1}{2\sigma_u^2}(Y_i-(\beta_1+\beta_2 X_i))^2\right]\right\}$$

$$=\left(\frac{1}{\sqrt{2\pi}\sigma_u}\right)^n\exp\left[-\frac{1}{2\sigma_u^2}\sum_{i=1}^{n}(Y_i-\beta_1-\beta_2 X_i)^2\right]$$

为了求估计值 $\hat{\beta}_1, \hat{\beta}_2$,使 L 极大化(在一次实验中,样本 X_i, Y_i 出现了,那么 X_i, Y_i 出现的概率,应当是最大的,也就是说,参数 $\hat{\beta}_1, \hat{\beta}_2$ 应使 L 极大)。而这等价于求 $\hat{\beta}_1, \hat{\beta}_2$,使 $\sum(Y_i-\hat{\beta}_1-\hat{\beta}_2 X_i)^2$ 最小,这与普通最小二乘法求 $\hat{\beta}_1, \hat{\beta}_2$,使 $Q(=\sum(Y_i-\hat{\beta}_1-\hat{\beta}_2 X_i)^2)$ 极小,完全相同。故,所得出的计算 $\hat{\beta}_1, \hat{\beta}_2$ 的公式也相同。

☆注意☆ 此方法用到了"u_i 为随机变量,u_i 服从 $N(0,\sigma_u^2)$ 分布"的假设,即高斯假设(1)、(2)、(5)。

9.1.5 所求出的参数计算公式

按照上述两种方法,所得出的计算公式如下:

$$\hat{\beta}_2 = \frac{\sum x_i y_i}{\sum x_i^2},\text{其中},x_i = X_i - \bar{X}, y_i = Y_i - \bar{Y}$$

$$\hat{\beta}_1 = \bar{Y} - \hat{\beta}_2\bar{X}$$

式中,x_i, y_i 不是样本观察值,而是样本或样本观察值中心化处理后的结果。

$\hat{\beta}_2$ 的另一个表达式是

$$\hat{\beta}_2 = \frac{\boldsymbol{x}^{\mathrm{T}}\boldsymbol{y}}{\boldsymbol{x}^{\mathrm{T}}\boldsymbol{x}} = \frac{\langle \boldsymbol{x}, \boldsymbol{y}\rangle}{\|\boldsymbol{x}\|\times\|\boldsymbol{x}\|}$$

式中，$\|\boldsymbol{x}\|=\sqrt{x_1^2+\cdots+x_n^2}$，表示向量 $\boldsymbol{x}$ 的模长。$\langle \boldsymbol{x},\boldsymbol{y}\rangle$ 是向量 $\boldsymbol{x}$ 与 $\boldsymbol{y}$ 的内积。

☆注意☆ 非理工专业背景的读者，不必硬记以上公式，用多了自然会记住。

在满足高斯基本假设（不要求"u_i 服从正态分布"假设）的情况下，用上述公式估计出来的系数，具有无偏性和最小方差性。

普通最小二乘法与极大似然法

在线性回归的参数估计中，普通最小二乘法（OLS）与极大似然估计法的结果是一样的。

普通最小二乘法，没有用到对随机干扰项 $\boldsymbol{u}$ 的有关假设，是在寻求误差平方和 $\sum_i e_i^2$ 最小的参数的前提下，获得参数估计结果的。

极大似然法用到了有关随机干扰项的有关规定（u_i 服从 $N(0,\sigma_u^2)$ 分布），在"一次实验中一组样本出现了，那么这组样本出现的概率应当比其他样本的大"的观点下，估计出参数来。

9.1.6 几何解释

1. 关于 $\boldsymbol{y}$、$\hat{\boldsymbol{y}}$、$\boldsymbol{e}$ 三者关系的几何解释

由 $\hat{Y}=\hat{\beta}_1+\hat{\beta}_2X$，所以 $\overline{\hat{Y}}=\hat{\beta}_1+\hat{\beta}_2\overline{X}$。

另一方面，9.1.5 小节给出的计算 $\hat{\beta}_1$ 的公式是：$\hat{\beta}_1=\overline{Y}-\hat{\beta}_2\overline{X}$，所以，$\overline{Y}=\hat{\beta}_1+\hat{\beta}_2\overline{X}$。

所以，我们得到一个重要的中间结论：$\overline{\boldsymbol{Y}}=\overline{\hat{Y}}$。

按照中心化数据（离差）的定义，$\hat{\boldsymbol{y}}=\hat{Y}-\overline{\hat{Y}}$，运用上述中间结论，有

$$\hat{\boldsymbol{y}}=\hat{Y}-\overline{\hat{Y}}=\hat{\boldsymbol{Y}}-\overline{Y}=\hat{\beta}_1+\hat{\beta}_2X-(\hat{\beta}_1+\hat{\beta}_2\overline{X})=\hat{\beta}_2(X-\overline{X})=\hat{\beta}_2\boldsymbol{x}$$

也就是说，可以把 $\hat{\boldsymbol{y}}$ 视为 $\boldsymbol{x}$ 上的 $\hat{\beta}_2$ 倍的比例伸缩。

☆注意☆ $\boldsymbol{x}$、$\boldsymbol{y}$ 都是 $\boldsymbol{X}$、$\boldsymbol{Y}$ 的中心化的结果，是 $n-1$ 维空间中的向量（在有关参数估计的 5.1.6 小节中讲过，由于 $\overline{X}$、$\overline{Y}$ 参与计算会使离差向量 $\boldsymbol{x}=X-\overline{X}$ 和 $\boldsymbol{y}=Y-\overline{Y}$ 的自由度比样本个数少一）。

而残差向量 $e=Y-\hat{Y}=(Y-\overline{Y})-(\hat{Y}-\overline{Y})=y-\hat{\boldsymbol{y}}$。也就是说，向量 $\boldsymbol{y}$、$\hat{\boldsymbol{y}}$、$\boldsymbol{e}$ 三者之间的关系构成一个三角形的关系，可如图 9.1.3 所示。

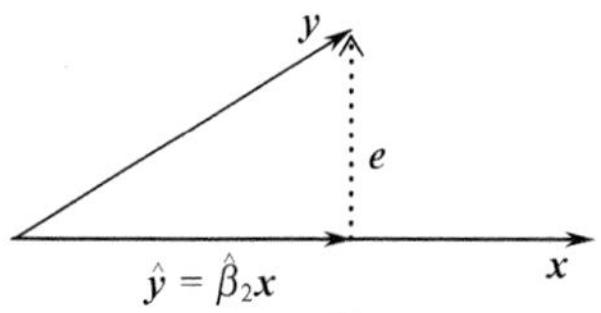

图 9.1.3 普通最小二乘法的几何解释

由于在估计参数 $\hat{\beta}_1$，$\hat{\beta}_2$ 时，目标是使 Q（即 $\sum e_i^2$，也就是向量 $\boldsymbol{e}$ 的模长）极小，也就是使图中 $\boldsymbol{e}$ 长度最小。而要使 $\boldsymbol{e}$ 的长度 $\|\boldsymbol{e}\|$ 尽可能小，等价于在图 9.1.3 中使 $\boldsymbol{e}\perp\boldsymbol{x}$。或者说，$\hat{\boldsymbol{y}}$ 的长度应当是 $\boldsymbol{y}$ 在 $\boldsymbol{x}$ 上的投影长度。

这就是线性回归的几何解释。

事实上，由 $\hat{\boldsymbol{y}}=\hat{\beta}_2\boldsymbol{x}$，可知：

$$\|\hat{\boldsymbol{y}}\|=\hat{\beta}_2\|\boldsymbol{x}\|$$

把 $\hat{\beta}_2$ 的计算的另一种表达 $\hat{\beta}_2=\dfrac{\langle \boldsymbol{x},\boldsymbol{y}\rangle}{\|\boldsymbol{x}\|\times\|\boldsymbol{x}\|}$代入上式，就得到：

$$\|\hat{\boldsymbol{y}}\|=\hat{\beta}_2\|\boldsymbol{x}\|=\frac{\langle \boldsymbol{x},\boldsymbol{y}\rangle}{\|\boldsymbol{x}\|}=\langle\frac{\boldsymbol{x}}{\|\boldsymbol{x}\|},\boldsymbol{y}\rangle$$

刚好是 $\boldsymbol{y}$ 在 $\boldsymbol{x}$ 上的投影长度（等于 $\boldsymbol{y}$ 与 $\boldsymbol{x}$ 上的单位向量的内积）。

☆注意☆　$\boldsymbol{e}\perp\boldsymbol{x}$，等价于：内积$\langle \boldsymbol{e},\boldsymbol{x}\rangle=0$，

等价于：$\boldsymbol{e}^{\mathrm{T}}\boldsymbol{x}=0$（向量表达），

等价于：$\sum e_i x_i=0$（代数表达）。

2. 几何解释的延伸

若初始模型（不含常数项）为 $Y=\beta X+u$，令

$$\boldsymbol{Y}=(Y_1,Y_2,\cdots,Y_n)^{\mathrm{T}}$$
$$\boldsymbol{X}=(X_1,X_2,\cdots,X_n)^{\mathrm{T}}$$
$$\boldsymbol{u}=(u_1,u_2,\cdots,u_n)^{\mathrm{T}}$$

则，用向量和矩阵方式可以把初始模型表达为

$$\boldsymbol{Y}=\boldsymbol{X}\beta+\boldsymbol{u}$$

设已经估计出 $\hat{\beta}$，于是有 $\boldsymbol{Y}=\boldsymbol{X}\hat{\beta}$，从而有

$$\boldsymbol{Y}-\hat{\boldsymbol{Y}}=\boldsymbol{e}$$
$$\boldsymbol{Y}=\hat{\boldsymbol{Y}}+\boldsymbol{e}=\boldsymbol{X}\hat{\beta}+\boldsymbol{e}$$

等号两边同时左乘$(\boldsymbol{X}^{\mathrm{T}}\boldsymbol{X})^{-1}\boldsymbol{X}^{\mathrm{T}}$，得到

$$\hat{\beta}=(\boldsymbol{X}^{\mathrm{T}}\boldsymbol{X})^{-1}\boldsymbol{X}^{\mathrm{T}}\boldsymbol{Y}-(\boldsymbol{X}^{\mathrm{T}}\boldsymbol{X})^{-1}\boldsymbol{X}^{\mathrm{T}}\boldsymbol{e}$$

由于

$$\boldsymbol{e}\perp\boldsymbol{X}$$

所以，$\boldsymbol{X}^{\mathrm{T}}\boldsymbol{e}$ 等于 0，所以

$$\hat{\beta}=(\boldsymbol{X}^{\mathrm{T}}\boldsymbol{X})^{-1}\boldsymbol{X}^{\mathrm{T}}\boldsymbol{Y}$$

这就是普通最小二乘法的计算公式。这是需要记住的。

对代入样本后的模型 $\boldsymbol{Y}=\boldsymbol{X}\beta+\boldsymbol{u}$ 的等号两边，同时左乘$(\boldsymbol{X}^{\mathrm{T}}\boldsymbol{X})^{-1}\boldsymbol{X}^{\mathrm{T}}$，得到

$$\begin{aligned}\beta&=(\boldsymbol{X}^{\mathrm{T}}\boldsymbol{X})^{-1}\boldsymbol{X}^{\mathrm{T}}\boldsymbol{Y}-(\boldsymbol{X}^{\mathrm{T}}\boldsymbol{X})^{-1}\boldsymbol{X}^{\mathrm{T}}\boldsymbol{u}\\&=\hat{\beta}-(\boldsymbol{X}^{\mathrm{T}}\boldsymbol{X})^{-1}\boldsymbol{X}^{\mathrm{T}}\boldsymbol{u}\end{aligned}$$

从而

$$\hat{\beta}=\beta+(\boldsymbol{X}^{\mathrm{T}}\boldsymbol{X})^{-1}\boldsymbol{X}^{\mathrm{T}}\boldsymbol{u}$$

由高斯假设的第(6)条 $E(X_iu_j)=0$（这个假设可以用向量表达为 $\boldsymbol{E}[\boldsymbol{X}^{\mathrm{T}}\boldsymbol{u}]=$

0)，对上式两边求均值，得

$$\begin{aligned} E(\hat{\beta}) &= \beta + \boldsymbol{E}[(\boldsymbol{X}^{\mathrm{T}}\boldsymbol{X})^{-1}\boldsymbol{X}^{\mathrm{T}}\boldsymbol{u}] \\ &= \beta + (\boldsymbol{X}^{\mathrm{T}}\boldsymbol{X})^{-1}\boldsymbol{E}[\boldsymbol{X}^{\mathrm{T}}\boldsymbol{u}] \\ &= \beta + 0 \end{aligned}$$

这表明 $\hat{\beta}$ 是 β 的无偏估计量。

线性回归的几何解释

向量 $\boldsymbol{y}$、$\boldsymbol{e}$、$\hat{\boldsymbol{y}}$ 三者构成一个直角三角形，$\boldsymbol{y}$ 为斜边，$\boldsymbol{e}$、$\hat{\boldsymbol{y}}$ 为直角边。

线性回归的几何解释有着广泛的用途，它可以用来理解公式、记忆公式、简洁地推导公式，简洁地引导出问题的性质，使问题大大简化。我们将在后面的研究、讨论中，反复地依靠这一方式。

9.2　多元线性回归

本节研究一个被解释变量（因变量），多个解释变量（自变量）的线性模型，即

$$Y = \beta_1 + \beta_2 X_2 + \cdots + \beta_k X_k + u$$

9.2.1　基本假设（多元回归的高斯假设）

(1) $\boldsymbol{u}$ 为随机向量。

(2) $E(\boldsymbol{u})=0$。

(3) $\mathrm{Cov}(\boldsymbol{u})=E(\boldsymbol{u}\,\boldsymbol{u}^{\mathrm{T}})=\sigma_u^2\boldsymbol{I}_n$。

它实质上包括两条假设：一是不存在序列相关，即 $i\neq j$ 时，$\mathrm{Cov}(u_i,u_j)=E(u_iu_j)=0$；二是具有同方差性（齐次方差性），即 $\mathrm{Var}(u_i)=\sigma_u^2$。

(4) $\boldsymbol{u}\sim N(\boldsymbol{0},\sigma_u^2\boldsymbol{I}_n)$

(5) $E(\boldsymbol{X}^{\mathrm{T}}\boldsymbol{u})=\boldsymbol{0}$，或者，$\boldsymbol{X}$ 为确定矩阵

$$X = \begin{pmatrix} 1 & X_{12} & \cdots & X_{1k} \\ 1 & X_{22} & \cdots & X_{2k} \\ \vdots & \vdots & & \vdots \\ 1 & X_{n2} & \cdots & X_{nk} \end{pmatrix}$$

由于 $k<n$，所以 $\boldsymbol{X}$ 是高矩阵。

(6) 秩 $\rho(\boldsymbol{X})=k$，$(k<n)$。

由假设(6)，可以证明，$\boldsymbol{X}^{\mathrm{T}}\boldsymbol{X}$ 正定（当然非奇异，即逆矩阵存在），$\boldsymbol{X}\boldsymbol{X}^{\mathrm{T}}$ 半正定。此结论将在今后用到。

(复习:若对于任意非0向量 $\boldsymbol{\xi}$ 和对称矩阵 $\boldsymbol{C}$,都有 $\boldsymbol{\xi}^{\mathrm{T}}\boldsymbol{C}\boldsymbol{\xi}>0$,则称矩阵 $\boldsymbol{C}$ 是正定的。)

其他假设:

(7) 行列式 $|\boldsymbol{X}^{\mathrm{T}}\boldsymbol{X}|$ 远离零。

多元线性回归的高斯假设:

对模型 $Y=\beta_1+\beta_2X_2+\cdots+\beta_kX_k+u$,样本容量为 n,$k<n$,假设:

1. $\boldsymbol{u}$ 为随机量
2. $E(\boldsymbol{u})=\boldsymbol{0}$
3. $\mathrm{Cov}(\boldsymbol{u})=E(\boldsymbol{u}\boldsymbol{u}^{\mathrm{T}})=\sigma_u^2\boldsymbol{I}_n$
4. $\boldsymbol{u}\sim N(\boldsymbol{0},\sigma_u^2\boldsymbol{I}_n)$
5. $E(\boldsymbol{X}^{\mathrm{T}}\boldsymbol{u})=\boldsymbol{0}$,或者,$\boldsymbol{X}$ 为确定矩阵
6. 秩 $\rho(\boldsymbol{X})=k$,$(k<n)$

由假设(6),有 $\boldsymbol{X}^{\mathrm{T}}\boldsymbol{X}$ 正定,$\boldsymbol{X}\boldsymbol{X}^{\mathrm{T}}$ 半正定。

其他假设:

7. 行列式 $|\boldsymbol{X}^{\mathrm{T}}\boldsymbol{X}|$ 远离零。

9.2.2 普通最小二乘法估计式

在模型中,代入样本观察值之后,可得

$$\begin{pmatrix}Y_1\\ \vdots\\ Y_n\end{pmatrix}=\beta_1\begin{pmatrix}1\\ \vdots\\ 1\end{pmatrix}+\beta_2\begin{pmatrix}X_{12}\\ \vdots\\ X_{n2}\end{pmatrix}+\cdots+\beta_k\begin{pmatrix}X_{1k}\\ \vdots\\ X_{nk}\end{pmatrix}+\begin{pmatrix}u_1\\ \vdots\\ u_n\end{pmatrix}$$

此式也可用向量、矩阵方式表达为

$$\boldsymbol{Y}=\boldsymbol{X}\boldsymbol{\beta}+\boldsymbol{u}$$

式中,$\boldsymbol{X}$ 是 $n\times k$ 阶矩阵,其构成已经在10.2.1小节中说明。

$$\boldsymbol{Y}=(Y_1,Y_2,\cdots,Y_n)^{\mathrm{T}}$$

$$\boldsymbol{u}=(u_1,u_2,\cdots,u_n)^{\mathrm{T}}$$

$$\boldsymbol{\beta}=(\beta_1,\beta_2,\cdots,\beta_k)^{\mathrm{T}}$$

若估计出 $\hat{\boldsymbol{\beta}}=(\hat{\beta}_1,\hat{\beta}_2,\cdots,\hat{\beta}_k)^{\mathrm{T}}$,则有 $\hat{\boldsymbol{Y}}=\boldsymbol{X}\hat{\boldsymbol{\beta}}$,所以

$$\boldsymbol{Y}-\hat{\boldsymbol{Y}}=\boldsymbol{e}$$

于是有

$$\boldsymbol{Y}=\hat{\boldsymbol{Y}}+\boldsymbol{e}=\boldsymbol{X}\hat{\boldsymbol{\beta}}+\boldsymbol{e}$$

两边左乘 $\boldsymbol{X}^{\mathrm{T}}$,得

$$\boldsymbol{X}^{\mathrm{T}}\boldsymbol{Y} = \boldsymbol{X}^{\mathrm{T}}\boldsymbol{X}\hat{\boldsymbol{\beta}} + \boldsymbol{X}^{\mathrm{T}}\boldsymbol{e}$$

由最小二乘的几何解释 $\boldsymbol{X} \perp \boldsymbol{e}$，故而上式中 $\boldsymbol{X}^{\mathrm{T}}\boldsymbol{e}=0$，所以可以求出 $\hat{\boldsymbol{\beta}}$ 如下：

$$\hat{\boldsymbol{\beta}} = (\boldsymbol{X}^{\mathrm{T}}\boldsymbol{X})^{-1}\boldsymbol{X}^{\mathrm{T}}\boldsymbol{Y}$$

这就是普通最小二乘法估计系数的公式。应当记住这个公式。

9.2.3　用普通最小二乘法(OLS)所得的 $\hat{\boldsymbol{\beta}}$ 的性质

高斯-马尔柯夫定理：在模型的基本假设(不要求“u 服从正态分布”的假设，参见：Intriligtor M D. 1978. 第 107～109 页)满足的情况下，普通最小二乘法的估计值 $\hat{\boldsymbol{\beta}}$ 是最优的(Best，指具有最小方差性)、线性的(Linear)、无偏的(Unbiased)估计值(Estimator)，所以又称之为 BLUE 定理。若当 $n\to\infty$ 时，$\frac{1}{n}\boldsymbol{X}^{\mathrm{T}}\boldsymbol{X}$ 收敛于非奇异矩阵(当然是有限矩阵)，则普通最小二乘法估计值是一致的估计值，即还有下式成立：

$$\lim_{n\to\infty}\mathrm{Cov}(\hat{\boldsymbol{\beta}}) = 0$$

9.2.4　$\hat{\boldsymbol{\beta}}$ 的方差及分布

$$\mathrm{Cov}(\hat{\boldsymbol{\beta}}) = \sigma_u^2(\boldsymbol{X}^{\mathrm{T}}\boldsymbol{X})^{-1}$$

$$\mathrm{Var}(\hat{\beta}_j) = \sigma_u^2(\boldsymbol{X}^{\mathrm{T}}\boldsymbol{X})_{jj}^{-1}$$

$(\boldsymbol{X}^{\mathrm{T}}\boldsymbol{X})_{jj}^{-1}$ 表示矩阵 $(\boldsymbol{X}^{\mathrm{T}}\boldsymbol{X})^{-1}$ 的对角线元素，简记为 c_{jj}。$j=1,2,\cdots,k$。

所以，$\mathrm{Var}(\hat{\beta}_j)=\sigma_u^2 c_{jj}$，即 $\hat{\sigma}_{\hat{\beta}_j}=\hat{\sigma}_u\sqrt{c_{jj}}$

可以证明：

(1) $\hat{\beta}_j$ 服从 $N(\beta_j,\sigma_u^2 c_{jj})$ 分布。

(2) $\dfrac{\hat{\beta}_j^2}{(\sigma_u^2 c_{jj})}$ 服从 $\chi^2(1)$ 分布。

9.2.5　干扰项方差的无偏估计

得到回归系数后，就可以得到 Y 的计算值如下：

$$\hat{Y} = \hat{\beta}_1 + \hat{\beta}_2 X_2 + \cdots + \hat{\beta}_k X_k$$

从而有残差值 e_i

$$e_i = Y_i - \hat{Y}_i$$

向量 $\boldsymbol{e}$ 由 e_i 组成，$\sum_{i=1}^{n} e_i^2$ (即 $\|\boldsymbol{e}\|^2$)称为残差平方和，又记为 Q。

$$\hat{\sigma}_u^2 = \frac{\boldsymbol{e}^{\mathrm{T}}\boldsymbol{e}}{n-k}$$

为 σ_u^2 的无偏估计量。

9.2.6 判定系数 R^2(Coefficient of Determination)

R^2 称为判定系数,它反映了回归效果的好坏,其定义可从线性回归的几何解释中引出。

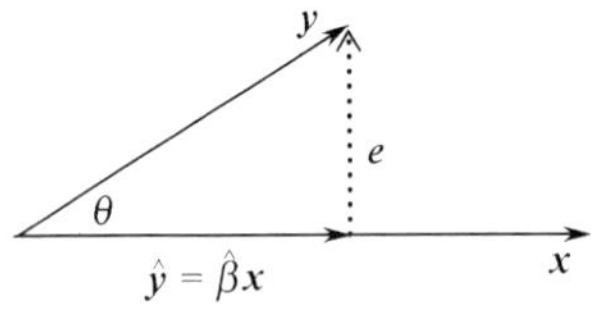

图 9.2.1 多元回归的几何解释

多元回归的几何解释的图形(见图 10.2.1)与一元回归的几何解释的图形完全相同,只是其横坐标 x 不再表示一个变量,而是表示 $k-1$ 个变量(想像为压缩到了一个轴上)。

判定系数 R^2 的定义如下:

$$R^2 = \frac{\|\hat{\boldsymbol{y}}\|^2}{\|\boldsymbol{y}\|^2} = \cos^2\theta$$

式中小写字母与大写字母的关系:$x_{ij}=X_{ij}-\bar{X}_j$,$y_j=Y_i-\bar{Y}$,$\hat{y}_i=\hat{Y}_i-\bar{Y}$。其经济意义是,已解释变差(又称回归平方和)占总变差(又称总平方和)的百分比①。

回归平方和 $\|\hat{\boldsymbol{y}}\|^2$ 又记为 U。

R^2 的另一种表达:

$$R^2 = \frac{\|\hat{\boldsymbol{y}}\|^2}{\|\boldsymbol{y}\|^2} = \frac{\|\boldsymbol{y}\|^2 - \|\boldsymbol{e}\|^2}{\|\boldsymbol{y}\|^2} = 1 - \frac{\|\boldsymbol{e}\|^2}{\|\boldsymbol{y}\|^2} = 1 - \frac{\sum_{i=1}^{n} e_i^2}{\sum_{i=1}^{n} y_i^2}$$

R^2 反映出总体回归效果,越接近于 1 越好。

R 被称为复相关系数(Multiple Correlation Coefficient)。

9.2.7 回归效果的 F 检验

检验回归效果的 F 统计量的定义式是

$$F = \frac{\text{已解释方差}}{\text{未解释方差}} = \frac{\|\hat{\boldsymbol{y}}\|^2/(k-1)}{\|\boldsymbol{e}\|^2/(n-k)}$$,服从 $F(k-1,n-k)$ 分布

F 越大越好。当计算出的统计值 $f > f_\alpha(k-1,n-k)$,就表示回归效果是好的,在 α 水平上,已解释方差(Y 的变化中已经解释的部分)明显大于未解释方差(Y 的变化中尚未解释的部分)。

---

① $\|\boldsymbol{y}\| = \sqrt{y_1^2+\cdots+y_n^2}$,表示向量 $\boldsymbol{y}$ 的模长

9.2.8　F 与 R^2 的关系

F 统计值与 R^2 的统计值的关系，可以从下式的推演中看到

$$F=\frac{\|\hat{\boldsymbol{y}}\|^2/\|\boldsymbol{y}\|^2}{\|\boldsymbol{e}\|^2/\|\boldsymbol{y}\|^2}\cdot\frac{n-k}{k-1}=\frac{n-k}{k-1}\cdot\frac{R^2}{1-R^2}$$

推演中用到勾股定理：$\|\boldsymbol{e}\|^2=\|\boldsymbol{y}\|^2-\|\hat{\boldsymbol{y}}\|^2$（参见图 9.2.1）。

9.2.9　校正的判定系数（Adjusted R^2）

统计量 R^2 中不含有自由度。所谓校正的判定系数，是指“考虑了自由度的判定系数 R^2_{adj}”。其定义如下：

$$R^2_{\text{adj}}=1-\frac{\|\boldsymbol{e}\|^2/(n-k)}{\|\boldsymbol{y}\|^2/(n-1)}=1-(1-R^2)\frac{n-1}{n-k}$$

R^2_{adj} 剔除了自由度的影响。

9.2.10　回归系数的 T 检验

假设 $H_0:\beta_j=0$；

备择假设 $H_1:\beta_j\neq0$（H_0 不成立）。

用统计量：$t=\dfrac{\hat{\beta}_j-\beta_j}{\hat{\sigma}_{\hat{\beta}_j}}$ 服从 $t(n-k)$，可以完成上述假设检验。

当 $|t|>t_{\frac{\alpha}{2}}(n-k)$ 时，或者，t 的显著性概率 p 小于 α 时，H_1 成立，即 β_j 显著异于 0。

（$n\geqslant5$ 时，若取 $\alpha=0.05$，则当 $|t|>2$ 时，有 H_1 成立，即 β_j 显著异于 0）

针对回归系数的 t 统计量的显著性检验，决定了相应的变量能否作为解释变量进入回归方程。

9.2.11　回归系数的置信区间

给定一置信水平 α，区间 $(\hat{\beta}-\hat{\sigma}_{\hat{\beta}}\cdot t_{\alpha/2}(n-k),\hat{\beta}+\hat{\sigma}_{\hat{\beta}}\cdot t_{\alpha/2})$ 为 α 水平上的置信区间。

例如，$\alpha=0.05$，则

$$p\left\{-t_{0.025}(n-k)<\frac{\hat{\beta}-\beta}{\hat{\sigma}_{\hat{\beta}}}<t_{0.025}(n-k)\right\}=0.95$$

即

$$P(\hat{\beta}-\hat{\sigma}_{\hat{\beta}}\cdot t_{0.025}(n-k)<\beta<\hat{\beta}+\hat{\sigma}_{\hat{\beta}}\cdot t_{0.025}(n-k))=0.95$$

线性多元回归中的几个重要的统计量

请注意这几个统计量在几何解释的直角三角形的位置：

$$R^2=\frac{\|\hat{y}\|^2}{\|y\|^2}\qquad F=\frac{\text{已解释方差}}{\text{未解释方差}}=\frac{\|\hat{y}\|^2/(k-1)}{\|e\|^2/(n-k)}$$

$$t=\frac{\hat{\beta}_j-\beta_j}{\hat{\sigma}_{\hat{\beta}_j}}\text{ 服从 }t(n-k),\hat{\sigma}_{\hat{\beta}_j}=\hat{\sigma}_u\sqrt{c_{jj}},c_{jj}=(X^{\mathrm{T}}X)^{-1}_{jj}$$

9.2.12 偏相关系数的另一种几何解释

定义：偏相关系数是在其他变量保持不变的情况下，任意两个变量之间的相关系数。

例如：已知 $Y=\beta_1+\beta_2X_2+\cdots+\beta_kX_k+u$，偏相关系数 $r_{YX_2,X_3,\cdots,X_k}$ 表示排除 $X_3,\cdots,X_k$ 影响后的 Y 和 X_2 之间的相关关系，其计算过程如下：

(1) 求中心化数据 $\mathbf{y}$ 对中心化数据 $x_3,\cdots,x_k$ 的 OLS 估计值：

$$\hat{y}'_i=\hat{\beta}'_3x_{i3}+\cdots+\hat{\beta}'_kx_{ik}$$

要求出上式结果，需经两个步骤：

① 用中心化数据 $\mathbf{y}$ 对中心化数据 $x_3,\cdots,x_k$ 回归，求出回归系数 $\hat{\beta}'_3,\cdots,\hat{\beta}'_k$。

② 依托已经求出的回归系数 $\hat{\beta}'_3,\cdots,\hat{\beta}'_k$ 和由样本值得到的中心化数据，计算 $\hat{y}'_i$。

(2) 令 $y_i^*=y_i-\hat{y}'_i$（从 y_i 中剔除 $x_3,\cdots,x_k$ 的影响）。

(3) 求 x_2 对 $x_3,\cdots,x_k$ 的最小二乘估计值：$\hat{x}'_{i2}=\hat{\gamma}_3x_{i3}+\cdots+\hat{\gamma}_kx_{ik}$。

要求出上式结果，同样需经两个步骤：先用 x_2 对 $x_3,\cdots,x_k$ 回归，求出回归系数 $\hat{\gamma}_3,\cdots,\hat{\gamma}_k$，然后求出 $\hat{x}'_{i2}$。

(4) 令 $x_{i2}^*=x_{i2}-\hat{x}'_{i2}$（从 x_{i2} 中剔除 $x_3,\cdots,x_k$ 的影响）。

(5) 求得偏相关系数如下：

$$r_{YX_2,X_3,\cdots,X_k}=\frac{\sum_i y_i^*\cdot x_{i2}^*}{\sqrt{\sum_i y_i^{*2}}\cdot\sqrt{\sum_i x_{i2}^{*2}}}$$

偏相关系数的几何解释：在下图中，偏相关系数是图中 θ 角的余弦：$r_{YX_2,X_3,\cdots,X_k}=\cos\theta$（见图 9.2.2 和图 9.2.3）。

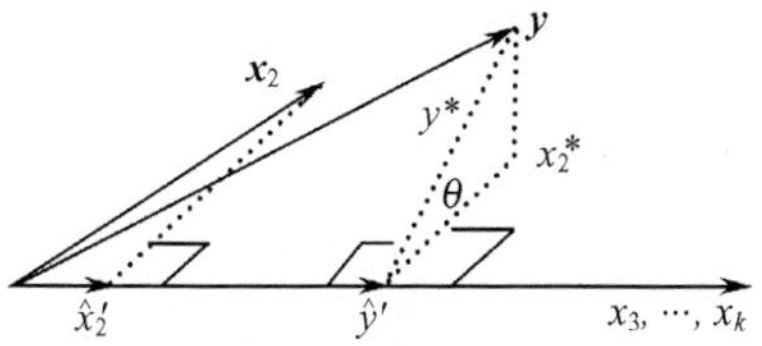

图 9.2.2　偏相关系数的几何解释

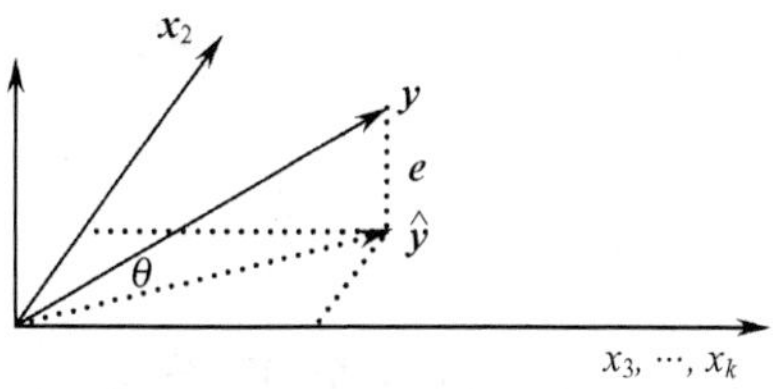

图 9.2.3　复相关系数的又一种几何解释

☆注意☆　图中，$x_2^* = x_2 - \hat{x}_2'$，已经从图中左边的虚线，平移到右边的虚线。

9.2.13　复相关系数的另一种几何解释

图 9.2.3 给出了对 $Y=\beta_1+\beta_2X_2+\cdots+\beta_kX_k+u$ 做回归的几何解释。离差向量 $\mathbf{y}$ 在 $x_2,x_3,\cdots,x_k$ 上投影向量 $\hat{\mathbf{y}}$，就是回归向量 $\hat{\beta}_2x_2+\hat{\beta}_3x_3+\cdots+\hat{\beta}_kx_k$。所以，复相关系数 R 是图中 y 与其投影向量 $\hat{\mathbf{y}}$ 的夹角 θ 的余弦。或者说，判定系数是该余弦的平方。

$$R^2=\frac{\|\hat{\mathbf{y}}\|^2}{\|\mathbf{y}\|^2}=\cos^2\theta$$

9.2.14　标准回归系数(Standardized Regression Coefficient)

在上述回归方程中，自变量的单位(例如元、百元、千元、万元等)对回归系数的数量级有很大的影响。为了从回归系数的大小中，简单比较相应的自变量对因变量的作用大小，就应当剔除自变量的单位的影响。一种经典的处理方法是把所有变量标准化。

所谓标准化是指对变量 $Y,X_2,\cdots,X_k$ 进行如下处理：

$$x_j=\frac{X_j-\overline{X}_j}{S_j},\quad y=\frac{Y-\overline{Y}}{S_Y}$$

式中，$S_j=\sqrt{\frac{1}{n-1}\sum_i(X_{ij}-\overline{X}_j)^2}$，$S_Y=\sqrt{\frac{1}{n-1}\sum_i(Y_i-\overline{Y})^2}$，

于是，原始方程：

$$Y=\beta_1+\beta_2X_2+\cdots+\beta_kX_k+u$$

就转化为标准方程：

$$y=\beta_2x_2+\cdots+\beta_kx_k+\nu$$

在 SPSS 中，所谓标准回归系数，就是指这一方程的回归系数。

9.3 逐步回归

9.3.1 回归系数的 F 检验

检验回归系数 β_j 是否显著异于 0,除了 t 检验外,还有针对回归系数(而不是针对总体回归效果)的 F 检验。

零假设 $H_0:\beta_j=0$;备择假设 $H_1:\beta_j\neq0$(H_0 不成立)。可以证明,$\frac{\hat{\beta}_j^2}{\sigma_u^2 c_{jj}}$ 服从 $\chi^2(1)$分布,且与$\frac{Q}{\sigma_u^2}$(也服从 χ^2 分布)相互独立。若再记,$V_j=\frac{\hat{\beta}_j^2}{c_{jj}}$,则有

$$F_j=\frac{(n-k)V_j}{Q}\text{ 服从 }F(1,n-k)\text{ 分布}$$

把 F_j 的显著性概率 p 与置信度水平 α 比较,就可以判断一个变量 x_j 是否应当成为自变量:例如,$\alpha=0.05$ 时,

$p>0.05$,接受 H_0,β_j 与 0 没有显著差异,x_j 不应成为自变量。

$p<0.05$,拒绝 H_0,β_j 与 0 有显著差异,x_j 应成为自变量。

9.3.2 偏解释变差(偏回归平方和)

在一个回归方程中,当把 x_j 从自变量的队伍中删除以后,我们可以得到一组新的回归系数的估计值:$\hat{\beta}_1^*,\hat{\beta}_2^*,\cdots,\hat{\beta}_{j-1}^*,\hat{\beta}_{j+1}^*,\cdots,\hat{\beta}_k^*$(注意:下标不包含 j),从而得到 Y 的新的计算值:$\hat{Y}^*=\hat{\beta}_1^*+\hat{\beta}_2^*X_2+\cdots+\hat{\beta}_k^*X_k$(注意:下标不包含 j)。

如果用小写的 $\boldsymbol{y},\boldsymbol{x}$ 表示中心化的数据,就有 $\hat{\boldsymbol{y}}^*=\hat{\beta}_2^*x_2+\cdots+\hat{\beta}_k^*x_k$(注:下标不包含 j)。

这时$\|\hat{\boldsymbol{y}}^*\|^2$ 是新的(在自变量中不含 x_j 的)已解释变差(新的回归平方和)。

☆注意☆ $\|\hat{\boldsymbol{y}}\|^2$ 是原来的(自变量中包含 x_j 的)已解释变差(原回归平方和)。

可以肯定地说,在自变量中删除一个变量之后,已解释变差只可能变小(在被删除的解释变量多少有一点解释作用的情况下,已解释变差会变小),或者已解释变差不变(在被删除的解释变量没有一点解释作用的情况下,已解释变差不变),即$\|\hat{\boldsymbol{y}}\|^2\geqslant\|\hat{\boldsymbol{y}}^*\|^2$。于是,$\|\hat{\boldsymbol{y}}\|^2-\|\hat{\boldsymbol{y}}^*\|^2$ 就是 x_j 对已解释变差(回归平方和)的贡献,因此,称$\|\hat{\boldsymbol{y}}\|^2-\|\hat{\boldsymbol{y}}^*\|^2$ 为 x_j 的偏解释变差(偏回归平方和)。

可以证明,$V_j=\frac{\hat{\beta}_j^2}{c_{jj}}=\|\hat{\boldsymbol{y}}\|^2-\|\hat{\boldsymbol{y}}^*\|^2$,也就是说,$V_j$ 就是 x_j 的偏解释变差(偏回归平方和)。

从残差(或未解释变差的)角度来考虑:在自变量中删除一个变量之后,未解释变差只可能变大(或者不变)。

若记,$\|\boldsymbol{e}^*\|^2$ 是从自变量中删除变量 x_j 之后的未解释变差,那么,就有

$$\|\boldsymbol{e}\|^2 \leqslant \|\boldsymbol{e}^*\|^2$$

可以证明,$\|\boldsymbol{e}^*\|^2-\|\boldsymbol{e}\|^2=V_j$。而 $V_j=\dfrac{\hat{\beta}_j^2}{c_{jj}}=\|\hat{\boldsymbol{y}}\|^2-\|\hat{\boldsymbol{y}}^*\|^2$,也就是说,在删除变量 x_j 之后的未解释变差的增加量,刚好等于已解释变差的减少量,刚好等于 x_j 的偏解释变差(偏回归平方和)。

以上数量关系的几何解释,或者说几何证明如下:

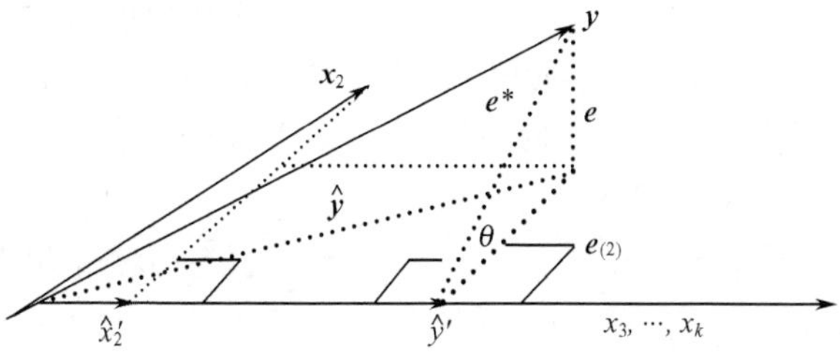

图 9.3.1　偏解释变差的几何解释

图 9.3.1 中,显示 x_2 是从自变量中删除的变量,$\boldsymbol{e}$ 是中心化数据 $\boldsymbol{y}$ 对所有自变量($x_2,\cdots,x_k$)回归的残差向量,$\boldsymbol{e}^*$ 是中心化数据 $\boldsymbol{y}$ 对自变量 $x_3,\cdots,x_k$(剔除了 x_2)回归的残差向量。

从回归平方和(变差)角度考虑,图中,$\|\hat{\boldsymbol{y}}\|^2$ 是中心化数据 $\boldsymbol{y}$ 对所有自变量($x_2,\cdots,x_k$)回归的已解释变差(回归平方和),$\|\hat{\boldsymbol{y}}'\|^2$ 是中心化数据 $\boldsymbol{y}$ 对自变量 $x_3,\cdots,x_k$(剔除了 x_2)回归的已解释变差(新的回归平方和),由勾股定理得:$\|\hat{\boldsymbol{y}}\|^2-\|\hat{\boldsymbol{y}}'\|^2=\|\boldsymbol{e}_{(2)}\|^2$。$\|\boldsymbol{e}_{(2)}\|^2$ 就是已解释变差的减少部分,也就是变量 x_2 的偏解释变差 V_2。

从未解释变差(残差平方和)角度考虑,图中$\|\boldsymbol{e}\|^2$ 是中心化数据 y 对所有自变量($x_2,\cdots,x_k$)回归的未解释变差(残差平方和),$\|\boldsymbol{e}^*\|^2$ 是中心化数据 y 对自变量 $x_3,\cdots,x_k$(剔除了 x_2)回归的未解释变差(残差平方和)。由勾股定理,得$\|\boldsymbol{e}^*\|^2-\|\boldsymbol{e}\|^2=\|\boldsymbol{e}_{(2)}\|^2$。$\|\boldsymbol{e}_{(2)}\|^2$ 就是未解释变差的增加部分,也正是变量 x_2 的偏解释变差 V_2。

由此看来,关于自变量 x_j 的系数 β_j 的 F 检验,其统计量 F_j 可以理解为,x_j 的偏回归方差$\left(\dfrac{\text{偏解释变差}}{\text{自由度}}=\dfrac{\|\boldsymbol{e}_{(j)}\|^2}{1}=\dfrac{V_j}{1}\right)$与未解释方差$\left(\dfrac{\text{未解释变差}}{\text{自由度}}=\dfrac{\|\boldsymbol{e}\|^2}{n-k}\right)$之比,也就是,$F_j=\dfrac{(n-k)V_j}{\|\boldsymbol{e}\|^2}=\dfrac{(n-k)V_j}{Q}$。与 9.3.1 节所给出的 F_j 统计量完全相同。

又一个重要的统计量 F_j（检验系数 β_j 与 0 是否有显著差异）

$F_j=\frac{(n-k)V_j}{Q}=\frac{(n-k)\|e_{(j)}\|^2}{\|e\|^2}$（结合图 9.3.1），服从 $F(1,n-k)$ 分布，其中 $V_j=\frac{\hat{\beta}_j^2}{c_{jj}}$。

9.3.3 逐步回归法

逐步回归法的基本思想是，在考虑 Y 对已知的一群变量（$X_2,\cdots,X_k$）回归时，从变量 $X_2,\cdots,X_k$ 中，逐步选出对已解释变差的贡献（也就是偏解释变差）最大的变量，进入回归方程。而对已解释变差的贡献大小的判别依据，就是包含了偏解释变差的 F 统计量 F_j。统计量 F_j 的值 f_j 最大的 x_j，先进入方程；最后一个进入方程的自变量 x_j，也应当满足：统计量的值 f_j 的显著性概率 p，小于等于选定的显著性水平 α（即要求其系数 β_j 显著异于 0）。

逐步回归法也可以按照反过来的顺序进行。先把 Y 对所有的自变量 $X_2,\cdots,X_k$ 回归，然后，逐步把 f_j 最小的 x_j 剔除出方程，所有剔除出方程的 x_j，在剔除时，其统计量的值 f_j 的显著性概率 p，大于选定的显著性水平 α（即，要求其系数 β_j 与 0 没有显著性差异）。

☆注意☆　逐步添加法或逐步剔除法，都应当强调“逐步”。不能一次按照各个变量的统计量的值 f_j 的显著性概率 p，是否小于等于选定的显著性水平 α，来决定是否作为 Y 的自变量。因为每添加或剔除一个变量，都会引起所有回归系数的变化、统计量的值 f_j 的变化。一次处理，会造成误判。只有逐步处理，才是恰当的。

逐步回归的第三种方法，是一边进、一边出。“进”与“出”的判别准则，通常是不同的。“进”的变量的 f_j 的显著性概率 p 所对照的显著性水平 α_1，通常比“出”的变量的 f_j 的显著性概率 p 所对照的显著性水平 α_2，要小一些，以便变量 X_j 进方程后，不会轻而易举地“出”方程。例如，当新的解释变量进方程后，使 X_j 的统计量 f_j 的显著性概率 p 变为 0.08 了，虽然大于 α_1(0.05)，但是仍然小于出方程的对照水平 α_2(0.10)，没有达到出方程的程度（大于 0.10），从而使更少的变量被剔除出方程，防止变量“进”“出”方程，陷入死循环。

9.4 虚拟解释变量问题

本节讨论自变量（解释变量）为名义级变量和顺序级变量的情形。对于名义级的解释变量，我们分两种情形进行讨论：①解释变量 X 是二值名义级变量；②X 是多值名义级变量。

9.4.1　解释变量是二值名义级变量的情况

假设在所考虑的线性回归方程

$$Y = \beta_1 + \beta_2 X_2 + \cdots + \beta_k X_k + u$$

中,解释变量 X_2 是二值名义级变量(即二值无序分类变量)时,需要把它转化为虚拟变量(Dummy)来处理。

所谓虚拟变量 D,是指当变量 X_2 中一个状态出现时,虚拟变量 D 取值为 0(数字);当 X_2 的另一个状态出现时,虚拟变量 D 取值为 1(数字)。

例如,当解释变量 X_2 表示居住在城市还是在农村时,可以规定

$D=1$,当 X_2 的值为"居住在城市"时

$D=0$,当 X_2 的值为"居住在农村"时

再如,当解释变量 X_2 表示是战争时期还是和平时期的情况下,可以规定

$D=1$,当 X_2 的值为"战争时期"时

$D=0$,当 X_2 的值为"和平时期"时

又如,当解释变量 X_2 表示企业是否通过 ISO9000 时,可以规定

$D=1$,当 X_2 的值为"企业通过 ISO9000"时

$D=0$,当 X_2 的值为"企业未通过 ISO9000"时

在这种情况下的回归方程,就成了

$$Y = \beta_1 + \beta_D D + \beta_3 X_3 + \cdots + \beta_k X_k + u$$

接下去,按照普通线性回归的方法做线性回归就行了。回归系数 β_D 表示虚拟变量 D 从 0 变为 1 时,对因变量 Y 的边际贡献。所谓某自变量的边际贡献(例如变量 D 的边际贡献),就是其他变量不变的情况下,仅该变量(变量 D)增加一个单位对 Y 的变化量的贡献。虚拟变量 D 的边际贡献,也可以解释为:变量 X_2 从对应于 $D=0$ 的状态,变为对应于 $D=1$ 的状态时,对 Y 的边际贡献。对于上面的第一个举例而言,回归系数 β_D 表示 X_2 从被研究对象从"居住在农村"转换为"居住在城市"时,对 Y 的边际贡献。

9.4.2　解释变量是多值名义级变量的情况

假设在所考虑的线性回归方程

$$Y = \beta_1 + \beta_2 X_2 + \cdots + \beta_k X_k + u$$

中,解释变量 X_2 是多值名义级变量(即 X_2 的取值为 3 个或 3 个以上状态)时,也需要设置新的虚拟变量替代原来的解释变量 X_2,作回归分析。例如,表示 3 种激励方案的 X_2,就是多值的名义级自变量(此时的因变量 Y 可以是"工作效率")。表

示 s 种治疗方案的 X，也是多值的名义级变量(此时的因变量 Y 可以是“红血球含量的增加量”)。

虽然我们可以用 1，2，3，4 之类的数字，来表示 X_2 的不同取值，但是实际上，它既没有顺序关系，也不具有可以四则运算的性质，不能把它作为刻度级的变量直接作回归分析，只能把它转化为虚拟变量(dummy)来处理。

如果名义级的解释变量 X_2 的可能取值的个数为 3，就只能设置 2 个虚拟变量。若 X_2 的可能取值的个数是 4，就只能设置 3 个虚拟变量。一般而言，若 X 的可能取值的个数是 s，就只能设置 s-1 个虚拟变量。否则，若设置 s 个虚拟变量，解释变量之间就会出现完全线性相关的问题。

例如，X_2 的可能取值是 a、b、c 三种激励方案，虚拟变量的设置就可以是

$D_1=1$，若 $X_2=a$，

$D_1=0$，若 $X_2\neq a$，

$D_2=1$，若 $X_2=b$，

$D_2=0$，若 $X_2\neq b$，

不可再设置虚拟变量 D_3。

注意，对于需要设置 2 个及以上的虚拟变量来表示一个名义级变量的情况，**虚拟变量之间有联动关系，它们不可能独立变化**。对于本问题而言，有

当 $X_2=a$ 时，$D_1=1$ 同时 $D_2=0$

当 $X_2=b$ 时，$D_1=0$ 同时 $D_2=1$

当 $X_2=c$ 时，$D_1=0$ 同时 $D_2=0$

也就是，虚拟变量 $\boldsymbol{D_1}$、$\boldsymbol{D_2}$ 不可能同时为 **1**(即，X_2 的取值不可能同时为 a 也为 b)，但虚拟变量 $\boldsymbol{D_1}$、$\boldsymbol{D_2}$ 可以同时为 0(对应于 X_2 的取值为 c)。

这种设置虚拟变量的方法，可以用表 9.4.1 表示。

表 9.4.1 原解释变量的取值与虚拟变量的设置

原解释变量 X_2 的取值=	a	b	c
D_1 的取值=	1	0	0
D_2 的取值=	0	1	0

这种设置虚拟变量的方法，被称为以 c 为参照基准的设置方法。只要 X_2 的取值与 c 不同，就可以设置一个虚拟变量。并且，当 c 出现时，所有虚拟变量的值就都为 0。

这时的线性回归方程就转换成了

$$Y=\beta_1+\beta_{D1}D_1+\beta_{D2}D_2+\beta_3X_3+\cdots+\beta_kX_k+u$$

这样，在回归方程中，虚拟变量的系数 β_{D1} 的含义就有了新的内容。不能把 β_{D1} 解释为 X_2 的取值为 a 时，对 Y 的边际贡献，而应当解释为当 X_2 的取值从 $\boldsymbol{c}$(对应

于 $D_1=0$)变为 $\boldsymbol{a}$(对应于 $D_1=1$)时,变量 $\boldsymbol{X}_2$ 对 $\boldsymbol{Y}$ 边际贡献。

问题是,当 X_2 的取值从 b 变为 a 时,虚拟变量 D_1 的取值也从 0 变为 1。为什么不能把 β_{D1} 解释为“X_2 的取值从 $b(D_1=0)$变为 $a(D_1=1)$时,X_2 对 Y 的边际贡献”,而只能解释为“X_2 的取值从 $c(D_1=0)$变为 $a(D_1=1)$时,X_2 对 Y 的边际贡献”?

原因很简单:在线性回归中,所有回归系数的含义都是,当其他变量的值保持不变时,相应变量增加 1,对因变量 Y 的影响(称为“边际贡献”)。在上述问题中,如果 X_2 的取值从 b 变为 a,虽然虚拟变量 D_1 的取值从 0 变为 1 了,但由于虚拟变量之间的联动性,与此同时,虚拟变量 D_2 就必然从 1(对应于 $X_2=b$)变为 0(对应于 $X_2=a$)了。也就是说,在 $D_2=1$ 时(对应于 $X_2=b$),不可能在“其他变量的值保持不变(包含 $D_2=1$ 保持不变)”的情况下,D_1 的取值从 0 变为 1。如果硬要使“其他变量的值保持不变(包含 $D_2=1$ 保持不变)”,使 D_1 从 0 变为 1,就出现了 D_1、D_2 同时为 1 的情况,而这是不可能的。

所以,在线性回归中,某个虚拟变量的系数(例如 D_1 的系数 β_{D1})只能表示,从所有虚拟变量(产生于一个原始变量的虚拟变量)为 0 的状态,变为该虚拟变量(例如 D_1)从 0 变为 1 时,对 Y 的边际贡献。相对于原始变量(X_2)而言,就是原始变量的取值从参照基准($X_2=c$ 的状况),变为相应的某个非参照基准状况($X_2=a$)时,相应虚拟变量(D_1)对 Y 的边际贡献。

9.4.3 解释变量是顺序变量的情况

在管理科学和其他社会科学的研究中,顺序级的自变量是经常遇到的,例如,收入的等级(由于是回忆性的问题,采用“等级”对答要比精确回答容易得多)、受教育的等级、受欢迎程度的等级等。相应的变量被称为顺序级的变量。我们已经非常清楚,尽管我们可以用数字 1,2,3,… 等来表示不同的等级,但是这些数字之间只有比较大小的顺序关系,不能做加减运算,也不能做乘除运算。在线性回归分析中,如何处理这样的变量呢?

抽象地说,有两种处理方法:一是“进”,把它作为刻度级的变量来处理;二是“退”,把它作为名义级的变量来处理(也就是转化为虚拟变量来作回归分析)。究竟应当是“进”还是“退”呢?首先要看顺序级变量背后是否能够找到刻度级的量,以及这个刻度级的量与顺序级变量的等级之间的关系。

一般说来,在顺序级变量的背后,都可以找到某种刻度级的含义。例如,“收入的等级”的背后是收入的货币量,“受教育的等级”背后的刻度级的量可以是每个等级的受教育年限,“受欢迎程度的等级”背后的刻度级的量,似乎难找,其实可以用“受欢迎的比例(所考察人群中的受欢迎的比例)”作为这个等级变量背后支撑这个等级的刻度级的量。

如果顺序级变量背后的刻度级的量，在顺序级变量的各个等级上的区间跨度大致是相同的，通常可以把这个顺序级的变量的等级“作为”刻度级的量来处理(在回归分析中，作为刻度级的自变量来处理)，也就是，回归方程的形式不变：

$$Y = \beta_1 + \beta_2 X_2 + \cdots + \beta_k X_k + u$$

如果这个顺序变量的回归系数显著异于0，那么它就有着非常清晰的含义：当其他自变量保持不变时，这个顺序级自变量每增加一个等级(也就是其背后的刻度级的量每增加一个同样的区间跨度)对 Y 的边际贡献。

如果顺序级变量背后的这个刻度级的量，在顺序级变量的各个等级上的区间跨度相差很大，就不宜把这个顺序级的变量的等级“作为”刻度级的量来处理。而应当考虑“退”的处理方式，转化为虚拟变量来处理。如果强行按照刻度级的量来处理，即便回归效果是好的(这个顺序级变量的系数显著异于0)，所得到的回归系数的实际意义也是不确切的：虽然这个顺序级自变量的系数仍然是(在其他自变量不变的情况下)这个顺序变量每增加一个等级，对 Y 的(平均的)边际贡献，但是对于其背后的刻度级的量而言，已经处于混乱状况，不知道是增加多大的区间跨度，才产生了这样的对 Y 的边际贡献。

这种处理顺序级自变量的准则，是非常有用的。

以下两个顺序级变量的例子，一个适合于“进”，一个适合于“退”。

按照如下单问题量表(表9.4.2)所得到的顺序级变量“农村家庭年人均收入等级”，就是可以直接作为自变量进入回归方程的顺序级变量。

表9.4.2　农村家庭人均收入调查表A

家庭年人均收入	0～2千元(含2千元，下同)	高于2千元、低于4千元(含4千元，下同)	高于4千元、低于6千元	高于6千元、低于8千元	高于8千元、低于1万元	高于1万元、低于1万2千元	高于1万2千元
等级	1	2	3	4	5	6	7

这个变量进入回归方程后，所得到的该变量的回归系数就有清晰的实际含义：在其他自变量不变的情况下，该顺序级变量每增加一个等级(农村家庭年人均收入每增加2千元)，对 Y 的边际贡献。

但是，按照如下单问题量表(表9.4.3)所得到的顺序级变量，就不宜直接作为刻度级的变量进入回归方程(通常应转变为一组虚拟变量来处理)：

表 9.4.3　农村家庭人均收入调查表 B

家庭年人均收入	0 至 1 千元(含 1 千元,下同)	高于 1 千元、低于 3 千元(含 3 千元,下同)	高于 3 千元、低于 6 千元	高于 6 千元、低于 1 万元	高于 1 万元、低于 1 万 2 千元	高于 1 万 2 千元、低于 1 万 4 千元	高于 1 万 4 千元
等级	1	2	3	4	5	6	7

如果强行把这 7 个等级作为刻度级数据投入运算,所得到的回归系数即使是显著的,也无法用这个顺序级变量背后的刻度级的量来解释。

最后需要注意的是,如果“进”的处理方式的回归效果是不显著的(该顺序级变量的系数与 0 没有显著性差异),就应当“退”,作为名义级变量来处理(设立相应的虚拟变量作回归分析)。如果“退”的回归效果也是不显著的,就说明这个顺序级的变量对因变量 Y 没有解释作用,不应当进入方程。

9.5　用 SPSS 处理经典回归问题

9.5.1　自变量强行进入的回归

例 9.5.1(一元回归示例)　研究我国 31 个省市自治区的人均食品支出(“人均食出”)对“人均收入”的依赖关系(数据见本书附盘中的文件“CH9 回归人均食品支出”)。

此问题的回归方程是

$$人均食出 = \beta_1 + \beta_2 人均收入 + u$$

启动 SPSS,读入(或录入)数据后:

(1) 点击 Analyze→regression→linear,系统弹出一个对话窗口,见图 9.5.1。

(2) 在左栏中选择变量“人均食出”,点击上边的向右箭头,将其移至 Dependent(因变量)栏中。

(3) 在左栏中选择变量“人均收入”,点击下边的向右箭头,使之出现于 Independent(解释变量)栏中。

(4) 点击该窗口下面的 Statistics… 按钮,弹出一个新的对话框,见图 9.5.2。

在该窗口的 Regression Coefficients 框中,有三项选择:

Estimates:这是系统的默认值。选择此项,系统输出:回归系数 B,B 的标准差,标准回归系数 Beta,B 的 t 值及其双尾检验的 p 值。

Confidence intervals:复选项。选择此项,系统输出每一个 B(非标准化回归

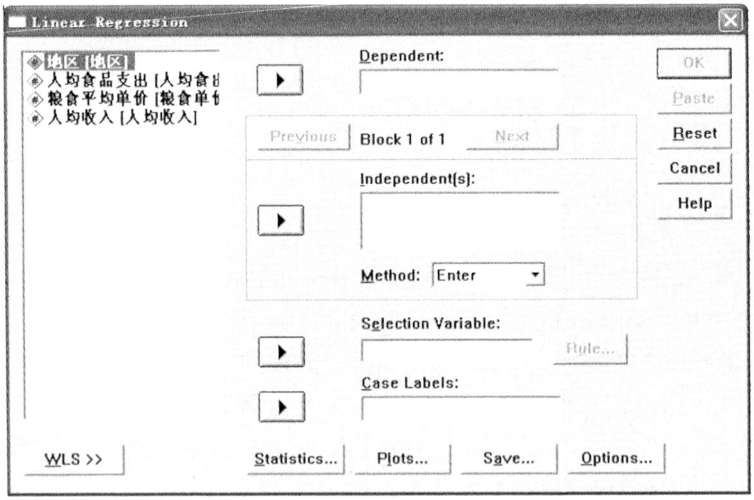

图 9.5.1　线性回归主窗口

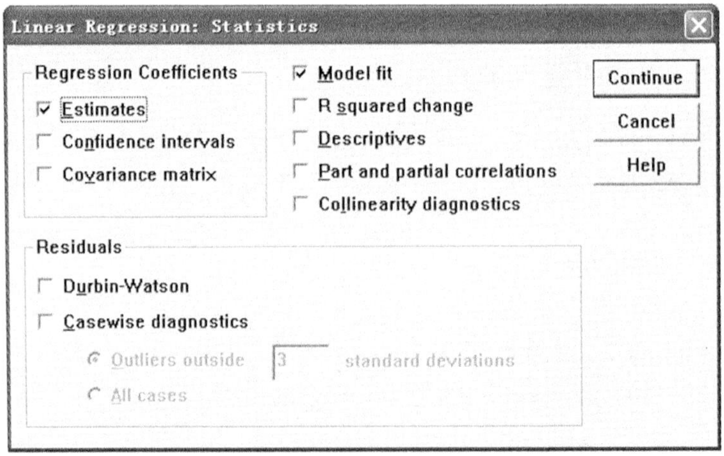

图 9.5.2　选择线性回归统计量的框

系数)的 95%的置信区间。我们选择此项。

不理睬最后一项选择 Covariance matrix(要求输出协方差矩阵)。

点击 Continue ,回到主对话框。

(5) 点击 OK 按钮(输出结果),见表 9.5.1 至表 9.5.3。

(6) 结果分析:

第一张表(Variables Entered/Removed),在多元线性回归中再解释。

第二张表(Model Summary)见表 9.5.1,给出了 R(复相关系数,此处即简单相关系数),R Square(确定系数 R^2),Adjusted R Square(调整确定系数 R^2_{adj}),Standard Error of Estimate(回归的标准误差,即未解释标准差 $S_e=\hat{\sigma}_u=\sqrt{\dfrac{\sum_i e_i^2}{n-k}}$,$e_i=Y_i-\hat{Y}_i$,$k$ 是包括常数项在内的解释变量数(见:Peck R et al. 2001. 第 541,646 页)。

表 9.5.1　模型总体参数表 (Model Summary)

Model	R	R Square	Adjusted R Square	Std. Error of the Estimate
1	.921[a]	.848	.843	73.63

a　Predictors: (Constant),人均收入

预测变量(Predictors),就是外生变量(Exogenous Variable),在对因变量(被解释变量)做预测时,首先要预测出外生变量的值,所以又称预测变量。

第三张表(ANOVA)见表 9.5.2,是方差分析表(即 F 检验表),给出了方差分析的结果。该表第一列给出了总变差的来源:Regression 为回归项,Residual 为残差项,Total 所对应的变差是上两项变差之和。该表第二列 Sum of Squares 为变差(Regression 行对应的变差,就是已解释变差 $\|\hat{\boldsymbol{y}}\|^2$,Residual 行对应的变差就是残差平方和 $\|\boldsymbol{e}\|^2$,Total 行对应的变差就是总变差 $\|\boldsymbol{y}\|^2$)。该表第三列 df 为自由度(Regression 行对应的自由度是 $k-1$,Residual 行对应的自由度是 $n-k$。总变差即 Total 行对应的自由度是 $k-1+n-k=n-1$)。该表第四列 Mean Square 为方差(即变差除以相应的自由度)。该表第五列 F 为方差检验 F 值。该表第六列 Sig 为 F 值显著性概率(外侧概率)。

表 9.5.2　回归的方差分析表 [b]

Model		Sum of Squares	df	Mean Square	F	Sig.
	Regression	878568.621	1	878568.621	162.035	.000[a]
	Residual	157240.218	29	5422.076		
	Total	1035808.839	30			

a　Predictors: (Constant),人均收入

b　Dependent Variable: 人均食品支出

第四张表(Coefficients)见表 9.5.3,是回归系数表。该表第一列是对模型的解释变量的说明。第二列 B 为回归系数非标准化的回归系数 $\hat{\beta}_j$,Std. Error 为 $\hat{\beta}_j$ 的标准误差 S_j,即 9.2.4 小节的 $\hat{\sigma}_{\hat{\beta}_j}$,也就是说,$\frac{\hat{\beta}_j}{S_j}=\frac{\hat{\beta}_j}{\hat{\sigma}_{\hat{\beta}_j}}=t$ 值(在第四列)。第三列 BETA 为标准回归系数。第四列为 t 值,Sig. 为 t 值的 p 值(t 的显著性概率)。表中,常数项的 T 检验不通过($p=0.458>0.05$),即相应系数与 0 无显著差异。自变量"人均收入"的 T 检验通过($p=0.000<0.0005$),即相应系数显著异于 0。最后一列是 95% 的置信区间。

表 9.5.3 回归系数及显著性检验表 a

		Unstandardized Coefficients		Standardized Coefficients	t	Sig.	95% Confidence Interval for B	
Model		B	Std. Error	Beta			Lower Bound	Upper Bound
1	(Constant)	−50.946	67.745		−.752	.458	−189.500	87.607
	人均收入	.422	.033	.921	12.729	.000	.354	.490

a Dependent Variable: 人均食品支出

由于 t 检验表明,常数项与 0 没有显著差异,所以此例的最后结果,最好采用标准回归方程及其系数。

SPSS 可将回归结果列于输出窗口(Output),并可以在输出窗口点击 File 菜单,选择 Save 或 Save as 命令将回归结果存成 SPSS 的输出文件(*.spo)。

例 9.5.2 (多元回归之一:将所选变量全部强行进入回归) 我国 31 个省市自治区的人均食品支出("人均食出")对"人均收入"、"粮食单价"的依赖关系(数据见本书附盘中的文件"CH9 回归人均食品支出")。

此时的回归方程是

$$人均食出 = \beta_1 + \beta_2\ 人均收入 + \beta_3\ 粮食单价 + u$$

(1) 点击 Analyze→Regression→Linear,系统弹出一个对话窗口,见图 9.5.1。

(2) 在左栏中选择变量"人均食出",击上边的向右箭头,将其移至 Dependent 栏中。

(3) 在左栏中选择变量"人均收入"、"粮食单价",击下边的向右箭头,使之出现于 Independent 栏中。

(4) 点击该窗口下面的 Statistics... 按钮,弹出一个新的对话框,见图 9.5.2。

在 Regression Coefficients 框中,有三项选择:

Estimates:这是系统的默认值。选择此项,系统输出:回归系数 B,B 的标准差，标准回归系数 Beta，B 的 t 值及其双尾检验的 p 值。

Confidence Intervals：复选项。选择此项，系统输出每一个 B（非标准化回归系数）的 95％的置信区间。

不理睬最后一项选择 Covariance matrix（要求输出写方差矩阵）。

点击 Continue，回到主对话框。

（5）点击 Method... 对应的箭头，出现一个下拉菜单，提供一些可供选择的其他方法，我们先采用系统默认的 Enter 方法。

（6）点击 OK，系统输出计算结果，见表 9.5.4～表 9.5.7。

（7）结果分析：

表 9.5.4 进入模型的变量说明表 [b]

Model	Variables Entered	Variables Removed	Method
1	粮食平均单价，人均收入[a]	.	Enter

a All requested variables entered.

b Dependent Variable：人均食品支出

表 9.5.4 是对进入模型的变量说明。表 9.5.5 是有关模型总体参数的计算结果。表 9.5.6 是检验总体回归效果的方差分析结果。各列含义同前，不再解释。

表 9.5.5 模型总体参数表

Model	R	R Square	Adjusted R Square	Std. Error of the Estimate
1	.940[a]	.883	.875	65.65

a Predictors：(Constant)，粮食平均单价，人均收入

表 9.5.6 回归方差分析表 [b]

Model		Sum of Squares	df	Mean Square	F	Sig.
1	Regression	915129.050	2	457564.525	106.164	.000[a]
	Residual	120679.788	28	4309.992		
	Total	1035808.839	30			

a Predictors：(Constant)，粮食平均单价，人均收入

b Dependent Variable：人均食品支出

表 9.5.7 是关于回归系数及显著性检验的计算结果。说明如下：表中，常数项的 t 的显著性概率为 $0.168>0.05$，表示常数项与 0 没有显著性差异，表明常数项

不应出现在方程中。人均收入的 t 的显著性概率为 0.000<0.0005<0.05，表示人均收入的系数与 0 有显著差异，人均收入应当作为解释变量出现在方程中。粮食单价的 t 的显著性概率为 0.007<0.05，表示粮食单价的系数与 0 有显著差异，粮食单价应当作为解释变量出现在方程中。因此应当采用标准回归方程及其系数（表 9.5.7 中的 Beta 列）。

表 9.5.7 回归系数及显著性检验表 [a]

		Unstandardized Coefficients		Standardized Coefficients	t	Sig.	95% Confidence Interval for B	
Model		B	Std. Error	Beta			Lower Bound	Upper Bound
1	(Constant)	−87.368	61.680		−1.416	.168	−213.714	38.979
	人均收入	.352	.038	.767	9.185	.000	.273	.430
	粮食单价	213.423	73.278	.243	2.913	.007	63.320	363.526

a Dependent Variable：人均食品支出

9.5.2 逐步回归法

例 9.5.3 （多元回归之二：逐步回归法） 研究某城市散户股民在“证券市场的投资总额”是否可以用变量“证券市场外的收入”、“受教育程度”、“入市年份”和“股民年龄”来说明。数据见本书附盘中的文件“CH9 证券投资额与依据”。

本问题并不确切知道回归方程是什么，要依靠 SPSS 作探索。

（1）点击 Analyze→Regression→Linear，系统弹出一个对话窗口，参见图 9.5.1。

（2）在左栏中选择变量“证券市场的投资总额”作为因变量，用箭头将其移至 Dependent 栏中。

（3）在左栏中选择变量“证券市场外的收入”、“受教育程度”、“入市年份”和“股民年龄”，击下边的向右箭头，使之出现于 Independent 栏中。

（4）在 Method 选择框中，点击向下的箭头，出现下拉菜单（见图 9.5.3），有如下选择：

Enter：让自己所选中的变量，强行全部进入模型。

Stepwise：前向逐步回归法（逐步增加自变量）与后向逐步回归法（先把所有自变量放入方程，然后逐步减少自变量）的结合方法。

Remove：在已有回归方程的基础上，根据所设定的条件，删除变量。

Forward:前向逐步回归法(逐步增加自变量)。

Backward:后向逐步回归法(先把所有自变量放入方程,然后逐步减少自变量)。

本例题采用前后向结合的方法(Stepwise)。

此时,我们所面临的还是主窗口(见图 9.5.3)。

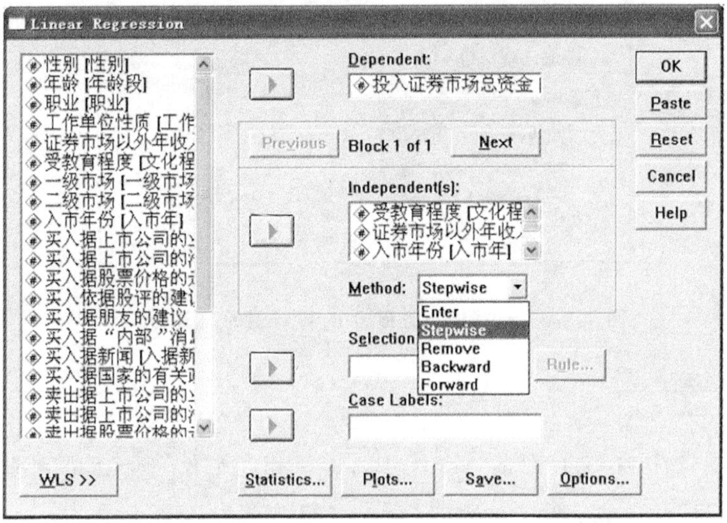

图 9.5.3　选择逐步回归的方法

(5) 点击主窗口右下角的 Options... 按钮(见图 9.5.4),可以发现:在上述 3 种逐步回归方法(Forward,Backward,Stepwise)中,SPSS 所默认的进入回归方程的变量的系数的 F 统计量的概率为 0.05,所默认的从回归方程中删除变量的系数的 F 统计量的概率为 0.10。两者的差距有明显的作用,它能够使进入回归方程的变量(设为 X_j,相应 F_j 统计量的显著性概率小于 0.05),不容易从方程中删除。在逐步回归的过程中,当新的解释变量进入方程后,一般会改变已经进入方程的"贡献",使原来的 F_j 统计量的显著性概率发生变化,例如变为 0.08。如果从方程中删除自变量的显著性概率值还是 0.05,那么这个变量 X_j 就应当从方程中删除了。但是现在不用从方程中删除,因为 0.08 还小于设定显著才性概率值 0.10。正因为如此,才避免了如下死循环的发生:

一个解释变量(例如 X_j)刚进方程→新的解释变量进方程后改变了 X_j 的 F_j 统计量的显著性概率,例如变为 0.08(大于 0.05)→于是,X_j 出方程→然后,X_j 又进方程→……。

本例接受系统的默认值。

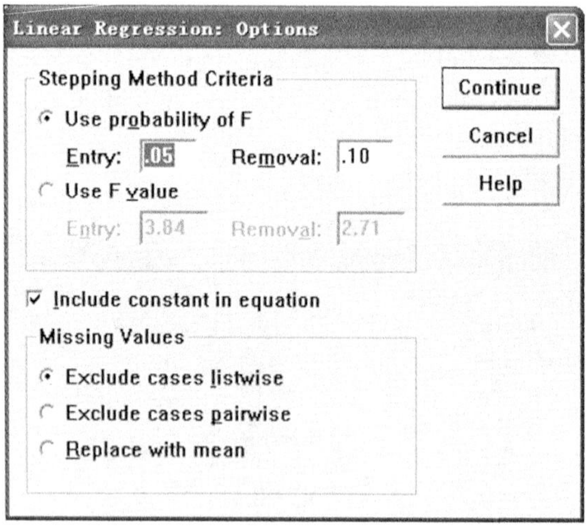

图 9.5.4　选择进出方程的 F_j 统计量的显著性概率

点击Continue,返回主窗口。

(6) 点击主窗口下面的Statistics...按钮,弹出一个新的对话框(见图9.5.5):

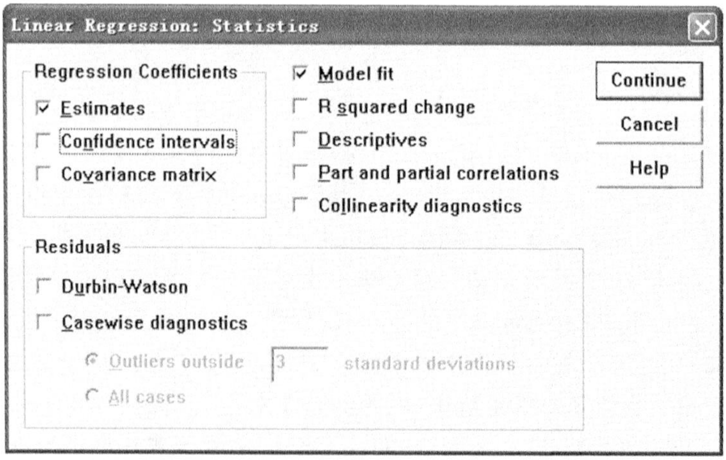

图 9.5.5　选择输出统计量的窗口

① 在该窗口左上角的 Regression Coefficients 框中,有三项选择:

Estimates:这是系统的默认值。选择此项,系统输出:回归系数 B,B 的标准差，标准回归系数 Beta，B 的 t 值及其双尾检验的 p 值。本例接受系统默认值。

Confidence intervals：复选项。选择此项，系统输出每一个 B（非标准化回归系数）的 95%的置信区间。本例选择此项。

Covariance matrix：复选项。选择此项，系统输出非标准化回归系数的协方差矩阵、各个变量之间的相关系数矩阵。

② 在 Regression Coefficients 框的右侧，有 5 个复选项：

Model fit（模型拟合）复选项：这是系统的默认值。选择此项，系统输出（在逐步回归的过程中）引入模型的变量、从模型中删除的变量、复相关系数 R、判定系数 R^2、校正的 R^2、估计值的标准误差、ANOVA 方差分析表。

R squared change（R^2 的改变）复选项：在逐步回归中，当回归方程引入或删除一个变量后，R^2 会改变。选择此项，要求输出 R^2 的改变量。如果 R^2_{ch} 大，说明增加了这个变量，对模型回归效果的贡献大（或删除了这个变量，对已解释变差的影响小）。选择此项后，系统还将输出 F_{ch}、Sig_{ch}（作了变量增减后的 F 统计量的 p 值）。

Descriptives（输出有关描述性的统计值）复选项：选择此项后，系统输出有效样本数、变量的均值、标准差、相关系数矩阵、单尾检验的显著性水平的 p 值矩阵等。

Part and partial correlations（部分相关系数与偏相关系数）复选项：选择此项，系统输出“部分相关系数”（一个自变量进入回归方程后，R^2 的增加量）、偏相关系数和零阶相关系数。这有助于对共线性的判断，后面详解。

Collinearity diagnostics（多重共线性诊断）复选项：选择此项，系统输出有关多重共线性的诊断数值。以后解释。先不选此项。

③ Residuals（有关残差分析的选项）框中，有两个选项：

Durbin-Watson（检验是否存在序列相关的统计量）复选项：输出检验序列相关的 D-W 统计量的检验结果，我们以后解释，在此先不选此项。

Casewise diagnostics 复选项：选择此项后，两个子选项被激活：

✚ Outliers outside [3] standard deviation 选项：要求输入奇异数据的判据，默认值是大于等于 3 倍标准差的为奇异值。

✚ All cases 选项：选择此项输出所有观察残差 e_i。

④ 点击 [Continue]，返回主对话框。

(7) 点击主窗口下方的 [Plots...] 按钮，系统弹出所要绘制图形的对话窗（见图 9.5.6）。

在该窗的左框中有因变量和一些参数，可选一些变量或参数用箭头送入 X（或 Y）轴，选其他参数送入 Y（或 X）轴。完成计算后，机器就按照这里的选择输出图形。可供选择参数主要有：

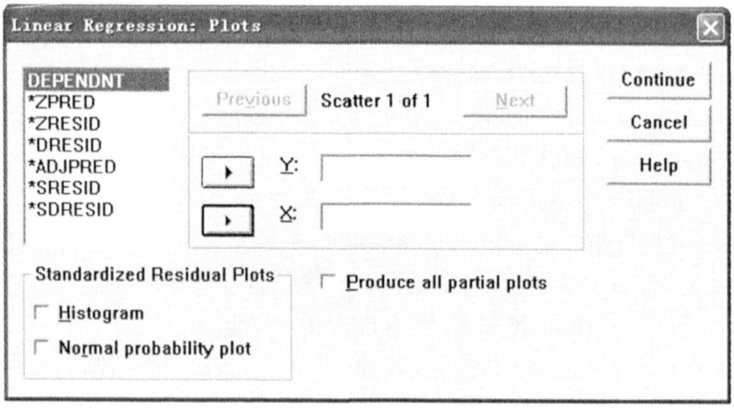

图 9.5.6 选择绘图窗口

DEPENDENT：被解释变量，习惯上作为 X 轴，观察被解释变量（就是模型中的 Y）从小到大变化时，残差变化的情况（例如观察是否存在非齐次方差，是否存在序列相关等）。

ZPRED：标准化预测值，习惯上也作为 X 轴，观察被解释变量标准化后的的计算值（就是模型中 $\hat{y}$）从小到大变化时，残差变化的情况（例如观察是否存在非齐次方差，是否存在序列相关等）。

ZRESID：标准化残差，习惯上作为 Y 轴，观察它随被解释变量（或被解释变量标准化的计算值）变化的情况。以下的各类残差项，在习惯上多作为 Y 轴，观察它们随被解释变量增大时的变化情况：

DRESID：剔除残差(Deleted residuals)

ADJPRED：修正后的预测值

SRESID：t 分析残差

SDRESID：t 分析剔除残差

点击 Continue ，返回主对话框。

(8) 在主对话框口中，点击 Save 按钮，可选择有关计算结果保存下来。

(9) 点击 OK ，系统输出结果。

(10) 结果分析：

我们只解释其中的两张表：方差分析表（表 9.5.8）与系数表（表 9.5.9）。

表 9.5.8（回归问题中的方差分析表）的第一列，给出了逐步回归过程中的 4 个模型。从中可以看到，回归平方和（Sum of Squares 列与每个模型的 Regression 行的交叉位置上的数据）随着逐步回归的过程，不断增大：从 334.497 增大到

498.043。这就是说，随着逐步回归中模型的改进，已解释变差越来越大。从表中的最后一列，可以看到每个模型的 F 统计值的显著性概率，都小于 0.01，说明每个模型的总体回归效果都是显著的。

表 9.5.8　回归问题中的方差分析表[e]

Model		Sum of Squares	df	Mean Square	F	Sig.
1	Regression	334.497	1	334.497	54.819	.000[a]
	Residual	2074.614	340	6.102		
	Total	2409.111	341			
2	Regression	418.287	2	209.144	35.613	.000[b]
	Residual	1990.824	339	5.873		
	Total	2409.111	341			
3	Regression	464.816	3	154.939	26.935	.000[c]
	Residual	1944.295	338	5.752		
	Total	2409.111	341			
4	Regression	498.043	4	124.511	21.956	.000[d]
	Residual	1911.068	337	5.671		
	Total	2409.111	341			

a　Predictors：(Constant)，证券市场以外年收入

b　Predictors：(Constant)，证券市场以外年收入，入市年份

c　Predictors：(Constant)，证券市场以外年收入，入市年份，年龄

d　Predictors：(Constant)，证券市场以外年收入，入市年份，年龄，受教育程度

e　Dependent Variable：投入证券市场总资金

表 9.5.9(回归系数与显著性检验表：Coefficients)的第二列给出了逐步回归过程中，变量逐步增加的情况。有意思的是，“年龄”变量竟然先于“受教育程度”进入模型，说明其偏回归变差(对投资额的贡献)大于“受教育程度”。变量“受教育程度”最后进入模型，说明这个变量对投资额的影响最小。

从所有模型的所有解释变量的 t 检验情况来看，几乎所有的变量的系数都在 0.01 的水平上，显著异于 0。只有最后一个模型的“受教育程度”的显著性概率为 0.016，大于 0.01，但还是小于 0.02 的，表明在 0.02 的显著性水平上，“受教育程度”的系数，显著异于 0。这些变量都可以作为解释变量存在与模型中，解释投资额的变化。

表 9.5.9 回归系数与显著性检验表[a]

		Unstandardized Coefficients		Standardized Coefficients	t	Sig.	95% Confidence Interval for B	
Model		B	Std. Error	Beta			Lower Bound	Upper Bound
1	(Constant)	3.494	.269		12.995	.000	2.965	4.023
	证券市场以外年收入	.377	.051	.373	7.404	.000	.277	.477
2	(Constant)	4.493	.373		12.031	.000	3.758	5.227
	证券市场以外年收入	.374	.050	.370	7.491	.000	.276	.472
	入市年份	−.198	.053	−.187	−3.777	.000	−.302	−.095
3	(Constant)	3.331	.551		6.048	.000	2.248	4.415
	证券市场以外年收入	.383	.050	.379	7.741	.000	.286	.481
	入市年份	−.166	.053	−.156	−3.117	.002	−.271	−.061
	年龄	.291	.102	.143	2.844	.005	.090	.492
4	(Constant)	2.493	.647		3.852	.000	1.220	3.766
	证券市场以外年收入	.371	.049	.366	7.492	.000	.273	.468
	入市年份	−.180	.053	−.169	−3.380	.001	−.284	−.075
	年龄	.325	.103	.159	3.170	.002	.123	.527
	受教育程度	.273	.113	.120	2.421	.016	.051	.494

a Dependent Variable：投入证券市场总资金

9.5.3 线性回归中分类变量的处理

例 9.5.4 某研究者调查了 16 家公司 CEO 的年收入、年龄、是否有 MBA 学位的数据，见表 9.5.10(数据见附盘文件“CH9 公司 CEO 收入年龄 MBA 虚拟”)。

表 9.5.10 公司 CEO 的年收入、年龄与获 MBA 学位否的数据

年收入(万元)	13	17	14.8	16.6	23	32	20	24	17	24	21	27	25	35	32	28
年龄	25	27	36	35	36	40	41	42	45	46	50	51	55	50	61	63
获 MBA	0	1	0	0	1	1	0	1	0	1	0	1	0	1	1	0

表中的分类变量“获 MBA”已经表达为虚拟变量的形态了(一个状态为 0,另一个状态为 1),所以,不用再设立新的虚拟变量了。

对于变量个数较少的回归方程的而言,为了看清楚含有虚拟变量的数据的特点,我们先用 SPSS 绘折线图。

读入数据后:

(1) 点击 Graphs→Interactive→Lines,系统弹出 Create Lines(创建折线图)对话窗口,参见图 9.5.7。

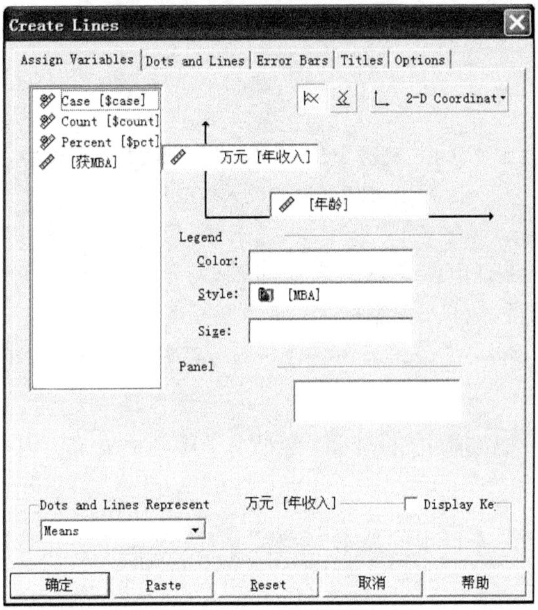

图 9.5.7 创建折线图对话框

(2) 在左框中,把变量“年收入”拖到右边纵坐标的框中,把“年龄”拖到右边横坐标的框中,把虚拟变量“MBA”拖入右边的 Legend(图例)下的 style(线条类型)框中。这里 Style 的含义是,用不同类型的线条(例如,实线、虚线等)来区别变量“MBA”所对应的不同值。

由于在数据窗口中,设置了两个含义相同的虚拟变量,一个名为“获 MBA”,是数值型的;另一个是“MBA”,是字符串型的。这里,我们把字符串型的变量“MBA”,拖到 Style(线条类型)框中了。如果要把数值型的“获 MBA”拖到“线条类型(Style)”框中,也是可以的,此时,系统会弹出一个对话框,问你要不要把这个数值型的变量转换为分类变量(Categorical Variables),点击 Convert (转换)按钮,系统会自动把它转为分类变量,然后绘图。

(3) 点击[确定]按钮,系统输出折线图(见图 9.5.8)。

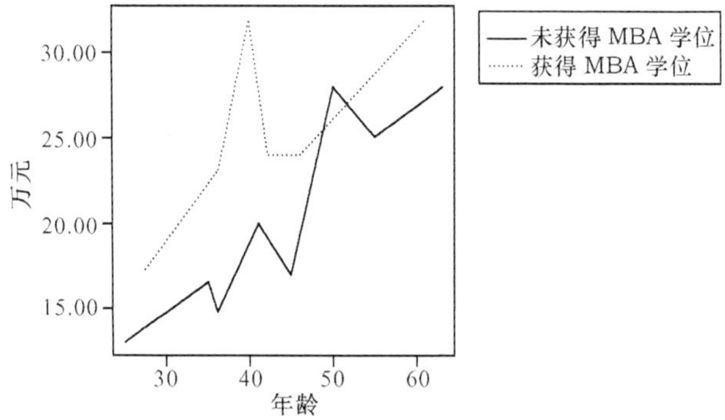

图 9.5.8 获得 MBA 学位与未获得 MBA 学位的不同年龄年收入的图形

在解释变量中含有虚拟变量的线性回归,与不含有虚拟变量的线性回归的点击过程是完全相同的。读入数据后:

(1) 点击 Analyze→Regression→Linear,系统弹出对话窗口,与图 9.5.1 相同。

(2) 用箭头▶把左框中的变量"年收入"移到右边的"因变量(Dependent)"框中。

(3) 用箭头▶把左框中的变量"年龄"和"获 MBA"移到右边的"自变量(Independents)"框中。

(4) 接受 Method 框中的"Enter"方法,点击[OK],系统输出回归计算结果。

当然,也可以用逐步回归方法,来计算这个问题。读者可以自行做这样的练习。

我们仅仅解释输出表格中的两张关键表格:检验总体回归效果的方差分析表(见表 9.5.11)与系数表(见表 9.5.12)。

表 9.5.11 方差分析表[b]

Model		Sum of Squares	df	Mean Square	F	Sig.
1	Regression	401.711	2	200.855	10.685	.002[a]
	Residual	244.367	13	18.797		
	Total	646.078	15			

a. Predictors:(Constant),获 MBA,年龄

b. Dependent Variable:万元

表 9.5.11 的数据显示，反映总体回归效果的 F 统计量的值为 10.685，相应的显著性概率为 0.002<0.01，说明总体回归效果是显著的。

表 9.5.12　回归系数表[a]

Model		Unstandardized Coefficients		Standardized Coefficients	t	Sig.
		B	Std. Error	Beta		
1	(Constant)	2.165	4.791		.452	.659
	年龄	.427	.103	.710	4.158	.001
	获 MBA	4.911	2.188	.383	2.244	.043

a. Dependent Variable：万元

表 9.5.12 的数据表明，自变量“年龄”和虚拟变量“获 MBA”的作用都是显著的，相应回归系数的 t 统计值的显著性概率分别为 0.001 和 0.043，均小于 0.05。

虚拟变量“获 MBA”的回归系数为 4.911，表明在“年龄”变量保持不变的情况下，变量“获 MBA”从 0 变为 1 时，Y(CEO 的年收入)增加 0.911 万元，也就是说，具有 MBA 学位的 CEO 的年收入比不具有 MBA 学位的年收入(平均)高出约 5 万元。

9.6　曲线回归与 SPSS 的应用

在 8.2 节和 8.6.3 小节，我们介绍了非线性相关的问题，特别给出了一个例子，说明两个随机变量之间可能会不存在线性相关，却存在明显的非线性相关关系。与之相对应，存在明显非线性关系的随机变量之间的数量关系，也应当有相应的回归方法来处理。

处理的原则，与非线性相关的处理原则相同：通过变量之间的非线性变换，把变量之间的非线性关系转化为线性关系，然后，用线性回归来解决。这样的回归方法，称为“曲线回归”(Curve Regression)。注意，没有称为“非线性回归”。在统计学中，“非线性回归”通常是指，那些待估计的参数与变量之间的关系不能转化为线性回归的模式的问题，例如，函数

$$Y = \frac{\alpha}{1 + e^{-(\beta_0 + \beta_1 X)}}, (\alpha, \beta_0, \beta_1 \text{ 都是待估计参数})$$

就不能转化为线性回归的模式。必须用其他方法来解决参数的估计问题。

与非线性相关的分析类似，曲线回归分析也需要经历这样几个步骤：①画散点图，观察 Y 与 X 之间是否存在非线性关系；②如果存在非线性关系，猜测是什么样

函数关系；③按照所猜测的函数关系，在 SPSS 中选择所猜测的函数关系，让 SPSS 作曲线回归计算。

例 9.6.1 附盘中文件“CH9 三次曲线人均 GDP 不变价”中列出的是 1978 年～2002年我国人均 GDP 的数据(按 1978 年不变价)。

先作散点图，观察随着时间(年)的增长我国人均 GDP(1978 年不变价)的走势。

点击 Graphs→Scatter/Dot，在系统弹出的 Scatter/Dot 窗口(散点图类型的选择窗口，参见图 8.6.4)中，接受默认值(作简单散点图，Simple Scatter)。点击 Define 按钮，系统弹出 Simple Scatterplot 窗口(简单散点图的坐标定义窗口，参见图 8.6.5)。用箭头 ▸ 把变量“人均 GNP”送入右边的 Y Axis(Y 轴)框中，“年”送入右边的 X Axis(X 轴)框中。点击 OK，系统输出散点图，见图 9.6.1。

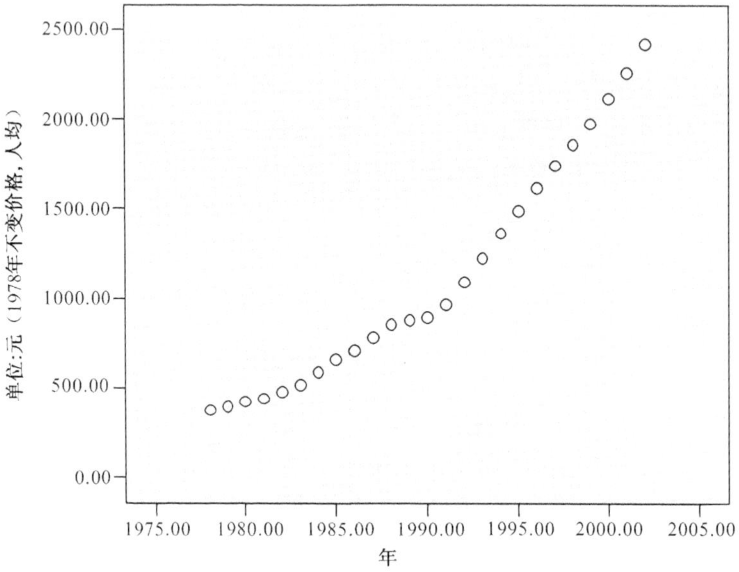

图 9.6.1 人均 GDP 散点图

不难发现，“人均 GDP”与“年”之间呈明显的非线性关系。并且，看样子像是二次或者三次曲线的关系。

于是，试做曲线回归：

(1)点击 Analyze→Regression→Curve Estimation，系统弹出对话窗口，如图 9.6.2 所示。

(2)把左框中的变量“PCGDP 不”(人均 GDP，1978 年不变价)用箭头 ▸ 送入因变量(Dependents)框中。

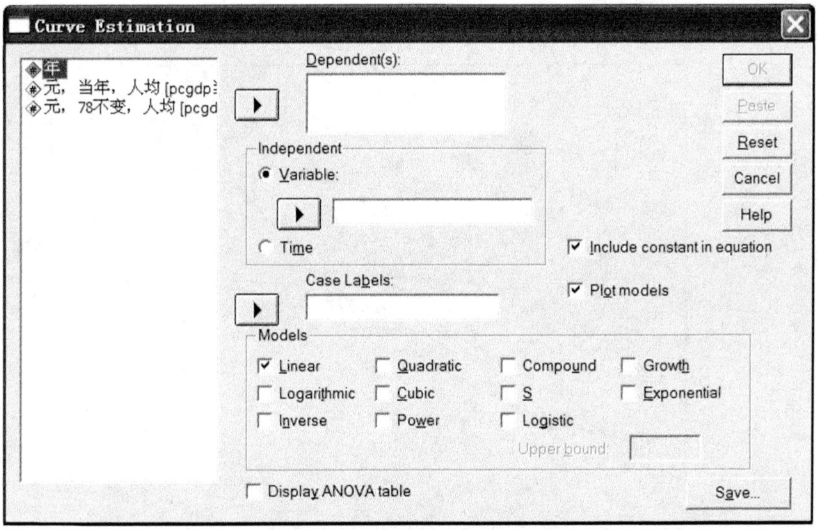

图 9.6.2 曲线估计对话窗口

(3)由于变量“年”是从公元 1978 年开始的，本应做一个变换：T＝年－1977(让起始年为第 1 年)，然后，再把 T 用箭头▶放入自变量框中(Independent 区块中的 Variable 框中)。但是，从图 9.6.2 中可以看出，SPSS 已经设立了(从 1 开始的)时间自变量“Time”，只需要选择它就行。

(4)在图 9.6.2 窗口中下部的 Models 区块中，选择二次(Quadratic)和三次(Cubic)曲线。要注意取消系统对线性(Linear)线的默认选择。

(5)点击 OK ，系统输出计算结果(表 9.6.1)和拟合的图形(图 9.6.3)。

表 9.6.1 曲线拟合总体优劣与回归系数表

Dependent Variable：单位：元，1978 年不变价格，人均

Equation	Model Summary					Parameter Estimates			
	R Square	F	df1	df2	Sig.	Constant	b1	b2	b3
Quadratic	.997	3922.449	2	22	.000	387.490	4.571	3.082	
Cubic	.997	2566.953	3	21	.000	368.937	12.379	2.346	.019

从图 9.6.3 可以发现，用二次曲线和三次曲线对观察值拟合，几乎分不出优劣。从表 9.6.1 中数据，似乎也看不出二次回归和三次回归哪个更好一些。R 平方都相同，F 统计量一个(二次拟合的)虽然明显大一些，但是，犯错误的概率都是 0.000(小于 0.0005 的数值)，可以认为两个拟合是同等有效的。也就是说，对于我国 1978 年～2002 年的人均 GDP(1978 年不变价)而言，两个回归方程(方程中 T

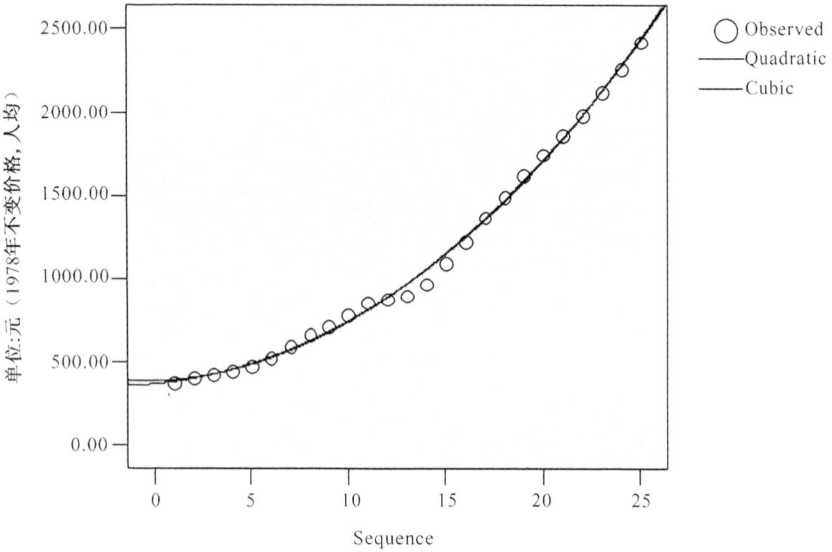

图 9.6.3　用二次曲线与三次曲线对观察值的拟合

＝年－1977)

二次函数：$Y=387.490+4.571T+3.082T^2$

三次函数：$Y=368.937+12.379T+2.346T^2+0.019T^3$

是同样有效的。

如果一定要比较两个拟合，哪个更好一些呢？两者的 R 平方都是 0.997，不分优劣。如果在 SPSS 的输出表格上，双击表格(激活)后，再双击对应于二次(Quadratic)的“.997”，就可以看到更精确的 R 平方值“.997203”，同样的点击，可以看到对应于三次(Cubic)拟合的 R 平方的更精确的值“.997280”。从 R 平方大小的比较来看，似乎三次拟合的结果更好一些。

但是，R 平方的没有考虑自由度的统计量，应当看考虑了自由度的 F 统计值。对应于二次曲线拟合的 F 统计值是 3922.449，对应于三次区拟合的是 2566.953，显然，二次曲线拟合更好一些。

更恰当的区分应当是看两个 F 统计值的显著性概率。从输出表中数据来看，两个显著性概率都是 0.000(小于 0.0005 的数字)，分不出优劣。但是，双击 SPSS 输出的表格，激活它后，再分别双击两个 0.000，就可以发现，对应于二次曲线拟合的 F 统计值的显著性概率是 8.181080002879e-029，对应于三次曲线拟合的显著性概率是 4.362831757869e-027，显然，二次更好一些。

不过，事实上，由于原始数据的误差，做如此精细的对比一般是没有必要的。

思考与练习题

1. 线性回归是研究变量之间的确定型的函数关系的，还是不确定型的函数关系的？
2. 线性回归分析对变量的测度级别，有什么要求？
3. 在线性回归分析中，普通最小二乘法与极大似然法，有何异同？
4. 多元线性回归的高斯假设是什么？
5. 多元线性回归的计算 $\hat{\boldsymbol{\beta}}$ 的公式是什么？
6. 高斯—马尔柯夫(BLUE)定理是什么？
7. 多元回归的几何解释是什么？
8. 复相关系数的平方 R^2(Coefficient of determination)怎样反映出总体回归效果？
9. 检验回归效果的 F 统计量的定义式是什么？
10. 回归系数的 t 检验的统计量的公式是什么？
11. 20 名计算机科训练班的学生的上机考试成绩 x 和笔试成绩 y 如下表。求线性回归方程。

x	4	16	20	13	22	21	15	20	19	16	18	17	8	6	5	20	18	11	19	4
y	19	19	24	36	27	26	25	28	17	27	21	24	18	18	14	28	21	22	20	21

12. 抽样获得 16 个保单推销员上年的保单推销数个和他们保单推销的年数资料如下表，求：① 计算保单推销数对保单推销经历(年数)的拟合回归方程。② 检验回归系数是否显著大于零(在 5%的显著水平)。③ 保单推销数中有多大比例用保单推销年数之外的因素来解释？④ 一个有 10 年推销经历的保单推销员预计有多少销售额？

去年的保单推销数	保单推销历的年数	去年的保单推销数	保单推销历的年数
105	13	53	6
100	14	108	12
137	25	133	27
111	18	123	19
76	9	66	8
98	12	87	10
70	9	130	26
90	11	102	10

13. 某公司为雇用到合格的熟练工人，设计了一套能力测验。以下是对 12 名现有熟练工的能力测验的得分分数，以及他们完成所需任务的时间(分钟)。求：① 用“完成任务时间”对“能力测验得分”进行回归分析。② 依据回归分析的结果，判断这两个变量是否呈正相关关系。③ 计算两个变量的相关系数，并说明它是否显著。

能力测验分数	80	60	98	40	44	70	20	21	30	95	56	76
完成任务时间	5	7	2	6	6	5	8	9	8	3	5	4

14. K. Pearson 收集大量父亲身高(x)与儿子身高(y)的资料，其中 10 对数据如下表(此系著名结果，故没有改变单位 1in＝2.54cm)。试① 求经验回归方程 $\hat{y}=\hat{\beta}_0+\hat{\beta}_1 x$；② 检验假设 H_0：

$\beta_1=0, H_1:\beta_1\neq 0, (\alpha=0.05)$；③ 若回归效果显著，求 β_1 的置信度为 0.95 的置信区间。

父亲身高	60	62	64	65	66	67	68	70	72	74
儿子身高	63.6	65.2	66.0	65.5	66.9	67.1	67.4	68.3	70.1	70.0

15. 抽样调查 10 个商店去年的销售额和流通费用率资料如下表。请选用曲线 $y=a+\frac{b}{x}$ 作曲线回归。

销售额(亿元)	7.9	6.8	6.4	5.5	4.3	3.4	2.9	2.1	0.8	1.5
流通费用率(%)	1.2	1.3	1.3	1.4	1.5	1.8	2.1	2.7	6.4	4.5

16. 从回归角度解释偏相关系数。
17. 偏相关系数的几何解释是什么？
18. 复相关系数的几何解释是什么？
19. 标准回归系数是指什么？
20. 抽样调查了 16 个企业，上年获得了专利数、上三年 R&D 投入总和以及高级工程师数的数据如下表，试：① 拟合出“上年专利数”对“上三年 R&D 投入”和“高级工程师数”的线性回归方程，并估计标准误差。② 解释回归系数的经济意义。③ 计算复相关系数 R。

上年获得专利数	28	33	36	39	38	43	40	43	55	56	48	46	58	59	60	66
上三年 R&D 投入总和(万元)	1135	1292	1697	2330	2429	2987	2852	2713	3227	3334	2531	2808	3749	3637	2940	4380
高级工程师数	21	27	26	23	24	23	29	32	35	27	31	30	39	40	41	48

21. 检验系数 β_j 与 0 是否有显著差异的统计量 Fj 的构成是什么？
22. 偏解释变差(偏回归平方和)的几何解释是什么？
23. 逐步回归的基本做法是什么？
24. 某研究者怀疑售车员的业绩与售车人的年龄和销售经验有关。随机抽取的 12 个推销商的数据如下表，① 请以逐步回归方法估计回归方程；② 阐释回归系数的经济含义；③ 在销售量的变化中有多大比例可以用解释变量来解释？④ 预测一个有 10 年销售经历、年龄为 30 岁的推销人的汽车销售量。

年轿车销量	15	23	20	29	19	22	21	28	26	12	30	25
售车经验年数	2	6	8	11	4	7	7	14	12	3	5	6
售车商年龄	23	33	28	35	24	49	36	40	46	51	32	31

25. 某公司 1988～2003 年间生产增长统计数据下表，试求生产函数 $Q=a_0e^{mt}L^{\alpha}K^{\beta}$ 的回归方程。注意：劳动生产率 $=Q/L$，固定资产装备率 $=K/L$。

年度	1988	1989	1990	1991	1992	1993	1994	1995
固定资产装备率(元/人)	7165	7656	6634	7161	7556	7381	7607	8246
劳动生产率(元/人年)	19945	22034	24143	23970	21166	20778	22880	23393

续表

年度	1996	1997	1998	1999	2000	2001	2002	2003
固定资产装备率(元/人)	8662	8749	9154	9292	9589	9821	10380	9480
劳动生产率(元/人年)	24917	26235	28946	30214	32187	31917	31801	29790

26. 在维尼纶缩醛化的试验中，固定其他因素后，考虑甲醛浓度 x_1、反应时间 x_2 对醛化度 y 的影响，得到如下表中批数据。

x_{1i}	32.10	32.10	32.10	32.10	32.10	32.10	33.00	33.00	33.00
x_{2i}	3	5	7	12	20	30	3	5	7
y_i	17.8	22.9	25.9	29.9	32.9	35.4	18.2	22.9	25.1
x_{1i}	33.00	33.00	33.00	27.60	27.60	27.60	27.60	27.60	27.60
x_{2i}	12	20	30	3	5	7	12	20	30
y_i	28.6	31.2	34.1	16.8	20.0	23.6	28.0	30.0	33.1

试求 $y=a+b_1x_1+b_2/x_2$ 型的回归方程。

27. 某研究者随机调查了 13 个东部发达地区的县与 15 个西部欠发达地区的县。因变量 y 为上一年人均 GDP，自变量 x_1 为前三年平均投资增长率，自变量 x_2 表示地区类别(取值 1，表示东部发达县；取值 0 表示西部欠发达县)。调查数据见下表。请做 y 对 x_1 和 x_2 的回归分析。

y	x_1	x_2	y	x_1	x_2
2450	2.5	0	33600	3.6	1
3880	3.3	1	36650	4.3	1
4350	2.8	0	35670	4.1	1
7680	3.4	1	35580	3.7	1
6600	2.6	0	45560	3.5	0
8650	2.7	0	64560	4.5	1
8670	3.0	1	90070	5.0	1
10550	2.6	0	79950	4.2	0
12560	3.2	1	89000	3.9	0
12180	2.4	0	98950	4.8	0
14450	2.9	1	97660	4.6	0
21150	2.2	0	100150	4.8	0
28350	3.8	1	101800	4.2	0
32560	4.0	1	130100	4.7	1
30060	2.9	0			

主要参考文献

M. 费史. 1962. 概率论及数理统计. 王福保译. 上海:上海科学技术出版社

范大茵,陈永华. 1996. 概率论与数理统计. 杭州:浙江大学出版社

郭志刚等. 1999. 社会统计分析方法:SPSS 软件应用. 北京:中国人民大学出版社

卢纹岱. 2000. SPSS for Windows 统计分析. 北京:电子工业出版社

马庆国. 2002. 管理统计:数据获取、统计原理、SPSS 工具与应用研究. 北京:科学出版社

袁荫棠. 1994. 概率论与数理统计. 第 1 版. 北京:中国人民大学出版社

张寿,于清文. 1984. 计量经济学,上海:上海交通大学出版社

浙江大学数学系高等数学教研室. 1979. 概率论与数理统计. 北京:人民教育出版社

Clark C et al. 1983. Statistical Analysis for Administrative Decision. 4th Edition. USA: South—western Publishing Co

Czaja R et al. 1996. Designing Surveys. USA: Pine Forge Press

Fleming M C et al. 1996. The Essence of Statistics for Business. Prentice Hall Europe

Intriligtor M D. 1978. Economic Models, Techniques, and Applications. USA :Prentice-Hall, Inc.

Neter J et al. 1993. Applied Statistics. 4th Edition. USA: Simon & Shuster, Inc.

Peck R et al. 2001. Introduction to Statistic Data Analysis. Duxbury, Brooks/Cole: Thomson Learning

Schutt R K. 1999. Investigating the Social World. 2nd Edition. USA: Pine Forge Press

SPSS Inc. 2001. SPSS Base 11. 0 User's Guide. SPSS Inc. Printed in USA

Weinberg S L et al. 2002. Data Analysis for the Behavioral Sciences Using SPSS. Press Syndicate of the University of Cambridge

附录　常用数理统计表

附表 1　标准正态分布表

$$\Phi(x)=\int_{-\infty}^{x}\frac{1}{\sqrt{2\pi}}e^{-\frac{u^2}{2}}du$$

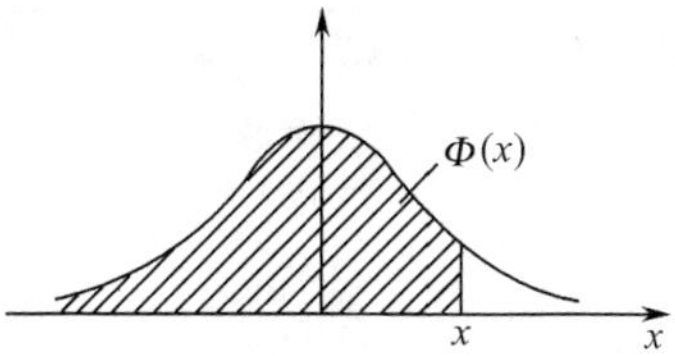

x	0	1	2	3	4	5	6	7	8	9
0.0	0.5000	0.5040	0.5080	0.5120	0.5160	0.5199	0.5239	0.5279	0.5319	0.5359
0.1	0.5398	0.5438	0.5478	0.5517	0.5557	0.5596	0.5636	0.5675	0.5714	0.5753
0.2	0.5793	0.5832	0.5871	0.5910	0.5948	0.5987	0.6026	0.6064	0.6103	0.6141
0.3	0.6179	0.6217	0.6255	0.6293	0.6331	0.6368	0.6406	0.6443	0.6480	0.6517
0.4	0.6554	0.6591	0.6628	0.6664	0.6700	0.6736	0.6772	0.6808	0.6844	0.6879
0.5	0.6915	0.6950	0.6985	0.7019	0.7054	0.7088	0.7123	0.7157	0.7190	0.7224
0.6	0.7257	0.7291	0.7324	0.7357	0.7389	0.7422	0.7454	0.7486	0.7517	0.7549
0.7	0.7580	0.7611	0.7642	0.7673	0.7703	0.7734	0.7764	0.7794	0.7823	0.7852
0.8	0.7881	0.7910	0.7939	0.7967	0.7995	0.8023	0.8051	0.8078	0.8106	0.8133
0.9	0.8159	0.8186	0.8212	0.8238	0.8264	0.8289	0.8315	0.8340	0.8365	0.8389
1.0	0.8413	0.8438	0.8461	0.8485	0.8508	0.8531	0.8554	0.8577	0.8599	0.8621
1.1	0.8643	0.8665	0.8686	0.8708	0.8729	0.8749	0.8770	0.8790	0.8810	0.8830
1.2	0.8849	0.8869	0.8888	0.8907	0.8925	0.8944	0.8962	0.8980	0.8997	0.9015
1.3	0.9032	0.9049	0.9066	0.9082	0.9099	0.9115	0.9131	0.9147	0.9162	0.9177
1.4	0.9192	0.9207	0.9222	0.9236	0.9251	0.9265	0.9278	0.9292	0.9306	0.9319
1.5	0.9332	0.9345	0.9357	0.9370	0.9382	0.9394	0.9406	0.9418	0.9430	0.9441
1.6	0.9452	0.9463	0.9474	0.9484	0.9495	0.9505	0.9515	0.9525	0.9535	0.9545
1.7	0.9554	0.9564	0.9573	0.9582	0.9591	0.9599	0.9608	0.9616	0.9625	0.9633
1.8	0.9641	0.9648	0.9656	0.9664	0.9671	0.9678	0.9686	0.9693	0.9700	0.9706
1.9	0.9713	0.9719	0.9726	0.9732	0.9738	0.9744	0.9750	0.9756	0.9762	0.9767
2.0	0.9772	0.9778	0.9783	0.9788	0.9793	0.9798	0.9803	0.9808	0.9812	0.9817
2.1	0.9821	0.9826	0.9830	0.9834	0.9838	0.9842	0.9846	0.9850	0.9854	0.9857
2.2	0.9861	0.9864	0.9868	0.9871	0.9874	0.9878	0.9881	0.9884	0.9887	0.9890
2.3	0.9893	0.9896	0.9898	0.9901	0.9904	0.9906	0.9909	0.9911	0.9913	0.9916
2.4	0.9918	0.9920	0.9922	0.9925	0.9927	0.9929	0.9931	0.9932	0.9934	0.9936
2.5	0.9938	0.9940	0.9941	0.9943	0.9945	0.9946	0.9948	0.9949	0.9951	0.9952
2.6	0.9953	0.9955	0.9956	0.9957	0.9959	0.9960	0.9961	0.9962	0.9963	0.9964
2.7	0.9965	0.9966	0.9967	0.9968	0.9969	0.9970	0.9971	0.9972	0.9973	0.9974
2.8	0.9974	0.9975	0.9976	0.9977	0.9977	0.9978	0.9979	0.9979	0.9980	0.9981
2.9	0.9981	0.9982	0.9982	0.9983	0.9984	0.9984	0.9985	0.9985	0.9986	0.9986
3.0	0.9987	0.9990	0.9993	0.9995	0.9997	0.9998	0.9998	0.9999	0.9999	1.0000

注：表中末行系函数值 $\Phi(3.0)$，$\Phi(3.1)$，…，$\Phi(3.9)$

附表 2 χ^2 分布表

$$P\{\chi^2(n) \leqslant \chi^2_\alpha(n)\} = p$$

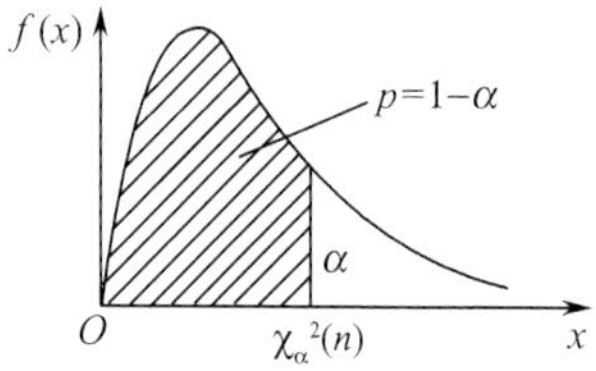

n	$1-\alpha=0.005$	0.01	0.025	0.05	0.10	0.25
1	—	—	0.001	0.004	0.016	0.102
2	0.010	0.020	0.051	0.103	0.211	0.575
3	0.072	0.115	0.216	0.352	0.534	1.213
4	0.207	0.297	0.484	0.711	1.064	1.923
5	0.412	0.554	0.831	1.145	1.610	2.675
6	0.676	0.872	1.237	1.635	2.204	3.455
7	0.989	1.239	1.690	2.167	2.833	4.255
8	1.344	1.646	2.180	2.733	3.400	5.071
9	1.735	2.088	2.700	3.325	4.268	5.899
10	2.156	2.558	3.247	3.940	4.865	6.737
11	2.603	3.053	3.816	4.575	5.578	7.584
12	3.074	3.571	4.404	5.226	6.304	8.438
13	3.565	4.107	5.009	5.892	7.042	9.299
14	4.075	4.660	5.629	6.571	7.790	10.165
15	4.601	5.229	6.262	7.261	8.547	11.037
16	5.142	5.812	6.908	7.962	9.312	11.912
17	5.697	6.408	7.564	8.672	10.085	12.792
18	6.265	7.015	8.231	9.390	10.865	13.675
19	6.844	7.633	8.907	10.117	11.651	14.562
20	7.434	8.260	9.591	10.351	12.443	15.452
21	8.034	8.897	10.283	11.591	13.240	16.344
22	8.643	9.542	10.982	12.338	14.042	17.240
23	9.260	10.196	11.689	13.091	14.848	18.137
24	9.886	10.856	12.401	13.848	15.659	19.037
25	10.520	11.524	13.120	14.611	16.473	19.939
26	11.160	12.198	13.844	15.379	17.292	20.843
27	11.808	12.879	14.573	16.151	18.114	21.749
28	12.461	13.565	15.308	16.928	18.930	22.657
29	13.121	14.257	16.047	17.708	19.768	23.567
30	13.787	14.954	16.791	18.493	20.599	24.478
31	14.458	15.655	17.539	19.281	21.434	25.390
32	15.134	16.362	18.291	20.072	22.271	26.304
33	15.815	17.074	19.047	20.867	23.110	27.219
34	16.501	17.789	19.806	21.664	23.952	28.136
35	17.192	18.509	20.569	22.465	24.797	29.054
36	17.887	19.233	21.386	23.269	25.643	29.973
37	18.586	19.960	22.100	24.075	26.492	30.893
38	19.289	20.691	22.878	24.884	27.343	31.815
39	19.996	21.426	23.654	25.695	28.196	32.737
40	20.707	22.164	24.433	26.509	29.051	33.660
41	21.421	22.906	25.215	27.326	29.907	34.585
42	22.188	23.650	25.999	28.144	30.765	35.510
43	22.859	24.398	26.785	28.965	31.625	36.436
44	23.584	25.148	27.575	29.787	32.487	37.363
45	24.311	25.901	28.366	30.612	33.350	38.291

续表

n	$1-\alpha=0.75$	0.90	0.95	0.975	0.99	0.995
1	1.323	2.706	3.841	5.024	6.635	7.879
2	2.773	4.605	5.991	7.378	9.210	10.597
3	4.108	6.251	7.815	9.348	11.345	12.838
4	5.385	7.779	9.488	11.143	13.277	14.860
5	6.626	9.236	11.071	12.833	15.086	16.750
6	7.841	10.645	12.592	14.449	16.812	18.548
7	9.037	12.017	14.067	16.013	18.475	20.278
8	10.219	13.362	15.507	17.535	20.090	21.955
9	11.389	14.684	16.919	19.023	21.666	23.589
10	12.549	15.987	18.307	20.483	23.209	25.188
11	13.701	17.275	19.675	21.920	24.725	26.757
12	14.845	18.549	21.026	23.337	26.217	28.299
13	15.984	19.812	22.362	24.736	27.688	29.819
14	17.117	21.064	23.685	26.119	29.141	31.319
15	18.245	22.307	24.996	27.488	30.578	32.801
16	19.369	23.542	26.296	28.845	32.000	34.267
17	20.489	24.769	27.587	30.191	33.409	35.718
18	21.605	25.989	28.869	31.526	34.805	37.156
19	22.718	27.204	30.144	32.852	36.191	38.582
20	23.828	28.412	31.410	34.170	37.566	39.997
21	24.935	29.615	32.671	35.479	38.932	41.401
22	26.039	30.813	33.924	36.781	40.289	42.796
23	27.141	32.007	35.172	38.076	41.638	44.181
24	28.241	33.196	36.415	39.364	42.980	45.559
25	29.339	34.382	37.652	40.646	44.314	46.928
26	30.435	35.563	38.885	41.923	45.642	48.290
27	31.528	36.741	40.113	43.194	46.963	49.645
28	32.620	37.916	41.337	44.461	48.278	50.993
29	33.711	39.087	42.557	45.722	49.588	52.336
30	34.800	40.256	43.773	46.979	50.892	53.672
31	35.887	41.422	44.985	48.232	52.191	55.003
32	36.973	42.585	46.194	49.480	53.486	56.328
33	38.058	43.745	47.400	50.725	54.776	57.648
34	39.141	44.903	48.602	51.966	56.061	58.964
35	40.223	46.059	49.802	53.203	57.342	60.275
36	41.304	47.212	50.998	54.437	58.619	61.581
37	42.383	48.363	52.192	55.668	59.892	62.883
38	43.462	49.513	53.384	56.896	61.162	64.181
39	44.539	50.660	54.572	58.120	62.428	65.476
40	45.616	51.805	55.758	59.342	63.691	66.766
41	46.692	52.949	56.942	60.561	64.950	68.053
42	47.766	54.090	58.124	61.777	66.206	69.336
43	48.840	55.230	59.304	62.990	67.459	70.616
44	49.913	56.369	60.481	64.201	68.710	71.893
45	50.985	57.505	61.656	65.410	69.957	73.166

附表 3　t 分布表

$P\{t(n) \leqslant t_\alpha(n)\} = p$

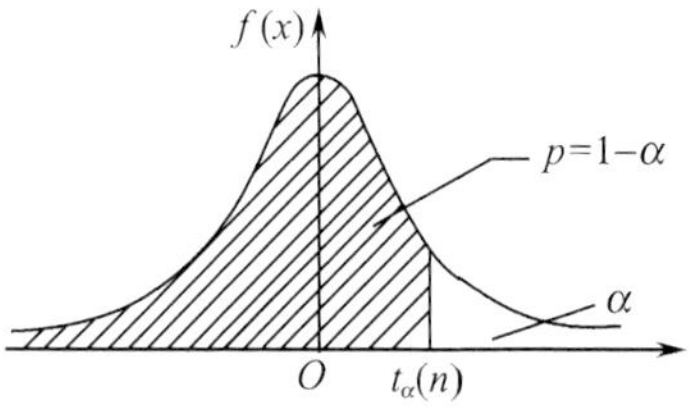

n	$1-\alpha=0.75$	0.90	0.95	0.975	0.99	0.995
1	1.0000	3.0777	6.3138	12.7062	31.8207	63.6574
2	0.8165	1.8856	2.9200	4.3027	6.9646	9.9248
3	0.7649	1.6377	2.3534	3.1824	4.5407	5.8409
4	0.7407	1.5332	2.1318	2.7764	3.7469	4.6041
5	0.7267	1.4759	2.0150	2.5706	3.3649	4.0322
6	0.7176	1.4398	1.9432	2.4469	3.1427	3.7074
7	0.7111	1.4149	1.8946	2.3646	2.9980	3.4995
8	0.7064	1.3968	1.8595	2.3060	2.8965	3.3554
9	0.7027	1.3830	1.8331	2.2622	2.8214	3.2498
10	0.6998	1.3722	1.8125	2.2281	2.7638	3.1693
11	0.6974	1.3634	1.7959	2.2010	2.7181	3.1058
12	0.6955	1.3562	1.7823	2.1788	2.6810	3.0545
13	0.6938	1.3502	1.7709	2.1604	2.6503	3.0123
14	0.6924	1.3450	1.7613	2.1448	2.6245	2.9768
15	0.6912	1.3406	1.7531	2.1315	2.6025	2.9467
16	0.6901	1.3368	1.7459	2.1199	2.5835	2.9208
17	0.6892	1.3334	1.7396	2.1098	2.5669	2.8982
18	0.6884	1.3304	1.7341	2.1009	2.5524	2.8784
19	0.6876	1.3277	1.7291	2.0930	2.5395	2.8609
20	0.6870	1.3253	1.7247	2.0860	2.5280	2.8453
21	0.6864	1.3232	1.7207	2.0796	2.5177	2.8314
22	0.6858	1.3212	1.7171	2.0739	2.5083	2.8188
23	0.6853	1.3195	1.7139	2.0687	2.4999	2.8073
24	0.6848	1.3178	1.7109	2.0639	2.4922	2.7969
25	0.6844	1.3163	1.7081	2.0595	2.4851	2.7874
26	0.6840	1.3150	1.7056	2.0555	2.4786	2.7787
27	0.6837	1.3137	1.7033	2.0518	2.4727	2.7707
28	0.6834	1.3125	1.7011	2.0484	2.4671	2.7633
29	0.6830	1.3114	1.6991	2.0452	2.4620	2.7564
30	0.6828	1.3104	1.6973	2.0423	2.4573	2.7500
31	0.6825	1.3095	1.6955	2.0395	2.4528	2.7440
32	0.6822	1.3086	1.6939	2.0369	2.4487	2.7385
33	0.6820	1.3077	1.6924	2.0345	2.4448	2.7333
34	0.6818	1.3070	1.6909	2.0322	2.4411	2.7284
35	0.6816	1.3062	1.6896	2.0301	2.4377	2.7238
36	0.6814	1.3055	1.6883	2.0281	2.4345	2.7195
37	0.6812	1.3049	1.6871	2.0262	2.4314	2.7154
38	0.6810	1.3042	1.6860	2.0244	2.4286	2.7116
39	0.6808	1.3036	1.6849	2.0227	2.4258	2.7079
40	0.6807	1.3031	1.6839	2.0211	2.4233	2.7045
41	0.6805	1.3025	1.6829	2.0195	2.4208	2.7012
42	0.6804	1.3020	1.6820	2.0181	2.4185	2.6981
43	0.6802	1.3016	1.6811	2.0167	2.4163	2.6951
44	0.6801	1.3011	1.6802	2.0154	2.4141	2.6923
45	0.6800	1.3006	1.6794	2.0141	2.4121	2.6896

附表 4 F分布表

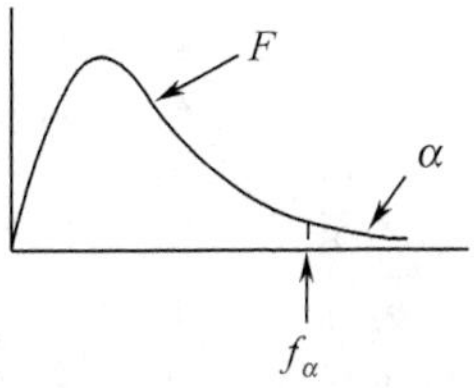

df_2	α	df_1 = 1	2	3	4	5	6	7	8	9	10
1	.10	39.86	49.50	53.59	55.83	57.24	58.20	58.91	59.44	59.86	60.19
	.05	161.4	199.5	215.7	224.6	230.2	234.0	236.8	238.9	240.5	241.9
	.01	4052	5000	5403	5625	5764	5859	5928	5981	6022	6056
2	.10	8.53	9.00	9.16	9.24	9.29	9.33	9.35	9.37	9.38	9.39
	.05	18.51	19.00	19.16	19.25	19.30	19.33	19.35	19.37	19.38	19.40
	.01	98.50	99.00	99.17	99.25	99.30	99.33	99.36	99.37	99.39	99.40
	.001	998.5	999.0	999.2	999.2	999.3	999.3	999.4	999.4	999.4	999.4
3	.10	5.54	5.46	5.39	5.34	5.31	5.28	5.27	5.25	5.24	5.23
	.05	10.13	9.55	9.28	9.12	9.01	8.94	8.89	8.85	8.81	8.79
	.01	34.12	30.82	29.46	28.71	28.24	27.91	27.67	27.49	27.35	27.23
	.001	167.0	148.5	141.1	137.1	134.6	132.8	131.6	130.6	129.9	129.2
4	.10	4.54	4.32	4.19	4.11	4.05	4.01	3.98	3.95	3.94	3.92
	.05	7.71	6.94	6.59	6.39	6.26	6.16	6.09	6.04	6.00	5.96
	.01	21.20	18.00	16.69	15.98	15.52	15.21	14.98	14.80	14.66	14.55
	.001	74.14	61.25	56.18	53.44	51.71	50.53	49.66	49.00	48.47	48.05
5	.01	4.06	3.78	3.62	3.52	3.45	3.40	3.37	3.34	3.32	3.30
	.05	6.61	5.79	5.41	5.19	5.05	4.95	4.88	4.82	4.77	4.74
	.01	16.26	13.27	12.06	11.39	10.97	10.67	10.46	10.29	10.16	10.05
	.001	47.18	37.12	33.20	31.09	29.75	28.83	28.16	27.65	27.24	26.92
6	.10	3.78	3.46	3.29	3.18	3.11	3.05	3.01	2.98	2.96	2.94
	.05	5.99	5.14	4.76	4.53	4.39	4.28	4.21	4.15	4.10	4.06
	.01	13.75	10.92	9.78	9.15	8.75	8.47	8.26	8.10	7.98	7.87
	.001	35.51	27.00	23.70	21.92	20.80	20.03	19.46	19.03	18.69	18.41
7	.10	3.59	3.26	3.07	2.96	2.88	2.83	2.78	2.75	2.72	2.70
	.05	5.59	4.74	4.35	4.12	3.97	3.87	3.79	3.73	3.68	3.64
	.01	12.25	9.55	8.45	7.85	7.46	7.19	6.99	6.84	6.72	6.62
	.001	29.25	21.69	18.77	17.20	16.21	15.52	15.02	14.63	14.33	14.08
8	.10	3.46	3.11	2.92	2.81	2.73	2.67	2.62	2.59	2.56	2.54
	.05	5.32	4.46	4.07	3.84	3.69	3.58	3.50	3.44	3.39	3.35
	.01	11.26	8.65	7.59	7.01	6.63	6.37	6.18	6.03	5.91	5.81
	.001	25.41	18.49	15.83	14.39	13.48	12.86	12.40	12.05	11.77	11.54

续表

df₂	α	1	2	3	4	5	6	7	8	9	10
9	.10	3.36	3.01	2.81	2.69	2.61	2.55	2.51	2.47	2.44	2.42
	.05	5.12	4.26	3.86	3.63	3.48	3.37	3.29	3.23	3.18	3.14
	.01	10.56	8.02	6.99	6.42	6.06	5.80	5.61	5.47	5.35	5.26
	.001	22.86	16.39	13.90	12.56	11.71	11.13	10.70	10.37	10.11	9.89
10	.10	3.29	2.92	2.73	2.61	2.52	2.46	2.41	2.38	2.35	2.32
	.05	4.96	4.10	3.71	3.48	3.33	3.22	3.14	3.07	3.02	2.98
	.01	10.04	7.56	6.55	5.99	5.64	5.39	5.20	5.06	4.94	4.85
	.001	21.04	14.91	12.55	11.28	10.48	9.93	9.52	9.20	8.96	8.75
11	.10	3.23	2.86	2.66	2.54	2.45	2.39	2.34	2.30	2.27	2.25
	.05	4.84	3.98	3.59	3.36	3.20	3.09	3.01	2.95	2.90	2.85
	.01	9.65	7.21	6.22	5.67	5.32	5.07	4.89	4.74	4.63	4.54
	.001	19.69	13.81	11.56	10.35	9.58	9.05	8.66	8.35	8.12	7.92
12	.10	3.18	2.81	2.61	2.48	2.39	2.33	2.28	2.24	2.21	2.19
	.05	4.75	3.89	3.49	3.26	3.11	3.00	2.91	2.85	2.80	2.75
	.01	9.33	6.93	5.95	5.41	5.06	4.82	4.64	4.50	4.39	4.30
	.001	18.64	12.97	10.80	9.63	8.89	8.38	8.00	7.71	7.48	7.29
13	.10	3.14	2.76	2.56	2.43	2.35	2.28	2.23	2.20	2.16	2.14
	.05	4.67	3.81	3.41	3.18	3.03	2.92	2.83	2.77	2.71	2.67
	.01	9.07	6.70	5.74	5.21	4.86	4.62	4.44	4.30	4.19	4.10
	.001	17.82	12.31	10.21	9.07	8.35	7.86	7.49	7.21	6.98	6.80
14	.10	3.10	2.73	2.52	2.39	2.31	2.24	2.19	2.15	2.12	2.10
	.05	4.60	3.74	3.34	3.11	2.96	2.85	2.76	2.70	2.65	2.60
	.01	8.86	6.51	5.56	5.04	4.69	4.46	4.28	4.14	4.03	3.94
	.001	17.14	11.78	9.73	8.62	7.92	7.44	7.08	6.80	6.58	6.40
15	.10	3.07	2.70	2.49	2.36	2.27	2.21	2.16	2.12	2.09	2.06
	.05	4.54	3.68	3.29	3.06	2.90	2.79	2.71	2.64	2.59	2.54
	.01	8.68	6.36	5.42	4.89	4.56	4.32	4.14	4.00	3.89	3.80
	.001	16.59	11.34	9.34	8.25	7.57	7.09	6.74	6.47	6.26	6.08
16	.10	3.05	2.67	2.46	2.33	2.24	2.18	2.13	2.09	2.06	2.03
	.05	4.49	3.63	3.24	3.01	2.85	2.74	2.66	2.59	2.54	2.49
	.01	8.53	6.23	5.29	4.77	4.44	4.20	4.03	3.89	3.78	3.69
	.001	16.12	10.97	9.01	7.94	7.27	6.80	6.46	6.19	5.98	5.81
17	.10	3.03	2.64	2.44	2.31	2.22	2.15	2.10	2.06	2.03	2.00
	.05	4.45	3.59	3.20	2.96	2.81	2.70	2.61	2.55	2.49	2.45
	.01	8.40	6.11	5.18	4.67	4.34	4.10	3.93	3.79	3.68	3.59
	.001	15.72	10.66	8.73	7.68	7.02	6.56	6.22	5.96	5.75	5.58
18	.10	3.01	2.62	2.42	2.29	2.20	2.13	2.08	2.04	2.00	1.98
	.05	4.41	3.55	3.16	2.93	2.77	2.66	2.58	2.51	2.46	2.41
	.01	8.29	6.01	5.09	4.58	4.25	4.01	3.84	3.71	3.60	3.51
	.001	15.38	10.39	8.49	7.46	6.81	6.35	6.02	5.76	5.56	5.39

续表

df_2	α	1	2	3	4	5	6	7	8	9	10
19	.10	2.99	2.61	2.40	2.27	2.18	2.11	2.06	2.02	1.98	1.96
	.05	4.38	3.52	3.13	2.90	2.74	2.63	2.54	2.48	2.42	2.38
	.01	8.18	5.93	5.01	4.50	4.17	3.94	3.77	3.63	3.52	3.43
	.001	15.08	10.16	8.28	7.27	6.62	6.18	5.85	5.59	5.39	5.22
20	.10	2.97	2.59	2.38	2.25	2.16	2.09	2.04	2.00	1.96	1.94
	.05	4.35	3.49	3.10	2.87	2.71	2.60	2.51	2.45	2.39	2.35
	.01	8.10	5.85	4.94	4.43	4.10	3.87	3.70	3.56	3.46	3.37
	.001	14.82	9.95	8.10	7.10	6.46	6.02	5.69	5.44	5.24	5.08
21	.10	2.96	2.57	2.36	2.23	2.14	2.08	2.02	1.98	1.95	1.92
	.05	4.32	3.47	3.07	2.84	2.68	2.57	2.49	2.42	2.37	2.32
	.01	8.02	5.78	4.87	4.37	4.04	3.81	3.64	3.51	3.40	3.31
	.001	14.59	9.77	7.94	6.95	6.32	5.88	5.56	5.31	5.11	4.95
22	.10	2.95	2.56	2.35	2.22	2.13	2.06	2.01	1.97	1.93	1.90
	.05	4.30	3.44	3.05	2.82	2.66	2.55	2.46	2.40	2.34	2.30
	.01	7.95	5.72	4.82	4.31	3.99	3.76	3.59	3.45	3.35	3.26
	.001	14.38	9.61	7.80	6.81	6.19	5.76	5.44	5.19	4.99	4.83
23	.10	2.94	2.55	2.34	2.21	2.11	2.05	1.99	1.95	1.92	1.89
	.05	4.28	3.42	3.03	2.80	2.64	2.53	2.44	2.37	2.32	2.27
	.01	7.88	5.66	4.76	4.26	3.94	3.71	3.54	3.41	3.30	3.21
	.001	14.20	9.47	7.67	6.70	6.08	5.65	5.33	5.09	4.89	4.73
24	.10	2.93	2.54	2.33	2.19	2.10	2.04	1.98	1.94	1.91	1.88
	.50	4.26	3.40	3.01	2.78	2.62	2.51	2.42	2.36	2.30	2.25
	.01	7.82	5.61	4.72	4.22	3.90	3.67	3.50	3.36	3.26	3.17
	.001	14.03	9.34	7.55	6.59	5.98	5.55	5.23	4.99	4.80	4.64
25	.10	2.92	2.53	2.32	2.18	2.09	2.02	1.97	1.93	1.89	1.87
	.05	4.24	3.39	2.99	2.76	2.60	2.49	2.40	2.34	2.28	2.24
	.01	7.77	5.57	4.68	4.18	3.85	3.63	3.46	3.32	3.22	3.13
	7.001	13.88	9.22	7.45	6.49	5.89	5.46	5.15	4.91	4.71	4.56
26	.10	2.91	2.52	2.31	2.17	2.08	2.01	1.96	1.92	1.88	1.86
	.05	4.23	3.37	2.98	2.74	2.59	2.47	2.39	2.32	2.27	2.22
	.01	7.72	5.53	4.64	4.14	3.82	3.59	3.42	3.29	3.18	3.09
	.001	13.74	9.12	7.36	6.41	5.80	5.38	5.07	4.83	4.64	4.48
27	.10	2.90	2.51	2.30	2.17	2.07	2.00	1.95	1.91	1.87	1.85
	0.05	4.21	3.35	2.96	2.73	2.57	2.46	2.37	2.31	2.25	2.20
	.01	7.68	5.49	4.60	4.11	3.78	3.56	3.39	3.26	3.15	3.06
	.001	13.61	9.02	7.27	6.33	5.73	5.31	5.00	4.76	4.57	4.41
28	.10	2.89	2.50	2.29	2.16	2.06	2.00	1.94	1.90	1.87	1.84
	.05	4.20	3.34	2.95	2.71	2.56	2.45	2.36	2.29	2.24	2.19
	.01	7.64	5.45	4.57	4.07	3.75	3.53	3.36	3.23	3.12	3.03
	.001	13.50	8.93	7.19	6.25	5.66	5.24	4.93	4.69	4.50	4.35

续表

df_2	α	1	2	3	4	5	6	7	8	9	10
29	.10	2.89	2.50	2.28	2.15	2.06	1.99	1.93	1.89	1.86	1.83
	.05	4.18	3.33	2.93	2.70	2.55	2.43	2.35	2.28	2.22	2.18
	.01	7.60	5.42	4.54	4.04	3.73	3.50	3.33	3.20	3.09	3.00
	.001	13.39	8.85	7.12	6.19	5.59	5.18	4.87	4.64	4.45	4.29
30	.10	2.88	2.49	2.28	2.14	2.05	1.98	1.93	1.88	1.85	1.82
	.05	4.17	3.32	2.92	2.69	2.53	2.42	2.33	2.27	2.21	2.16
	.01	7.56	5.39	4.51	4.02	3.70	3.47	3.30	3.17	3.07	2.98
	.001	13.29	8.77	7.05	6.12	5.53	5.12	4.82	4.58	4.39	4.24
40	.10	2.84	2.44	2.23	2.09	2.00	1.93	1.87	1.83	1.79	1.76
	.05	4.08	3.23	2.84	2.61	2.45	2.34	2.25	2.18	2.12	2.08
	.01	7.31	5.18	4.31	3.83	3.51	3.29	3.12	2.99	2.89	2.80
	.001	12.61	8.25	6.59	5.70	5.13	4.73	4.44	4.21	4.02	3.87
60	.10	2.79	2.39	2.18	2.04	1.95	1.87	1.82	1.77	1.74	1.71
	.05	4.00	3.15	2.76	2.53	2.37	2.25	2.17	2.10	2.04	1.99
	.01	7.08	4.98	4.13	3.65	3.34	3.12	2.95	2.82	2.72	2.63
	.001	11.97	7.77	6.17	5.31	4.76	4.37	4.09	3.86	3.69	3.54
90	.10	2.76	2.36	2.15	2.01	1.91	1.84	1.78	1.74	1.70	1.67
	.05	3.95	3.10	2.71	2.47	2.32	2.20	2.11	2.04	1.99	1.94
	.10	6.93	4.85	4.01	3.53	3.23	3.01	2.84	2.72	2.61	2.52
	.004	11.57	7.47	5.91	5.06	4.53	4.15	3.87	3.65	3.48	3.34
120	.10	2.75	2.35	2.13	1.99	1.90	1.82	1.77	1.72	1.68	1.65
	.05	3.92	3.07	2.68	2.45	2.29	2.18	2.09	2.02	1.96	1.91
	.01	6.85	4.79	3.95	3.48	3.17	2.96	2.79	2.66	2.56	2.47
	.001	11.38	7.32	5.78	4.95	4.42	4.04	3.77	3.55	3.38	3.24
240	.10	2.73	2.32	2.10	1.97	1.87	1.80	1.74	1.70	1.65	1.63
	.05	3.88	3.03	2.64	2.41	2.25	2.14	2.04	1.98	1.92	1.87
	.01	6.74	4.69	3.86	3.40	3.09	2.88	2.71	2.59	2.48	2.40
	.001	11.10	7.00	5.60	4.78	4.25	3.89	3.62	3.41	3.24	3.09
∞	.10	2.71	2.30	2.08	1.94	1.85	1.77	1.72	1.67	1.63	1.60
	.05	3.84	3.00	2.60	2.37	2.21	2.10	2.01	1.94	1.88	1.83
	.01	6.63	4.61	3.78	3.32	3.02	2.80	2.64	2.51	2.41	2.32
	.001	10.83	6.91	5.42	4.62	4.10	3.74	3.47	3.27	3.10	2.96